O engenheiro abolicionista, 1

André Rebouças, c. 1871

O engenheiro abolicionista

1. Entre o Atlântico e a Mantiqueira

Diários, 1883-1884

André Rebouças

Hebe Mattos (ORG.)

Copyright do posfácio, da cronologia e das notas
© 2024 by Hebe Mattos

CHÃO EDITORA
EDITORA Marta Garcia
EDITOR-EXECUTIVO Carlos A. Inada

CAPA, PROJETO GRÁFICO E DIAGRAMAÇÃO Mayumi Okuyama
PREPARAÇÃO Carlos A. Inada
REVISÃO Cláudia Cantarin, Carlos A. Inada e Marta Garcia
PESQUISA ICONOGRÁFICA Hebe Mattos e Erica Fujito
PRODUÇÃO GRÁFICA E TRATAMENTO DE IMAGENS Jorge Bastos

DADOS INTERNACIONAIS DE CATALOGAÇÃO NA PUBLICAÇÃO (CIP)
(CÂMARA BRASILEIRA DO LIVRO, SP, BRASIL)

Rebouças, André Pinto, 1838-1898
    O engenheiro abolicionista : 1. entre o Atlântico e a Mantiqueira : diários, 1883-1884 / André Pinto Rebouças ; Hebe Mattos (org.). – São Paulo : Chão Editora, 2024.

Bibliografia.
ISBN 978-65-80341-30-6

    1. Abolicionistas – Brasil 2. Brasil – História 3. Diários 4. Rebouças, André, 1838-1898 I. Mattos, Hebe. II. Título.

24-194507   CDD-923.2

Índices para catálogo sistemático
1. Abolicionistas : Biografia 923.2
Eliane de Freitas Leite – Bibliotecária – CRB 8/8415

Grafia atualizada segundo as regras do Acordo Ortográfico da Língua Portuguesa (1990), em vigor no Brasil desde 1.º de janeiro de 2009.

chão editora ltda.
Avenida Vieira de Carvalho, 40 — cj. 2
CEP 01210-010 — São Paulo — SP
Tel +55 11 3032-3726
editora@chaoeditora.com.br | www.chaoeditora.com.br

Sumário

9 Apresentação

17 O ENGENHEIRO ABOLICIONISTA, 1

18 1883

19 1. Londres

31 2. Viagem à Holanda

42 3. Despedidas e planos

58 4. A bordo do *Neva*

74 5. No Hotel da Vista Alegre

95 6. Recebendo o engenheiro Dirks

110 7. Rotina entre amigos

139 8. The Minas Central Railway

168 9. Abolição imediata e sem indenização

201 10. Primeira viagem a Minas Gerais

227 11. Entre estradas de ferro e a propaganda abolicionista

282 12. Segunda viagem às Gerais

296 13. Engenharia civil, abolição e capitalismo

360 14. Terceira viagem às Gerais

371 15. Abolição, imigrantismo e democracia rural

400 1884

401 16. Feliz ano novo

431 17. Petrópolis e a quarta viagem a Minas e São Paulo

468 18. Abolição no Ceará

499 19. Estrada de Ferro Minas Central — mais uma viagem

513 20. Uma data para a abolição

551 Posfácio

630 Cronologia

649 Notas

654 Bibliografia

661 Créditos das ilustrações

663 Agradecimentos

10 SATURDAY [41-324] 2d Month

Queen Victoria married, 1840

...poral; chuva e vento de meia noite em diante,
...eriosa; dia sempre de muito vento e chuva
...temperatura de 2° — 6° Centigrad...

...bordo do *Novar* — *Royal - Mail -*
Captain W. Giffir

— Acordar, Toilette, Banho, Diario, Balancêt...

— Embarca em Cherbourg o M. J. Borges de Lin...
commissionario das Minas de Cobre da Campanha

— Almoço à Ingleza —

— O Paquete "Nova" não parte pela cer...
...cessiva chuva e vento; fica ancorado em f...
à bateria Central do grande Quebra Mar,
absolutamente fixo à tercoile do temporal.

le temperatura, mas muito cavado; alguns
de sol durante o dia; muito forte
la chuva à tarde

Temperatura de 3º — 7º Centígrada

Acordar, toilette, Banho, Diário &

De Cherbourg a Lisboa

Barometro a 29, 60

"Nova" é obrigado a parar por vezes pela
muita cerração ||

Regimen a bordo do "Nova"

Chá preto e leite

Almoço

1/2   Luncheon (com Agua de Seltz)

h   Jantar (com Agua de Seltz)

Apresentação

O mais fascinante em contar uma história de vida é que a narrativa pode começar em qualquer ponto da jornada. Acompanhar a retomada da escrita do diário pessoal de André Rebouças no ano de 1883 é, sem dúvida, mais uma boa porta de entrada para sua trajetória. O diário desse ano inaugura seus escritos pessoais da maturidade.

Rebouças manteve um diário íntimo desde seus primeiros trabalhos como engenheiro militar, logo após retornar de dois anos de estudos na Europa, em 1863. Foi pioneiro na introdução e no ensino da engenharia civil no Brasil e rapidamente se destacou na modernização da infraestrutura do país, projetando e construindo portos marítimos e estradas de ferro. Ele voltara da Europa não apenas com conhecimentos técnicos de engenharia.

Era também conhecedor dos processos de criação de empresas de capital privado para executar obras de infraestrutura em diferentes países e dos aspectos legais e econômicos envolvidos.

Em meados da década de 1870, era um empresário bem-sucedido e reconhecido. Seu mundo viraria de ponta-cabeça em meio à crise na gestão de uma de suas principais obras e empresas, a companhia Docas D. Pedro II. A essa crise, em que muitas vezes sua conduta como empresário foi pessoalmente atacada, se somaria a perda do irmão e sócio, o também engenheiro Antônio Rebouças, em 1874. Tentou reagir. Publicou em 1874 o obituário do irmão, uma página inteira no jornal *O Novo Mundo*, editado em português em Nova York, do qual era assíduo colaborador, propriedade do amigo José Carlos Rodrigues, que reencontraria em Londres em 1882.

Em 1880, perdeu também o pai, o conselheiro Antônio Pereira Rebouças, herói das lutas de independência na Bahia, jurista autodidata e deputado-geral por mais de uma legislatura. Sem a presença do pai, com os irmãos mais novos e os sobrinhos encaminhados, vendeu a casa da família e decidiu morar em hotéis.

Abordarei os detalhes da crise empresarial e suas relações com o diário de 1883 no posfácio. O que importa informar agora é que em fevereiro de 1877, como desdobramento desse processo, ele parou de escrever diários até o ano de 1882 ou destruiu, posteriormente, seu conteúdo.

Ainda que não existam diários desse período, é certo que foram anos difíceis e de luta. Ainda em 1880 inaugurou sua ação abolicionista mais explícita, no jornal *Gazeta da Tarde*, na Sociedade Emancipadora Nacional e na Sociedade Brasileira contra a Escravidão. Segundo Joaquim Nabuco, em 1882 Rebouças estava sem perspectivas empresariais e fisicamente debilitado. Em setembro desse ano, decidiu ir a Londres para recuperar-se e buscar novas possibilidades de atuação profissional. Foi bem-sucedido.

Quando o reencontramos em 1883, está em Londres, em contato com o movimento abolicionista internacional e com diversos engenheiros e capitalistas, planejando portos marítimos e estradas de ferro. Para a felicidade dos seus leitores, retomou o diário. Dessa vez usou como suporte a pioneira agenda criada por John Letts em Londres, o *Letts Diary*, modelo que inauguraria o mercado de agendas e diários comerciais impressos.

Desde então, escreveu diariamente nas pequenas agendas *Letts Diary*, que registravam, em inglês, o calendário universitário de Oxford e Cambridge, os feriados e o calendário jurídico britânico, além de datas religiosas como a Páscoa cristã e o Ramadã islâmico. Em 1944, os diários desse período foram incorporados ao arquivo do Instituto Histórico Geográfico Brasileiro (IHGB). Há cópias em microfilme dos originais na Fundação Joaquim Nabuco (FJN) e no Arquivo Histórico da Universidade Federal de Juiz de Fora (UFJF), de onde foram transcritos para esta edição.

A agenda era precedida de páginas impressas com informações de interesse geral e algumas páginas em branco, preenchidas por Rebouças com recortes de jornais do período. Suas anotações diárias começavam com uma observação sobre o tempo e a posição dos astros no céu, seguidas da informação da temperatura do dia. Levantava-se geralmente às cinco da manhã, informando as primeiras atividades do dia sempre com a mesma frase: "Acordar, toalete, banho, diário, balancete etc.". Em alguns dias, também associava às suas anotações recortes de jornais, comentados no posfácio. Algumas páginas dos diários ilustram o caderno de imagens deste volume.

Desde o início de 1883, pelo menos, André Rebouças passou a reler e anotar metodicamente os diários antigos, elaborando em paralelo um resumo biográfico. Esse trabalho se manterá por toda a vida. Inscrições do André do futuro estão presentes no *Letts Diary*, em comentários inscritos acima do calendário da agenda, destacados nesta edição em itálico. Alguns trechos estão borrados e danificados pelo tempo. Quando não foi possível a leitura, usei a marcação [...]. De modo geral, procurei manter-me o mais fiel possível à transcrição de suas anotações dia após dia.

Fiquei fascinada e surpresa quando comecei a ler o diário de 1883, apesar do estilo "agenda de atividades" de que o texto se reveste. Espero que compartilhem meu interesse. André dividiu-se, nesse tempo, entre duas paixões: a engenharia e o abolicionismo. Por isso escolhi reunir e publicar integralmente seus registros entre janeiro de 1883 e junho de 1885 com o título *O engenheiro abolicionista*, editados agora em dois volumes. Construí uma divisão narrativa em capítulos para facilitar a leitura.

Este primeiro volume, com o subtítulo *Entre o Atlântico e a Mantiqueira*, começa no primeiro dia de 1883, em Londres. Nas entradas que seguem, acompanhamos atividades rotineiras de Rebouças na capital inglesa e o encontro com Joaquim Nabuco, já então o mais conhecido dos abolicionistas brasileiros. Em seguida, André realiza uma viagem de trabalho à Holanda e, poucos dias depois, retorna ao Brasil a bordo do paquete *Neva*, como representante da companhia Minas Central Railway. Ainda neste volume, acompanhamos o engenheiro em suas atividades em Minas Gerais, bem como sua ação na imprensa da Corte em prol da propaganda abolicionista, até seu reencontro com Joaquim Nabuco no Rio de Janeiro, em maio de 1884.

O segundo volume de *O engenheiro abolicionista* terá como subtítulo *No Hotel dos Estrangeiros*, e dele constarão as anotações feitas entre junho de 1884 e setembro de 1885. Encontraremos André ao lado de Nabuco e José do Patrocínio, na primeira grande batalha do movimento abolicionista. Durante esse período, lutaram juntos pela liberação sem indenização aos senhores dos escravizados de mais de sessenta anos — em sua maioria africanos escravizados ilegalmente —, com distribuição de terras aos libertos.

Perderam, mas valeu a luta.

Hebe Mattos

Detalhe do mapa da Estrada de Ferro Oeste de Minas (1917), com os trechos percorridos por Rebouças para definir o trajeto da Minas Central

O ENGENHEIRO ABOLICIONISTA, 1

1883

1.
LONDRES

1/1 a
12/1/1883

Temperatura — De 25 dezembro 1882 ao 1.º janeiro 1883. O termômetro marcou em Londres de 10º a 12,5º centígrados, chovendo sempre. Um membro da Sociedade Meteorológica escreve ao Standard dizendo que, às mesmas horas, a temperatura era mais elevada que em junho de 1882.

Foi no Charing Cross Hotel, onde residi em Londres, de 24 setembro 1882 a 9 fevereiro 1883, que teve lugar o almoço abolicionista oferecido ao Joaquim Nabuco a 23 março 1881.

[*1.º de janeiro*]

London — Charing Cross Hotel, n.º 298 Wing

Chuviscos à noite; dia encoberto e chuvoso; tarde escura.
Temperatura 10º a 12º centígrados
5 horas — Acordar, toalete, banho, diário, balancete etc.
7h — Continuo o Resumo Autobiográfico em 1869.
9½ — Almoço no Charing Cross Hotel.
10h — Leitura dos jornais no Reading Room.
Tristíssima notícia da morte de León Gambetta.

10h½ — No escritório do amigo Charles Neate, em 4 Victoria Street — Westminster.

Recebemos cartas do engenheiro José Américo dos Santos, que me substitui como representante da Conde d'Eu Railway Company Limited no Rio de Janeiro.

Leituras e extratos do Diário Oficial de 1 a 8 de dezembro 1882.

5h — Jantar no restaurante Blanchard, Beak Street Regent Circus.

[*2 de janeiro*]

Noite entreaberta; luas pela madrugada; sol extraordinariamente claro para Londres; tarde ventosa.

Temperatura de 9° a 12° centígrados

5 horas — Acordar, toalete, banho, diário, balancete etc.

7h — Continuei o Resumo Autobiográfico até fevereiro de 1870.

10h — No escritório do amigo Charles Neate, lendo os últimos números da *Revista de Engenharia*.

4h — Em Bloomsbury Mansions, Hart Street, com o amigo José Carlos Rodrigues.

6h — Jantar no restaurante Blanchard.

8h — Recebi carta do amigo José da Costa Azevedo, encarregado de dirigir a continuação do encouraçado *Riachuelo*, residindo 16 Elgin Crescent, Kensington Park, Notting Hill, agradecendo os parabéns, que lhe enviei pela sua promoção.

[*3 de janeiro*]

Temperatura de 8° a 11° centígrados

5 horas — Acordar, toalete, banho, diário, balancete etc.

7h — Continuo o Resumo Autobiográfico até abril de 1870.

10h — No escritório do amigo Charles Neate com o presidente A. H. Phillpotts tratando do Caminho de Ferro Conde d'Eu (Paraíba).

12½ — Visito o amigo Frederick Youle, 155 Fenchurch Street, que retirou-se do comércio, e aos meus correspondentes Norton, Megaw & Co. — 12 Pancras Lane —

2½ — Reunião da diretoria do Caminho de Ferro Conde d'Eu com o presidente, V. P. J. P. Beadlee, diretores C. S. Hawker, E. R. Holt e A. P. Youle, secretário W. V. Edinburg e engenheiro consultor Charles Neate (27 Clement Lane). Tratou-se do ramal de Cabedelo e das ordens do Governo brasileiro para completar o capital.

4h — Em Bloomsbury Mansions com os amigos J. C. Rodrigues e Joaquim Nabuco, residindo atualmente em 20A Maddox Street, Hanover Square.

6½ — Jantamos no restaurante Blanchard.

Recebi do amigo Guilherme Bellegarde um caixote com relatórios do Ministério da Agricultura.

[*4 de janeiro*]

Noite encoberta, cerração (*light fog*) durante todo o dia.
Temperatura de 5° a 8° centígrados
5 horas — Acordar, toalete, banho, diário, balancete etc.
7h — Continuo o Resumo Autobiográfico até julho de 1870.
10½ — No escritório do amigo Charles Neate, continuando os estudos sobre portos do mar.
Respondo à carta do amigo R. Austin — G. Bayley Street — Bedford Square, dando-lhe conferência amanhã às 10h no Reading Room do C† Hotel.
2h — Na legação brasileira, Granville Chambers — Granville Place — Portman Square Orchard Street recebendo três exemplares das minhas obras: — *Garantias de juros* e *Índice geral das madeiras* remetidas pelo amigo Guilherme Bellegarde, chefe de seção do Ministério da Agricultura.
4h — Em Bloomsbury Mansions com o amigo José Carlos Rodrigues.
6h — Jantamos no restaurante Blanchard.

[*5 de janeiro*]

Noite com raras estrelas; manhã dúbia; chuva com alguns aguaceiros ao anoitecer.

Temperatura 8° a 11° centígrados

5 horas — Acordar, toalete, banho, diário, balancete etc.

7h — Respondo à carta de 27 de novembro 1882 do amigo Guilherme Bellegarde, que precedeu os livros.

10h — Conferência com o R. Austin. — Pede-me dados sobre estrada de Queluz ao Pitangui e ao Paranaíba.

10½ — No escritório do amigo Charles Neate fazendo esse trabalho e tratando do Caminho de Ferro Conde d'Eu.

1h — Em 6 Warnford Court Throgmorton Avenue EC com C. H. Linklates, e seu irmão e R. Austin. — Entrego-lhe os dados sobre Caminho de Ferro do Pitangui. — Convidam-me para ser representante dessa companhia no Brasil.

2½ — Com os amigos Frederick e Alfred Youle, 155 [...] Street.

3h — No escritório da companhia Conde d'Eu, discutindo com o presidente A. H. Phillpotts a correspondência para os amigos Stanley & Youle, engenheiros José Américo dos Santos e Ranson Colecome Batterbee (Paraíba do Norte).

4/2 — Entrego a Norton, Megaw and Co. a letra de £ 22 — 13 — 6 dos meus vencimentos da escola (261$320).

5h — Em Bloomsbury Mansions com o amigo J. C. Rodrigues.

6½ — Jantamos no restaurante Blanchard.

[*6 de janeiro*]

Noite chuvosa; estrelas e lua minguante pela madrugada; alguns raios de sol para manhã; tarde incinerada.

Temperatura 6°-8° centígrados

5 horas — Acordar, toalete, banho, diário, balancete etc.

7h — Respondo às cartas de 14 de dezembro de Norton, Megaw & Co. e de 8 dezembro do engenheiro José Américo dos Santos.

10½ horas — No escritório do amigo Charles Neate com o presidente Phillpotts tratando do Caminho de Ferro Conde d'Eu. Escrevo a Sir John Hawkshan pedindo recomendações para Amsterdam Ship Canal [Noordzee Canal].

12 — Faço para c. h. Linklates um resumo do Caminho de Ferro Leopoldina.

4h — Em Bloomsbury Mansions com o amigo j. c. Rodrigues.

6h — Jantamos no Criterion Piccadilly Circus.

[*7 de janeiro*]

Noite e manhã encobertas, cerração (*light fog*) durante todo o dia.

Temperatura 4°-6° centígrados

5 horas — Acordar, toalete, banho, diário, balancete etc.

7h — Carta ao amigo Miguel Antônio Dias.

10½ — No Reading Room do Charing Hotel com o amigo R. Austin, revendo sua informação sobre o Caminho de Ferro de Queluz a Pitangui.

12 — Visita ao adido César Augusto Viana de Lima. 2, Little Stanhope Street, Mayfair. — Aí encontrei o meu ex-aluno Werneck, ora estudante do University College.

2h — Visita ao Eduardo de Martins. — 2 College Terrace, Belsize Park (Sunrise Cottage Station urv). Estivemos depois no seu estúdio n.º 1 St. John's Wood Queen's Terrace vw, vendo os seus últimos trabalhos.

4h — Em casa do amigo José da Costa Azevedo — 16 Elgin Crescent, onde jantei.

[*8 de janeiro*]

Noite encoberta; manhã incinerada; sol brilhante, extraordinário para Londres, das 11 em diante.

Temperatura 3º-5º centígrados

5h — Acordar, toalete, banho, diário, balancete etc.

7h — Carta ao procurador na Bahia Francisco Bruno Pereira.

10½ — No escritório do amigo Charles Neate com o secretário da companhia — Conde d'Eu Railway Co.

11h — Visita ao amigo G. S. Brandon, 15 Essex Street.

11½ — Repito a excursão pelo Tâmisa, tantas vezes feita em 1862 com o meu irmão o engenheiro Antônio Rebouças. Do Temple Pier a London Bridge Pier e a Blackwall Pier. Daí em estrada de ferro a Royal Victoria Dock prolongada em Royal Albert Dock. Os molhes de tijolo e ferro um pouco deteriorados em mais de vinte anos; alguns molhes (*jetties*) suplementares de pinho creosotado. Serviço em carrinhos de mão de duas rodas como os das estações das estradas de ferro. Descargas com guindastes hidráulicos ou pelos guinchos a vapor dos paquetes. Dois grandes vapores recebendo cabos telegráficos submarinos. No aparelho Edwin Clark um grande vapor hélice e outro sobre um pontão. Muita juta em fardos e muito trigo em sacos, velhos, sujos e furados como os do café no Rio de Janeiro. Volta em estrada de ferro de Victoria Dock a Fenchurch Station.

5h — Em Bloomsbury Mansions com o amigo J. C. Rodrigues. Jantamos no restaurante Blanchard.

[*9 de janeiro*]

Chuviscos à noite; algumas nuvens pela manhã; dia de sol; tarde encoberta.

Temperatura de 1°-6° centígrados

5 horas — Acordar, toalete, banho, diário, balancete etc.

7h — Resposta à carta de Roberto Carr Bustamante de 1.º novembro de 1882.

10½ — No escritório do amigo Charles Neate. Escrevo a David Cooper Scott, 7 Drapers Garden Throgmorton Avenue E. C., pedindo uma conferência sobre a Brazilian Harbour Improvements Co. Limited.

12½ — No escritório da companhia Conde d'Eu Railway; no Frederick Youle & Co., 155 Fenchurch Street e nos dos correspondentes Norton, Megaw & Co. dispondo para viagem à Holanda.

3h — Em Bloomsbery Mansions com o amigo J. C. Rodrigues.

6h — Jantamos no restaurante Blanchard.

[*10 de janeiro*]

Chuviscos à noite; cerração (*light fog*) durante todo o dia; tarde enublada.

Temperatura de 4°-6° centígrados

5 horas — Acordar, toalete, banho, diário, balancete etc.

7h — Respondo à carta de 18 dezembro 1882 do amigo Miguel Antônio Dias, 23 largo do Catumbi, e a F. J. de Santana Nery, 8 Rue Nouvelle Paris, enviando-lhe um volume da *Garantia de juros* e os três do *Índice geral das madeiras do Brasil*.

10h — No escritório do amigo Charles Neate, tratando da Companhia dos Portos de Mar.

12h — Visita ao Joaquim Nabuco 20A Maddox Street, Hanover Square.

2h — No escritório do H. G. Scott, gerente da casa Wilson, Sons & Co., tratando da organização da companhia para o melhoramento dos portos do Brasil.

3h — Em Bloomsbury Mansions com os amigos J. C. Rodrigues e Joaquim Nabuco.

6h — Jantamos no restaurante Blanchard.

[11 *de janeiro*]

Noite encoberta; manhã escura; cerração (*fog*) durante todo o dia, até anoitecer.

Temperatura de 3°-5° centígrados

5 horas — Acordar, toalete, banho, diário, balancete etc.

7h — Carta aos correspondentes Norton, Megaw & Co. no Rio de Janeiro.

10h — Com o Linklates e o diretor do Caminho de Ferro Queluz—Pitangui.

10½ — No escritório do amigo Charles Neate continuando os estudos de portos de mar.

1h — Na City despedindo-me de Frederick & Alfred Youle e do presidente e secretário da companhia Conde d'Eu Railway.

2h — Recebo £ 50 de Norton, Megaw & Co., 12 Pancras Lane.

3h — Na legação brasileira despedindo-me do barão de Penedo, do secretário Correia e dos adidos Viana de Lima e Henrique de Miranda.

3½ — Em Bloomsbury Mansions com o amigo J. C. Rodrigues e Manoel de Mendonça Guimarães, encarregado do caminho de ferro da capital de Sergipe (Aracaju), a Simão Dias e dos engenhos centrais da Paraíba (município da capital) e de Sergipe (Riachuelo—Laranjeiras).

6h — Jantamos no restaurante do Criterion (Picadilly Circus) com o Mendonça e H. de Miranda.

[*12 de janeiro*]

Noite de chuviscos; manhã e dia escuros; tarde enublada.

Temperatura de 4°-6° centígrados

5 horas — Acordar, toalete, banho, diário, balancete etc.

7h — Recebo cartas de recomendação de Sir John Hawkshaw para J. Dirks, Amsterdam Canal, e para J. Waldorp, Hague.

10½ — No escritório do amigo Charles Neate tomando notas

sobre a memória de Harrison Hayles, M. I. C. E.[1] "On the Amsterdam Ship Canal". Noordzee Canal.

3½ — Em Bloomsbury Mansions com o amigo J. C. Rodrigues. Fomos a Queen Anne's Mansions, St. James Park ver uns aposentos para onde pretende mudar-se.

6½ h — Jantamos no Grand Hotel — Trafalgar Square.

2.

VIAGEM À HOLANDA

13/1 a
23/1/1883

[*13 de janeiro*]

45.º aniversário de André Rebouças, 1838-1883.
Noite encoberta; manhã de chuviscos; alguns raios de sol
na Mancha e na Normandia.

Temperatura de 3º-6º centígrados

5 horas — Acordar, toalete, banho, diário, balancete etc.

7h — Preparativos para a viagem à Holanda.

10h — Partida de Charing Cross Station, despedindo-me do
amigo J. C. Rodrigues.

11h40 — Em Ashford. Tomam os bilhetes até Dover.

12h — Em Dover. Vapor de rodas *La Malle*.

2h — Calais. Dragas na entrada. Grandes obras no porto.

2h15 — Partida de Calais. Vastas planícies. Fábricas de açúcar de beterraba com fornos Fiver-Lille para cal e ácido
carbônico.

4h30 — Lua em delgado crescente.

7h06 — Chegada a Bruxelas.

7h30 — Hospedo-me no Hotel Belle Vue quarto n.º 6.

8h30 — Janto no hotel. Está quase vazio. É o predileto dos
ingleses de junho a setembro.

[*14 de janeiro*]

Lua e estrelas à noite; sol e céu claro como jamais em Londres.

Temperatura de 0°-5° centígrados

5h — Acordar, toalete, diário, balancete etc.

7h — Começo a estudar a Croizette Desnoyers — *Travaux publics en Hollande*.

10h — Visita ao Palácio do Senado e Câmara, um belo modelo para o Brasil. Elegante, simples, modesto, confortável.

11h — Museu Wiertz. Excesso de imaginação. Verdadeiro delírio artístico (vide o catálogo).

11½ — Palais de Justice em construção. Erro arquitetônico de 60 000,00 fr.

12h — Palais des Beaux-Arts. Colunas de granito vermelho com base e capitéis de bronze, coríntios como projetei em 1869-70, para a praça do Comércio do Rio de Janeiro.

12½ — Almoço no Café Riche (28 Rue de l'Ecuyer).

2 — Visita ao ministro brasileiro conde de Villeneuve, ausente em Paris.

2½ — Partida para Anvers.

3½ — Chegada em Anvers. Hospedo-me no Hôtel St.-Antoine, quarto n.º 30.

5½ — Jantar na *table d'hôte*, com uns dez hóspedes apenas.

[15 *de janeiro*]

Lua e estrelas; algumas nuvens pela manhã; chuvisco durante o dia; chuva ao anoitecer.

Temperatura de 0°-5°

5h — Acordar, toalete, banho, diário, balancete etc.

7h — Continuo a estudar C. Desnoyers — *Travaux publics en Hollande*.

9½ — Estudo das obras do porto. Cais sobre Escault com fundação em areia com ar comprimido. [Vide as Notas de Viagem.]

2h25 — Partida de Anvers para s-Gravenhage.

2h45 — Passagem por Ekeren.

2h55 — Capellen.

3h08 — Calmpthout.

3h16 — Essen. Alfândega belga.

3h45 — Roosendaal. Alfândega holandesa.

4h45 — Partida de Roosendaal no expresso de Bruxelas.

5h15 — Passagem por Dordrecht.

6h00 — Rotterdam (duas estações).

7h00 — s-Gravenhage. Hospedagem no Hotel Belle Vue, quarto n.º 18.

8h10 — Excelente jantar no hotel.

[*16 de janeiro*]

Chuva à noite; neblina pela manhã; alguns raios de sol à tarde.

Temperatura de 0°-6° centígrados

5h — Acordar, toalete, diário, balancete etc.

7h — Continuo a estudar C. Desnoyers — *Travaux publics en Hollande*.

10h — Com o engenheiro J. Waldorp, introduzido pela recomendação de Sir John Hawkshaw. Conferência sobre os portos do Rio Grande do Sul e Ensenada [rio da Prata]. [Ver as notas dessa conferência.]

11h½ — No Ministério dos Estrangeiros. O ministro marcou para as três horas a sua conferência.

12h — No Hotel Belle Vue escrevendo a opinião do engenheiro J. Waldorp sobre os portos do Rio Grande do Sul.

1½ — Com o guia P. J. Houtmeyers, o mesmo que servira a dom Pedro II em 1877, estudando as obras-primas do Museu Real de s-Gravenhage. (Vide as notas do catálogo.)

3h — Com o ministro dos Estrangeiros Rochussen, a quem fora recomendado pelo cônsul holandês no Rio de Janeiro. Limitou-se a deixar-me um bilhete de visita no hotel.

3½ — Estudo da admirável galeria do Baron Steengracht van Oosterland. [Vide notas no Baedeker.][2]

5h — Jantar no Hotel Belle Vue (La Haye = s-Gravenhage).

6h45 — Partida para Amsterdam.

8½ — Hospedagem no Amstel Hotel quarto n.º 36.

[*17 de janeiro*]

Luar entre nuvens; muita neblina pela manhã; sol brilhante de 2½ da tarde em diante.

Temperatura de 0°-5° centígrados

5h — Acordar, toalete, banho, diário, balancete etc.

7h — Continuo a estudar C. Desnoyers — *Travaux publics en Hollande*.

10h — Visita ao engenheiro J. Dirks, 67 Stadhouderskade, achava-se em viagem; só será possível amanhã.

10½ — Percurso em carro com o mesmo guia que serviu ao imperador d. Pedro II em 1877 às docas, máquinas de esgoto, canais, diques etc. (ver as Notas de Viagem).

2½ — Livraria de Frederick Muller & Co., procurando mapas e obras sobre a Holanda, presente de *Catálogos sobre o Nederland's Waterstaat* e de *Books, Plates, Maps on North and South America*.

5½ — Jantar na *table d'hôte* do Amstel Hotel.

8 horas — Recebo do livreiro [Joh G. Stanler], plantas do porto de Amsterdam, Ymuiden, Rotterdam e Vlissingen.

[**18 de janeiro**]

Luar incinerado; chuviscos; tempo sempre encoberto; jamais escuro e triste como o de Londres.

Temperatura de –2° +6° centígrados

5h — Acordar, toalete, banho, diário, balancete etc.

7h — Estudo os mapas de Amsterdam ontem recebidos.

9½ — Visita ao Palácio do Museu e ao Palácio da Exposição ambos em construção.

11h — Excelente recepção pelo engenheiro J. Dirks. Presente da planta do Noordzee Kanaal. Bilhete para Ymuiden. Carta circular para os engenheiros de Rotterdam e Vlissingen (ver as notas e documentos sobre a discussão sobre o porto do Rio Grande do Sul, Torres e novo porto para Porto Alegre — Tramandaí).

1½ — Compra de plantas e documentos sobre os portos da Holanda.

2½ — Volta ao hotel sempre com o extraordinário guia D. J. Soeber, o mesmo que serviu a d. Pedro II em sua viagem à Holanda (de 14 a 23 de julho de 1877).

5½ — Jantar na *table d'hôte* do Amstel Hotel.

8 — Preparativos para excursão de amanhã ao Noordzee Kanaal e porto de Ymuiden.

[*19 de janeiro*]

Noite encoberta; neblina pela manhã; dia e tarde sempre encobertos.

Temperatura de 0°-8° centígrados

5 horas — Acordar, toalete, diário, balancete etc.

7h — Continuo os estudos sobre o porto de Amsterdam, Noordzee Kanaal e porto artificial de Ymuiden.

8h — Cartas aos amigos J. C. Rodrigues (Queen Anne's Mansions St. James Park) e Charles Neate, 4 Victoria Street, Westminster.

10½ — O engenheiro J. Dirks fatigado pela viagem a Paris, não pôde acompanhar-me a Ymuiden; parto em vapor com o guia D. J. Soeber. O *Dolphyn* embaraçado pela cerração só pôde partir às 10½.

12h — Passávamos por Velsen.

1h — Em plena neblina entra o vapor holandês *Ceres* que navega para o Mediterrâneo. Assisto a sua passagem pela eclusa de Ymuiden (central). Acompanha-nos na visita às dragas e às eclusas H. Slegtkamp, graças a recomendação do engenheiro J. Dirks.

1½ — Volta de Ymuiden no mesmo vapor.

3½ — Chegada ao porto de Amsterdam.

(Vide as Notas de Viagem.)

5½ — Jantar na *table d'hôte* do Amstel Hotel.

[*20 de janeiro*]

Muito vento à noite e pela manhã; pela primeira vez o Amstel amanhece degelado; chuviscos; sol das três da tarde em diante.

Temperatura de 2°-6° centígrados

5 horas — Acordar, toalete, banho, diário, balancete etc.

7h — Continuo a estudar os portos da Holanda.

10½ — No escritório do engenheiro J. Dirks, que só chegou às 11½ — passo esta hora de espera no museu apreciando os quadros de Rembrandt. (Vide as Notas de Viagem.)

11½ — Conferência com o engenheiro J. Dirks. Da vinda ao Rio de Janeiro a 4 e 5 de abril 1883 em sua passagem para o Chile. Discussão sobre os portos da Holanda e do Brasil. Dá-me relatórios do porto de Amsterdam. [Vide as Notas de Viagem.]

2h — Excursão a Schellingwoude. Visita às grandes bombas de esgoto e às eclusas do Zuiderzee (ver as Notas de Viagem).

4h — Volta a Amsterdam.

5h — Parto de Amsterdam em estrada de ferro para Rotterdam.

6h — Chego a Rotterdam. Hospedo-me no Hotel Victoria, quarto n.º 10.

(Vide p. 39 das Notas de Viagem — Criação de uma Nova Amsterdam nos terrenos alagados do Rio de Janeiro.)

7½ — Jantar no Hotel Victoria.

[*21 de janeiro*]

Luar à noite; neblina pela manhã, com geada; dia e tarde encobertos.

Temperatura de 0°-5° centígrados

5h — Acordar, toalete, diário, balancete etc.

7h — Continuo os estudos sobre os portos da Holanda.

10 horas — No New Bath Hotel visitando o cônsul A. A. Machado de Andrada Carvalho.

1h — Com o engenheiro W. F. Lemans, um belo moço do mesmo tipo que o engenheiro J. Waldorp. Presenteia-me com desenhos, Cahiers de Charges, estatísticas de Rotterdam e dá roteiro e cartas de recomendação para Hoek van Holland.

2½ — Despedida do cônsul brasileiro.

3h35 — Partida de Rotterdam para Delft em estrada de ferro.

4h00 — Chegada a Delft (Academia de Engenharia).

4h20 — Partida em carro de Delft.

6h30 — Parada em Monster para descansar o cavalo.

7h30 — Chegada a Hoek van Holland. Hospedo-me com o *courrier* Maurice van Gelder no mesmo hotel-café dessa nascente povoação.

8h30 — Modesto e improvisado jantar.

[*22 de janeiro*]

Luar através de neblina; alguns raios de sol ao meio-dia; tarde encoberta.

Temperatura de 0°-6° centígrados

5 horas — Acordar, toalete, diário, balancete etc.

7h — Continuo os estudos sobre os portos da Holanda.

8½ — No escritório dos engenheiros. Estudo dos desenhos. Visita às dragas da área e aos molhes exteriores com o engenheiro Vollenhoven, formado na Escola Politécnica de Delft.

11h — Com o construtor Van Blois visita às dragas de vasa e aos escavadores a seco; aos modelos das obras, que foram às Exposições de Viena (1873) e Paris (1878).

12h — Partida [...] de Hoek van Holland em carro com o *courrier* Maurice van Gelder.

2h — Hospedo-me no Hotel des Indes, quarto n.º 11, preferível ao Belle Vue por ter banheiros etc. Ocupa o palácio de um barão e é um dos mais ricos da Europa.

6½ — Jantar no hotel.

8½ — Recolho-me muito constipado e abatido pelo excessivo trabalho desta viagem.

[*23 de janeiro*]

Luar à noite; manhã clara; dia de sol brilhante.

Temperatura de 0°-5° centígrados

5h — Acordar, toalete, banho, diário, balancete etc.

7h — Continuo os estudos sobre os portos da Holanda.

8h44 — Partida de s-Gravenhage para Rotterdam.

9h15 — Recebo em Rotterdam do guia Maurice van Gelder minhas malas e sigo viagem para Vlissingen.

10h00 — Passo por Dordrecht.

10h45 — Mudança de trem em Rozendaal.

11h00 — Partida para Vlissingen. Travo conhecimento no trem com Edward Gulge agricultor em Breda.

12h45 — Chegada a Vlissingen.

1h00 — Deixo minha bagagem no paquete.

1h30 — Almoço no Hotel-Café Belle Vue.

2h00 — Com o engenheiro De Bruyu ao qual fora recomendado pelo engenheiro J. Dirks. Estavam terminadas as obras. Mostrou-me vários desenhos e presenteou-me com algumas plantas do porto. Indicou-me as modificações, feitas ao projeto figurado na obra de Croizette Desnoyers.

4h00 — Embarcado. Camarote n.º 4 do vapor de rodas *Princess Elizabeth*.

6h00 — Jantar no paquete.

9h00 — Partida de Vlissingen para Queenborough.

24/1 a
8/2/1883

3.

DESPEDIDAS E PLANOS

[*24 de janeiro*]

Manhã clara em Queenborough; dia mais ou menos incinerado e ventoso em Londres.

Temperatura de 0º-4º centígrados

5h — Acordar e toalete parcial no paquete.

6¼ — Chegada a Queenborough. Exame da alfândega.

8h20 — Em Londres. Victoria Station.

9h00 — Em Charing Cross Hotel, quarto n.º 298.

10h00 — Toalete, banho, balancete etc.

11h30 — Almoço no restaurante do Charing Cross Hotel.

12h00 — No Reading Room com o J. C. Rodrigues e Mendonça.

1h00 — Com o presidente A. H. Phillpotts no London e County Banking Co. Dou-lhe a encomenda de Rotterdam.

1h30 — Com o secretário na companhia Conde d'Eu.

2h00 — Com Frederick Youle, 155 Fenchurch Street.

2h30 — Com C. H. Linklates e irmão tratando da carta de Emil Oppert, 107 Cannon Street NC, nomeando-me engenheiro representante do Caminho de Ferro Queluz—Pitangui com o vencimento de £ 50 por mês, além das despesas pagas em serviço da companhia, que se organiza para construir essa estrada de ferro.

3h30 — Em Queen Anne's Mansions, quarto C, oitavo andar. Com o amigo J. C. Rodrigues e o adido da legação Henrique de Miranda. O amigo J. C. Rodrigues foi jantar com um dos filhos do general Grant, ex-presidente dos Estados Unidos.
6h00 — Janto no restaurante Blanchard.

[*25 de janeiro*]

Chuva e vento à noite; dia e tarde escuros e ventosos.
Temperatura de 6° centigrados.
5h — Acordar, toalete, banho, diário, balancete etc.
7h — Pondo em ordem os documentos da viagem à Holanda.
10h — No escritório do amigo Charles Neate, 4 Victoria Street; escrevendo a Sir John Hawkshaw, ao Emil Oppert e ao D. C. Scott.
12h — Deixo o bilhete de visita ao amigo G. S. Brandon.
1h — Recebo £20 de Norton, Megaw & Co., que se encarregam de comprar a passagem para o Rio de Janeiro.
2h — Com C. H. Linklates tratando do Caminho de Ferro de Queluz a Pitangui.
3h — Visito Alexandre de Oliveira Monteiro, filho de Antônio Oliveira Monteiro, íntimo amigo do meu Miguel Antônio Dias.
3½ — Em Queen Anne's Mansions com o amigo J. C. Rodrigues.

5½ — Visita ao Joaquim Nabuco em Maddox Street.

6h — Jantamos no restaurante Blanchard.

[*26 de janeiro*]

Chuviscos à noite; dia e tarde escuros e ventosos.

Temperatura de 3°-6° centígrados

5h — Acordar, toalete, banho, diário, balancete etc.

7h — Respondo à carta de Carlos Gomes de 15 de janeiro em Milão, mencionando que em maio entregará ao editor Ricordi a ópera *Lo Schiavo*.

10h — No escritório do amigo Charles Neate continuando os trabalhos sobre a Estrada de Ferro Conde d'Eu. Porto e ramal do Cabedelo. E Companhia para Melhoramento dos Portos do Brasil.

3h — Na legação brasileira com o amigo Joaquim Nabuco, secretário Correia, e adido Henrique de Miranda.

4h — Em Queen Anne's Mansions com o amigo J. C. Rodrigues.

6h — Jantamos no restaurante Blanchard com o recomendado Alexandre de Oliveira Monteiro.

[*27 de janeiro*]

Tempestade à noite; muito vento e chuva durante todo o dia; tarde escura e tempestuosa.

Temperatura de 0°-5° centígrados

5h — Acordar, toalete, banho, diário, balancete etc.

7h — Cartas aos amigos engenheiro José Américo dos Santos, Manoel Antônio Dias, Antônio de Oliveira Monteiro e André Gustavo Paulo de Frontin, lente da Escola Politécnica.

10 horas — No escritório do amigo Charles Neate. Escrevo a "Solução geral do problema dos portos para a província do Rio Grande do Sul", que deixo em cartas lacradas aos amigos J. C. Rodrigues e Joaquim Nabuco.

12h — O engenheiro Robert Messer da casa Wilson, Sons & Co. comunica-nos que o C. Scott, gerente dessa casa, terá conosco uma conferência na próxima semana sobre a Brazilian Harbour Improvement Co., Limited.

4h — Em Queen Anne's Mansions com o amigo J. C. Rodrigues.

7h — Jantamos no restaurante desse singular edifício, o mais alto de Londres (treze pavimentos).

[*28 de janeiro*]

Luar e estrelas à noite; manhã clara; dia de sol; tarde encoberta.

Temperatura de 2°-8° centígrados

5h — Acordar, toalete, banho, diário, balancete etc.

7h — Carta ao engenheiro José Ewbank da Câmara, diretor das obras do prolongamento da Estrada de Ferro D. Pedro II.

10h — Visito o recomendado Alexandre de Oliveira Monteiro no Hotel Maltus, 107 11 Arundel Street, Coventry Street W, e ao meu ex-discípulo engenheiro L. Farinha Filho, 36 Woburn Place, Russell Square.

12h — Continuo o Resumo Autobiográfico. Setembro e outubro de 1870.

6h — Jantar de despedida em casa de Gabriel S. Brandon, 339 Goldhawk Road — Oakbrook — Hammersmith W — *Solicitor* — irmão de Frederick Brandon, negociante no Rio de Janeiro. Família composta da senhora; três filhas, Nora, Lilian, Sibell; de um filho de dezoito anos que ajuda o pai no escritório, 15 — Essex Street — Strand — e de dois meninos, um de quatro anos e outro ainda de colo.

[*29 de janeiro*]

Chuva à noite; manhã tempestuosa; muita chuva e muito vento durante todo o dia.

Temperatura de 4°-10° centígrados

5h — Acordar, toalete, banho, diário, balancete etc.

7h — Notas sobre o decreto autorizando a província de São Paulo a melhorar o porto de Santos.

10¼ — No escritório do amigo Charles Neate tratando do Caminho de Ferro Conde d'Eu e da Companhia dos Portos do Mar.

12h — Em 34 Leaden Hall Street E. C. com Jacob Walter e Jorge Hime, tratando de confiar o recomendado Alexandre de Oliveira Monteiro ao amigo J. C. Rodrigues para ensinar--lhe inglês.

1h — Com o amigo C. H. Linklates, ao qual ofereci um exemplar da minha obra sobre garantia de juros.

1½ — No escritório, 12 Pancras Lane, dos correspondentes Norton, Megaw & Co. que me entregaram a passagem para o Rio de Janeiro, camarote n.º 46 por £ 30.

2h — Com o amigo J. C. Rodrigues em Queen Anne's Mansions.

6h — Jantamos no Grand Hotel Trafalgar Square.

[*30 de janeiro*]

Chuva à noite; manhã clara; dia dúbio; tarde mais ou menos enublada.

Temperatura de 3°-6° centígrados

5h — Acordar, toalete, banho, diário, balancete etc.

7h — Notas sobre vários decretos concernentes a estradas de ferro brasileiras.

10h — No escritório do amigo Charles Neate. Recebemos cartas do engenheiro José Américo dos Santos, participando que, a 18 de dezembro 1882, tinham ido a informar pelo engenheiro fiscal na Paraíba os papéis relativos à extensão Cabedelo e levantamento da última parte do capital da companhia Conde d'Eu Railway Company, Limited.

1h — Visita ao recomendado Alexandre de Oliveira Monteiro.

3h — Em 55, New Broad Street, London E. G., em escritório da British and Foreign Anti-Slavery Society, com o amigo Joaquim Nabuco e o secretário C. H. Allen, que me entregou um ofício de agradecimento pelos serviços prestados no Brasil à santa causa da abolição.

5h — Em Queen Anne's Mansions com o amigo J. C. Rodrigues.

7h — Janto com os irmãos C. H. Linklates e T. H. Linklates no Hotel Continental (Regent Street). [Charles H. Linklates, ex-sócio do W. Lara Tupper, Thomas H. Linklates, Escola de Minas de Paris.]

[*31 de janeiro*]

Noite estrelada; geada e cerração (*frost* e *fog*) durante todo o dia.

Temperatura de 0°-3° centígrados

5h — Acordar, toalete, banho, diário, balancete etc.

7h — Carta de despedida a José Maria Paranhos, cônsul em Liverpool.

10h — No escritório do amigo Charles Neate tratando do Caminho de Ferro Conde d'Eu e do porto do Rio Grande do Sul.

1h — Respondendo à carta de 23 de novembro do dr. Lopo Netto só hoje recebida com os documentos sobre o porto do Rio Grande do Sul.

2h — Recebo carta de C. H. Allen, secretário da British and Foreign Anti-Slavery Society encarregando-me de obter cópia das sentenças em favor dos libertos de Cata Branca (Minas Gerais).

4h — Em Queen Anne's Mansions com o amigo J. C. Rodrigues.

6h — Jantamos com o recomendado Alexandre de Oliveira Monteiro no restaurante Blanchard.

8h — Visitou-me no Charing Cross Hotel o meu ex-discípulo engenheiro Luiz Farinha Filho.

[*1.º de fevereiro*]

Noite e manhã encobertas; geada e cerração durante todo o dia.

Temperatura de 0°-5° centígrados

5h — Acordar, toalete, banho, diário, balancete etc.

7h — Cartas aos amigos engenheiro J. A. dos Santos e Miguel Antônio Dias confirmando a volta ao Rio pelo paquete *Neva* a 9 de fevereiro.

10h — No escritório do amigo Charles Neate. Escrevemos uma carta ao D. C. Tost, lembrando a adjudicação do porto do Ceará e a organização da Companhia dos Portos do Brasil.

12h — O recomendado Alexandre de Oliveira Monteiro comunica-me que seus correspondentes Jacob Walter & Cia. e Jorge Hime preferiam enviá-lo para um internato.

3h — Com o amigo J. C. Rodrigues em Queen Anne's Mansions. Chegara ontem, às dez da noite, o Manoel Gomes de Oliveira, concessionário do Caminho de Ferro Cantagalo.

7h — Em Blue Ports Tavern, Cork Street, Burlington Garden, a convite do amigo Charles Neate, em jantar com ele e o J. C. Rodrigues.

8h — Em St. James Hall, com esses dois amigos, no concerto inaugural do Bach Choir, composto, quase exclusivamente, de música sacra e clássica.

[*2 de fevereiro*]

Temporal à noite; muita chuva e muito vento pela manhã; dia encoberto e chuvoso; tarde tempestuosa.

Temperatura de 5°-9° centígrados

5h — Acordar, toalete, banho, diário, balancete etc.

7h — Passando a limpo as notas da viagem à Holanda.

10h — No escritório do amigo Charles Neate, tratando das obras marítimas no Cabedelo e da Companhia dos Portos de Mar à vista das respostas de C. Scott.

1h — Em 27 Clement Lane com o secretário da companhia Conde d'Eu.

1½ — Despedindo-me de Jonathan Brandon, 12 Fenchurch Street.

2 — Recebo de Frederick Youle & Co. £ 50 — 4 — 10, saldo do meu crédito.

4h — Em Queen Anne's Mansions com o amigo J. C. Rodrigues.

6½ — Janto com o amigo J. C. Rodrigues e Manoel Gomes de Oliveira em Queen Anne's Mansions.

[*3 de fevereiro*]

Chuva e vento à noite; manhã clara; dia de sol; tarde enublada.

Temperatura de 4°-8° centígrados

5h — Acordar, toalete, banho, diário, balancete etc.

7h — Respondo à carta do Antônio Alves Machado de Andrade Carvalho, cônsul em Rotterdam, agradecendo as cartas da Holanda que me remeteu.

10¼ — No escritório do amigo Charles Neate, continuando os estudos sobre portos de mar e revisando as notas da viagem à Holanda.

4h — Em Queen Anne's Mansions com os amigos J. C. Rodrigues, Joaquim Nabuco e Manoel Gomes de Oliveira.

6½ — Jantamos no Grand Hotel, Trafalgar Square.

[*4 de fevereiro*]

Noite estrelada; manhã clara; dia de sol; tarde mais ou menos enublada.

Temperatura de 3°-8° centígrados

5h — Acordar, toalete, banho, diário, balancete etc.

7h — Escrevo ao criado George Cahengli — Trin — Canton des Grisons, prevenindo da volta ao Brasil.

10½ — Bilhete de despedida ao engenheiro Luiz Farinha, 36 Woburn Place, Russell Square.

11h — Despedindo-me do R. Austin, ex-vice-cônsul no Rio, 9 Bayley Street, Bedford Square.

12h — Com o adido Viana de Lima, 2 Little Stanhope, Mayfair.

1½ — Despedindo-me do Eduardo de Martins, 2 College Terrace (Swiss Cottage).

3h — Despedindo-me do almirante Costa Azevedo, 16 Elgin Crescent, Notting Hill.

5½ — Janto com o amigo Joaquim Nabuco em casa do almirante Costa Azevedo.

[*5 de fevereiro*]

Noite estrelada; manhã clara; dia de sol; algumas nuvens à tarde.

Temperatura de 4°-9° centígrados

5h — Acordar, toalete, banho, diário, balancete etc.

7h — Escrevi ao Alexandre de Oliveira Monteiro, atualmente do Colégio de Gaudin Belcour, 18 Oxford Terrace — The Grove — Ealing W.

10h — No escritório do amigo Charles Neate conferenciando com ele e o presidente A. H. Phillpotts sobre as obras marítimas do Cabedelo.

11h — Continuo a passar a limpo as notas da viagem à Holanda.

6½ — Janto em Queen Anne's Mansions com o amigo J. C. Rodrigues e o Manoel Gomes de Oliveira.

8½ — Visitaram-me no Charing Cross Hotel o Alfred P. Youle e o adido da legação Henrique de Miranda.

[*6 de fevereiro*]

Noite estrelada; manhã clara; dia de sol; tarde um pouco incinerada.

Temperatura de 0°-6° centígrados

5h — Acordar, toalete, banho, diário, balancete etc.

7h — Respondo à carta de ontem do amigo C. H. Linklates.

10h — No escritório do amigo Charles Neate.

11h — Com Sir John Hawkshaw. Conferência sobre o porto do Rio Grande do Sul. Só deseja o porto das Torres.

12½ — Em Millwall Docks — Samuda Brothers[3] examinando o encouraçado *Riachuelo* com o construtor Trajano A. de Carvalho, almirante Costa Azevedo, Joaquim Nabuco e Henrique de Miranda.

3½ — Visita ao Alfred P. Youle, 155 Fenchurch Street.

4h — No escritório de Norton, Megaw & Co.

6h — Com o amigo J. C. Rodrigues em Queen Anne's Mansions.

6½ — Em White Mall Club. Jantar do conselho do Instituto dos Engenheiros Civis. Entre Sir John Hawkshaw e Branlas, presidente do Instituto Construtor dos Planos Inclinados de São Paulo, engenheiro consultor do Caminho de Ferro Rio & Minas. Thomas R. Crampton ficara à direita de Sir John Hawkshaw. Conversou-se sobre o Severn Tunnel, Bristol, caminhos de ferro e portos de mar do Brasil.

8h — Na sessão do Instituto dos Engenheiros Civis. O membro do conselho Thomas R. Crampton ofereceu-me um exemplar de sua memória *On an Automatic Hydraulic System for* [...] *the Channel Tunnel*. Discutiu-se a memória *On Steel Boilers*.

[*7 de fevereiro*]

Noite estrelada; manhã encoberta; chuva durante todo o dia; tarde escura e úmida.

Temperatura de 4°-8° centígrados

5h — Acordar, toalete, banho, diário, balancete etc.

7h — Escrevo ao conde de Villeneuve, ministro em Bruxelas, pedindo plantas sobre os portos belgas.

10h — No escritório do amigo Charles Neate.

11h — Despedida de Norton, Megaw & Co. e preparação dos quatro caixões com livros para virem para o Rio de Janeiro.

12h — Despedida de David C. Scott, do E. Helty, do engenheiro Robert Messer, da casa Wilson, Sons & Co.

1h — Despedida do conselheiro [Rosa], do delegado do Tesouro Odorico da Costa e do cônsul Salles (barão de Ibirá-Mirim).

1½ — Despedindo-me dos irmãos Frederick Youle e Alfred P. Youle em 155 Fenchurch Street.

2½ — Em sessão da diretoria da companhia Conde d'Eu Railway Company Limited com o presidente A. H. Phillpotts, secretário W. Vredenburg, engenheiro Charles Neate e diretores A. P. Youle, general Beale, Hawkes, & Holt. Decidiu-se telegrafar ao Governo que estava quase extinto o capital concedido de £ 425 000 e exigindo pela autorização para emitir as restantes £ 250 000.

8h — Jantar no Café Royal Regent Circus com os irmãos C. H. Linklates, T. H. Linklates, R. Austin e o amigo J. C. Rodrigues.

[**8 de fevereiro**]

Chuva à noite e pela manhã; dia escuro e chuvoso; tarde encoberta; chuviscos ao anoitecer.

Temperatura de 5°-8° centígrados

5h — Acordar, toalete, banho, diário, balancete etc.

7h — Preparando as malas para volta ao Brasil.

10h — No escritório do amigo Charles Neate despedindo-me

dos amigos meus de trabalho A. D. Hutchings, A. Bulman; e [...] Waumington.

[...] ½ — Despedindo-me do secretário do Instituto James [...] George Street, do presidente James [...] Victoria Street, de D. M. Fox, 5 [...], do engenheiro Thomas R. Crampton [...], do ex-secretário do Instituto [...] hoje [...] Robert Stephenson & Co. em [...].

[...] — Bilhetes de despedida em casa do barão de Penedo.

[...] ½ — Na legação despedindo-me do secretário Correia e dos amigos Viana de Lima, Antônio Moreira e Henrique de Miranda.

7h — Jantar de despedida, dado pelo amigo J. C. Rodrigues em Queen Anne's Mansions, com o barão de Ibirá-Mirim, C. H. Linklates, Joaquim Nabuco, T. H. Linklates, Manoel Gomes de Oliveira, Henrique de Miranda e R. Austin, ex-vice-cônsul inglês no Rio de Janeiro.

[...] — Compareceu à sobremesa o adido Viana de Lima.

[...] ½ — Recolho-me ao meu quarto n.º 298 [...] do Charing Cross Hotel.

9/2 a
3/3/1883

4.

A BORDO DO *NEVA*

[*9 de fevereiro*]

Chuva à noite; manhã encoberta e chuvosa em Londres; dia de sol em Southampton.

Temperatura de 5°-8° centígrados

5h — Acordar, toalete, banho, diário, balancete etc.

7h — Fechando as malas e almoçando.

9h — Em Waterloo Station; partida para Southampton acompanhando-me o amigo Joaquim Nabuco. Despedira-se de mim em Charing Cross Hotel o almirante Costa Azevedo; na estação os amigos Trajano A. de Carvalho, Henrique de Miranda, Alfred P. Youle, J. C. Rodrigues, Manoel Gomes de Oliveira e Charles Neate.

11½ — Chegada a Southampton.

12 — Embarque no *Neva* atracado à doca.

12½ — Partida da doca; despedida do amigo Joaquim Nabuco.

1h — Lanche frio a bordo do *Neva*.

2½ — Partida de Southampton.

10h — Chegada a Cherbourg. O paquete *Neva* amarra em frente à bateria central do Grande Quebra-Mar.

[*10 de fevereiro*]

Temporal; chuva e vento de meia-noite em diante; manhã tempestuosa; dia sendo de muito vento e chuva.

Temperatura de 2°-6° centígrados

A bordo do *Neva* — Royal Mail — Captain W. Gillies

5h — Acordar, toalete, banho, diário, balancete etc.

8½ — Embarcou em Cherbourg o M. J. Borges de Lima, concessionário das minas de ouro da companhia.

9h — Almoço à inglesa.

10h — O paquete *Neva* não parte pela cerração e muita chuva e vento; fica atracado em frente à bateria central do Grande Quebra-Mar; quase absolutamente fixo a despeito do temporal.

9h da noite — Parte o *Neva* de Cherbourg apesar do mar ainda tempestuoso.

[**11 de fevereiro**]

Noite tempestuosa; mar muito cavado; alguns raios de sol durante o dia; muito vento e muita chuva à tarde.

Temperatura de 3°-7° centígrados

5h — Acordar, toalete, banho, diário etc.

De Cherbourg a Lisboa

Barômetro a 29",60

O *Neva* é obrigado a parar por vezes pela muita cerração.

Regime a bordo do *Neva*

7h — Chá preto e leite.

9h — Almoço.

12h½ — Lanche (com água de Seltz).

5h — Jantar (com água de Seltz).

7½ — Água com açúcar em lugar de chá.

[**12 de fevereiro**]

Muito vento à noite; mar muito cavado; dia chuvoso e tempestuoso; aguaceiros.

Temperatura de 4°-7° centígrados

5h — Acordar, toalete, diário etc.

De Cherbourg a Lisboa

O *Neva* dificilmente luta contra o temporal.

Barômetro a 29",70

[*13 de fevereiro*]

Muito vento e chuva à noite; mar muito cavado; dia escuro e tempestuoso.

Temperatura de 5°-7° centígrados

5h — Acordar, toalete, banho, diário etc.

De Cherbourg a Lisboa

O *Neva* acha-se durante todo o dia entre os cabos Ortegal e Finisterra, vendo-se as montanhas da costa da Espanha.

Barômetro a 29",65

[*14 de fevereiro*]

Temporal fortíssimo à noite; manhã escura; dia tempestuoso; aguaceiros frequentes; tarde melhor.

Temperatura de 5°-7° centígrados

5h — Acordar, toalete, diário etc.

De Cherbourg a Lisboa

O *Neva* não pode vencer o temporal, é obrigado a ficar parado quase toda a noite e durante o dia até às 4½ da tarde.

Barômetro a 29",80

Às três horas, estando o *Neva* parado atravessou-nos pela popa um vapor da casa Lamport & Holt.

4½ — Melhorando o tempo o *Neva* continua viagem, tendo sofrido algumas avarias à proa.

[*15 de fevereiro*]

Melhor noite; manhã encoberta; dia de sol belíssimo; tarde meridional.

Temperatura de 6°-12° centígrados

5h — Acordar, toalete, banho, diário etc.

De Cherbourg a Lisboa

Barômetro a 30",20

2h — Avistamos o cabo Carvoeiro.

5h — Em frente a Sintra.

8½ — Ancoramos no Tejo em frente a Belém.

10h — Espera-se debalde a visita da Saúde do Porto.

[*16 de fevereiro*]

Manhã belíssima; dia de sol claro e fresco; tarde clara com raras nuvens.

Temperatura de 8°-14° centígrados

5h — Acordar, toalete, banho no Hotel Central etc.

No Tejo e em Lisboa

6h — O *Neva* sobe de Belém a Lisboa.

8½ — Recebo telegrama de Londres do amigo Alfred P. Youle participando ter chegado autorização para a companhia Conde d'Eu Railway completar o seu capital (£425 000 + £250 000 = £675 000).

10½ — Almoço com o m. j. Borges de Lima no Hotel Central, depois de compra de roupa branca.

12h — Visita ao correspondente José Gonçalves Ramos, 27 travessa dos Fiéis de Deus.

2½ — Parte o *Neva* de Lisboa.

[*17 de fevereiro*]

Luar à noite; manhã clara; dia de sol; tarde belíssima.

Temperatura de 6°-12° centígrados

5h — Acordar, toalete, banho, diário, balancete etc.

De Lisboa a São Vicente

Barômetro a 30",70

Abriu-se pela primeira vez as escotilhas dos camarotes.

Mar calmo, espelhado, equatorial.

12h — Latitude — 34° 57' norte.

Longitude 12° 9' Greenwich W.

Percurso = 276 milhas

[18 *de fevereiro*]

Luar à noite; manhã clara; dia de sol; tarde belíssima.

Temperatura de 8°-15° centígrados

5h — Acordar, toalete, banho, diário etc.

De Lisboa a São Vicente

10½ — Revista da guarnição e serviço divino.

12 horas — Latitude — 30° 25' norte.

Longitude 14° 49' W Greenwich.

Percurso = 303 milhas

Barômetro a 30",20

9 horas da noite — Passamos Tenerife (Canárias).

[19 *de fevereiro*]

Luar à noite; nuvens pela manhã; dia mais ou menos enublado; tarde clara.

Temperatura de 6°-15° centígrados

5h — Acordar, toalete, banho, diário etc.

De Lisboa a São Vicente

8h — Carta ao Alfred Philippe Youle, 155 Fenchurch Street, London E. C., agradecendo o telegrama recebido de Lisboa.

10h — Encontramos um vapor da Pacific S. S. Co.

12 horas — Latitude — 26° 4' norte.

Longitude 17° 52' W Greenwich.

Percurso = 310 milhas

Barômetro a 30",10

[*20 de fevereiro*]

Luar entre nuvens; manhã clara; alguns chuviscos; tarde belíssima.

Temperatura de 10°-18° centígrados

5h — Acordar, toalete, banho, diário etc.

De Lisboa a São Vicente

10½ — Encontramos o paquete alemão *Montevidéu*.

12 horas — Latitude — 22°-1' norte.

Longitude 21°-18' W Greenwich.

Percurso = 312 milhas

Barômetro a 29",90.

[**21 *de fevereiro***]

Luar enublado; manhã encoberta; dia de sol; tarde linda em São Vicente.

Temperatura de 12°-23° centígrados

5h — Acordar, toalete, banho, diário etc.

De Lisboa a São Vicente = 1 560 milhas.

12h — Latitude — 17° 42' norte.

Longitude 24° 14' W Greenwich.

Percurso = 308 milhas

Barômetro a 29",85

2h — Avistamos a ilha de Santo Antão (Cabo Verde).

5¼ — Ancoramos em São Vicente, onde encontramos o paquete *La Plata*, da Royal Mail; partira do Rio de Janeiro a 9 de fevereiro.

11½ da noite — Tomado carvão, seguimos viagem.

Em São Vicente

1.ª vez — Paquete francês *Béarn*. 11 março 1861.

2.ª vez — Paquete francês *Navarre*. 6 novembro 1862.

3.ª vez — Paquete inglês *Douro*. 3 setembro de 1872.

4.ª vez — Paquete inglês *Neva*. 21 fevereiro de 1883.

O porto de São Vicente, apesar de tudo, tem feito alguns progressos; há um farol no rochedo, sito na entrada norte e um vistoso edifício da Câmara Municipal; muitas casas alvíssimas.

(Inaugurado em 1882) Farol

[*22 de fevereiro*]

Luar à noite, manhã enublada; dia de sol; tarde belíssima.

Temperatura de 13°-24° centígrados

5h — Acordar, toalete, banho, diário etc.

De São Vicente ao Recife

12h — Latitude — 14° 31' norte.

Longitude 25° 52' W Greenwich.

Percurso = 152 milhas

Barômetro a 29",90

[*23 de fevereiro*]

Luar à noite; algumas nuvens pela manhã; dia mais ou menos enublado; ameaças de chuva à tarde.

Temperatura de 17°-25° centígrados

5h — Acordar, toalete, banho, diário etc.

De São Vicente ao Recife

12h — Latitude — 9° 44' norte.

Longitude 27° 40' W Greenwich.

Percurso = 306 milhas

Barômetro a 29",90

[*24 de fevereiro*]

Luar enublado; manhã encoberta; chuviscos durante o dia; muito vento (NE) ao anoitecer.

Temperatura de 19°-26° centígrados

5h — Acordar, toalete, banho, diário etc.

De São Vicente ao Recife

12h — Latitude — 4° 54' norte.

Longitude 29° 35' W Greenwich.

Percurso = 312 milhas

Barômetro a 29",80

Zona equatorial de chuva constante.

2½ da tarde — Avistamos uma barca e uma galera em viagem para a Europa.

Acabo de ler *L'Afrique inconnue* por P. Gilbert. [...] Alfred Mane & Fils Editeurs. 3.ème édition. 1869.

[*25 de fevereiro*]

Noite encoberta e ventosa (NE); manhã enublada; dia de sol; ameaças de chuva ao anoitecer.

Temperatura de 20°-27° centígrados

5h — Acordar, toalete, banho, diário etc.

De São Vicente ao Recife

10 ½ — Revista da guarnição e serviço divino.

12h — Latitude — 0° 22' norte.

Longitude 31° 41' W Greenwich.

Percurso = 300 milhas

Barômetro a 29",85

No equador

1.ª vez — Paquete francês *Béarn*. 11 março 1861.

2.ª vez — Paquete francês *Navarre*. 6 novembro 1862.

3.ª vez — Paquete inglês *Douro*. 3 setembro de 1872.

4.ª vez — Paquete americano *Ontário*. 1872.

5.ª vez — Paquete francês *Gironde*. Setembro 1882.

6.ª vez — Paquete inglês *Neva*. 25 fevereiro de 1883.

[*26 de fevereiro*]

Chuviscos à noite e pela manhã; dia mais ou menos enublado; tarde clara.

Temperatura de 21°-25° centígrados

5h — Acordar, toalete, banho, diário, balancete etc.

De São Vicente ao Recife = 1 600 milhas

12h — Latitude — 4° 43' norte.

Longitude 33° 15' W Greenwich.

Percurso = 320 milhas
Barômetro a 29",90

[*27 de fevereiro*]

Noite estrelada; manhã clara; aguaceiros até uma da tarde; céu belíssimo ao anoitecer.

Temperatura de 20°-27° centígrados

5h — Acordar, toalete, banho, diário etc.

6h — Avistaram-se as verdes colinas de Pernambuco.

7½ — Ancorados no Lameirão (Recife).

8½ — Desembarque em escaler com o M. J. Borges de Lima.

9½ — Deixamos no consulado português o chanceler Vicente Rodrigues, que adoecera em viagem.

10½ — Banho no Terreiro do Carmo; almoço no Hotel de l'Univers; compras de roupa de brim etc.

1½h — De volta ao paquete *Neva*.

3¾ — Seguimos viagem para a Bahia.

[*28 de fevereiro*]

Noite estrelada maravilhosa; pela vez primeira Cruzeiro do Sul a SSE às 7 ½; manhã belíssima; dia de sol; ocaso esplêndido.

Temperatura de 20°-25° centígrados

5h — Acordar, toalete, banho, diário, balancete etc.

Do Recife à Bahia = 380 milhas

9½ — Encontramos o *Elbe*, partida do Rio a 24 fevereiro.

11½ — Passamos por uma corveta a hélice alemã.

12h — O *Neva* vai a meia força e o comandante não quis publicar boletim do costume.

1h — Exercício de fogo (o terceiro nesta viagem).

Durante quase todo o dia atravessamos bancos amarelos-d'ouro de ovas de peixes; alguns cardumes correram e saltaram emparelhando com o paquete *Neva*.

Barômetro a 29",90

[*1.º de março*]

Madrugada com Vênus e lua em minguante; ameaça de chuva até o meio-dia; tarde magnífica.

Temperatura de 20°-26° centígrados

5h — Acordar, toalete, banho, diário, balancete etc.

7h — Desembarque no Arsenal de Marinha da Bahia.

8h — Com a família do meu tio dr. Manoel Maurício Rebouças à rua de Carlos Gomes (rua De Baixo) n.º 68.

11h — No Papagaio (Bonfim) com o advogado dr. Araújo e o procurador Francisco Bruno Pereira, providenciando sobre a família da Bahia.

12½ — Embarque no Arsenal de Marinha com alguns companheiros.

1h — De volta ao *Neva*, onde encontramos o arcebispo da Bahia, em viagem para o Rio de Janeiro, na intenção de resignar o arcebispado.

2h — Segue o *Neva* viagem para o Rio de Janeiro.

A casa da calçada do Bonfim, junto à estação do Caminho de Ferro da Bahia ao São Francisco, edificada em 1842 pelo advogado Antônio Pereira Rebouças, meu bom pai, é hoje ocupada pelo Colégio da Piedade.

A casa, construída por meu avô André Pinto da Silveira, às ruas do Bispo e da Oração, é, desde muitos anos, ocupada pelo chefe e pela Repartição da Polícia.

[*2 de março*]

Luar entre nuvens; manhã clara; dia de sol; trovoadas no horizonte ocidental, sobre a costa ao anoitecer.

Temperatura de 22°-28° centígrados

5h — Acordar, toalete, banho, diário, balancete etc.

Da Bahia ao Rio de Janeiro

12h — Não foi publicado o boletim.

Barômetro a 29",80

2h — Passamos pelos Abrolhos; entre suas cinco ilhas e o continente, que não é visível a olhos nus.

Durante o dia vimos as montanhas mais altas e os pontos mais salientes da costa do sul da província da Bahia.

[*3 de março*]

Noite estrelada; manhã clara; dia de sol; trovoada ao anoitecer na costa do Rio de Janeiro.

Temperatura de 20°-26° centígrados

5h — Acordar, toalete, banho, diário etc.

Da Bahia ao Rio de Janeiro = 734 milhas

12h — Não foi publicado o boletim.

Barômetro a 29",85

O *Neva* diminuiu a marcha depois da observação do meio-dia.

5h — Avistaram-se as montanhas de Cabo Frio.

8h — Passamos o farol de Cabo Frio.

4/3 a
23/3/1883

5.
NO HOTEL DA VISTA ALEGRE

[*4 de março*]

Chuva à vista; manhã encoberta; dia mais ou menos enublado com alguns chuviscos.

Temperatura de 22°-27° centígrados

4h — Acordar, toalete, banho etc.

4½ — Para o *Neva* em frente ao farol da Rasa.

6h — Em frente à Fortaleza de Santa Cruz.

7h — Recepção no vapor *Niemeyer* (o meu Stanley Youle das Docas de D. Pedro II) pelos amigos Miguel A. Dias, engenheiro José Américo dos Santos, dr. Adolfo de Barros, Antônio de Oliveira Monteiro, Adriano Mullier, e na barca *Niterói* pela Escola Politécnica dirigida pelos lentes Frontin, Getúlio das Neves, Pincolet, Sampaio, Bastos e alguns dos meus alunos prediletos com o estandarte da escola, música dos alemães etc.

9h — Almoço no Hotel Novo Mundo à rua 1.º de Março.

10½ — Em Santa Teresa no Hotel da Vista Alegre aposento n.º 38, o mesmo ocupado em agosto 1882 com os amigos, que me receberam e ofereceram almoço.

5h — Jantar no Hotel da Vista Alegre ao lado do dr. Acácio de Aguiar.

[*5 de março*]

Chuva à noite e pela manhã; dia de sol mais ou menos enublado limpando à tarde.

Temperatura de 23°-28° centígrados

5h — Acordar, toalete, banho, diário, balancete etc.

7h — Carta ao Alexandre de Oliveira Monteiro (Ealing Street).

9½ — Na Escola Politécnica entre os colegas e discípulos.

10½ — Congregação; voto unânime de congratulação pela minha chegada.

12h — No Clube de Engenharia com o presidente Fernandes Pinheiro, tesoureiro Niemeyer etc.

12½ — Com os amigos Miguel Antônio Dias e José Américo dos Santos tirando a bagagem da alfândega.

1h — No escritório, 47 rua do Rosário, com os amigos e companheiros Adolfo de Barros e Alencastro.

2h — Visitando F. M. Brandon (46 rua da Alfândega) ausente em Petrópolis.

3½ — De volta ao aposento 38 do Hotel da Vista Alegre.

4½ — Janta comigo o meu ex-discípulo engenheiro Godofredo

Leão Veloso, filho do atual ministro do Império. Vê os planos e vistas panorâmicas dos portos da Holanda.

8½ — Visita-me o Carlos Santos, irmão do engenheiro José Américo dos Santos.

[*6 de março*]

Madrugada belíssima com Lua e Vênus, dia de sol, tarde com raras nuvens.

Temperatura 22°-28° centígrados

5h — Acordar, toalete, banho, diário, balancete etc.

7h — Carta ao amigo G. S. Brandão, 15 Emmy Street (Strand).

9h — No Ministério de Obras Públicas; entrega das plantas de porto Cabedelo; apresentação ao ministro; conversa sobre o Caminho de Ferro Conde d'Eu e portos do Rio Grande do Sul.

10h — Entrega ao Carlos Kunhardt o orçamento da ponte de Cabedelo para fazer a tradução oficial.

10 e ½ — Na Escola Politécnica; recebo convite do ministro do Império para o Congresso de Instrução (1.ª seção — 24.ª).

11 e ½ — Visita ao almirante Silveira da Motta.

12½ — No Jornal do Commercio com o gerente Concello Leonardo e o redator em chefe dr. Castro —

1½ — No escritório — 47 rua do Carmo — com os amigos Adolfo de Barros e José Américo dos Santos.

2½ — Na Gazeta da Tarde com o José do Patrocínio e os colegas de redação.

As janelas do meu aposento olham para o oriente; para observar os planetas e estrelas que aí se acham e o nascer do sol.

8½ — Visita-me no meu aposento n.º 38 do Hotel da Vista Alegre o meu grande amigo Stanley P. Youle.

[*7 de março*]

Esplêndida madrugada com Lua e Vênus; manhã deliciosa; dia de sol; ameaça de trovoadas à tarde.

Temperatura de 22°-27° centígrados

5h — Acordar, toalete, banho, diário, balancete etc.

8h — Em São Cristóvão, rua n.º Sete na Fábrica da Cia. Industrial de Óleo [ex-Gossipiana][4] com o amigo Stanley P. Youle. Gerente e restaurador desse importante estabelecimento, capital 700:000$000 Rs. por nove sócios — Óleo de algodão — Óleo de aráquide; bicuíba etc — sabão — Exporta resíduos comprimidos para Liverpool servindo à alimentação do gado.

9h — Almoço em casa do amigo s. p. Youle (51 Praia de São Cristóvão).

10½ — Dando ponto de exame na Escola Politécnica.

11h — Com os amigos João F. Clapp, Adolfo de Barros, engenheiro José Américo dos Santos, dr. Nicolau Moreira.

12h — Visita ao cônsul da Holanda Frederik Palm.

12½ — Examinando quatro alunos na Escola Politécnica.

3h — De volta ao hotel em Santa Teresa.

6h — Visita ao dr. Gusmão Lobo, 103 Catete.

7h — Com o engenheiro Bezzi — 56 Praia de Botafogo.

8h — Visitando a viscondessa do Rio Branco (rua do Guanabara).

8½ — Em casa do dr. José Avelino. Com o engenheiro Bezzi, o deputado Alfredo d'Escragnolle Taunay etc. (rua do Guanabara n.º [em branco], em frente à casa da viscondessa do Rio Branco).

[*8 de março*]

Noite estrelada; nuvens pela manhã; dia de sol; ameaças de trovoada à tarde.

Temperatura de 22°-29° centígrados

5h — Acordar, toalete, banho, balancete etc.

7h — Cartas aos amigos Joaquim Serra em Nova Friburgo e José Maria da Silva Paranhos, cônsul em Liverpool.

9h — No Ministério das Obras Públicas (portos da Holanda).

10½ — Na Escola Politécnica, dando ponto aos alunos.

11h — No Clube de Engenharia, explicando os diversos mapas, e vistas panorâmicas de Amsterdam, Rotterdam e Vlissingen.

12½ — Na Escola Politécnica examinando quatro alunos.

2½ — No Clube de Engenharia com os amigos Miguel Antônio Dias, engenheiro José Américo dos Santos.

3h — Volta a Santa Teresa (Hotel da Vista Alegre).

6h — Visita à mãe do amigo Joaquim Nabuco e ao seu cunhado dr. Hilário de Gouveia (no Flamengo).

7½ — Em casa do ministro do Império senador Leão Veloso, 147 rua de São Clemente, com ele e o filho engenheiro Godofredo mostrando-lhe os documentos sobre a Holanda, e provando com as plantas de Amsterdam, da Holanda e da província do Rio Grande do Sul, o símile topográfico e as vantagens de uma obra análoga ao novo porto de Ymuiden e ao Noordzee Kanaal.

8½ — Em casa do amigo Adolfo de Barros com os irmãos Pedro e Alfredo, dr. Alencastro, pianista Artur Napoleão.

[*9 de março*]

Noite e manhã mais ou menos enubladas; dia de sol; trovoada e chuviscos ao anoitecer.

Temperatura de 23°-29° centígrados

5h — Acordar, toalete, banho, diário, balancete etc.

7h — Cartas aos amigos Frederick Youle e c. h. Linklates, dr. j. c. Rodrigues, Joaquim Nabuco em Londres, e Bruno na Bahia.

8 ½ — Visita ao ministro da Marinha Meira de Vasconcelos, e ao presidente honorário da Sociedade Brasileira contra a Escravidão M. Barreto.

9½ — Na Escola Politécnica; não houve exame de meu curso.

10½ — No escritório, 47 rua do Carmo, com os amigos A. de Barros e José Américo dos Santos.

11½ — Com os interessados do Caminho de Ferro de Queluz a Pitangui.

12h — Comprando uma máquina de costura para as filhas do conselheiro dr. Manoel Maurício Rebouças.

1h — No Clube de Engenharia explicando a vários colegas e amigos os portos da Holanda.

3½ — De volta ao Hotel da Vista Alegre (Santa Teresa).

[*10 de março*]

Chuviscos à noite e pela manhã; dia enublado; tarde dúbia.

Temperatura de 23°-27° centígrados

5h — Acordar, toalete, banho, balancete etc.

7h — Cartas aos amigos Charles Neate, José da Costa Azevedo, Trajano A. de Carvalho e presidente A. H. Phillpotts
(Conde d'Eu Railway) e Eduardo de Martins em Londres.
9½ — Dou ao Reneburg para traduzir o relatório da companhia do canal e novo porto de Amsterdam.
10½ — Na Escola Politécnica; faltaram aos exames os alunos.
11h — No escritório do engenheiro José Américo dos Santos dando-lhe os mapas do Plata para o porto da Ensenada
e da Holanda para Amsterdam, Rotterdam e Vlissingen para
mandar gravar para a *Revista de Engenharia*.
12½ — No escritório, 47 rua do Carmo, com os amigos Adolfo de Barros e Alencastro.
1h — No Clube de Engenharia com o presidente Pinheiro
e tesoureiro Niemeyer preparando o programa para a recepção do engenheiro J. Dirks.

8 horas — De volta ao Hotel da Vista Alegre, em Santa
Teresa.

[**11 de março**]

Noite enublada; manhã clara; dia de sol; tarde belíssima.
Temperatura de 23°-30° centígrados
5 horas — Acordar, toalete, banho, diário, balancete etc.

7h — Resposta à carta 7 março do engenheiro José Rebouças. Escrevo ao amigo Miguel Antônio Dias.

8h — Ofício ao ministro do Império aceitando o convite para o Congresso de Instrução Pública [1.ª seção — 24.ª].

9h — Visitam-me e almoçam no hotel o dr. Antônio Veríssimo de Mattos e meu sobrinho e afilhado André Veríssimo Rebouças, órfão do engenheiro Antônio Rebouças.

11h — Almoço com o dr. José Avelino e sua senhora d. Eulália Gurgel do Amaral.

2h — Passeio em carro com eles e o deputado Alfredo d'Escragnolle Taunay às caixas-d'água do Carioca e às nascentes do Silvestre.

5h — Volta ao Hotel da Vista Alegre (Santa Teresa).

[12 *de março*]

Crescente ao anoitecer; noite enublada; madrugada belíssima; dia de sol; tarde clara.

Temperatura de 23°-31° centígrados

5h — Acordar, toalete, banho, balancete etc.

7h — Remeto ao amigo dr. J. C. Rodrigues vários extratos dos jornais sobre empresas brasileiras.

9h — Entrego ao Ministério do Império a aceitação do convite ao Congresso de Instrução Pública.

10h — Na escola dando ponto de exames.

11h — Com James Bellamy (Hall & Bellamy — 86 Direita) tratando do Caminho de Ferro Queluz—Pitangui.

11½ — No escritório, 47 rua do Carmo, com o amigo A. de Barros.

12½ — Em exames de três alunos na Escola Politécnica.

3h — De volta ao Hotel da Vista Alegre, em Santa Teresa.

5½ — Nas Laranjeiras, 42 rua do Guanabara, em casa do dr. J. Avelino com o amigo Taunay, em jantar pelo aniversário do seu irmão Augusto.

[*13 de março*]

Noite estrelada, ameaças de chuva pela manhã; dia de sol; trovoada e chuva à tarde.

Temperatura de 25°-33° centígrados

5h — Acordar, toalete, banho, diário, balancete etc.

7h — Reúno os documentos sobre os portos da Holanda.

9½ — No Ministério das Obras Públicas tomando [...] memorando [...] para o Rio Grande do Sul e do preço de garantia de juros para o Caminho de Ferro Conde d'Eu.

10½ — Na Escola Politécnica tratando da abertura do curso de engenharia civil.

11h — No Tesouro visitando o ministro visconde de Paranaguá, o oficial de gabinete Fernandes da Cunha etc.

12h — Na alfândega e com os correspondentes Norton, Megaw & Co. tratando do despacho dos quatro caixões de livros, vindos pelo *Rosse*, de Londres.

1h — No Clube de Engenharia com o presidente Niemeyer e amigo engenheiro José Américo dos Santos promovendo a recepção do engenheiro J. Dirks.

2h — Em 23 largo do Catumbi, casa do amigo Miguel Antônio Dias, escolhendo alguns livros dos caixões com ele deixados.

3h½ — De volta ao Hotel da Vista Alegre.

[*14 de março*]

Muita chuva pela manhã; extraordinários aguaceiros até às onze horas; tarde escura e chuvosa.

Temperatura de 22°-33° centígrados

5h — Acordar, toalete, banho, balancete etc.

7h — Carta ao dr. Pena, diretor do Caminho de Ferro D. Pedro ii pedindo [...] o modelo do porto da Gamboa.

8h — Preparo um modelo [...] para a *Revista de Engenharia*, [...] do amigo engenheiro José Américo dos Santos.

10h — Extratos dos jornais para os amigos Joaquim Nabuco, j. c. Rodrigues e c. h. Linklates em Londres.

[...] — Com o ministro da Marinha Meira de Vasconcelos

tratando do Caminho de Ferro Conde d'Eu, porto de Cabedelo e recomendando o amigo Trajano A. de Carvalho.

[...] — Com os correspondentes Norton, Megaw & Co. na alfândega tratando do despacho dos meus caixões de livros.

[...] — No escritório, 47 rua do Carmo, e no Clube de Engenharia com os amigos Adolfo de Barros e engenheiro José Américo dos Santos.

[...] — Visitando o deputado dr. Araújo C. da Cunha.

3h — De volta ao Hotel da Vista Alegre, em Santa Teresa.

[*15 de março*]

Chuva à noite; manhã enublada; dia dúbio com alguns chuviscos; ameaças de chuva à tarde.

Temperatura de 21°-26° centígrados

5h — Acordar, toalete, banho, diário, balancete etc.

7h — Respondo à carta de 13 de março do amigo Joaquim Serra em Nova Friburgo sobre abolição.

8h — Redijo para o Gusmão Lobo uma ata da Sociedade Brasileira contra a Escravidão para ser publicada no *Jornal do Commercio*.

8½ — Revejo as primeiras provas do programa do meu curso.

9½ — Na Escola Politécnica; não houve expediente.

10½ — Com o Gusmão Lobo em 103 Catete.

11½ — Na alfândega despachando os quatro caixões de livros.

12 — Com o engenheiro José Ewbank da Câmara e Henrique [...] na Diretoria das Obras Públicas sobre o Rio Grande do Sul.

12½ — No Clube de Engenharia com o amigo José Américo dos Santos.

1h — Com o dr. José Avelino Gurgel do Amaral em seu escritório associando-o à empresa concebida em 20 de janeiro em Amsterdam para sanificação e aproveitamento dos pântanos do Rio de Janeiro.

2½ — De volta ao Hotel da Vista Alegre, em Santa Teresa.

7h — Visitam-me os engenheiros Ernesto Tigua (49 rua da Ajuda) e Antônio Alves da Silva e Sá.

[*16 de março*]

Noite encoberta; manhã clara; dia de sol; ameaças de chuva à tarde.

        Temperatura de 21°-26° centígrados

5h — Acordar, toalete, banho, diário, balancete etc.

7h — Redijo o primeiro projeto da Cia. Metropolitana (Nova Amsterdam).

9h — No escritório, 47 rua do Carmo, pondo em ordem os livros e papéis chegados da Europa.

10½ — Na Escola Politécnica; não houve exames.

11h — Com o Carlos Teodoro Bustamante, Evaristo Juliano de Sá e James Bellamy, tratando do Caminho de Ferro de Queluz a Pitangui e da exploração de um material para a Fábrica de Amianto de Portland em Mangaratiba.

12h — No Clube de Engenharia promovendo a recepção do engenheiro J. Dirks.

1h — No escritório do dr. José Avelino Gurgel do Amaral, rua do Rosário n.º 75, dando-lhe informações sobre a Empresa de Canalização, Drenagem, Secamento e Edificação nos terrenos alagados do Rio de Janeiro.

3h — De volta ao hotel em Santa Teresa.

3½ — Remeto ao amigo engenheiro José Américo dos Santos para reproduzir na *Revista de Engenharia* a memória — "Apontamentos sobre a via de comunicação do rio Madeira" — escrita em 1868 no Chile pelo engenheiro Antônio Rebouças e impressa em 1870 na Tipografia Nacional.

[*17 de março*]

Luar à noite; manhã belíssima; dia de sol; tarde esplêndida.

Temperatura de 21°-27° centígrados

5h — Acordar, toalete, banho, diário, balancete etc.

7h — Respondo à carta de 14 de março do dr. Falcão (São Paulo).

7½ — Acréscimos ao programa do meu curso na escola.

9h — No escritório, 47 rua do Carmo, pondo em ordem os livros recebidos de Londres.

11h — Na Congregação da Escola Politécnica; consta meu voto e a pedido do dr. Paula Freitas pondo a Congregação contra o aluno Alexandre Góes, que insultara seus examinadores a 10 março 1883.

12h — No Clube de Engenharia com o amigo engenheiro José Américo dos Santos providenciando sobre a recepção do engenheiro J. Dirks.

1h — Encarrego o meu ex-aluno Raimundo de Couto Maia de explicar o meu curso ao filho do empresário Domingos Moutinho.

3h — De volta ao hotel em Santa Teresa.

6h — Visita-me o Silveira Lobo, ex-tesoureiro da Associação Central Emancipadora (1880-1881).

7h — Recebo uma carta do ministro da Marinha Meira de Vasconcelos sobre o Caminho de Ferro da Paraíba.

[*18 de março*]

Noite e manhã maravilhosas; dia de sol; tarde belíssima.
Temperatura de 19°-28° centígrados
5h — Acordar, toalete, banho, diário, balancete etc.

7h — Termino os acréscimos ao programa do meu curso.

8h — Principio a preparar dados sobre a Companhia Florestal.

10½ — Almoçam comigo o dr. José Avelino, o deputado Alfredo d'Escragnolle Taunay e engenheiro J. A. dos Santos.

1h — Comunico ao engenheiro José Américo dos Santos o projeto da Brazilian Harbour Improvements Company, Limited, redigido em Londres a 12 outubro 1882.

1½ — Conferência com o dr. José Avelino Gurgel do Amaral sobre a Empresa de Canalização, Drenagem, Saneamento e Edificação dos terrenos alagados do Rio de Janeiro (Companhia Metropolitana — Nova Amsterdam).

[*19 de março*]

Luar, noite e manhã esplêndidas; dia de sol; ameaças de trovoadas à tarde.

Temperatura de 22,5°-28,1° centígrados

5h — Acordar, toalete, banho, diário, balancete etc.

7h — Continuo o trabalho sobre a Companhia Florestal.

9h — Com os ministros da Marinha e da Agricultura tratando do ramal e porto do Cabedelo.

10½ — Na Repartição Hidrográfica vendo as cartas da baía de Tramandaí (Rio Grande do Sul) e do porto da Ensenada (La Plata).

11h — No Clube de Engenharia com o dr. José Américo dos Santos, dando a copiar a planta da Companhia Florestal.

12h — Com o dr. José Avelino e o arquiteto Tommaso Bezzi tratando da Companhia Metropolitana.

1 hora — Com James Bellamy, Castelo e Evaristo Juliano de Sá, tratando do Caminho de Ferro de Queluz a Pitangui.

1½ — Com o engenheiro Speltz tratando da exploração a Mangaratiba, projetada para amanhã.

2h — No escritório (47 rua do Carmo) com o amigo Adolfo de Barros tratando da sentença pedida pela Anti-Slavery Society.

3h — De volta ao Hotel da Vista Alegre em Santa Teresa.

[*20 de março*]

Noite e manhã enubladas; dia de sol esplêndido; tarde belíssima.

Temperatura de 23°-27° centígrados

5h — Acordar, toalete, banho, diário, balancete etc.

7h15 — Parto da Estação Central da Estrada de Ferro de D. Pedro II com o engenheiro Alexandre Speltz.

8h15 — Parada na Estação de Sapopemba.

9h10 — Partida de Sapopemba pelo ramal de Santa Cruz.

10h30 — Chegada a Santa Cruz e almoço de café com leite.

11h — Partimos de Santa Cruz no *tramway* de Itaguaí. Travo

conhecimento com d. Maria da Glória Tavares, mulher do coronel Tavares, fazendeiro em Itaguaí.

12h — Chegada a Itaguaí.

1h — Almoço na Estação do Telégrafo.

$3\frac{1}{2}$ — Partida a cavalo de Itaguaí.

6h — Em casa do inspetor dos Telégrafos Francisco Marçal, junto à igreja (impedida) de Itacuruçá.

$7\frac{1}{2}$ — Jantar com o Speltz e o Marçal.

9h10 — Partida em canoa de quatro remos de Itacuruçá. A canoa percorre os canais marítimos compreendidos entre o continente e inúmeras ilhas gnaisse-graníticas, ora altas, ora mais ou menos arredondadas mas sempre verdes de opulenta vegetação.

12h — Luar esplêndido — Cruzeiro do Sul — Scorpio.

Detalhes no Diário Especial.

[*21 de março*]

Luar magnífico; dia de sol brilhante; tarde com raras nuvens no horizonte.

Temperatura de 22°-26° centígrados

3h — Chegada a Ingaíba, Fazenda de São Carlos, arrendada a Pedro Schroder, vereador do município de Mangaratiba. Na sala achava-se o retrato do engenheiro Antônio Rebouças gravado em 1874 no *Novo Mundo*.

6h — Acordar, toalete, banho, diário, balancete etc.

8h — Visita aos depósitos conchilíferos no arrozal da fazenda.

9h — No morro de São Carlos ao sul da fazenda, tomando o panorama geral da bacia do rio Ingaíba = Boitatal.

9½ — Em casa do agregado Antônio Luiz Antunes, a mais alta.

11h — Almoço em casa de Pedro Schroder.

3½ — No sítio de Carlos Augusto Vieira de Vasconcelos (Carlos Português) o patriarca de Ingaíba.

4h — Nas caldeiras do Ingaíba ou Boitatal na extremidade ocidental da bacia.

6h — No Sítio de Itaúna, de Carlos Antônio Pimenta, vereador em Mangaratiba.

6½ — Jantar em casa de Pedro Schroder com a família e o engenheiro Alexandre Speltz.

Detalhes no Diário Especial.

[*22 de março*]

Luar e manhã esplêndidos; dia de sol brilhante; tarde com raras nuvens no horizonte.

Temperatura de 23°-27° centígrados

5h — Acordar, toalete, banho, diário, balancete etc.

8h — Exploração da camada conchilífera do leito do rio Ingaíba, junto à foz no Saco de Mangaratiba com o Pedro Schroder e o engenheiro Alexandre Speltz que pretende fabricar aí cimento de Portland.

10h — Almoço com a família de Pedro Schroder.

3h — Partida do porto de Pedro Schroder na foz do rio Ingaíba ou Boitatal.

3h10 — Na Barra; nos bancos onde quebra o mar.

3h30 — No Sítio da Barra, arrendado pelo lavrador Camilo Fleriam, propriedade de Manoel Dias Cardoso.

4h00 — Escolhendo a posição para a Fábrica do Engenho Central de Ingaíba e ponte de desembarque.

5h00 — Volta à casa de Pedro Schroder.

6h00 — Jantar com a família e despedidas.

8h00 — Partida de Ingaíba, em canoa de quatro remos com o Pedro Schroder e o Alexandre Steckel.

11h — Chegada a Itacuruçá; aguada e repouso.

11½ — Partida de Itacuruçá.

1h — Arribada a uma linda praia na ilha da Madeira; os remadores já fatigados não poderiam romper o vento nordeste fresco soprando pela proa.

Detalhes no Diário Especial.

[*23 de março*]

Luar, Vênus e manhã belíssimos; sol ardente; e raras nuvens à tarde.

Temperatura de 23°-31° centígrados

5h — Acordar, toalete etc. no abrigo da ilha da Madeira.

6½ — Partida da ilha da Madeira em canoa a quatro remos.

7¼ — Repouso e café na venda do Saco da Madeira.

8h — Seguimos viagem em direção à barra do canal de Santa Cruz.

9h — Em frente à barra do Guandu.

10h — Na barra do canal de Itá ou de Santa Cruz, encalhados, empurrando a canoa à mão e à força.

10¼ — Conseguimos entrar no canal.

11¼ — A canoa sobe o canal a sirga; nós continuamos a pé pela margem esquerda do canal, debaixo de um sol ardentíssimo.

12½ — Desembarcamos na ponte do aterrado de Santa Cruz.

1h — No Hotel — Santa Cruz — junto à estação do ramal do Caminho de Ferro de D. Pedro II.

3h40 — Partida em estrada de ferro para o Rio de Janeiro.

6h — Chegada à Estação Central.

6½ — Deixo o engenheiro Alexandre Speltz em sua casa à rua da Lapa.

7h — Restituído afinal ao meu aposento n.º 38 do Hotel da Vista Alegre em Santa Teresa.

6.
RECEBENDO O ENGENHEIRO DIRKS

24/3 a
5/4/1883

[*24 de março*]

Luar e manhã enublados; ameaças de chuva com sol ardente; ameaças de trovoada à tarde.

Temperatura de 25°-31° centígrados

5h — Acordar, toalete, banho, diário, balancete etc.

7h — Cartas ao amigo Charles Neate e ao presidente A. H. Phillpotts.

9h½ — No escritório do amigo José Américo dos Santos, dando para a *Revista de Engenharia* o trabalho recebido do engenheiro José Rebouças, em Campinas: "Dados para orçamentos de estradas de ferro".

10½ — Recebendo a cópia da planta da Companhia Florestal Paranaense.

11h — Com o Evaristo Juliano de Sá e o Alexandre Speltz resumindo a exploração feita em Ingaíba.

12h — No Clube de Engenharia promovendo a recepção do engenheiro J. Dirks.

1h — Remetendo ao amigo Joaquim Nabuco em Londres jornais do Ceará com a emancipação dos municípios.

1h½ — No escritório dos empreiteiros Wilson, Sons & Co. tratando do ramal e porto do Cabedelo.

2h — No escritório, 47 rua do Carmo, com o amigo Adolfo de Barros.

2½ — Deixando bilhete de visita no escritório do dr. José Avelino Gurgel do Amaral (75 rua do Rosário).

3h — De volta ao Hotel da Vista Alegre em Santa Teresa.

[*25 de março*]

Luar e manhã enublados; dia de sol; ameaças de trovoada à tarde.

Temperatura de 23°-29° centígrados

5h — Acordar, toalete, banho, diário, balancete etc.

7h — Resposta à carta do amigo Joaquim Serra, em Nova Friburgo sobre a propaganda abolicionista.

8h — Carta ao c. h. Linklates, 6 Warnford Court — London e. c., sobre o Engenho Central de Ingaíba (município de Mangaratiba) e o Caminho de Ferro de Queluz a Pitangui (província de Minas Gerais).

10h — O engenheiro Plotino Soares, recomendado do Paraná, dá-me informações sobre a Florestal Paranaense e os estudos da Caminho de Ferro de Antonina a Assunguy.

11h — Almoça comigo o dr. José Avelino Gurgel do Amaral, sócio na Empresa Metropolitana.

6h — Jantar em casa do dr. José Avelino, à rua do Guanabara (Laranjeiras). Conferência com ele e o engenheiro Tommaso Bezzi, M. I. C. E., sobre a Empresa Metropolitana.

[*26 de março*]

Luar e manhã enublados; dia de sol; chuviscos e ameaças de chuva; tarde mais ou menos encoberta.

Temperatura de 23°-28° centígrados

5h — Acordar, toalete, banho, diário, balancete etc.

7h — Carta ao amigo dr. J. C. Rodrigues, London sw.

8h — Começo a redação do parecer para o Congresso de Instrução.

9h½ — Na Escola Politécnica dando provas do programa do meu curso de engenharia civil.

10½ — Com o tradutor oficial Carlos Kunhardt dando-lhe termos técnicos para a tradução do orçamento da ponte do Cabedelo (Paraíba do Norte).

11½ — No Clube de Engenharia com o amigo José Américo dos Santos tratando da recepção do engenheiro J. Dirks.

12h — Com o dr. José Avelino Gurgel do Amaral redigindo a petição e as cláusulas da Empresa Metropolitana (melhoramentos nos terrenos alagados do Rio de Janeiro).

1h — No escritório, 47 rua do Carmo, com o amigo Adolfo de Barros.

3 horas — De volta ao Hotel da Vista Alegre em Santa Teresa.

[**27 de março**]

Luar e manhã enublados; dia de sol mais ou menos encoberto; tarde clara.

Temperatura de 22°-29° centígrados

5h — Acordar, toalete, banho, diário, balancete etc.

7h — Continuei a redigir o parecer para o Congresso de Instrução, 24.ª da 1.ª seção.

9½ — No Ministério das Obras Públicas tratando do Caminho de Ferro Conde d'Eu (petição sobre ajuste de contas do custeio).

11h — Com Francisco Carlos Naylor e Francisco Tavares Bastos tratando da venda da Companhia Florestal Paranaense a uma companhia inglesa.

12h — Na Escola Politécnica melhorando as coleções do Gabinete de Engenharia Civil.

1h — No Clube de Engenharia tratando da recepção do engenheiro J. Dirks.

1½ — No escritório, 47 do rua do Carmo, com o amigo Miguel Antônio Dias.

2h — No escritório do amigo engenheiro José Américo dos Santos preparando as estampas para os artigos sobre porto da Ensenada e portos da Holanda.

3h — De volta ao Hotel da Vista Alegre em Santa Teresa.

3½ — Visitou-me o conselheiro Pedro Leitão da Cunha, meu presidente na província de Santa Catarina (1863).

5h — Janta comigo o dr. José Avelino Gurgel do Amaral.

[*28 de março*]

Noite estrelada; manhã clara; dia de sol; tarde mais ou menos enublada.

Temperatura de 22°-27° centígrados

5h — Acordar, toalete, banho, diário, balancete etc.

7h — Preparo dados sobre a Companhia Florestal para enviar ao amigo dr. J. C. Rodrigues, encarregado da sua venda a uma companhia inglesa.

9h — No escritório, 47 rua do Carmo, pondo em ordem os documentos trazidos da Europa.

11h — Entrego ao amigo José Américo dos Santos a obra *Agricultura nacional — Estudos econômicos* para imprimir na sua tipografia [Rio News & *Revista de Engenharia*].

12 — Na Escola Politécnica pondo à disposição dos lentes e dos alunos os dois volumes do meu índice geral científico.

12½ — No Clube de Engenharia promovendo a recepção do engenheiro J. Dirks.

1h — Com o amigo Miguel Antônio Dias em sua casa ao largo do Catumbi tomando documentos para o meu curso.

3h — De volta ao Hotel da Vista Alegre em Santa Teresa.

5h — O amigo João F. Clapp, presidente do Clube dos Libertos contra a Escravidão, traz-me o diploma de sócio e janta comigo.

7h — Visita ao Gusmão Lobo para lembrar-lhe a ata da Sociedade Brasileira contra a Escravidão.

7½ — Visita ao amigo A. P. de Alencastro advogado da Sociedade Brasileira contra a Escravidão .

8h — Em casa do dr. José Avelino com os amigos Taunay, Bezzi etc. (42 Laranjeiras).

[*29 de março*]

Noite estrelada; manhã encoberta; dia de sol; tarde clara com algumas nuvens no horizonte.

Temperatura de 22°-28° centígrados

5h — Acordar, toalete, banho, diário, balancete etc.

7h — Principio a passar a limpo o parecer para o Congresso de Instrução.

10h — Com o amigo Stanley Peter Youle em sua fábrica de óleos em São Cristóvão.

11h — Na Escola Politécnica melhorando o Gabinete de Engenharia Civil.

12h — Com o dr. José Avelino Gurgel do Amaral, 75 rua do Rosário, promovendo a Companhia Metropolitana.

12½ — No Clube de Engenharia com o amigo José Américo dos Santos, tratando da recepção do engenheiro J. Dirks.

1h — No escritório, 47 rua do Carmo, pondo em ordem os documentos trazidos da Europa.

3h — De volta ao Hotel da Vista Alegre, em Santa Teresa.

3½ — Resposta à carta de 28 do amigo Joaquim Serra atualmente em Nova Friburgo.

8h — Visita-me o meu ex-ajudante e afilhado de casamento Adriano Mullier e dá-me cópia da Fazenda de Ingaíba.

[*30 de março*]

Noite estrelada; ameaças de chuva pela manhã; dia de sol; tarde belíssima.

Temperatura de 23°-28° centígrados

5h — Acordar, toalete, banho, diário, balancete etc.

8h — Termino a passagem a limpo do parecer e da proposta para o Congresso de Instrução.

9½ — No escritório, 47 rua do Carmo, revendo o orçamento do cais e aterro da ilha das Feiticeiras (visconde de Barbacena).

11h — Com o tradutor Carlos Kunhardt terminando a tradução do orçamento da ponte do Cabedelo (Caminho de Ferro Conde d'Eu).

12h — No Clube de Engenharia com o amigo J. A. dos Santos promovendo a recepção do engenheiro J. Dirks.

1h — Com o Evaristo Juliano de Sá e Alexandre Speltz tratando do Caminho de Ferro de Queluz a Pitangui e do Engenho Central de Ingaíba.

2h — Com Francisco Tavares Bastos e Francisco Carlos Naylor tratando da Companhia Florestal.

2½ — Na Escola Politécnica obtendo do diretor Galvão doar à escola o resto de meus livros e documentos sobre engenharia.

3½ — De volta ao Hotel da Vista Alegre, em Santa Teresa.

[*31 de março*]

Noite estrelada; manhã esplêndida; dia de sol; tarde belíssima.
Temperatura de 22°-30° centígrados

5h — Acordar, toalete, banho, diário, balancete etc.

7h — Carta a A. H. Phillpotts, presidente da Conde d'Eu Railway Co.

8h½ — Almoça comigo o engenheiro José Rebouças, representante da Companhia Paulista, chegado ontem de São Paulo.

9½ — Apresento o engenheiro José Rebouças ao senador Ávila, ministro das Obras Públicas, e aos empregados do ministério.

10½ — Entrego o parecer e proposta para o Congresso de Instrução.

11h — Com o engenheiro José Rebouças, no Jornal do Commercio e no escritório, 47 rua do Carmo, preparando para ser publicado um artigo sobre a navegação do Mogi Guaçu.

12 — Em casa de Norton Megaw & Co. sacando £ 58 sobre a companhia Conde d'Eu Railway (primeiro trimestre 1883, tradução etc.).

1h — Na Escola Politécnica melhorando o gabinete.

1½ — No Clube de Engenharia com o Niemeyer e o engenheiro José Américo dos Santos tratando da recepção do engenheiro J. Dirks.

2h — No Banco do Brasil depositando em duas letras 1:000$000.

3h — De volta ao Hotel da Vista Alegre em Santa Teresa.

5h — Jantam comigo os engenheiros José Rebouças e José Américo dos Santos.

7½ — Com o amigo José Américo dos Santos, em Botafogo, tomando aposentos e encomendando jantar para o engenheiro J. Dirks, no Grand Hotel, rua do Marquês de Abrantes.

[*1.º de abril*]

Noite estrelada; manhã clara; dia de sol ardentíssimo; raras nuvens à tarde.

Temperatura de 22º-31º centígrados

5h — Acordar, toalete, banho, diário, balancete etc.

7h — Revejo as últimas provas do programa do meu curso de engenharia civil na Escola Politécnica.

8h — O *Jornal do Commercio* publica o artigo do engenheiro José Rebouças sobre a navegação do Mogi Guaçu, como representante da Companhia Paulista; na ata do Congresso de Instrução veio mencionado o recebimento do meu parecer.

10½ — Almoçam comigo o dr. José Avelino; sua mulher d. Eulália Gurgel do Amaral e uma tia; os meus afilhados de casamento (1873) Adriano Eduardo Mullier e d. Maria da Glória Pontes Mullier.

12½ — Partida musical com esses hóspedes no salãozinho de madame Amélie Almeida, senhora do negociante Carlos Almeida.

[*2 de abril*]

Noite estrelada; manhã belíssima; ameaças de trovoada durante o dia limpando à tarde.

Temperatura de 24°-33,5° centígrados

5h — Acordar, toalete, banho, diário, balancete etc.

7h — Carta a Sir John Hawkshaw, recomendando o engenheiro José Joaquim da Silva Freire, da Escola de Pontes e Calçadas de Paris, atualmente nas obras do porto de La Rochelle.

8h — Carta de aviso da recepção do engenheiro J. Dirks.

9½ — Na escola dando as últimas provas do programa.

11h — Em casa de William Sons & Co., a tratar do ramal Cabedelo e recepção do engenheiro J. Dirks.

12h — No escritório, 47 rua do Carmo, com o engenheiro José Rebouças e o amigo Adolfo de Barros.

1h — No Clube de Engenharia com o amigo José Américo dos Santos tratando da recepção do engenheiro J. Dirks.

2h — No Arsenal de Marinha com o inspetor Arthur Silveira da Motta, obtendo um vapor para a recepção marítima do engenheiro J. Dirks.

3h — De volta ao Hotel da Vista Alegre em Santa Teresa.

4h — Resposta à carta de 28 de março do amigo engenheiro Francisco Lobo Leite Pereira em Campinas.

5h — Carta avisando ao amigo engenheiro André Gustavo Paulo de Frontin a recepção do engenheiro J. Dirks.

[*3 de abril*]

Noite estrelada; Vênus e lua em minguante pela madrugada; ameaças de trovoada durante o dia; trovoadas nas montanhas de noroeste à tarde.

Temperatura de 24°-33,5° centígrados

5h — Acordar, toalete, banho, diário, balancete etc.

7h — Recordo e amplio a primeira lição do curso de engenharia civil.

9½ — Dou a primeira lição na Escola Politécnica. Materiais de construção. Pedras.

11h — No escritório, 47 rua do Carmo, com o engenheiro José Rebouças, preparando-se para a conferência sobre a navegação do Mogi Guaçu, como representante da Companhia Paulista.

12h — Com o tradutor Carlos Kunhardt, que ainda não tinha pronta a tradução do orçamento da ponte do Cabedelo.

1h — No Clube de Engenharia com o tesoureiro Niemeyer e engenheiro José Américo dos Santos providenciando sobre a recepção do engenheiro J. Dirks.

2½ — De volta ao Hotel da Vista Alegre, em Santa Teresa.

3½ — Resposta à carta de 2 abril do amigo Joaquim Serra em Nova Friburgo.

[*4 de abril*]

Noite estrelada; Vênus e lua pela madrugada; dia encoberto com alguns chuviscos; ameaças de chuva ao anoitecer.

Temperatura de 23°-28° centígrados

4h — Acordar, toalete, banho, diário, balancete etc.

6h — No cais do largo do Paço com o cônsul holandês F. Palm e o engenheiro J. A. dos Santos.

6¾ — Entra à barra o paquete *Britannia*.

7½ — O engenheiro J. Dirks abraça-me e beija-me paternalmente.

8h — No dique de Finnie, Kamp & Co., na Saúde.

8½ — Percorrendo em vapor as Docas de D. Pedro II.

9h — No dique da ilha das Cobras e na corveta *Guanabara* com o comandante L. P. Saldanha da Gama.

10h — Na alfândega vendo funcionar a ponte de ferro e visitando os armazéns com o inspetor Sampaio Viana.

10½ — A pé vendo o Banco Bezzi, Nova Praça e Correio.

11¼ — Almoço no Hotel Globo com J. A. Santos e Chas. MacKie.[5]

12¼ — Recepção no Clube de Engenharia. Presentes etc.

1h40 — Em trem especial do Caminho de Ferro de D. Pedro II.

2h às 3h — Visitando as oficinas, dirigidas pelo engenheiro Niemeyer.

3h30 — Volta à Estação Central.

4 às 4½ — Passeio no Parque da Aclamação.

5½ — Chegada ao Grand Hotel em Botafogo (rua do Marquês de Abrantes).

7¼ — Jantar presidido pelo engenheiro F. Pinheiro, presidente do Clube de Engenharia; J. A. Santos, Chas. MacKie, F. Palm, engenheiro Jules Revy e André Rebouças.

11¾ — O engenheiro J. Dirks recolhe-se ao aposento n.º 2.

12 horas — Ocupo o aposento contíguo n.º 3.

Detalhes no Diário Pessoal.

[*5 de abril*]

Trovoada e aguaceiros à noite; manhã encoberta; dia de sol; tarde encoberta.

Temperatura de 21°-24° centígrados

5h — Acordar, toalete, banho, diário, balancete etc.

6h — Saudação ao engenheiro J. Dirks; beija-me paternalmente.

7h — Almoço frio no restaurante do Grand Hotel com o cônsul holandês F. Palm.

$7\frac{1}{4}$ — Partimos em carro descoberto para o Jardim Botânico.

$9\frac{1}{4}$ — No cais no largo do Paço embarcando na lancha a vapor do inspetor do Arsenal de Marinha S. da Motta.

$9\frac{3}{4}$ — A bordo do *Britannia* com J. Dirks, José Américo dos Santos, Chas. MacKie e F. Palm. O meu amigo engenheiro J. Dirks oferece-nos champanhe e biscoitos; trocando-se os mais amigáveis brindes.

11h — Vem procurar-me Francisco Brabo, ex-fornecedor do Exército brasileiro na campanha do Paraguai, atual empresário do Caminho de Ferro para Bolívia; apresenta-me ao filho de Lord Cochrane, gerente do Caminho de Ferro do Salto a Santa Rosa e a Carlos de Cardona, representante em Buenos Aires do Stabilimento Tecnico Triestino.

$12\frac{1}{4}$ — Despedimos do engenheiro J. Dirks, que dá-me terceiro beijo.

1h — No Clube de Engenharia com o amigo J. A. dos Santos.

1½ — Na Escola Politécnica e no Tesouro recebendo os vencimentos do mês de março.

2½ — De volta ao Hotel da Vista Alegre em Santa Teresa.

4h — Redijo para os jornais a matéria da recepção do engenheiro J. Dirks.

6/4 a
30/4/1883

7.

ROTINA ENTRE AMIGOS

[*6 de abril*]

Manhã com a primeira neblina em 1883; dia de sol mais ou menos enublado; tarde encoberta.

Temperatura de 20,3°-26,5° centígrados

5h — Acordar, toalete, banho, diário, balancete etc.

7h — Carta ao amigo J. C. Rodrigues em Londres sobre a Florestal.

9h — Recebendo afinal a tradução do orçamento da ponte do Cabedelo, que entreguei no Ministério.

10½ — Na Escola Politécnica, onde não houve congregação por falta de número.

11 — No escritório, 47 rua do Carmo, com o engenheiro José Rebouças, representante da Companhia Paulista (Vide seus artigos no *Jornal do Commercio* desde 31 março).

12 — Lendo com o vice-presidente Adolfo de Barros a mensagem n.º 1 do presidente Joaquim Nabuco, e redigindo para o jornal o aviso de sessão para quarta-feira 11 de abril.

1h — No Clube de Engenharia com o presidente Fernandes Pinheiro e tesoureiro Niemeyer.

1½ — Aviso ao engenheiro Raimundo Teixeira Belfort Roxo, ex-sócio nas Docas do Maranhão, que recomeçaríamos os trabalhos de propaganda desta empresa.

2½ — De volta ao Hotel da Vista Alegre.

4½ — Janto nos aposentos do companheiro de infância engenheiro Antônio Paulo de Melo Barreto, presidente da Companhia Leopoldina, que hoje chegou por moléstia do filho Antônio P. de M. Barreto.

[*7 de abril*]

Noite estrelada; neblina pela manhã; dia de sol mais ou menos enublado; tarde dúbia.

Temperatura de 22°-29,7° centígrados

5 horas — Acordar, toalete, banho, diário, balancete etc.

7h — Carta a A. H. Phillpotts, presidente da Conde d'Eu Railway Co.

8h — Carta aos amigos Carlos Gomes (Milão) e Joaquim Nabuco (Londres) sobre a ópera *Lo Schiavo* e abolição.

9½ — Na Escola Politécnica arrumando os livros e documentos, deixados com o amigo Miguel A. Dias.

12h — No Clube de Engenharia com os amigos engenheiro J. A. dos Santos e tesoureiro Niemeyer, oferecendo um caixão de livros para a biblioteca do clube.

1h — Agradecendo ao almirante Arthur Silveira da Motta os obséquios feitos ao engenheiro J. Dirks e pedindo para ele cópia das plantas dos diques da ilha das Cobras.

2h — No escritório, 47 rua do Carmo, com o vice-presidente Adolfo de Barros, promovendo o renascimento da Sociedade Brasileira contra a Escravidão.

3½ — De volta ao Hotel da Vista Alegre em Santa Teresa.

4½ — Jantar na *table d'hôte* desse hotel.

5h½ — Entrego ao Estevão Lubeck o orçamento do cais e do aterro da ilha das Feiticeiras (visconde de Barbacena).

[*8 de abril*]

Noite estrelada; nuvens pela manhã; chuviscos até o meio-dia; tarde dúbia; trovoada ao anoitecer.

Temperatura de 23°-30° centígrados

5h — Acordar, toalete, banho, diário, balancete etc.

7 — Ponho em ordem a escrituração da Sociedade Brasileira contra a Escravidão de julho 1882 a abril 1883.

8h — Respondo à carta do amigo Joaquim Serra de 6 abril em Friburgo.

9h — Dou a primeira explicação de aritmética ao menino João Paulo de Melo Barreto, filho do meu amigo e colega de infância Antônio P. de M. Barreto.

11h — Visita-me o engenheiro José Rebouças; escrevo ao dr. A. de Paula Freitas pedindo sessão do instituto quarta-feira (11 de abril) para ele expor a questão do Mogi Guaçu (como representante da Companhia Paulista).

12½ — Preparando para o amigo C. H. Linklates, 6 Warnford Court, Throgmorton Street, London E. C., planta, notas de desapropriação etc., para o Engenho Central de Ingaíba (município de Mangaratiba).

5 horas — Janto com a família do amigo de infância engenheiro Antônio Paulo de Melo Barreto, nos aposentos n.os 29, 30 e 31 do nosso Hotel da Vista Alegre em Santa Teresa. Décimo sétimo aniversário da primogênita d. Ana Limpo de Melo Barreto.

[*9 de abril*]

Trovoada e chuviscos ao anoitecer; manhã enublada; ameaças de chuva durante o dia; tarde escura e ventosa.

Temperatura de 21,5°-26,1° centígrados

5h — Acordar, toalete, banho, diário, balancete etc.

7h — Carta ao C. H. Linklates sobre o Engenho Central de Ingaíba e o Caminho de Ferro de Queluz a Pitangui.

9h — No Ministério das Obras Públicas promovendo o ramal e porto do Cabedelo e preparando uma coleção de livros para o engenheiro J. Dirks.

10h — Na Escola Politécnica aumentando o Gabinete de Engenharia Civil.

11½ — Com o dr. José Avelino Gurgel do Amaral, promovendo a Empresa Metropolitana (Nova Amsterdam).

12h — No Clube de Engenharia com os amigos engenheiro José Américo dos Santos e Niemeyer.

1h — Com o Evaristo Juliano de Sá e engenheiro Alexandre Speltz tratando do Engenho Central de Ingaíba e do Caminho de Ferro de Queluz a Pitangui.

1½ — No escritório, 47 rua do Carmo, com o engenheiro José Rebouças e os advogados Adolfo e Pedro de Barros.

2½ — De volta ao Hotel da Vista Alegre, em Santa Teresa.

Impressão do livro — Agricultura nacional.

[*10 de abril*]

Trovoada e chuva à noite; manhã encoberta com chuvisco; dia de sol entre nuvens; ameaças de chuva ao anoitecer.

Temperatura de 20°-25,7° centígrados

5h — Acordar, toalete, banho, diário, balancete etc.

7h — Recordo e aperfeiçoo a segunda lição do curso de engenharia civil.

8h — Dou a segunda explicação de aritmética ao menino João P. de M. Barreto.

9³⁄₄ — Dou a segunda lição na Escola Politécnica.

11 horas — Congregação. Conflito do amigo A. G. P. de Frontin com o diretor Ignácio da Cunha Galvão.

12½ — No Clube de Engenharia com os amigos engenheiro José Américo dos Santos e tesoureiro Niemeyer.

1½ — Com o Naylor, tratando da Companhia Florestal.

2h — No escritório, 47 rua do Carmo, com o engenheiro José Rebouças e advogado Pedro de Barros.

2½ — De volta ao Hotel da Vista Alegre em Santa Teresa.

3 horas — Revendo as primeiras provas do livro — *Agricultura nacional — Estudos econômicos* — série de artigos, publicados no *Jornal do Commercio* a partir de 17 setembro 1874, terminando a 7 agosto 1875, acompanhando a discussão ao Parlamento da Lei de Garantia de Juros para os engenhos centrais.

[**11 de abril**]

Noite com chuviscos; sol pela manhã; dia claro; tarde com raras nuvens no horizonte.

Temperatura de 20,5°-24,7° centígrados

5 horas — Acordar, toalete, banho, diário, balancete etc.

7h — Acréscimos às primeiras provas do livro *Agricultura nacional — Estudos econômicos*.

8h — Respondo à carta de 7 de abril de James Tate, de Barra

Mansa, concessionário do Caminho de Ferro de Resende ao Itatiaia, pedindo esclarecimentos sobre essa região.

9½ — Entrego na Tipografia Aldina as primeiras provas da *Agricultura nacional*.

10½ — Com o inspetor do Arsenal de Marinha Arthur Silveira da Motta, que prometeu-me cópias dos diques para o engenheiro J. Dirks.

11h — Na Escola Politécnica, em conferência com o amigo A. G. P. de Frontin e com os engenheiros Taunay e Telles sobre os caminhos de ferro da província do Espírito Santo.

12h — No escritório, 47 rua do Carmo, com o engenheiro José Rebouças, e, em sessão da Sociedade Brasileira contra a Escravidão, com os amigos Miguel A. Dias, Adolfo de Barros, J. F. Clapp, J. A. dos Santos, Ubaldino do Amaral, Campos Porto (repórter do *Cruzeiro*).

1h — Com o coronel J. F. Russel e Francisco Carlos Naylor, 42 rua do Rosário, redigindo a procuração e a carta de ordens para o dr. J. C. Rodrigues vender a Companhia Florestal Paranaense.

2½ — De volta ao Hotel da Vista Alegre, em Santa Teresa.

6h — Com o amigo Gusmão Lobo (103 Catete) tratando da publicação das atas da Sociedade Brasileira contra a Escravidão no *Jornal do Commercio*.

7h — No Instituto Politécnico propondo comissão para receber o engenheiro J. Dirks, e sócios honorários J. Dirks, J. Waldorp, Charles Neate, James Brunlees e Thomas R. Crampton.

7½ — No Cruzeiro e no Jornal do Commercio para ata da Sociedade Brasileira contra a Escravidão.

8½ — Em casa do dr. José Avelino Gurgel do Amaral (Guanabara, Laranjeiras) com os amigos A. d'E. Taunay e engenheiro Tommaso Bezzi.

[*12 de abril*]

Noite estrelada; neblina pela manhã; dia de sol muito ventilado; tarde belíssima.

Temperatura de 18,5°-26,1° centígrados

5h — Acordar, toalete, banho, diário, balancete etc.

7 — Recordo e aperfeiçoo a terceira lição do curso de engenharia civil.

8h — Carta ao amigo Trajano A. de Carvalho em Londres, transmitindo a consulta do engenheiro José Rebouças sobre vapores para o Mogi Guaçu.

9¾ — Dou a terceira lição na Escola Politécnica.

11h — Revejo na Tipografia Aldina as dezesseis primeiras páginas do livro — *Agricultura nacional* — *Estudos econômicos*.

11½ — No escritório, 47 rua do Carmo, com o engenheiro José Rebouças.

12h — No Clube de Engenharia com os amigos Niemeyer e José Américo dos Santos.

12½ — Enviando a mensagem n.º 1 do Joaquim Nabuco ao Joaquim Serra; escrevendo ao A. Silveira da Motta sobre a vinda de Sir John Hawkshaw ao Brasil e ao Adriano E. dos Santos Mullier pedindo segunda cópia da planta de Ingaíba.

1h — Com o coronel J. F. Russel tratando da venda da Florestal.

2h — No Jornal do Commercio com o redator Luiz de Oliveira Castro tratando da publicação das atas da Sociedade Brasileira contra a Escravidão.

2½ — De volta ao Hotel da Vista Alegre em Santa Teresa.

3½ — Carta ao Gusmão Lobo sobre a Sociedade Brasileira contra a Escravidão.

4h — Dou a terceira explicação de aritmética ao menino João Paulo de Melo Barreto.

5h — Janta comigo o velho amigo boticário Custódio Américo dos Santos, pai do engenheiro José Américo dos Santos.

[*13 de abril*]

Luar em crescente; manhãs com algumas nuvens; dia de sol; tarde clara e ventilada

       Temperatura de 20,9°-27,1° centígrados

5h — Acordar, toalete, banho, diário, balancete etc.

7h — Carta a Joaquim Serra em Nova Friburgo sobre a Sociedade Brasileira contra a Escravidão.

8h — Remetendo ao Joaquim Nabuco, em Londres, os jornais que publicaram a sua mensagem.

9½ — Visitando ao ancião Muniz Barreto, presidente honorário da Sociedade Brasileira contra a Escravidão.

10½ — Na Tipografia Aldina revendo provas do livro *Agricultura nacional — Estudos econômicos*.

11h — No Ministério de Obras Públicas tratando da Estrada de Ferro — Conde d'Eu —

11½ — No escritório 47 da rua do Carmo com o engenheiro José Rebouças e o vice-presidente Adolfo de Barros.

12h — No Clube de Engenharia com os amigos José A. dos Santos, presidente Fernandes Pinheiro e tesoureiro Niemeyer.

1h — Com o coronel João Frederico Russel — 42 rua do Rosário — tratando da venda da Companhia Florestal Paranaense.

2h — Na Gazeta da Tarde com J. F. Clapp, José do Patrocínio e José Avelino promovendo a abolição.

3h — De volta ao Hotel da Vista Alegre, em Santa Teresa.

4h — Dou a quarta explicação de aritmética ao menino João Paulo de Melo Barreto.

[*14 de abril*]

Luar entre belíssimas estrelas, neblina pela manhã, dia de sol forte; tarde com raras nuvens.

Temperatura de 20°9-29°1 centígrados

5h — Acordar, toalete, banho, diário, balancete etc.

7h — Recordo e aperfeiçoo a quarta lição de engenharia civil.

8h — Carta ao A. H. Phillpotts, presidente da Conde d'Eu Railway Co.

9¾ — Dar a quarta lição na Escola Politécnica.

11h — Na Tipografia Aldina revendo provas do livro — *Agricultura nacional — Estudos econômicos*.

11½ — No escritório, 47 rua do Carmo, com o engenheiro José Rebouças e com o dr. Chagas Lobato (Caminho de Ferro de Queluz a Pitangui).

12h — No Clube de Engenharia com o tesoureiro Niemeyer, e os engenheiros José Américo dos Santos e Antônio Alves da Silva e Sá, encarregado de inspecionar o Caminho de Ferro Conde d'Eu (Paraíba).

1h — Com o cônsul João Frederico Russel — 42 rua do Rosário — tratando da venda da Companhia Florestal Paranaense.

2h — No escritório de José Carlos de Carvalho, 47 rua dos Ourives, sabendo que Sir John Hawkshaw vem contratar pelo empresário Hugh Wilson.

2½ — De volta ao Hotel da Vista Alegre em Santa Teresa.

3½ — Coligindo documentos para a *Agricultura nacional — Estudos econômicos*.

4h — Dou a quinta explicação de aritmética ao menino João Paulo de Melo Barreto.

[**15 de abril**]

Luar entre belas estrelas; manhã com lindas nuvens; dia de sol pouco ventilado; tarde belíssima.

Temperatura de 21,3°-29,3° centígrados

5h — Acordar, toalete, banho, diário, balancete etc.

7h — Continuo a passar a limpo as notas da viagem à Holanda (13 a 24 janeiro 1883).

11h — Fazendo acréscimos ao curso de engenharia civil da Escola Politécnica.

2h — Redigindo o sumário de um novo capítulo para a *Agricultura nacional — Estudos econômicos*, sob a rubrica — "A concorrência do México".

3h — Visita-me o engenheiro Coelho (José Luiz) condiscípulo do engenheiro José Rebouças na Escola Politécnica.

[**16 de abril**]

Luar entre lindas estrelas; manhã belíssima; dia de sol, abafado; ameaças de trovoada ao norte.

Temperatura de 21,9°-30,4° centígrados

5h — Acordar, toalete, banho, diário, balancete etc.

7h — Continuo a passar as notas da viagem à Holanda.

9½ — Na Escola Politécnica melhorando o Gabinete de Engenharia Civil.

10½ — Na Tipografia Aldina fazendo acréscimos ao livro — *Agricultura nacional — Estudos econômicos.*

11h — No escritório, 47 rua do Carmo, com o engenheiro José Rebouças, e os advogados Adolfo e Pedro de Barros.

11½ — Com o deputado da Paraíba Anísio s. c. da Cunha tratando do Caminho de Ferro Conde d'Eu.

12h — No Clube de Engenharia com o engenheiro J. A. dos Santos e tesoureiro Niemeyer. Remeto ao dr. J. C. Rodrigues e ao c. h. Linklates o projeto da Companhia Leopoldina, aumentando o capital até Rs. 14 000 contos, e a *Revista de Engenharia* com orçamentos para estrada de ferro.

1h — No escritório do coronel J. F. Russel e com o F. C. Naylor tratando da venda da Companhia Florestal Paranaense.

2½ — De volta ao Hotel da Vista Alegre, em Santa Teresa.

3½ — Reunindo os documentos da empresa do cais do largo do Paço, concebida em 1870 pelo engenheiro Antônio Rebouças.

5½ — Dando a sexta explicação de aritmética ao menino João Paulo de Melo Barreto.

[*17 de abril*]

Luar à noite; manhã clara; dia de sol abafado; chuviscos e trovoadas das 3 ½ às 5; céu claro ao anoitecer.

Temperatura de 22,7°-30,4° centígrados

5h — Acordar, toalete, banho, diário, balancete etc.

7 — Recordo e aperfeiçoo a quinta lição de engenharia civil.

7½ — Continuo a passar a limpo as notas da viagem à Holanda.

8h — Termino esse trabalho (13 a 24 janeiro 1883).

9¾ — Dou a quinta lição na Escola Politécnica.

11h — Na Tipografia Aldina pagando o *Rio News*.

12h — Com o ministro da Fazenda visconde de Paranaguá demonstrando o direito de propriedade do engenheiro Antônio Rebouças à empresa do cais do largo do Paço (1870) e o absurdo de ir o Ministério da Fazenda gastar mil contos nessa obra.

1h — No escritório, 47 rua do Carmo, com os advogados Adolfo e Pedro de Barros e o gerente Alexandre Wilson da casa Wilson Sons & Co., contratadores da Conde d'Eu Railway.

1½ — No Clube de Engenharia respondendo a uma consulta do barão de Tefé sobre bombas calcantes.

2½ — No escritório do engenheiro José Américo dos Santos, à rua da Assembleia, participando-lhe a conferência com o ministro da Fazenda sobre o cais do largo do Paço.

3h — De volta ao Hotel da Vista Alegre em Santa Teresa.

7h — Dando a sétima explicação de aritmética ao menino João Paulo de Melo Barreto.

[*18 de abril*]

Luar entre límpidas estrelas; manhã clara; dia de sol pouco ventilado; tarde com raras nuvens.

Temperatura de 18,1°-26° centígrados

5h — Acordar, toalete, banho, diário, balancete etc.

7h — Preparando documentos para o livro — *Agricultura nacional*.

8h — Passei a limpo o prospecto da Companhia d'Águas, comunicado ao ministro Saraiva em 30 novembro 1880.

9½ — Na Tipografia Nacional pedindo provas do meu parecer para o Congresso de Instrução.

10h — Na Tipografia Aldina, revendo provas do livro — *Agricultura nacional — Estudos econômicos*.

11h — No Arsenal de Marinha com o inspetor Silveira da Motta, tratando da recepção de nosso velho amigo Sir John Hawkshaw e de obter cópia das plantas dos diques da ilha das Cobras para o engenheiro J. Dirks.

12h — No Clube de Engenharia com o amigo Miguel A. Dias e os engenheiros J. A. dos Santos e Jules Revy.

1h — No escritório, 47 rua do Carmo, com o engenheiro José Rebouças e o advogado Pedro de Barros.

2h — De volta ao Hotel da Vista Alegre, em Santa Teresa.

5h — Visita-me J. J. de C. Bastos, empresário do porto do Rio Grande do Sul, e apresenta-me ao deputado provincial Carlos von Koseritz; mostrou-me um telegrama do seu correspondente em Hamburgo, prometendo a vinda do engenheiro J. Waldorp, que deixei em janeiro do corrente em s-Gravenhage.

7½ — Com o amigo Gusmão Lobo (103 Catete) tratando da Sociedade Brasileira contra a Escravidão.

8½ — Em casa do dr. J. Avelino Gurgel do Amaral com o engenheiro Tommaso Bezzi.

[*19 de abril*]

Luar em céu estrelado; céu encoberto pela manhã; ameaças de chuva durante o dia; aguaceiros das 2 ½ em diante.

Temperatura de 23,7°-29° centígrados

5h — Acordar, toalete, banho, diário, balancete etc.

7h — Apontamentos e acréscimos à sexta lição de engenharia civil.

8h — Notas sobre diques para remeter ao engenheiro J. Dirks.

9¾ — Dou a sexta lição na Escola Politécnica.

11h — No Tesouro obtendo um Relatório Saraiva com o projeto do cais do largo do Paço para o engenheiro J. A. dos Santos.

11½ — Na Tipografia Aldina revendo provas do livro *Agricultura nacional — Estudos econômicos*.

12 — No escritório, 47 rua do Carmo, com o engenheiro José Rebouças.

12½ — No Clube de Engenharia com os amigos Miguel A. Dias e José Américo dos Santos.

1½ — De volta ao Hotel da Vista Alegre em Santa Teresa.

2½ — Respondendo à carta de 16 do amigo Joaquim Serra, atualmente em Nova Friburgo.

4h — Dando a oitava explicação de aritmética aos meninos Antônio e João Paulo de Melo Barreto.

5½ — Visita-me o afilhado de casamento Adriano E. Mullier e traz-nos segunda cópia da planta de Ingaíba.

[*20 de abril*]

Chuva e vento à noite; pequenos aguaceiros pela manhã; dia encoberto com chuviscos; tarde escura e chuvosa.

Temperatura de 18,3°-26,2° centígrados

5h — Acordar, toalete, banho, diário, balancete etc.

7h — Correções ao livro — *Agricultura nacional — Estudos econômicos*.

8h — Passando a limpo notas sobre antropologia, coligidas durante a convalescença em Brighton (28 setembro a 5 outubro 1882).

9½ — Na Escola Politécnica, melhorando o Gabinete de Engenharia Civil.

10½ — Na Tipografia Aldina corrigindo provas do livro — *Agricultura nacional — Estudos econômicos*.

11h — No escritório, 47 rua do Carmo, com o engenheiro José Rebouças e o advogado Pedro de Barros.

11½ — No Arsenal de Marinha visitando a canhoneira — *Iniciadora* — e a — *Cabedelo* — em começo, e obtendo os desenhos dos diques para o engenheiro J. Dirks.

12h — No Clube de Engenharia com o tesoureiro Niemeyer, e o engenheiro J. A. dos Santos e o empresário José Joaquim de Carvalho Bastos; comunicou-me uma conferência para amanhã sobre o porto do Rio Grande do Sul com o ministro da Agricultura Henrique Francisco d'Ávila.

1h — Carta ao engenheiro J. Dirks, enviando-lhe desenhos dos dois diques da ilha das Cobras; nota sobre dimensões dos diques e duas revistas de engenharia com a descrição da sua visita ao Rio a 4 e 5 abril 1883.

2½ — De volta ao Hotel da Vista Alegre, em Santa Teresa.

3½ — Carta ao engenheiro Jules Revy respondendo ao seu pedido de procurar-lhe ajudante para a Comissão de Açudes do Ceará, indicando o engenheiro Alfredo Lisboa, atualmente chefe de seção na Estrada de Ferro de D. Pedro II.

[**21 *de abril***]

Chuva à noite e pela manhã; dia de sol mais ou menos encoberto; tarde com algumas nuvens.

Temperatura de 18,4°-23,9° centígrados

5h — Acordar, toalete, banho, diário, balancete etc.

7h — Aperfeiçoo e recordo a sétima lição de engenharia civil.

7½ — Corrijo as provas do parecer sobre o Congresso de Instrução.

8h — Preparando os documentos sobre a viagem à Holanda para a conferência com o ministro sobre os portos do Rio Grande do Sul.

9¾ — Dando a sétima lição na Escola Politécnica.

11 horas — No Ministério da Agricultura com o empresário J. J. de Carvalho Bastos e o jornalista Carlos von Koseritz, mostrando os documentos sobre os portos da Holanda ao diretor José Júlio e oficial de gabinete Caetano da Silva, em confronto com os estudos sobre o Rio Grande do Sul. O ministro Ávila adiou para segunda-feira a conferência.

11½ — Na Tipografia Nacional dando as provas do parecer para o Congresso de Instrução.

12h — Na Tipografia Aldina revendo provas do livro — *Agricultura nacional — Estudos econômicos*.

12½ — No Clube de Engenharia, com o engenheiro J. A. dos Santos e o empresário J. J. de Carvalho Bastos, orçando os estudos da costa e dos portos do Rio Grande do Sul.

2½ — No escritório (47 rua do Carmo) com o engenheiro José Rebouças e o advogado Adolfo de Barros.

3h — Em Congregação dos Lentes da Escola Politécnica.

4½ — De volta ao Hotel da Vista Alegre em Santa Teresa.

8h — No Clube Beethoven, no concerto inaugural da casa n.º 62 do cais da Glória, com os amigos engenheiros J. A. dos Santos, José Ewbank da Câmara e deputado A. d'E. Taunay.

[*22 de abril*]

Luar enublado; manhã belíssima; dia de sol; tarde esplêndida de amena brisa.

Temperatura de 18,9°-24,3° centígrados

5h — Acordar, toalete, banho, diário, balancete etc.

7h — Aperfeiçoando o orçamento, feito ontem para os estudos da costa e dos portos da província do Rio Grande do Sul.

9h — Remetendo ao amigo dr. José Maria da Silva Paranhos, cônsul em Liverpool, a saudação da *Gazeta da Tarde* por seu aniversário em 20 abril.

12h — Escrevendo ao amigo Joaquim Nabuco, em Londres, e remetendo-lhe a sentença pedida pela Anti-Slavery Society sobre os libertos de Cata Branca (Minas Gerais).

1h — Visitam-me os amigos advogado Adolfo de Barros e deputado Alfredo d'Escragnolle Taunay.

5h — Janta comigo na *table d'hôte* o amigo Taunay.

[*23 de abril*]

Luar esplêndido; manhã belíssima; dia de sol; tarde clara com lindas nuvens no horizonte.

Temperatura de 17°-24,7° centígrados

5h — Acordar, toalete, banho, diário, balancete etc.

7h — Continuo a trabalhar no orçamento dos estudos da costa e dos portos do Rio Grande do Sul.

8h — Carta ao J. F. Clapp, presidente do Clube dos Libertos de Niterói, recomendando a libertanda Ana.

9½ — Na Tipografia Aldina acelerando a impressão do livro — *Agricultura nacional — Estudos econômicos*.

10½ — No Ministério da Agricultura tratando do Caminho de Ferro Conde d'Eu.

11 horas — No gabinete do ministro mostrando os desenhos de Amsterdam e Rotterdam e discutindo o porto do Rio Grande do Sul com os diretores José Júlio, Gusmão Lobo e empresário J. J. de Carvalho Bastos.

1h — Escrevendo ao comendador Francisco Tavares Bastos em Friburgo para assinar a carta de ordens ao dr. J. C. Rodrigues (Florestal).

1½ — No Clube de Engenharia com o presidente F. Pinheiro.

2h — No escritório, 47 rua do Carmo, com o engenheiro José Rebouças e advogado Adolfo de Barros.

2½ — No escritório do engenheiro José Américo dos Santos, tratando das empresas do Rio Grande do Sul e cais do largo do Paço.

3h — Com o ministro da Agricultura, senador Ávila, mostrando-lhe os desenhos trazidos da Holanda. Mostra-me a proposta de Hugh Wilson & Son, para o porto de Pernambuco; promete pedir na conferência de ministros de sexta-feira autorização para conceder os portos do Rio Grande do Sul ao empresário J. J. de Carvalho Bastos.

4½ — De volta ao Hotel da Vista Alegre, em Santa Teresa.

[*24 de abril*]

Luar à noite; muita neblina pela manhã; dia de sol muito enublado; tarde clara e bela.

Temperatura de 20°-25,4° centígrados

5h — Acordar, toalete, banho, diário, balancete etc.

7h — Aperfeiçoo e recordo a oitava lição de engenharia civil.

8h — Carta ao ministro visconde de Paranaguá sobre a empresa do cais do largo do Paço.

9½ — Dou a oitava lição na Escola Politécnica.

11 — Na Tipografia Aldina revendo provas do livro — *Agricultura nacional — Estudos econômicos*.

11½ — No escritório, 47 rua do Carmo, com o engenheiro José Rebouças e os advogados Adolfo e Pedro de Barros.

12h — No Clube de Engenharia com o engenheiro José Américo dos Santos tratando da empresa do Rio Grande do Sul.

1h — No escritório de José Carlos de Carvalho verificando que Sir John Hawkshaw só virá quando aceita a proposta de Hugh Wilson & Son para o porto de Pernambuco.

1½ — Dando ao José do Patrocínio, na Gazeta da Tarde, a autobiografia de F. Douglass, *Marshal of Columbia*, recebida hoje do amigo Joaquim Nabuco, em Londres.

2½ — De volta ao Hotel da Vista Alegre em Santa Teresa.

3½ — Respondendo à carta do coronel Russel, de Nova Friburgo em 21 abril, sobre a Companhia Florestal Paranaense.

[*25 de abril*]

Luar belíssimo; manhã esplêndida; dia de sol; temporal de noroeste das cinco da tarde em diante.

Temperatura de 20,9°-29,3° centígrados

5h — Acordar, toalete, banho, diário, balancete etc.

7h — Revejo as últimas provas do parecer para o Congresso de Instrução.

8h — Carta a A. Bruno Pereira, correspondente na Bahia.

9½ — Na Tipografia Nacional entregando as últimas provas do parecer para o Congresso de Instrução.

10h — Na Tipografia Aldina revendo provas do livro — *Agricultura nacional — Estudos econômicos*.

11h — No escritório, 47 rua do Carmo, reunindo dados sobre o porto do Rio Grande do Sul.

11½ — Com o amigo F. C. Naylor remetendo ao amigo dr. J. C. Rodrigues a procuração, reconhecida pelo cônsul inglês, e a carta de ordens para venda da Companhia Florestal Paranaense (preço mínimo £ 12 000. Comissão 5%).

12h — No Clube de Engenharia com o engenheiro J. A. dos Santos e o empresário J. J. de Carvalho Bastos tratando da empresa dos portos do Rio Grande do Sul.

2h — Na Escola Politécnica melhorando o Gabinete de Engenharia Civil e tomando da biblioteca o mapa celeste de Charles Dien.

2½ — Com o José do Patrocínio, na Gazeta da Tarde, telegramando ao dr. Luiz Álvares dos Santos sobre o movimento abolicionista na Bahia.

3h — De volta ao Hotel da Vista Alegre em Santa Teresa.

Incorpora-se em Londres a companhia das Minas Central Railway of Brazil Limited.

[*26 de abril*]

Muito vento e muita chuva à noite; extraordinários aguaceiros pela manhã; tarde chuvosa, escura e ventosa.

Temperatura de 19,9°-26,7° centígrados

5h — Acordar, toalete, banho, diário, balancete etc.

7h — Aperfeiçoo e revejo a nona lição de engenharia civil.

9h — Impossível descer para ir à escola por estar interrompido pela inundação o serviço dos bondes e do Plano Inclinado.

11h — Passando a limpo várias notas socionômicas, tomadas em Brighton, em setembro 1882.

1h — Coligindo vários dados sobre a empresa dos portos do Rio Grande do Sul.

2h — Escrevendo ao amigo dr. Luiz Álvares dos Santos sobre o movimento abolicionista na Bahia.

3h — Pondo em ordem as notas da viagem à Europa de 1.º setembro 1882 a 4 março 1883.

[*27 de abril*]

Incessantes aguaceiros à noite e pela manhã; muita chuva até uma hora da tarde; ainda chuva e vento até anoitecer.

Temperatura de 18,1°-26,7° centígrados

5h — Acordar, toalete, banho, diário, balancete etc.

7h — Continuo a pôr em ordem os documentos da terceira viagem à Europa (1.º setembro 1882 a 4 março 1883).

9h — Ainda impedido de ir à cidade pela inundação.

11h — Tomando várias notas sobre socionomia e antropologia.

2h — Aumentando a lição de higiene das cidades com a descrição de Brighton (28-setembro-1882).

3h — Aumentando a lição sobre aço com a descrição das chapas do encouraçado — *Riachuelo*.

[*28 de abril*]

Chuva à noite; manhã enublada; dia de sol entre nuvens com alguns chuviscos; tarde clara.

Temperatura de 17,4°-21,5° centígrados

5h — Acordar, toalete, banho, diário, balancete etc.

7h — Recordo e aperfeiçoo a nona lição de engenharia civil.

9¾ — Dando aula na Escola Politécnica.

11 horas — Na Tipografia Aldina acelerando a impressão do livro — *Agricultura nacional — Estudos econômicos*.

11½ — No escritório, 47 rua do Carmo, com o engenheiro José Rebouças e os advogados Adolfo e Pedro de Barros.

12h — No Clube de Engenharia com o engenheiro José Américo dos Santos, tratando das empresas dos portos do Rio Grande do Sul e do cais das barcas *ferry* ao Arsenal de Guerra.

2½ — De volta ao Hotel da Vista Alegre em Santa Teresa.

3h — Respondendo à carta de 23 abril do amigo Joaquim Serra, atualmente em Nova Friburgo.

3½ — Resumindo a autobiografia em junho 1871 (Docas de D. Pedro II, emancipação, Docas da Alfândega e do Maranhão, Caminho de Ferro do Paraná a Mato Grosso etc.).

[*29 de abril*]

Noite estrelada; manhã belíssima; dia de sol; tarde com algumas nuvens no horizonte.

Temperatura de 16,9°-23,9° centígrados

5 horas — Acordar, toalete, banho, diário, balancete etc.

7h — Acrescentando à lição de materiais para argamassas e concretos o parágrafo sobre a determinação do ramo de um maciço de areia, saibro, seixo rolado ou pedra britada.

8h — Aperfeiçoando nessa lição o parágrafo — "Proveniência da cal empregada nas principais cidades do Brasil".

9h — Resumindo a autobiografia nos meses de julho e agosto 1871 (Docas de D. Pedro II, Florestal Paranaense etc.).

12h — Continuo a resumir a autobiografia até 15 de dezembro 1871, data do decreto de concessão da Estrada de Ferro — Conde d'Eu — na província da Paraíba do Norte.

8 horas — Como nos dias anteriores, a partir de 6 de abril, passo a tarde e a noite com a família do meu amigo de infância, engenheiro Antônio Paulo de Melo Barreto, presidente e fundador da Companhia Leopoldina, ora ocupando no hotel os aposentos fronteiros ao meu n.º 38.

[*30 de abril*]

Noite de lindas estrelas; nuvens pela manhã; dia de sol entrecortado de nuvens e ameaças de chuva; tarde clara.

Temperatura de 19,0°-22,9° centígrados

5h — Acordar, toalete, banho, diário, balancete etc.

7 — Continuando o Resumo Autobiográfico até 17 janeiro 1872.

9½ — Na Escola Politécnica melhorando o Gabinete de Engenharia Civil.

10½ — Na Tipografia Aldina revendo provas do livro — *Agricultura nacional — Estudos econômicos*.

11h — No Ministério das Obras Públicas verificando ao engenheiro A. A. da Silva partida para inspecionar o Caminho de Ferro Conde d'Eu.

11½ — No escritório, 47 rua do Carmo, com o engenheiro José Rebouças e os advogados Adolfo e Pedro de Barros.

12h — No Clube de Engenharia com o engenheiro Jules Revy, e com o empresário J. J. de Carvalho Bastos e engenheiro José

Américo dos Santos trabalhando na empresa dos portos do Rio Grande do Sul. Verificamos haver chegado hoje de Londres Hugh Wilson filho, proponente ao porto de Pernambuco.

1½ — Na Gazeta da Tarde com os amigos J. F. Clapp e José do Patrocínio tratando da propaganda abolicionista e de uma carta recebida de Cordeiros (São Paulo) do abolicionista dr. Domingos Jaguaribe Filho.

2½ — De volta ao Hotel da Vista Alegre em Santa Teresa.

3½ — Remetendo para Londres, aos amigos dr. J. C. Rodrigues e C. H. Linklates, a *Revista de Engenharia* com dados de orçamento para estradas de ferro econômicas pelo engenheiro José Rebouças.

8.
THE MINAS CENTRAL RAILWAY

1/5 a
26/5/1883

[*1.º de maio*]

Noite estrelada; aguaceiro pela madrugada; nuvens pela manhã; ameaças de chuva durante o dia; sol brilhante das três da tarde em diante.

Temperatura de 17,1°-23,1° centígrados

5 horas — Acordar, toalete, banho, diário, balancete etc.

7 — Aperfeiçoo e recordo a décima lição de engenharia civil.

8 horas — Continuando o Resumo Autobiográfico até 21 abril 1872.

9¾ — Na Escola Politécnica dando a décima lição.

11h — Na Tipografia Aldina revendo provas do livro — *Agricultura nacional — Estudos econômicos*.

11½ — No escritório, 47 rua do Carmo, com o engenheiro José Rebouças e os advogados Adolfo e Pedro de Barros.

12h — No Clube de Engenharia com o amigo José Américo dos Santos tratando da empresa dos Portos do Mar.

1h — Com o engenheiro Plínio Soares tomando nota das matérias de construção empregadas na Caminho de Ferro de Paranaguá a Curitiba.

2½ — De volta ao Hotel da Vista Alegre, em Santa Teresa.

3½ — Continuando o Resumo Autobiográfico até 12 de maio de 1872.

[*2 de maio*]

Noite estrelada; madrugada belíssima com Lua e Vênus; dia de sol com algumas nuvens e ameaças de chuva; tarde ventilada e bela.

Temperatura de 16,9°-22,3° centígrados

5h — Acordar, toalete, banho, diário, balancete etc.

7h — Continuando o Resumo Autobiográfico até 17 junho 1882.

9½ — Na Escola Politécnica aperfeiçoando o Gabinete de Engenharia Civil.

10½ — Na Tipografia Aldina acelerando a impressão do livro — *Agricultura nacional — Estudos econômicos*.

11h — No escritório, 47 rua do Carmo, com o engenheiro José Rebouças e os advogados Adolfo e Pedro de Barros. Conseguimos, depois de um mês de trabalho, a livre navegação do Mogi Guaçu para a Companhia Paulista.

12h — No Banco Industrial, em assembleia da Companhia das Docas de D. Pedro II, para aprovação dos estatutos conforme a nova Lei de Sociedades Anônimas.

12½ — No Clube de Engenharia com o engenheiro J. A. dos

Santos e o engenheiro J. J. de Carvalho Bastos tratando do porto do Rio Grande do Sul.

1½ — Na Gazeta da Tarde com o dr. José Avelino e José do Patrocínio promovendo a abolição.

2½ — De volta ao Hotel da Vista Alegre em Santa Teresa.

8½ — Em casa do dr. J. Avelino com o amigo deputado A. d'E. Taunay.

[*3 de maio*]

Noite estrelada; madrugada belíssima com Lua e Vênus; dia de sol límpido e fresco; algumas nuvens ao anoitecer.

Temperatura de 16,3°-22,1° centígrados

4h — Acordar, toalete, banho, diário, balancete etc.

5½ — Descendo de Santa Teresa (do Hotel da Vista Alegre).

5h45 — No Plano Inclinado (na rua do Riachuelo).

6h35 — Partindo em bonde do largo de São Francisco de Paula.

7½ — Na Estação do Caju examinando o depósito da empresa Gabrielli (tubos, guindastes, máquinas etc.).

8h10 — Partida no *tramway* do rio d'Ouro com os companheiros engenheiros José Américo dos Santos, José Ewbank da Câmara, empresário J. J. de Carvalho Bastos e corretor Cláudio Rosillo Giolma.

11h30 — Chegada à Estação das Represas.

12h — Na represa do rio d'Ouro. Rochedo na margem esquerda. Inscrição — Irmãos Rebouças — (7 de setembro 1870), para comemorar a primeira excursão, feita a essa localidade, e a nossa iniciativa nessa empresa (vide o Diário Geral de agosto 1870 a março 1871).

12½ — Na represa do rio Santo Antônio.

1h — Almoço frio em casa do condutor Alcide Basillet. Mostra-nos um higroscópio feito com o legume da *Canella marcanahyba*, *Cassia marcanahyba* (cesalpináceas).

3½ — Partida da Estação das Represas.

6¾ — Na estação da rua da Alegria.

8½ — De volta ao Hotel da Vista Alegre em Santa Teresa.

[Vide no Diário Geral o dia 5 julho 1878 — Excursão ao rio D'Ouro — empresa A. Gabrielli].

[*4 de maio*]

Ameaças de chuva à noite; madrugada com Lua e Vênus; dia de sol; tarde com algumas nuvens.

Temperatura de 19,3°-23,5° centígrados

5h — Acordar, toalete, banho, diário, balancete etc.

7h — Pondo em ordem as notas da excursão de ontem às represas dos rios d'Ouro e Santo Antônio.

8h — Continuando o Resumo Autobiográfico até 24 julho 1879.

10h — Na Escola melhorando o Gabinete de Engenharia Civil.

10½ — Na Gazeta da Tarde com José do Patrocínio e José Avelino Gurgel do Amaral, concordando na nova fase a dar à propaganda abolicionista, à vista da promessa da Fala do Trono de ontem.

11h — Na Tipografia Aldina revendo provas do livro — *Agricultura nacional — Estudos econômicos*.

11½ — No escritório, 47 rua do Carmo, com o advogado Pedro de Barros.

12h — No Clube de Engenharia com o amigo J. A. dos Santos.

2½ — De volta ao Hotel da Vista Alegre, em Santa Teresa.

3h — Respondendo às cartas do almirante Costa Azevedo em Londres, Joaquim Serra em Nova Friburgo, e dr. Domingos Jaguaribe, Estação de Cordeiro (São Paulo).

[*5 de maio*]

Noite estrelada; Lua, Marte e Vênus pela madrugada; neblina pela manhã; dia de sol; algumas nuvens à tarde.

Temperatura de 20,9°-24,7° centígrados

5 horas — Acordar, toalete, banho, diário, balancete etc.

7 — Recordo e amplio a 11.ª lição de engenharia civil.

8 — Continuando o Resumo Autobiográfico até 8 agosto 1872.

9¾ — Dando a 11.ª lição na Escola Politécnica.

11 — Na Gazeta da Tarde com José do Patrocínio e João F. Clapp contribuindo para o fundo de propaganda abolicionista.

11½ — Na Tipografia Aldina acelerando a impressão do livro — *Agricultura nacional* — *Estudos econômicos*.

12 — No escritório, 47 rua do Carmo, com os advogados Adolfo e Pedro de Barros.

12¼ — No Clube de Engenharia com o engenheiro J. A. dos Santos.

12½ — Em congregação da Escola Politécnica.

2½ — De volta ao Hotel da Vista Alegre, em Santa Teresa.

3h — Escrevendo ao amigo Joaquim Nabuco, em Londres, sobre a propaganda abolicionista.

3½ — Continuando o Resumo Autobiográfico até 23 de agosto 1872 (partida para segunda viagem à Europa).

[*6 de maio*]

Ameaças de chuva à noite; manhã belíssima; dia de sol; tarde com raras nuvens no horizonte.

Temperatura de 19,5°-25,3° centígrados

5h — Acordar, toalete, banho, diário, balancete etc.

7h — Respondendo à carta de 3 de abril do A. de O. Monteiro, em Londres.

8h — Escrevendo ao amigo dr. J. C. Rodrigues, em Londres, sobre abolição, Companhia Florestal Paranaense etc.

8½ — Respondendo à carta de 6 abril de A. H. Phillpotts, presidente da companhia Conde d'Eu Railway Co. Limited.

1½ — Continuando o Resumo Autobiográfico de 10 de outubro 1872; estudando, pela segunda vez, Bayonne e as obras hidráulicas da foz do Adour.

3½ — Visita-me o bom e velho amigo Stanley P. Youle.

[*7 de maio*]

Noite estrelada; Vênus e Marte pela madrugada; manhã belíssima; dia de sol; ameaças de trovoada ao anoitecer.

Temperatura de 19°-26,1° centígrados

5 horas — Acordar, toalete, banho, diário, balancete etc.

7h — Respondendo à carta 7 abril do amigo C. H. Linklates em Londres sobre o Caminho de Ferro Queluz—Pitangui e Engenho Central de Ingaíba (município de Mangaratiba).

8h — Continuando o Resumo Autobiográfico até 14 de novembro 1872 (terceira chegada a Marselha).

9½ — Na Escola Politécnica melhorando o Gabinete de Engenharia Civil.

10½ — Na Gazeta da Tarde com o José do Patrocínio tratando da propaganda abolicionista.

11h — Na Tipografia Aldina acelerando a impressão do livro — *Agricultura nacional — Estudos econômicos.*

11½ — No escritório, 47 rua do Carmo, com o advogado Pedro de Barros.

12h — No Clube de Engenharia com os amigos Miguel Antônio Dias e José Américo dos Santos.

2½ — De volta ao Hotel da Vista Alegre, em Santa Teresa.

3 horas — Tomando notas para acréscimos ao livro sobre Agricultura Nacional.

[*8 de maio*]

Noite estrelada; Vênus e Marte muito próximos pela madrugada; manhã belíssima; dia de sol; ameaças de trovoada à tarde.

Temperatura de 19,9°-26,9° centígrados

5h — Acordar, toalete, banho, diário, balancete etc.

7 — Recordando e aperfeiçoando a 12.ª lição de engenharia civil.

8h — Continuando o Resumo Autobiográfico até 12 de dezembro 1872 em S. Remo.

9¾ — Dando a 12.ª lição de engenharia civil na Escola Politécnica.

11h — Na Gazeta da Tarde com o José do Patrocínio e J. F. Clapp tratando da propaganda abolicionista.

11½ — Na Tipografia Aldina revendo provas do livro — *Agricultura nacional — Estudos econômicos*.

12h — No escritório, 47 rua do Carmo, com o advogado Pedro de Barros.

12½ — No Clube de Engenharia com o amigo engenheiro J. A. dos Santos. Recebemos amabilíssimas cartas do engenheiro J. Dirks, de 14 abril em Punta Arenas, estreito de Magalhães.

2½ — De volta ao Hotel da Vista Alegre, em Santa Teresa.

3 horas — Notas e acréscimos para o curso de engenharia civil.

The Minas Central Railway of Brazil, Limited
(Queluz—Pitangui, Abaeté etc.).

Sessão da diretoria em Londres E. C., sr. Michael Hall, George Yard, Lombard Street. Nomeia-me engenheiro consultor e agente da companhia no Brasil com £ 600 por ano.

[*9 de maio*]

Noite estrelada; Vênus e Marte pela madrugada a quase um grau de distância; manhã com algumas nuvens; dia de sol encoberto; ameaças de chuva à tarde.

Temperatura de 20,5°-27,7° centígrados

5h — Acordar, toalete, banho, diário, balancete etc.

7h — Continuando o Resumo Autobiográfico até 19 janeiro 1873 — chegada a Nápoles.

9½ — No Ministério das Obras Públicas, requerendo o pagamento dos juros ao Caminho de Ferro Conde d'Eu (primeiro semestre 1883).

10½ — Com o empresário J. J. de Carvalho Bastos, fazendo um orçamento provisório para o cais da cidade do Jaguarão.

11h — No escritório, 47 rua do Carmo, com o advogado Pedro de Barros.

11½ — Na Tipografia Aldina, promovendo a impressão do livro — *Agricultura nacional — Estudos econômicos*.

12 — No Clube de Engenharia com o engenheiro J. A. dos Santos.

12½ — Procurando instrumentos para os estudos da navegação do Mogi Guaçu, pedidos pelo engenheiro José Rebouças.

2h — De volta ao Hotel da Vista Alegre, em Santa Teresa.

2½ — Enviando os preços dos instrumentos ao engenheiro José Rebouças, uma carta registrada para Campinas (província de São Paulo).

6 horas — Na Gazeta da Tarde, à rua Uruguaiana n.º 43, na sessão inaugural da Confederação Abolicionista.

7½ horas — Na sessão do Instituto Politécnico propondo o programa para a recepção do engenheiro J. Dirks ao voltar do Chile.

[**10 de maio**]

Chuva pela madrugada; manhã encoberta; chuviscos até ao meio-dia; tarde com sol entre nuvens.

Temperatura de 20,1°-25,3° centígrados

5h — Acordar, toalete, banho, diário, balancete etc.

7h — Recordando e aperfeiçoando a 13.ª lição de engenharia civil.

8h — Continuando o Resumo Autobiográfico até 5 abril 1873 (chegada a Bologna).

9¾ — Dando a 13.ª lição na Escola Politécnica.

11 horas — Na Gazeta da Tarde com José do Patrocínio e J. F. Clapp tratando da organização e do pessoal da Confederação Abolicionista.

12h — Na Tipografia Aldina revendo provas do livro — *Agricultura nacional — Estudos econômicos.*

12½ — No escritório, 47 rua do Carmo, revendo com o engenheiro Alexandre Speltz as plantas de Ingaíba e do litoral de Sepetiba a Mangaratiba.

1h — No Clube de Engenharia avisando ao engenheiro J. A. dos Santos de ter o ministro da Fazenda mandado dizer que esperava receber hoje os papéis da empresa do cais do largo do Paço ao Arsenal da Guerra.

2½ — De volta ao Hotel da Vista Alegre, em Santa Teresa.

3½ — Respondendo às cartas do amigo Joaquim Serra, em

Nova Friburgo, e do engenheiro Calisto de Paula Souza, na cidade do Rio Claro (província de São Paulo).

[**11 *de maio***]

Madrugada com Vênus e Marte mais próximos; nuvens pela manhã; dia de sol; tarde com algumas nuvens.

Temperatura de 20,1°-25,5° centígrados

5 horas — Acordar, toalete, banho, diário, balancete etc.

7h — Continuando o Resumo Autobiográfico até 1.º maio 1873. Festa inaugural da Exposição de Viena.

9½ — Na Tipografia Aldina revendo provas do livro — *Agricultura nacional — Estudos econômicos*.

10½ — No escritório, 47 rua do Carmo, pondo em ordem os documentos da viagem à Europa.

11 horas — No Clube de Engenharia com o tesoureiro Niemeyer.

12h — Na Escola Politécnica em congregação.

1h — Na Gazeta da Tarde com José do Patrocínio, J. F. Clapp e José Avelino.

1½ — Comprando para o engenheiro José Rebouças a obra — Lagrené — *Navigation intérieure* — para o estudo dos rios Mogi Guaçu e Pardo até o rio Grande.

2½ — De volta ao Hotel da Vista Alegre, em Santa Teresa.

3½ — Tomando várias notas sobre as plantas próprias para fixar as Dunas.

8 horas — No Clube Beethoven, ao cais da Glória n.º 62, assistindo ao 26.º concerto com os amigos engenheiro José Américo dos Santos e advogado Adolfo de Barros.

[*12 de maio*]

Luar de crescente; muita neblina pela manhã; dia de sol mais ou menos enublado; tarde clara.

Temperatura de 20,5°-27,3° centígrados

5h — Acordar, toalete, banho, diário, balancete etc.

7 — Recordando e aperfeiçoando a 14.ª lição de engenharia civil.

9¾ — Dando-a na Escola Politécnica.

11h — Mostrando os Gabinetes de Engenharia e Botânica ao engenheiro Rodolfo Pau Brasil.

12h — Na Gazeta da Tarde com José do Patrocínio e o dr. José Avelino.

12½ — Na Tipografia Aldina, acelerando a impressão do livro — *Agricultura nacional — Estudos econômicos*.

1h — No escritório, 47 rua do Carmo, com os advogados Adolfo de Barros e A. P. de Alencastro.

1½ — No Clube de Engenharia com os amigos J. A. dos Santos e Miguel A. Dias, remetendo a obra pedida pelo engenheiro José Rebouças.

2½ — De volta ao Hotel da Vista Alegre, em Santa Teresa.

3½ — Continuando o Resumo Autobiográfico até 13 de junho de 1873 em Lowell e Boston.

6h — Na Gazeta da Tarde, na Confederação Abolicionista com os amigos J. F. Clapp, José do Patrocínio etc. Eleito tesoureiro da Confederação Abolicionista.

8h — Com o engenheiro J. A. dos Santos e o empresário J. J. de Carvalho Bastos, tratando da empresa de portos no Rio Grande do Sul, recepção do engenheiro J. Waldorp etc.

[*13 de maio*]

Luar à noite; Vênus e Marte mais afastados pela madrugada; manhã belíssima; dia de sol; tarde clara.

Temperatura de 20,5°-29,6° centígrados

5h — Acordar, toalete, banho, diário, balancete etc.

7h — Respondendo à carta de 19 abril do engenheiro Charles Neate.

8h — E a do maestro Carlos Gomes de Milão em 15 abril.

11½ — Continuando o Resumo Autobiográfico. Final da viagem aos Estados Unidos. Volta ao Rio de Janeiro em 19 julho

1873. Até 31 agosto 1873. Primeiro artigo para o *Novo Mundo* — "Eucalyptus".

8 horas da noite — À tarde e à noite, em família, nos aposentos do amigo de infância engenheiro Antônio Paulo de Melo Barreto, atual presidente da Companhia Leopoldina, no Hotel da Vista Alegre, em Santa Teresa, exatamente defronte do meu n.º 38.

[*14 de maio*]

Luar à noite; manhã enublada; ameaças de chuva durante o dia; tarde clara.

Temperatura de 22,5°-28,9° centígrados

5h — Acordar, toalete, banho, diário, balancete etc.

7h — Continuando o Resumo Autobiográfico até 16 novembro 1873 (garantia de juros ao Caminho de Ferro Conde d'Eu).

10h — Remetendo ao engenheiro José Rebouças instrumentos para o estudo da navegabilidade dos rios Mogi Guaçu e Pardo até o rio Grande.

10½ — Na Gazeta da Tarde com José do Patrocínio e J. F. Clapp, organizando a Confederação Abolicionista.

11h — Na Tipografia Aldina, acelerando a impressão do livro — *Agricultura nacional — Estudos econômicos*.

11½ — No escritório, 47 rua do Carmo, com os advogados Adolfo e Pedro de Barros.

12h — No Clube de Engenharia com o engenheiro J. A. dos Santos e empresário J. J. de Carvalho Bastos, tratando dos portos do Rio Grande do Sul.

12½ — Extraindo os artigos mais importantes do volume LXXI de *Minutes of the Proceedings of the Institution of Civil Engineers*.

2½ — De volta ao Hotel da Vista Alegre, em Santa Teresa.

3½ — Continuando o Resumo Autobiográfico até o 1.º de janeiro de 1874.

Chegou telegrama de Londres de estar subscrito o capital do Caminho de Ferro de Queluz a Pitangui [The Minas Central Railway of Brazil, Limited].

[*15 de maio*]

Luar enublado; manhã mais ou menos encoberta; dia de sol; ameaças de chuvas à tarde.

Temperatura de 22,1°-25,9° centígrados

5h — Acordar, toalete, banho, diário, balancete etc.

7h — Recordando e ampliando a 15.ª lição de engenharia civil.

8 — Continuando o Resumo Autobiográfico até 4 abril 1874 (primeiros estudos para uma Estrada de Ferro no Piauí).

9¾ — Dando a 15.ª lição na Escola Politécnica.

11h — Na Gazeta da Tarde; adoecera o José do Patrocínio e tomei, a seu pedido, a direção da folha como em 1880, quando se ausentava o fundador Ferreira de Menezes.

12h — Na Tipografia Aldina revendo provas do livro — *Agricultura nacional — Estudos econômicos*.

12½ — No escritório, 47 rua do Carmo, com os amigos Adolfo de Barros e A. P. de Alencastro.

1h — No Clube de Engenharia com o amigo Miguel A. Dias.

3½ — Até essa hora, na Gazeta da Tarde, com o dr. José Avelino Gurgel do Amaral assistindo à tiragem da primeira edição e preparando artigos para a segunda.

4h — De volta ao Hotel da Vista Alegre, em Santa Teresa.

[*16 de maio*]

Luar enublado, ameaçando chuva; manhã mais ou menos encoberta; dia dúbio; temporal de noroeste com chuva das 4½ da tarde em diante.

Temperatura de 21,5°-28,5° centígrados

5h — Acordar, toalete, banho, diário, balancete etc.

7h — Preparando o expediente da *Gazeta da Tarde*.

9½ — No escritório da redação com José do Patrocínio, conva-lescente, dando o artigo "Joaquim Nabuco e os abolicionistas do Ceará".

10½ — Na Escola Politécnica, encetando a redação do rela-tório de maio de 1883 da Companhia do Canal de Amsterdam.

11½ — Na Tipografia Aldina acelerando a impressão do livro *Agricultura nacional — Estudos econômicos* — p. 64.

12h — No escritório, 47 rua do Carmo, com os amigos Adolfo de Barros e Marcolino Moura, vice-presidente da Sociedade Brasileira contra a Escravidão.

12½ — No Clube de Engenharia com o engenheiro J. A. dos Santos e o empresário J. J. de Carvalho Bastos, tratando dos portos do Rio Grande do Sul.

2h — Na Gazeta da Tarde com os amigos Joaquim Serra, re-cém-chegado de Friburgo, José Avelino e Taunay; conferen-ciando com J. F. Clapp sobre a Confederação Abolicionista.

4h — De volta ao Hotel da Vista Alegre, em Santa Teresa.

[*17 de maio*]

Chuva à noite; manhã enublada; dia de sol entremeado de chuviscos e aguaceiros; vento e chuva à tarde.

Temperatura de 20,5°-28,5° centígrados

5h — Acordar, toalete, banho, diário, balancete etc.

7h — Recordando e melhorando a 16.ª lição de engenharia civil.

8h — Respondendo à carta do engenheiro J. Dirks de 14 abril 1883.

9¾ — Dando a 16.ª lição na Escola Politécnica.

11h — Na Gazeta da Tarde com José do Patrocínio e J. F. Clapp tratando da propaganda abolicionista.

11½ — Na Tipografia Aldina acelerando a impressão do livro — *Agricultura nacional — Estudos econômicos*.

12h — No escritório, 47 rua do Carmo, com os amigos Adolfo de Barros e A. P. de Alencastro.

12½ — No Clube de Engenharia com o empresário J. J. de Carvalho Bastos tratando do porto do Rio Grande do Sul.

2½ — De volta ao Hotel da Vista Alegre, em Santa Teresa.

3h — Continuando o Resumo Autobiográfico até 15 agosto 1874.

6h — Na Gazeta da Tarde, em sessão da Confederação Abolicionista, com os amigos Miguel A. Dias, José do Patrocínio, J. F. Clapp, Pau Brasil etc.

9½ — De volta ao Hotel da Vista Alegre, em Santa Teresa.

[*18 de maio*]

Extraordinário furacão pela madrugada; muito vento e chuva pela manhã; dia sempre tempestuoso; tarde clara.

Temperatura de 18,5°-23,3° centígrados

5h — Acordar, toalete, banho, diário, balancete etc.

7h — Escrevendo para *Gazeta da Tarde* o artigo — "Confederação Abolicionista" —. Sobre uma carta do amigo J. Serra.

9½ — Na Gazeta da Tarde dando esse artigo ao José do Patrocínio.

10½ — Na Tipografia Aldina acelerando a impressão do livro — *Agricultura nacional — Estudos econômicos*, que se acha apenas na p. 72 por falta de tipos, máquinas etc.

11h — Na escola continuando a tradução do relatório sobre o canal e porto de Amsterdam.

12h — No escritório, 47 rua do Carmo, com o amigo A. P. de Alencastro.

12½ — No Clube de Engenharia com o presidente F. Pinheiro e tesoureiro Niemeyer tratando da recepção do engenheiro J. Waldorf, esperado a 23 de maio.

1½ — De volta ao Hotel da Vista Alegre, em Santa Teresa.

2h — Respondendo à carta do engenheiro José Rebouças de 13 de maio.

2½ — Melhorando as lições sobre ferro e aço do meu curso de engenharia civil.

3½ — Continuando o Resumo Autobiográfico até o 1.º de outubro 1874.

O engenheiro José Rebouças parte de Campinas para a exploração dos rios Mogi Guaçu e Pardo até o rio Grande (Paraná).

[*19 de maio*]

Luar à noite; manhã enublada; dia de sol entremeado de aguaceiros; tarde clara com raras nuvens no horizonte.

Temperatura de 19,0°-23,0° centígrados

5h — Acordar, toalete, banho, diário, balancete etc.

7h — Recordando e aperfeiçoando a lição 17.ª de engenharia civil.

8½ — Escrevendo para a *Gazeta da Tarde* o artigo — "Devassa sobre amas de leite".

9¾ — Dando a 17.ª lição na Escola Politécnica.

11h — Na Gazeta da Tarde com J. F. Clapp, José do Patrocínio e dr. José Avelino.

11½ — Na Tipografia Aldina revendo provas do livro — *Agricultura nacional — Estudos econômicos.*

12 horas — No escritório, 47 rua do Carmo, com os amigos Miguel A. Dias e Adolfo de Barros.

12½ — No Clube de Engenharia com o engenheiro J. A. dos Santos e o empresário J. J. de Carvalho Bastos, tratando da empresa dos portos do Rio Grande do Sul.

2½ — De volta ao Hotel da Vista Alegre (Santa Teresa).

3½ — Continuando o Resumo Autobiográfico até 5 de janeiro 1875.

[*20 de maio*]

Luar esplêndido à noite; manhã belíssima; dia de sol; tarde clara e amena.

Temperatura de 18,5°-23,7° centígrados

5h — Acordar, toalete, banho, diário, balancete etc.

7h — Escrevo para o *Impresso comemorativo da Redenção* da cidade de Fortaleza o artigo — "Gratidão ao Ceará abolicionista" — a pedido do dr. Alencar Araripe.

8h — Respondo à carta de 25 abril do amigo dr. j. c. Rodrigues, em Londres sw, Queen Anne's Mansions.

9h — Redijo para a *Gazeta da Tarde* o artigo — "Caminho de ferro subterrâneo emancipador".

11h — Almoçam comigo o dr. José Avelino Gurgel do Amaral e o dr.[6]

2h — Continuo o Resumo Autobiográfico até 5 de março 1875.

8½ horas da noite. — À tarde e à noite, em família nos aposentos do amigo de infância engenheiro A. Paulo de Melo Barreto, como em todos os domingos a partir de 8 abril 1883.

[*21 de maio*]

Maravilhoso luar à noite; algumas nuvens pela manhã; dia de sol um pouco enublado; tarde clara.

Temperatura de 18,5°-23,4° centígrados

5h — Acordar, toalete, banho, diário, balancete etc.

7h — Revendo artigos escritos para o *Novo Mundo* e *Gazeta da Tarde* e ainda não publicados.

8h — Ampliando e aperfeiçoando alguns destes artigos para impressão atual na *Revista de Engenharia* e na *Gazeta da Tarde*.

10h — Na Escola Politécnica examinando os cadernos do meu curso do engenheiro Samuel Castrioto, falecido em 1882.

10½ — Na Gazeta da Tarde dando ao José do Patrocínio o artigo — "Caminho de ferro subterrâneo emancipador".

11h — Na Tipografia Aldina, revendo provas do livro — *Agricultura nacional — Estudos econômicos*.

11½ — Entregando ao dr. Alencar Araripe o artigo — "Gratidão ao Ceará abolicionista".

12h — No Clube de Engenharia, dando ao amigo José Américo dos Santos para a *Revista de Engenharia* dois artigos, escritos em 1880 para a *Revista Industrial* do dr. J. C. Rodrigues.

1½ — De volta ao Hotel da Vista Alegre, em Santa Teresa.

3½ — Continuando o Resumo Autobiográfico até 31 de maio de 1875.

[*22 de maio*]

Luar esplêndido à noite; muita neblina pela manhã; dia de Sol; tarde com algumas nuvens no horizonte.

Temperatura de 19,5°-24,2° centígrados

5 horas — Acordar, toalete, banho, diário, balancete etc.

7h — Recordando e aperfeiçoando a lição 18.ª de engenharia civil.

8h — Continuando a rever artigos, escritos para o *Novo Mundo* e *Revista Industrial*, e ainda não publicados.

9¾ — Dando a 18.ª lição na Escola Politécnica.

11h — Na Gazeta da Tarde, dando ao José do Patrocínio o artigo — "A Guerra da Emancipação nos Estados Unidos".

11¼ — Na Tipografia Aldina acelerando a impressão do livro — *Agricultura nacional — Estudos econômicos*.

11½ — No escritório, 47 rua do Carmo, com os advogados Adolfo e Pedro de Barros e A. P. de Alencastro.

12 — No Clube de Engenharia, dando ao amigo engenheiro José Américo dos Santos o artigo — "Caminho de ferro atual" — escrito para a *Revista Industrial*.

1h — Com o presidente e tesoureiro do Clube de Engenharia, promovendo a recepção do engenheiro J. Waldorf, esperado pelo paquete *Derwent*.

3h — De volta ao Hotel da Vista Alegre, em Santa Teresa.

6h — Na Gazeta da Tarde. Na Confederação Abolicionista com os amigos J. F. Clapp, José do Patrocínio etc.

9h — De volta ao Hotel da Vista Alegre, aposento n.º 38, em Santa Teresa.

[*23 de maio*]

Luar à noite; muita neblina pela manhã; dia de sol; algumas nuvens à tarde sobre as montanhas.

Temperatura de 20,9°-24,9° centígrados

5h — Acordar, toalete, banho, diário, balancete etc.

7h — Respondendo à carta de 23 abril do presidente A. H. Phillpotts da companhia Conde d'Eu Railway Co. Limited.

8h — Continuando a rever artigos, escritos para o *Novo Mundo* e *Revista Industrial* e ainda não publicados.

9½ — Na Gazeta da Tarde com o José do Patrocínio e J. F. Clapp tratando do movimento abolicionista.

10h — Na Tipografia Aldina, acelerando a impressão do livro — *Agricultura nacional* — *Estudos econômicos*.

10½ — No Ministério das Obras Públicas enviando à companhia Conde d'Eu Railway Company nota de Rs. 1:356$000 de débito dos decretos de concessão e prorrogação.

11h — No escritório, 47 rua do Carmo, enviando ao engenheiro José Rebouças recibo de Rs. 15:000$000 do dr. Pedro de Barros.

12h — No Clube de Engenharia com o engenheiro José Américo

dos Santos e J. J. de Carvalho Bastos tratando dos portos do Rio Grande do Sul e recepção do engenheiro J. Waldorf.

1h — No Arsenal de Marinha com o inspetor A. Silveira da Motta obtendo sua lancha a vapor para essa recepção.

2½ — De volta ao Hotel da Vista Alegre, em Santa Teresa.

3 horas — Continuando o Resumo Autobiográfico até 1.º setembro 1875.

6½ — Visitando com o diretor Bittencourt da Silva as aulas e os gabinetes do Liceu de Artes e Ofícios.

9½ — De volta ao aposento n.º 38 do Hotel da Vista Alegre.

[*24 de maio*]

Luar à noite; muita neblina pela manhã; chuviscos durante o dia, sempre escuro e enublado; tarde encoberta e chuvosa.

Temperatura de 20,9°-24,3° centígrados

5 horas — Acordar, toalete, banho, diário, balancete etc.

7 — Escrevendo para a *Gazeta da Tarde* o artigo — "Freiras e frades com escravos".

8h — Registrando vários documentos abolicionistas, adquiridos durante os últimos dias.

11h — Lendo a descrição da festa inaugural da Exposição Universal de Amsterdam no 1.º maio 1883.

2 horas — Continuando o Resumo Autobiográfico até 2 janeiro de 1876.

[*25 de maio*]

Madrugada e manhã belíssimas; dia de sol esplêndido; tarde com raras nuvens sobre as montanhas do horizonte.

Temperatura de 19,3°-24,3° centígrados

5h — Acordar, toalete, banho, diário, balancete etc.

7½ — No cais do largo do Paço com o cônsul holandês F. Palm e os engenheiros Jordan e Berla para receber o engenheiro J. Waldorp.

8h — No paquete *Derwent* com esse eminente engenheiro.

9h — Mostrando-lhe o dique e as oficinas de Finnio Kemp & Co.

9½ — Percorrendo as Docas de D. Pedro II.

9½ — Visitando os diques da ilha das Cobras.

10h — Percorrendo a doca e o grande armazém da alfândega.

11h — Almoço no Globo com os companheiros de comissão e os amigos J. A. dos Santos e J. J. de Carvalho Bastos.

12½ — Na Gazeta da Tarde com José do Patrocínio, dando o artigo — "Formação da Anti-Slavery Society, nos Estados Unidos".

1½ — No Clube de Engenharia na recepção solene do engenheiro J. A. A. Waldorf.

2¹/₄ — Na Estrada de Ferro de D. Pedro ii visitando as oficinas do Engenho de Dentro.

4¹/₂ — De volta à Corte, percorrendo o Jardim da Aclamação.

5h — No Hotel Carson, nos aposentos de j. j. de Carvalho Bastos.

6¹/₂ — Jantar no Globo ocupando as cabeceiras o engenheiro j. a. a. Waldorf e o presidente do Clube de Engenharia, Fernandes Pinheiro, e os outros lugares os engenheiros j. a. dos Santos, Berla, Plínio Soares, Plotino Soares, Kingelhoefer e j. j. de Carvalho Bastos e engenheiro André Rebouças (nove convivas).

8h — No Clube Beethoven com meus amigos, engenheiro J. Ewbank da Câmara e quase todos os engenheiros da Estrada de Ferro de D. Pedro ii.

[...] — De volta ao Hotel da Vista Alegre, em Santa Teresa.

9.º aniversário do falecimento do engenheiro Antônio Rebouças.
[*26 de maio*]

Luar entre nuvens; manhã clara; dia de sol mais ou menos enublado; ventania e aguaceiros ao anoitecer.

Temperatura de 17,3°-22,9° centígrados

5h — Acordar, toalete, banho, diário, balancete etc.

7 — Recordando e aperfeiçoando a lição 19.ª de engenharia civil.

9½ — Dando-a na Escola Politécnica.

10¾ — No restaurante do Globo à rua Direita em almoço com os engenheiros Johannes Abel Adrianus Waldorf, José Américo dos Santos, Rodolfo Pau Brasil, Berla, cônsul holandês F. Palm e empresário J. J. de Carvalho Bastos.

12h — Despedindo-nos a bordo do *Derwent*. O engenheiro J. Waldorf mostra-nos os desenhos dos portos de Ensenada, e Tanjung Priok, Batávia, ilha de Java.

1h — No Clube de Engenharia com o engenheiro J. A. dos Santos recebendo o engenheiro Devonsher Jackson Scott, recomendado pelo nosso amigo Charles Neate, como representante da Southern Brazilian Rio Grande do Sul Railway Co. Limited.

3h — De volta ao Hotel da Vista Alegre, em Santa Teresa.

A companhia The Minas Central Railway of Brasil Limited, passa-me em Londres procuração como seu representante e engenheiro consultor no Brasil.

27/5 a
26/6/1883

9.
ABOLIÇÃO IMEDIATA E SEM INDENIZAÇÃO

[*27 de maio*]

Muita chuva à noite; manhã enublada; dia de sol, entremeado de aguaceiros; tarde invernosa.

Temperatura de 16,3°-21,8° centígrados

5 horas — Acordar, toalete, banho, diário, balancete etc.

7h — Pondo em ordem os apontamentos sobre a estada no Rio de Janeiro do engenheiro Johannes Abel Adrianus Waldorf.

8h — Respondendo às cartas de 23 e 27 abril do amigo Charles Neate, em Londres.

12h — Continuando o Resumo Autobiográfico até 23 março 1876, data da nomeação para reger a cadeira de botânica da Escola Politécnica; já tinha lecionado botânica e zoologia de 8 março 1867 a 20 março de 1868 na, então, Escola Central.

8 horas da noite — À tarde e à noite, em família, nos aposentos do amigo de infância Antônio Paulo de Melo Barreto, presidente da Companhia Leopoldina, como quase sempre a partir de 8 de abril 1883.

18.º aniversário do falecimento da minha boa mãe d. Carolina Pinto Rebouças.

[**28 de maio**]

Chuva à noite; fortes aguaceiros pela manhã; dia ora de sol ora de vento e chuva; tarde escura e úmida.

Temperatura de 14,5°-20,3° centígrados

5 horas — Acordar, toalete, banho, diário, balancete etc.

7h — Revendo para a *Revista de Engenharia* o artigo — "Utilização das matérias dos esgotos" — escrito em 1879 para a *Revista Industrial*, do amigo dr. J. C. Rodrigues, então em Nova York.

8h — Continuando o Resumo Autobiográfico até 8 maio 1876, em que foi colocado o último pau da cumeeira do armazém n.º 5 das Docas de D. Pedro II.

9½ — Na Gazeta da Tarde com José do Patrocínio e J. F. Clapp, dando o artigo — "Freiras e frades com escravos".

10h — Na Tipografia Aldina revendo provas do livro — *Agricultura nacional — Estudos econômicos.*

10½ — No gabinete da Escola Politécnica escrevendo o artigo — "A pena dos açoites" — extraído do que publiquei no *Novo Mundo* de abril 1875.

12h — No Clube de Engenharia, com o engenheiro J. A. dos Santos e J. J. de Carvalho Bastos, tratando das empresas dos portos de Ensenada e da província do Rio Grande do Sul.

2½ — De volta ao Hotel da Vista Alegre, em Santa Teresa.

3h — Continuo o Resumo Autobiográfico até 16 de junho de 1876.

[*29 de maio*]

Noite e manhã enubladas; dia de sol; aguaceiro a uma hora; tarde mais ou menos encoberta.

Temperatura de 15,5°-20,5° centígrados

5 horas — Acordar, toalete, banho, diário, balancete etc.

7h — Recordando e aperfeiçoando a lição 20.ª de engenharia civil.

8h — Redigindo o artigo — "A província de São Paulo depois da abolição".

9¾ — Dando a 20.ª lição na Escola Politécnica.

11 horas — Na Gazeta da Tarde, dando ao José do Patrocínio o artigo — "A pena de açoites" — escrito ontem.

11½ — Recebendo do dr. Tristão de Alencar Araripe Júnior quatro exemplares do periódico — *A Terra da Redenção* — comemorativo da emancipação da capital do Ceará a 24 maio 1883, dos quais enviei dois ao Joaquim Nabuco em Londres.

12 horas — No Clube de Engenharia com os amigos Miguel A. Dias e engenheiro José Américo dos Santos tratando da empresa do porto da Ensenada (La Plata, capital da província de Buenos Aires).

2½ — De volta ao Hotel da Vista Alegre, em Santa Teresa.

3 horas — Continuando o Resumo Autobiográfico até 7 de novembro de 1876.

6h — Visitando o amigo engenheiro Herculano Veloso Ferreira Pena, diretor da Estrada de Ferro de D. Pedro II, em sua nova residência n.º 33 rua do Senador Vergueiro.

7½ — Na Gazeta da Tarde, na Confederação Abolicionista com o presidente J. F. Clapp e mais colegas.

9½ — De volta ao Hotel da Vista Alegre, em Santa Teresa.

[*30 de maio*]

Noite estrelada; Lua, Marte e Vênus pela madrugada; manhã enublada; dia de sol esplêndido; tarde clara.

Temperatura de 14,5°-20,5° centígrados

5h — Acordar, toalete, banho, diário, balancete etc.

7h — Escrevendo carta de parabéns ao cônsul Antônio Alves Machado de Andrade Carvalho, promovido de Rotterdam para Paris.

8h — Despedindo-me do amigo engenheiro Antônio Paulo de Melo Barreto e de sua família, ao deixar o Hotel da Vista Alegre.

9½ — No Ministério das Obras Públicas tomando as guias para o pagamento de 1:356$000 de decretos da Conde d'Eu Railway Co.

10½ — Em casa de Norton, Megaw & Co. sacando essa soma (£ 120 — 10 — 9).

11h — Na recebedoria efetuando esse pagamento.

11½ — Remetendo vários relatórios sobre exploração de rios ao engenheiro José Rebouças.

12h — No Clube de Engenharia, respondendo a uma carta do Pedro Miguel de Schroder sobre o Engenho Central de Ingaíba (município de Mangaratiba).

1h — Enviando registrado ao presidente A. H. Phillpotts o recibo de 1:356$000 pagos pela Conde d'Eu Railway Co. Limited.

2½ — De volta ao Hotel da Vista Alegre, em Santa Teresa.

3h — Continuando o Resumo Autobiográfico até 20 de janeiro de 1877.

[*31 de maio*]

Noite estrelada; Lua, Marte e Vênus pela madrugada; manhã belíssima; dia de sol; tarde com raras nuvens sobre as montanhas.

Temperatura de 15,5°-21,0° centígrados

5h — Acordar, toalete, banho, diário, balancete etc.

7h — Recordando e aperfeiçoando a 21.ª lição de engenharia civil.

8h — Escrevendo para a *Gazeta da Tarde* o artigo — "Os estados escravagistas depois da abolição".

9¾ — Dando a 21.ª lição na Escola Politécnica.

11 — Na Gazeta da Tarde com o José do Patrocínio, dando-lhe o artigo — "A província de São Paulo depois da abolição".

11½ — Na Tipografia Aldina ativando a impressão do livro — *Agricultura nacional — Estudos econômicos*.

12h — No Clube de Engenharia com o engenheiro José Américo dos Santos.

1h — Remetendo ao engenheiro J. A. A. Waldorf em Buenos Aires dois exemplares da *Revista de Engenharia* de 28 maio com a descrição de sua visita ao Rio de Janeiro.

2½ — De volta ao Hotel da Vista Alegre, em Santa Teresa.

3 horas — Continuando o Resumo Autobiográfico até 12 de fevereiro de 1877.

[*1.º de junho*]

Noite estrelada; Lua, Marte e Vênus, quase equidistantes pela madrugada; neblina pela manhã; dia de sol; tarde belíssima.

Temperatura de 15,9°-21,2° centígrados

5h — Acordar, toalete, banho, diário, balancete etc.

7h — Escrevendo ao engenheiro J. A. A. Waldorf, em Buenos Aires.

8h — Redigindo para a *Gazeta da Tarde* o artigo — "Cuba depois da abolição".

9½ — Entrego ao José do Patrocínio o artigo escrito ontem.

10 — Na Tipografia Aldina, revendo provas do livro — *Agricultura nacional — Estudos econômicos*.

10½ — Na Escola Politécnica, melhorando o Gabinete de Engenharia Civil.

11h — No escritório, 47 rua do Carmo, com os amigos Joaquim Serra, Adolfo de Barros, A. P. de Alencastro, lendo a segunda mensagem do presidente Joaquim Nabuco.

12h — No Clube de Engenharia com o engenheiro José Américo dos Santos, recebendo carta de Charles Glanvill, secretário da The Minas Central Railway of Brazil, Limited comunicando-me ter sido nomeado engenheiro consultor e agente da companhia no Brasil com £ 600 por ano.

1h — Na casa Leuzinger & Filhos, tratando a venda do livro do amigo Joaquim Nabuco sobre abolição.

2h — No escritório de J. Georg Repsold, representante da Friedr. Krupp obtendo amostras de aço para a lição de amanhã.

3½ — De volta ao Hotel da Vista Alegre, em Santa Teresa.

[*2 de junho*]

Noite estrelada; Lua, Marte e Vênus pela madrugada; muita neblina pela manhã; dia de sol; tarde belíssima.

Temperatura de 16,5°-21,5° centígrados

5h — Acordar, toalete, banho, diário, balancete etc.

7h — Recordando e aperfeiçoando a 22.ª lição de engenharia civil.

8h — Redigindo o aviso da sessão da Soeiedade Brasileira contra a Escravidão.

9¾ — Dando a 22.ª lição na Escola Politécnica.

11h — Na Gazeta da Tarde, entregando ao José do Patrocínio o artigo — "Cuba depois da abolição".

11½ — Na Tipografia Aldina revendo provas do livro — *Agricultura nacional — Estudos econômicos*.

12h — No escritório, 47 rua do Carmo, com os amigos vice--presidente e advogado da Sociedade Brasileira contra a Escravidão Adolfo de Barros e A. P. de Alencastro.

12½ — No Clube de Engenharia com os amigos engenheiro José Américo dos Santos e J. J. de Carvalho Bastos, tratando das empresas dos portos de Ensenada (La Plata) e Rio Grande do Sul.

2½ — De volta ao Hotel da Vista Alegre, em Santa Teresa.

3 horas — Respondendo à carta de 10 maio do amigo Joaquim Nabuco, ainda em Londres.

8h — Visitando, em sua residência à rua de D. Luiza n.º [...], o amigo Antônio Paulo de Melo Barreto e sua família.

[*3 de junho*]

Noite estrelada; muita neblina pela madrugada e pela manhã; dia de sol; tarde clara.

Temperatura de 17,0°-23,3° centígrados

5 horas — Acordar, toalete, banho, diário, balancete etc.

7h — Respondendo à carta de 8 maio de Charles Glanvill, secretário da The Minas Central Railway of Brazil, Limited.

8h — Pondo em ordem os documentos, relativos ao Caminho de Ferro de Queluz a Pitangui, que esta companhia vai estudar e construir.

11 horas — Respondendo às cartas de 9 maio dos amigos [...] e Thomas H. Linklates, 6 Warnford Court, Londres.

1h — Respondendo à carta de 6 maio do amigo Trajano A. de Carvalho, atualmente inspecionando a construção do encouraçado *Riachuelo* e residindo em 37 Cleopatra Grove, Lee Terrace, Blackheath, Londres.

2h — Escrevendo para a *Gazeta da Tarde* o artigo — "Superioridade dos libertos".

[*4 de junho*]

Noite estrelada; Marte e Vênus pela madrugada; manhã clara; dia de sol mais ou menos enublado; ameaças de chuva à tarde.

Temperatura de 17,5°-25,3° centígrados

5h — Acordar, toalete, banho, diário, balancete etc.

7h — Escrevendo para a *Gazeta da Tarde* o artigo — "Abolição imediata e sem indenização" — 1.

9½ — Na Gazeta da Tarde entregando ao José do Patrocínio o artigo escrito ontem — "Superioridade dos libertos".

10½ — Na Tipografia Aldina acelerando a impressão do livro — *Agricultura nacional — Estudos econômicos*.

11h — No Gabinete de Engenharia Civil da Escola Politécnica, pondo em ordem vários manuscritos, e revendo artigos, escritos para o *Novo Mundo* e não publicados.

12 — No Clube de Engenharia com o amigo engenheiro José Américo dos Santos, recebendo cartas do engenheiro J. Dirks, atualmente em Concepción (por Talcahuano) Chile.

1h — No escritório, 47 rua do Carmo, com o dr. A. P. de Alencastro advogado da Sociedade Brasileira contra a Escravidão.

2½ — De volta ao Hotel da Vista Alegre, em Santa Teresa.

3h — Continuando o Resumo Autobiográfico até 7 abril de 1877.

[*5 de junho*]

Chuva à noite e pela manhã; dia de contínuos aguaceiros; tarde encoberta e tempestuosa.

Temperatura de 19,3°-20,9° centígrados

5h — Acordar, toalete, banho, diário, balancete etc.

7h — Recordando e aperfeiçoando a lição 23.ª da engenharia civil.

9¾ — Dando-a na Escola Politécnica.

11h — Na Gazeta da Tarde com J. F. Clapp e José do Patrocínio tratando da Confederação Abolicionista. Dou-lhe os artigos: "Uma profecia de Thiers" e "Abolição imediata e sem indenização" — I.

12h — No Clube de Engenharia com o amigo Miguel Antônio Dias; entregou-me proposta de Antônio Teixeira Rodrigues para fornecimento de pedra para o porto de Ensenada.

2h — Em Congregação de Lentes na Escola Politécnica.

4h — De volta ao Hotel da Vista Alegre em Santa Teresa.

[*6 de junho*]

Chuva à noite; mas lua enublada; dia mais ou menos escuro e encoberto; aguaceiros à tarde.

Temperatura de 15,7°-19,3° centígrados

5h — Acordar, toalete, banho, diário, balancete etc.

7h — Redigindo o artigo — "Abolição imediata e sem indenização" — II.

9¼ — Na Escola Politécnica, pondo em ordem vários manuscritos sobre estradas de ferro, docas etc.

11h — Na Gazeta da Tarde com José do Patrocínio e J. F. Clapp tratando da imagem do livro de Frederick Douglass.

11½ — Na Tipografia Aldina acelerando a impressão do livro — *Agricultura nacional* — *Estudos econômicos*.

12h — No escritório, 47 rua do Carmo, em sessão da Sociedade Brasileira contra a Escravidão. Redijo com o Joaquim Serra a ata que levo ao Jornal do Commercio.

1h — No Clube de Engenharia com o engenheiro José Américo dos Santos. Remeto ao engenheiro José Rebouças, em Campinas, o relatório do engenheiro Benjamin Franklin sobre o rio das Velhas.

1½ — Na Gazeta da Tarde, dando ao José do Patrocínio o artigo, escrito pelo Joaquim Serra — "Joaquim Nabuco e o Governo".

2½ — De volta ao Hotel da Vista Alegre, em Santa Teresa.

3 — Continuando o Resumo Autobiográfico até 17 de junho 1877.

[*7 de junho*]

Chuva à noite; manhã enublada; dia de sol mais ou menos encoberto; tarde dúbia.

Temperatura de 15,5°-20,7° centígrados

5h — Acordar, toalete, banho, diário, balancete etc.

7h — Recordando e aperfeiçoando a 24.ª lição de engenharia civil.

9¾ — Dando-a na Escola Politécnica.

11h — Na Gazeta da Tarde entregando ao José do Patrocínio o segundo artigo da série — "Abolição imediata e sem indenização".

11½ — Na Tipografia Aldina revendo provas do livro — *Agricultura nacional* — *Estudos econômicos* — pronto até a página 80.

12h — No escritório, 47 rua do Carmo, com o amigo Joaquim Serra, tratando da propaganda abolicionista.

1h — No Ministério das Obras Públicas promovendo as Estradas de Ferro Conde d'Eu e Queluz—Pitangui (The Minas Central Railway of Brazil Limited).

2h — No Clube de Engenharia com o amigo Miguel Antônio Dias, que deu-me uma interessante estatística dos libertos pela Lei Rio Branco [28-setembro-1871].

3h — De volta ao Hotel da Vista Alegre, em Santa Teresa.

[*8 de junho*]

Noite estrelada; Marte, Vênus, Netuno e Saturno pela madrugada; manhã belíssima; dia de sol; tarde clara.

Temperatura de 16,7°-22,0° centígrados

5h — Acordar, toalete, banho, diário, balancete etc.

7h — Redigindo o terceiro artigo da série — "Abolição imediata e sem indenização" — III.

8h — Respondendo à carta de 7 maio de A. H. Phillpotts, presidente da companhia The Conde d'Eu Railway Limited.

8½ — E a de 12 maio do engenheiro R. C. Batterbee, na Paraíba do Norte.

9½ — Entregando na Gazeta da Tarde o artigo escrito pela manhã. Adoecera ontem o amigo José do Patrocínio.

10½ — Na Tipografia Aldina revendo provas do livro — *Agricultura nacional — Estudos econômicos* — pronto até a página 88.

11h — No Gabinete de Engenharia Civil da Escola Politécnica redigindo o quarto artigo da série — "Abolição imediata e sem indenização" — IV.

12h — No escritório, 47 rua do Carmo, com o amigo Joaquim Serra tratando da propaganda abolicionista.

12½ — No Clube de Engenharia com o amigo José Américo dos Santos.

2½ — De volta ao Hotel da Vista Alegre, em Santa Teresa.

3h — Extratando os documentos sobre ramal e ponte do Cabedelo (Caminho de Ferro Conde d'Eu).

O planeta Netuno foi visível, às três e meia, muito perto de Vênus, um pouco ao norte, com um grande binóculo da Marinha.

[*9 de junho*]

Luar ao anoitecer; Marte, Vênus, Netuno e Saturno pela madrugada; manhã linda; dia de sol; nuvens à tarde sobre as montanhas.

Temperatura de 18,1°-23,9° centígrados

5h — Acordar, toalete, banho, diário, balancete etc.

7h — Recordando e aperfeiçoando a 25.ª lição de engenharia civil (primeira de resistência dos materiais).

9¾ — Dando-a na Escola Politécnica.

11h — Na Gazeta da Tarde, continua doente o José do Patrocínio. Entregue o quarto artigo — "Abolição imediata e sem indenização".

11½ — Na Tipografia Aldina revendo provas do livro — *Agricultura nacional — Estudos econômicos*.

12 — No escritório, 47 rua do Carmo, presenteando o engenheiro Rodolfo Pau Brasil com uma coleção dos impressos do Instituto Politécnico.

12½ — No Clube de Engenharia com o amigo José Américo dos Santos, tratando da mudança da *Revista de Engenharia* da Tipografia Aldina para a Tipografia Econômica.

2½ — De volta ao Hotel da Vista Alegre, em Santa Teresa.

3h — Continuando o Resumo Autobiográfico até 2 de agosto de 1877.

[**10 *de junho***]

Luar à noite; madrugada e manhã enubladas; dia de sol com algumas nuvens; tarde com ameaças de chuva.

Temperatura de 17,9°-25,3° centígrados

5h — Acordar, toalete, banho, diário, balancete etc.

7 — Redigindo para a *Gazeta da Tarde* o quinto artigo da série — "Abolição imediata e sem indenização" — v.

8h — Redigindo o sexto artigo desta série.

11h — Redigindo o sétimo artigo desta série.

12h — Revendo artigos, escritos em 1879 para o *Novo Mundo* e ainda não publicados.

2h — Fazendo acréscimos ao curso de engenharia civil, que professo na Escola Politécnica.

3h — Continuando o Resumo Autobiográfico até 7 de novembro de 1877, data da publicação pelo *Jornal do Commercio* do 13.º e último dos meus artigos com a rubrica — "Socorros públicos — A seca nas províncias do Norte".

[**11 *de junho***]

Luar enublado; Marte, Vênus e Saturno pela madrugada; nuvens pela manhã; ameaças de chuva durante o dia e à tarde.

Temperatura de 19,5°-23,5° centígrados

5h — Acordar, toalete, banho, diário, balancete etc.

7 — Redigindo o oitavo artigo da série — "Abolição imediata e sem indenização".

8h — Projetando uma comissão de socorro para a Comissão Morsing, em perigo, nos estudos da Estrada de Ferro Madeira ao Mamoré.

9½ — Na Gazeta da Tarde, entregando o quinto artigo da série.

10½ — No Ministério da Agricultura tratando das Estradas de Ferro Conde d'Eu e Queluz—Pitangui.

11½ — No Clube de Engenharia com o amigo José Américo dos Santos e o tesoureiro Niemeyer tratando de socorrer a Comissão Morsing.

1½ — Telegrama ao presidente Pinheiro, em comissão no Cruzeiro (Estrada de Ferro de D. Pedro II).

2½ — Telegrama ao Morsing por intermédio do presidente do Pará. Conferência com os membros do conselho do Clube de Engenharia, MacKie, Kingelhoefer e engenheiro Oliveira Bulhões.

3½ — De volta ao Hotel da Vista Alegre, em Santa Teresa.

[12 *de junho*]

Luar enublado à noite; neblina pela manhã; dia e tarde encobertos e com ameaças de chuva.

Temperatura de 19,5°-22,5° centígrados

5h — Acordar, toalete, banho, diário, balancete etc.

7h — Recordando e aperfeiçoando a 26.ª lição de engenharia civil.

9h¾ — Dando-a na Escola Politécnica.

10h — Na Tipografia Aldina revendo provas do livro *Agricultura nacional — Estudos econômicos.*

12h — No Clube de Engenharia, em conselho, providenciando sobre a Comissão Morsing — Madeira—Mamoré.[7]

3h — De volta ao Hotel da Vista Alegre, em Santa Teresa.

3½ — Continuando o Resumo Autobiográfico até 31 dezembro 1877.

6½ — Visitando o amigo dr. José Pereira Rego Filho, ex-secretário-geral da Sociedade Auxiliadora da Indústria Nacional, recém-chegado de Buenos Aires.

7h — Na Gazeta da Tarde, na Confederação Abolicionista, com o presidente J. F. Clapp e mais colegas.

[*13 de junho*]

Luar enublado; Marte, Vênus e Saturno pela madrugada; nuvens pela manhã; dia e tarde dúbios com alguns chuviscos.

Temperatura de 19,5°-23,5° centígrados

5h — Acordar, toalete, banho, diário, balancete etc.

7h — Escrevendo o nono artigo da série — "Abolição imediata e sem indenização" — IX.

10h — Entregando o sexto artigo desta série na Gazeta da Tarde.

10 ½ — No Ministério da Agricultura tratando da Estrada de Ferro Conde d'Eu (Paraíba do Norte).

11h — Com o amigo Stanley P. Youle sobre o mesmo assunto.

11 ½ — No escritório, 47 rua do Carmo, com o amigo [Adolfo] de Barros.

12 — No Clube de Engenharia com os amigos Charles Paul MacKie, engenheiros Bulhões e J. A. dos Santos e tesoureiro Niemeyer tratando da Comissão Morsing.

1h — Com J. J. de Carvalho Bastos e engenheiro J. A. dos Santos tratando das empresas dos portos do Rio Grande do Sul e da Ensenada.

2h — Em congregação na Escola Politécnica.

4h — De volta ao Hotel da Vista Alegre em Santa Teresa.

[*14 de junho*]

Luar enublado; muita neblina pela madrugada e pela manhã; dia de sol; tarde clara.

Temperatura de 19,5°-22,2° centígrados

5h — Acordar, toalete, banho, diário, balancete etc.

7 — Respondendo à carta de 18 maio de A. H. Phillpotts, presidente da Conde d'Eu Railway Co. Limited.

7 ½ — Recordando e aperfeiçoando a 27.ª lição de engenharia civil.

9 ¾ — Dando essa lição na Escola Politécnica.

11h — Na Tipografia Aldina acelerando a impressão da obra — *Agricultura nacional — Estudos econômicos*.

11½ — No escritório, 47 rua do Carmo, com o amigo Adolfo de Barros, que deu-me o seu relatório de presidente da província do Amazonas em 1865 com vários dados sobre a empresa do Madeira—Mamoré.

12h — No Clube de Engenharia estudando essa empresa com os colegas Charles Paul MacKie, José Américo dos Santos e A. M. de Oliveira Bulhões.

3h — De volta ao Hotel da Vista Alegre, em Santa Teresa.

3½ — Continuando os estudos da empresa do Madeira ao Mamoré.

[*15 de junho*]

Chuviscos à noite; madrugada com Marte, Vênus e Saturno; manhã belíssima; dia de sol; tarde clara.

Temperatura de 18,9°-23,6° centígrados

5h — Acordar, toalete, banho, diário, balancete etc.

7 — Respondendo à carta do amigo Charles Neate de Londres em 19 de maio.

7½ — Escrevendo o décimo artigo da série — "Abolição imediata e sem indenização" — x.

10h — Entregando o sétimo desta série na Gazeta da Tarde.

10½ — No Ministério da Agricultura tratando do ramal e das obras do porto do Cabedelo.

11½ — No Clube de Engenharia com o tesoureiro Niemeyer, tratando da Comissão Morsing — Caminho de Ferro do Madeira ao Mamoré.

2h — De volta ao Hotel da Vista Alegre, em Santa Teresa.

3h — Continuando o Resumo Autobiográfico até 10 maio 1878.

6½ — Na Sociedade Auxiliadora da Indústria Nacional em sessão presidida pelo amigo dr. José Pereira Rego Filho recém-chegado de Buenos Aires.

7½ — Visitando ao amigo engenheiro Antônio Paulo de Melo Barreto e sua família em sua residência à rua de D. Luiza n.º 3.

8h — No concerto do Clube Beethoven com os amigos engenheiros José Américo dos Santos, deputado A. d'E. Taunay, José Ewbank da Câmara etc.

[*16 de junho*]

Luar enublado; Marte, Vênus e Saturno pela madrugada; manhã belíssima; dia de sol; tarde clara.

Temperatura de 19,3°-23,4° centígrados

5h — Acordar, toalete, banho, diário, balancete etc.

7h — Recordando e aperfeiçoando a 28.ª lição de engenharia civil.

9¾ — Dando-a na Escola Politécnica.

11h — Na Gazeta da Tarde com José do Patrocínio entregando-lhe o oitavo artigo da série — "Abolição imediata e sem indenização".

11½ — Na Tipografia Aldina revendo provas do livro — *Agricultura nacional — Estudos econômicos*.

12h — No Clube de Engenharia com o engenheiro José Américo dos Santos e o J. J. de Carvalho Bastos tratando dos portos do Rio Grande do Sul e Ensenada.

1h — Com os corretores Selnio Castelli e M. do V. Pires Ferrão, tratando do Caminho de Ferro Queluz—Pitangui.

2½ — De volta ao Hotel da Vista Alegre em Santa Teresa.

3h — Fazendo estudos para a companhia — The Minas Central Railway of Brazil, Limited — concessionários da Estrada de Ferro Queluz—Pitangui.

[*17 de junho*]

Luar esplêndido; Marte, Vênus e Saturno pela madrugada; manhã belíssima; dia de sol; tarde sem nuvens.

Temperatura de 18,0°-24,5° centígrados

5h — Acordar, toalete, banho, diário, balancete etc.

7 — Respondendo à carta de 4 maio do engenheiro J. Dirks.

7½ — E a do engenheiro R. C. Batterbee, inspetor das obras do Caminho de Ferro Conde d'Eu (Paraíba do Norte).

8h — E a do Thomas H. Linklates de 23 maio 1883 sobre a Estrada de Ferro Queluz—Pitangui.

11h — Escrevendo ao empresário C. H. Linklates sobre a recepção do engenheiro George Ranson e de seus sete companheiros, encarregados dos estudos do Caminho de Ferro de Queluz a Pitangui.

12h — Carta ao engenheiro H. E. Hargreaves, atualmente em Queluz sobre os preparativos para esta exploração.

3h — Continuando o Resumo Autobiográfico até 24 junho 1878, quando fui contratado pelo empreiteiro Antonio Gabrielli para dirigir as obras do encanamento do rio d'Ouro.

3½ — Visita-me o meu afilhado de casamento Adriano Eduardo Mullier, ex-empreiteiro das Docas de D. Pedro II.

8½ — Vem despedir-se o meu bom amigo Stanley P. Youle, sócio nas Docas de D. Pedro II; segue para a Europa no paquete *Tamar*, a 24 de junho.

[*18 de junho*]

Luar maravilhoso; Marte, Vênus e Saturno pela madrugada; manhã belíssima; dia de sol; nuvens à tarde.

Temperatura de 19,3°-24,9° centígrados

5h — Acordar, toalete, banho, diário, balancete etc.

7h — Redigindo para a *Gazeta da Tarde* o 11.º artigo da série "Abolição imediata e sem indenização" — XI.

9½ — Na Tipografia Aldina, revendo provas do livro — *Agricultura nacional — Estudos econômicos.*

10½ — No escritório, 47 rua do Carmo, remetendo para o engenheiro José Rebouças a consulta, recebida do amigo Trajano A. de Carvalho, em Londres, sobre vapores para os rios Mogi Guaçu e Pardo.

11½ — No Ministério da Agricultura tratando dos caminhos de ferro Conde d'Eu e Queluz a Pitangui.

12½ — No Clube de Engenharia com o amigo engenheiro José Américo dos Santos, providenciando sobre os estudos da estrada de ferro de Queluz a Pitangui.

2½ — De volta ao Hotel da Vista Alegre em Santa Teresa.

3h — Respondendo à carta do amigo Trajano A. de Carvalho atualmente em Londres, dirigindo a construção dos encouraçados *Riachuelo* e *Aquidaban.*

Terceiro aniversário do falecimento do meu sublime pai o conselheiro Antônio Pereira Rebouças.

[**19 de junho**]

Luar enublado; Marte, Vênus e Saturno muito próximos; nuvens pela manhã; dia de sol; tarde clara.

Temperatura de 19,7°-26,3° centígrados

5h — Acordar, toalete, banho, diário, balancete etc.

7h — Recordando e aperfeiçoando a 29.ª lição de engenharia civil.

8½ — Na Capela Imperial, ouvindo missa pelo terceiro aniversário do falecimento de meu bom pai; foi rezada pelo padre André Motum, antiga [...] de família da Bahia.

9½ — Dando a 29.ª lição na Escola Politécnica.

11 — Na Gazeta da Tarde entregando ao José do Patrocínio o nono artigo da série — "Abolição imediata e sem indenização" — ix.

11½ — Na Tipografia Aldina acelerando a impressão do livro *Agricultura nacional — Estudos econômicos* — apenas pronto até a página 96.

12½ — De volta ao Hotel da Vista Alegre, em Santa Teresa.

2½ — Continuando o Resumo Autobiográfico até 7 de outubro de 1878.

6½ — Na Gazeta da Tarde, em sessão do conselho da Confederação Abolicionista, com os amigos Miguel Antônio Dias e João F. Clapp.

[*20 de junho*]

Luar enublado; pela madrugada Marte, Saturno e Vênus muito próximos; manhã clara, dia de sol; ameaças de chuva à tarde.

Temperatura de 20,0°-27,0° centígrados

5h — Acordar, toalete, banho, diário, balancete etc.

7h — Redigindo para a *Gazeta da Tarde* o 12.º artigo da série — "Abolição imediata e sem indenização" — xii.

9½ — Na Inspetoria das Obras Públicas, à praça da Aclamação, tomando do engenheiro José Ewbank da Câmara informações sobre o Caminho de Ferro de Queluz a Pitangui.

10h — Na Gazeta da Tarde entregando ao José do Patrocínio o décimo artigo da série "Abolição imediata e sem indenização" — x.

11h — Na Tipografia Aldina, revendo provas do livro — *Agricultura nacional — Estudos econômicos*, impresso até a p. 104.

11½ — No Ministério das Obras Públicas, pela primeira vez com o ministro Afonso Augusto Moreira Pena, tratando dos caminhos de ferro Conde d'Eu e Queluz—Pitangui.

12h — No Clube de Engenharia tratando da exploração da Estrada de Ferro de Queluz a Pitangui com M. do V. Pires Ferrão e Ernesto Juliano de Sá.

1½ — De volta ao Hotel da Vista Alegre, em Santa Teresa.

2½ — Continuando o Resumo Autobiográfico até 15 dezembro 1878.

7h — Assistindo à sessão do Instituto Politécnico, presidida pelo príncipe conde d'Eu, na Sala das Congregações da Escola Politécnica.

[*21 de junho*]

Noite e manhã encobertas por nuvens de chuva e neblina; chuviscos durante o dia; tarde dúbia.

Temperatura de 20,9°-25,3° centígrados

5h — Acordar, toalete, banho, diário, balancete etc.

7h — Recordando e aperfeiçoando a trigésima lição de engenharia civil.

9¾ — Dando-a na Escola Politécnica.

11h — Na Gazeta da Tarde, entregando a José do Patrocínio o 11.º artigo da série "Abolição imediata e sem indenização".

11½ — No escritório, 47 rua do Carmo, com o amigo A. P. de Alencastro.

12 — No Clube de Engenharia com o tesoureiro Niemeyer e o amigo José Américo dos Santos, tratando da Comissão Madeira ao Mamoré, cujo chefe o engenheiro Carlos Alberto Morsing chegou ontem.

2½ — De volta ao Hotel da Vista Alegre, em Santa Teresa.

3h — Fazendo acréscimos e melhoramentos ao curso de engenharia civil, professado na Escola Politécnica.

7h — Visitando em Botafogo, no Chalé Olinda, com o amigo José Américo dos Santos, o engenheiro Morsing.

8½ — Visitando nesse mesmo hotel o velho amigo Stanley Peter Youle e o engenheiro Jules Revy encarregados da construção de açudes no Ceará.

[*22 de junho*]

Noite e manhã enubladas; dia de sol mais ou menos encoberto; tarde clara e ventilada.

Temperatura de 20,1°-24,5° centígrados

5h — Acordar, toalete, banho, diário, balancete etc.

7h — Escrevendo ao presidente A. H. Phillpotts da companhia Conde d'Eu Railway Company, Limited.

8h — Redigindo para a *Gazeta da Tarde* o 13.º artigo da série — "Abolição imediata e sem indenização" — XIII.

9½ — Entregando ao José do Patrocínio na Gazeta da Tarde o 12.º artigo dessa série.

10½ — Na Tipografia Aldina, revendo provas do livro — *Agricultura nacional — Estudos econômicos*.

11h — Com o arquiteto Luiz Schreiner, que desejou meu

parecer sobre dificuldades na construção do edifício para a praça do Comércio.

12h — Com o Selnio Castelli e engenheiro João Batista de Oliveira tratando do Caminho de Ferro de Queluz a Pitangui.

1h — No Clube de Engenharia com o engenheiro Carlos Alberto Morsing tratando da empresa da Estrada de Ferro do Madeira ao Mamoré.

2½ — De volta ao Hotel da Vista Alegre, em Santa Teresa.

3h — Preparando a expedição a Ouro Preto, Queluz e Pitangui com os engenheiros da companhia The Minas Central Railway of Brazil, Limited.

[*23 de junho*]

Luar à noite; muita neblina pela madrugada e pela manhã; dia de sol; tarde belíssima.

Temperatura de 18,9°-23,7° centígrados

5h — Acordar, toalete, banho, diário, balancete etc.

7h — Recordando e aperfeiçoando a lição 31.ª de engenharia civil.

9¾ — Na Escola Politécnica em feriado por ser véspera de São João.

10h½ — Na Gazeta da Tarde com o José do Patrocínio, promovendo o elogio ao discurso abolicionista, proferido ontem pelo deputado Aristides Spínola.

11h — Na Tipografia Aldina acelerando a impressão do livro — *Agricultura nacional — Estudos econômicos.*

12h — No Clube de Engenharia, respondendo a uma consulta do engenheiro C. M. Paulo Berla, sobre o emprego de alvenaria de tijolo nas obras do Caminho de Ferro de Porto Alegre a Cacequi.

12½ — Com os amigos José Américo dos Santos e MacKie tratando da empresa do Madeira ao Mamoré.

1½ — Com o corretor Evaristo Juliano de Sá e engenheiro João Batista de Oliveira tratando dos estudos do Caminho de Ferro de Queluz a Pitangui.

2½ — De volta ao Hotel da Vista Alegre, em Santa Teresa.

3h — Estudando e tomando notas sobre o prospecto da empresa Ferro Carril e Navegação Santa Cruz para dar parecer.

[*24 de junho*]

Noite estrelada; Marte, Saturno e Vênus pela madrugada; manhã esplêndida; dia de sol; tarde clara.

Temperatura de 17,9°-25,3° centígrados

5h — Acordar, toalete, banho, diário, balancete etc.

7h — Redigindo para a *Gazeta da Tarde* o 14.º artigo da série — "Abolição imediata e sem indenização" — XIV.

9½ — Visitam-me o dr. Veríssimo de Matos e os meninos André

Veríssimo Rebouças e Maria Carolina, órfãos do engenheiro Antônio Rebouças.

11h — No paquete *Tamar*, despedindo-me do meu bom amigo Stanley Peter Youle, que vai convalescer na Suíça.

1½ — De volta ao Hotel da Vista Alegre, em Santa Teresa.

2½ — Continuando o Resumo Autobiográfico até 31 de janeiro de 1879.

[*25 de junho*]

Noite estrelada; muita neblina pela madrugada; manhã clara; dia de sol; tarde clara e ventilada.

Temperatura de 18,3°-24,5° centígrados

5h — Acordar, toalete, banho, diário, balancete etc.

7h — Redigindo, a pedido do empresário Frederico Antônio Steckel, um parecer sobre a empresa Ferro Carril e Navegação Santa Cruz.

10h — Entregando ao José do Patrocínio, na Gazeta da Tarde, o 13.º artigo da série — "Abolição imediata sem indenização".

10½ — No Arsenal de Marinha, obtendo do inspetor Silveira da Motta lancha a vapor para receber os engenheiros da companhia The Minas Central Railway of Brazil Limited.

11h — Com o negociante James Grainger Bellamy e com os

corretores Evaristo Juliano de Sá e Selnio Castelli tratando de sua recepção.

12h — No Clube de Engenharia com os amigos José Américo dos Santos, C. A. Morsing e tesoureiro Niemeyer.

1h — Dando ao Carlos Kunhardt e Carlos Santos para traduzir os estatutos da companhia The Minas Central Railway of Brazil, Limited.

2h — Com o amigo Joaquim Serra, recebendo a terceira mensagem abolicionista do amigo Joaquim Nabuco, de Londres.

3h — De volta ao Hotel da Vista Alegre, em Santa Teresa.

3½ — Inscrevendo a conta-corrente com juros do Banco do Brasil e o livro de cheques n.º 76 541 pelo depósito de 5:000$000, tendo produzido Rs. 5:575$500 as £ 500 remetidas pela companhia The Minas Central Railway of Brazil, Limited, e hoje recebidas no English Bank of Rio.

[*26 de junho*]

Noite estrelada; Marte, Netuno, Saturno e Vênus pela madrugada; manhã clara; dia de sol; tarde com algumas nuvens sobre as montanhas.

Temperatura de 18,3º-22,2º centígrados

5h — Acordar, toalete, banho, diário, balancete etc.

7h — Recordando e aperfeiçoando a lição 31.ª de engenharia civil.

7½ — Redigindo o aviso de sessão da Sociedade Brasileira contra a Escravidão.

8 — Respondendo à carta de 26 maio do presidente Morgan Lloyd da companhia The Minas Central Railway of Brazil, Limited.

9¾ — Na escola; os alunos continuam em feriado.

10 — Na Gazeta da Tarde; entregando ao José do Patrocínio o 14.º artigo da série "Abolição imediata e sem indenização" — XIV.

10½ — Na Tipografia Aldina, revendo provas do livro — *Agricultura nacional — Estudos econômicos*.

11h — No escritório, 47 rua do Carmo, com os amigos Joaquim Serra e A. P. de Alencastro tratando da Sociedade Brasileira contra a Escravidão.

12h — No Clube de Engenharia com o engenheiro José Américo dos Santos e o corretor Evaristo Juliano de Sá, tratando do Caminho de Ferro de Queluz a Pitangui.

2½ — De volta ao Hotel da Vista Alegre, em Santa Teresa.

5h — Visitando o amigo Miguel Antônio Dias em sua casa, 23 largo do Catumbi.

7h — Com ele e o presidente J. F. Clapp, na Gazeta da Tarde em sessão da Confederação Abolicionista.

10.

PRIMEIRA VIAGEM A MINAS GERAIS

27/6 a
18/7/1883

[*27 de junho*]

Noite estrelada; esplêndida madrugada com Lua, Marte, Plêiades, Saturno, Taurus, Vênus e Órion; manhã belíssima; dia e tarde claros.

Temperatura de 18,7°-24,1° centígrados

4½ — Acordar, toalete, banho, diário, balancete etc.

7h — No cais do largo do Paço esperando o *Cotopaxi*.

10½ — A bordo desse paquete com James Grainger Bellamy, Selnio Castelli e Evaristo Juliano de Sá recebendo o engenheiro George Ranson, e filho, e sete engenheiros para The Minas Central Railway.

12h — No Clube de Engenharia apresentando-os ao engenheiro C. A. Morsing e tesoureiro Niemeyer.

1h — Alojando o chefe no Hotel Carson e os ajudantes no Hotel des 4 Nations, 70 rua da Assembleia.

2½ — Na alfândega trazendo a bagagem.

4h — No escritório do engenheiro José Américo dos Santos, à rua da Assembleia, tratando da exploração do Caminho de Ferro de Queluz a Pitangui.

5½ — Visitando no Hotel Carson, no Catete, o engenheiro A. Scott Blacklaw, representante da Rio de Janeiro Central Sugar Factories, diretor dos engenhos centrais de Ingaíba e Araruama.

6h — Jantando neste hotel com o engenheiro George Ranson e o filho Julien Ranson.

8½ — De volta ao Hotel da Vista Alegre, em Santa Teresa.

[**28 de junho**]

Noite estrelada, maravilhosa com Lua, Marte, Plêiades, Saturno, Taurus, Vênus e Órion; manhã esplêndida; dia de sol; tarde dúbia.

Temperatura de 18,5°-25,1° centígrados

5h — Acordar, toalete, banho, diário, balancete etc.

7h — Respondendo à carta do amigo c. h. Linklates recomendando o engenheiro George Ranson e ajudantes.

9h¾ — Na Escola Politécnica em férias de São João e São Pedro.

10½ — Na Gazeta da Tarde tratando da propaganda abolicionista.

11h — Na Tipografia Aldina revendo provas do livro *Agricultura nacional — Estudos econômicos* — pronto até p. 112.

11½ — No Clube de Engenharia com o engenheiro George Ranson e seus ajudantes.

12h — Apresentando-os ao dr. Carlos Teodoro de Bustamante.

1h — Tirando o material de estudos da alfândega e remetendo-o para a Estrada de Ferro de D. Pedro II.

2½ — Despedindo-nos do Bellamy, Selnio Castelli, Pires Ferrão e Evaristo Juliano de Sá.

3h — Despedindo-me do engenheiro José Américo dos Santos, advogados Adolfo de Barros e A. P. de Alencastro.

4h — De volta ao Hotel da Vista Alegre, em Santa Teresa.

[*29 de junho*]

Noite e manhã enubladas; dia de sol mais ou menos encoberto; ameaças de chuva à tarde.

Temperatura de 18,6°-25,7° centígrados

5h — Acordar, toalete, banho, diário, balancete etc.

7h — Respondendo à carta de 5 junho do secretário Charles Glanvill da companhia The Minas Central Railway of Brazil, Limited.

8h — Respondendo à carta de W. Martineau, engenheiro dessa companhia.

10½ — Com o despachante José Chiappe verificando estarem no Caminho de Ferro D. Pedro II para Carandaí a bagagem do engenheiro George Ranson e ajudantes.

11h — No Hotel Carson com este engenheiro providenciando sobre a viagem de amanhã.

12½ — Despedindo-me do amigo o engenheiro A. P. de Melo Barreto.

1h — Despedindo-me do diretor da Escola Politécnica.

1½ — Na Estrada de Ferro D. Pedro II passando telegramas aos engenheiros Burnier e Hargreaves, em Queluz, e Libânio da Silva Lima, em Carandaí.

3h — De volta ao Hotel da Vista Alegre, em Santa Teresa.

3½ — Visita-me o negociante Evaristo de Oliveira e Souza, da rua Municipal n.º 8, a pedido do ex-deputado João das Chagas Lobato, fazendeiro na Leopoldina, e dá-me quatro cartas de recomendação para Brumado, atual cidade de Entre Rios.

5½ — Em preparativos para a viagem à província de Minas.

[*30 de junho*]

Noite estrelada; manhã clara, dia de sol; tarde enublada entre Barbacena e Carandaí.

Temperatura de 17,2°-18,5° centígrados

Do Rio de Janeiro a Carandaí

2h — Acordar, toalete, banho, diário, balancete etc.

4¼ — Na Estação do Caminho de Ferro de D. Pedro II.

4½ — Carta ao amigo Charles H. Linklates, participando partir com o engenheiro George Ranson e *staff*, enviados pelos contratadores Ross & Mathews, para a província de Minas a explorar os vales dos rios Paraopeba e Pará.

5h — Parte o trem expresso da Estação Central.

8¼ — Carta ao amigo dr. J. C. Rodrigues, em Londres, participando a excursão à província de Minas.

10h35 — Na Estação de Entre Rios.

12h00 — Na Estação de Matias Barbosa.

2h05 — Na Estação de João Gomes.

2h30 — Na Estação da Mantiqueira.

4h00 — Na Estação de Barbacena.

5h30 — Em Carandaí, recebido pelo engenheiro da Estrada de Ferro de D. Pedro II Libânio da Silva Lima.

7h — Visitando os negociantes Carneiro & Caldeira, aos quais fora recomendado.

(Vide as Notas de Viagem.)

[*1.º de julho*]

Noite mais ou menos enublada; Marte, Lua, Plêiades, Saturno em Taurus, Vênus e Órion pela madrugada; dia de sol; tarde clara em Queluz.

Temperatura de 5,0°-19,7° centígrados

De Carandaí às estações de Paraopeba e Buarque de Macedo até Queluz

4h — Acordar, toalete, banho, diário, balancete etc.

7h — Visitando o viaduto de Carandaí com o engenheiro Libânio da Silva Lima, que dirige sua construção.

9h — Partindo em trole com esse engenheiro e os companheiros de excursão George Ranson, Charles Dent e João Batista de Oliveira.

10h — Na Estação de Paraopeba (439 quilômetros do Rio de Janeiro).

10½ — No novo armazém e hotel de Abelardo José da Cunha.

11½ — Da Estação de Paraopeba à Ponta dos Trilhos sita então no quilômetro 443.

12h10 — Continuando a viagem a cavalo.

1h½ — Refrescos na residência do engenheiro Guedes.

1h45 — Na Estação de Buarque de Macedo.

3h — Chegada à cidade de Queluz; recepção pelos engenheiros Burnier e H. E. Hargreaves no Hotel Central.

5h — Jantar em casa do engenheiro H. E. Hargreaves, na antiga residência do célebre ministro conservador Vasconcelos.

8h — Visitando, com o amigo Burnier, o advogado Washington Rodrigues Pereira, irmão do atual presidente de ministros Lafayette.

(Vide as Notas de Viagem.)

[*2 de julho*]

Noite estrelada; muita neblina pela madrugada e pela manhã; dia de sol; tarde clara.

Temperatura de 4,5°-19,0° centígrados

De Queluz a Ouro Branco e ao pouso do Cesário

5h — Acordar, toalete, banho, diário, balancete etc.

7h — Carta ao amigo Charles H. Linklates sobre os detalhes desta excursão.

7½ — Carta ao amigo Joaquim Nabuco sobre a propaganda abolicionista.

8h — No escritório do engenheiro Burnier, extratando do mapa de Gerbon os vales do Paraopeba e Pará.

9h — Almoço em casa do amigo H. E. Hargreaves.

10h — No escritório do engenheiro Burnier com os engenheiros George Ranson e Dent, que toma cópia do traçado da Estação de Paraopeba até Pitangui pelo vale do Pará.

12h — Partindo a cavalo de Queluz com os engenheiros George Ranson e João Batista de Oliveira.

1½ — No pouso de José Dias a um quarto de légua de Queluz.

2h — Partindo desse pouso.

3h — Passando pela casa de Tiradentes, em Carreiras.

4h — Atravessamos Ouro Branco.

5h — Chegada ao pouso do Cesário, junto à serra onde jantamos e passamos a noite.

(Vide as Notas de Viagem.)

[*3 de julho*]

Noite estrelada; muita neblina nas serras de Ouro Branco e Ouro Preto; dia de sol; tarde clara.

Temperatura de 8,0°-18,3° centígrados

Do pouso do Cesário à Rancharia e a Ouro Preto

2h — Acordar, toalete, banho, diário, balancete etc.

3h — Carta ao Evaristo Juliano de Sá, procurador do dr. Carlos Teodoro de Bustamante pedindo várias providências sobre o Caminho de Ferro de Pitangui.

6½ — Seguindo viagem com os engenheiros George Ranson e João Batista de Oliveira.

8½ — Passando pelo Itatiaia-Açu.

10½ — Almoçando no pouso da Rancharia.

11 horas — Continuando para Ouro Preto.

12¾ — Chegando ao Hotel Antunes em Ouro Preto.

2h — Apresentando-me ao presidente dr. Antônio Gonçalves Chaves com o engenheiro George Ranson.

3h — Visitando o redator do *Liberal Mineiro* Bento Antônio Romário Veredas.

5h — Jantar no Hotel Antunes.

6h — Visitam-me o dr. Manoel de Aragão Gesteira, o dr. João Victor, nomeado engenheiro fiscal do Caminho de Ferro de Pitangui, o redator do *Liberal Mineiro* etc.

(Vide as Notas de Viagem.)

[*4 de julho*]

Noite mais ou menos enublada; muita neblina em Ouro Preto até dez e meia da manhã; dia de sol; tarde clara.

Temperatura de 7,5°-19,3° centígrados

De Ouro Preto à Rancharia, ao pouso do Cesário, ao pouso de José Dias e a Queluz.

4h — Acordar, toalete, banho, diário, balancete etc.

5h — Carta ao amigo c. h. Linklates em Londres, noticiando a boa recepção pelo presidente de Minas Gerais.

8¼ — Partindo de Ouro Preto com os engenheiros G. Ranson e j. b. de Oliveira.

10h — Na Rancharia, mudando de cavalo.

10½ — Seguindo viagem pela serra de Ouro Branco.

2h — Chegando ao pouso do Cesário Modesto.

3h — Deixando os colegas nesse pouso e seguindo só com o camarada para Queluz.

6¼ — Chegada ao pouso do José Dias.

6½ — Continuando viagem para Queluz, à luz das estrelas, tendo sempre Canopus em frente.

7¼ — Chegada a Queluz, à casa do amigo e companheiro de viagem à Europa (1872-1873) Henrique Eduardo Hargreaves.

8h — Jantar; pernoite no quarto do ângulo de norte junto à sala de visitas da célebre casa de janelinhas ogivais do famoso ministro conservador Bernardo de Vasconcelos.

(Vide as Notas de Viagem.)

[*5 de julho*]

Noite estrelada belíssima; muita neblina pela madrugada em Queluz; dia de sol; tarde clara.

Temperatura de 7,6°-20,2° centígrados

De Queluz às estações de Buarque de Macedo e de Paraopeba.

4h — Acordar, toalete, banho, diário, balancete etc.

5h — Respondendo à carta do dr. Carlos Teodoro de Bustamante, enviando-me cartas de recomendação para o presidente e outras pessoas da província de Minas.

8h — Almoço em família com o engenheiro H. E. Hargreaves.

9h — No escritório do engenheiro Burnier escrevendo ao arquiteto Carlos Arnaud, propondo-lhe o lugar de desenhista da Estrada de Ferro de D. Pedro II com 8$000 Rs. diários.

10h — Fazendo uma cópia das bacias do rio Grande, rio das Mortes, rio Pará, rio Paraopeba até ao São Francisco para guiar--me na exploração de Pitangui.

11¼ — Partindo de Queluz, só com o camarada.

1½ — Repouso na residência do engenheiro Guedes.

2 — Continuando a cavalo em direção à junta dos trilhos.

2¾ — Chegando aí para tomar a locomotiva de serviço.

4h — No Hotel Abelardo, na Estação de Paraopeba, onde encontro o capitalista João Batista de Oliveira e Souza, de Brumado, cidade de Entre Rios com doze animais selados para a exploração.

6h — Chegam afinal os engenheiros George Ranson e João Batista de Oliveira.

(Vide as Notas de Viagem.)

[*6 de julho*]

Noite estrelada; neblina e geada ao amanhecer; dia de sol brilhante; tarde belíssima.

Temperatura de 0°-18,5° centígrados

Da Estação do Paraopeba a Brumado (Cidade de Entre Rios) pelo Curtume e vale do Camapuã.

3h — Acordar, toalete, banho, diário, balancete etc.

4h — Carta ao engenheiro H. E. Hargreaves, em Queluz.

4½ — Carta ao amigo C. H. Linklates, em Londres, participando a começar a exploração dos vales do Paraopeba e do Pará.

8½ — Partindo do Hotel Abelardo com o capitalista João Batista de Oliveira e Souza e engenheiro João Batista de Oliveira pelo vale do Paraopeba.

9h — Deixando o vale do Paraopeba, em direção ao Curtume pelo caminho mais curto para Brumado.

11h — Repousando no rancho de Francisco Faria entre os córregos de São Caetano e da Chácara.

12h — No povoado nascente da Casa Grande.

1h — Na Fazenda do Curtume a três léguas ao norte da lagoa Dourada.

2h45 — Na ponte do Camapuã.

3h15 — No povoado do Camapuã.

4h45 — Chegando à casa do João Batista de Oliveira e Souza em Brumado (cidade de Entre Rios).

(Vide as Notas de Viagem.)

[*7 de julho*]

Noite estrelada; bela madrugada com Marte, Plêiades, Saturno em Taurus, Vênus e Órion; dia de sol; tarde clara.

Temperatura de 4,5°-19,3° centígrados
De Brumado à Fazenda da Lagoa pelos vales do
Brumado, Faleiros, Caiuabá e Ribeiro do Patrimônio
até lagoa Seca.

5h — Acordar, toalete, banho, diário, balancete etc.

7h — Carta ao engenheiro H. E. Hargreaves, dando-lhe o traçado até a cidade de Brumado para transmitir ao engenheiro George Ranson.

8h40 — Partindo de Brumado com o engenheiro João Batista de Oliveira, o guia Francisco Pacheco de Souza, mestre carpinteiro e primo do capitalista João Batista de Oliveira e Souza e dois camaradas.

9h10 — Na ponte do rio Brumado.

10h20 — No primeiro vau do rio Faleiros.

12h35 — Na fazenda de Antônio Vicente de Paula Resende, nas nascentes do rio Faleiros.

1h45 — Na ponte do córrego do Martins ou do Palmital, confluente do Caiuabá.

2h00 — No vau do ribeirão do Patrimônio.

2h45 — Atravessando o último lacrimal para o Paraopeba.

3h25 — Na baixada da lagoa Seca.

4h15 — Na Fazenda da Lagoa de Ladislau Gomes de Moura.

(Vide as Notas de Viagem.)

[*8 de julho*]

Noite de belas estrelas; madrugada esplêndida com Marte, Plêiades, Saturno, Taurus, Vênus, Órion; dia de sol; tarde clara.
Temperatura de 8,2°-18,7° centígrados
Da Fazenda da Lagoa à Capela Nova do Desterro,
à fazenda do tenente-coronel Francisco Teodoro de
Andrade e ao arraial do Rio do Peixe.

$4\frac{1}{2}$ — Acordar, toalete, banho, diário, balancete etc.

6h — Carta ao engenheiro H. E. Hargreaves, em Queluz, dando-lhe o traçado até a lagoa Seca.

8h — Partindo da Fazenda da Lagoa.

9h — No vale do rio Pará ao descer da lagoa Seca.

10h — Na Capela Nova do Desterro.

1h — Chegando à fazenda do tenente-coronel Francisco Teodoro de Andrade na margem direita do Pará.

$2\frac{1}{2}$ — Partindo dessa fazenda com um guia especial para Cajuru.

$3\frac{3}{4}$ — Atravessando a fazenda do barão de Bambuí.

$5\frac{1}{2}$ — Atravessando a vau o rio do Peixe, confluente da margem direita do rio Pará.

$5\frac{3}{4}$ — Hospedando-nos em casa do negociante Lino Antônio de Moraes, no arraial do Rio do Peixe.

(Vide as Notas de Viagem.)

[*9 de julho*]

Ameaças de chuva à noite; madrugada e manhã enubladas; dia de sol; tarde clara.

Temperatura de 12,3°-19,5° centígrados

Do arraial do Rio do Peixe à Fazenda da Mata e à Fazenda da Estrela.

4½ — Acordar, toalete, banho, diário, balancete etc.

7h — Carta ao engenheiro H. E. Hargreaves, repetindo o traçado até a lagoa Seca e participando seguir para Cajuru.

7½ — Partindo do arraial do Rio do Peixe.

9h10 — Na ponte do Mendonça, sobre o rio Pará, largo, com ilhas, em vale muito mais aberto do que o rio do Paraíba do Sul.

10½ — Na Fazenda da Mata do tenente-coronel João Luiz de Oliveira Campos, onde almoçamos.

12½ — Continuando viagem.

3½ — Atravessando a Fazenda da Várzea.

3h35 — Passando a vau o ribeirão da Várzea.

5½ — Chegando à Fazenda da Estiva, pertencente a Ribeiro, onde pernoitamos.

(Vide as Notas de Viagem.)

[*10 de julho*]

Luar mais ou menos enublado; neblina pela manhã; dia de sol; tarde clara;

Temperatura de 10,2°-20,1° centígrados

Da Fazenda da Estiva a Cajuru e à Fazenda do Frutuoso.

5 horas — Acordar, toalete, banho, diário, balancete etc.

7½ — Partindo da Fazenda da Estiva.

8½ — Atravessando a vau o ribeirão Tijuqueiro.

10 horas — No vau de um córrego junto a sua confluência no Pará.

11h — Chegada ao armazém de Antônio Gonçalves Chaves, na freguesia do Cajuru, onde almoçamos. Oferece seus bons serviços o professor público, ex-voluntário da pátria, Carlos Batista dos Santos.

2h — Visitando a vinha de Vicente de Paula Sátiro de Andrade, com um extraordinário pomar.

3h — Com o professor Santos, nas margens do Pará.

4½ — Partindo de Cajuru.

4h35 — Na ponte do Empanturrado.

5h15 — No vau do córrego do Moinho.

6h45 — No vau do ribeirão Mundongo, confluente do Pará abaixo da cachoeira do Macuco.

7h00 — Chegada à Fazenda de Frutuoso, agora possuída por João Gomes de Resende, onde pernoitamos.

(Vide as Notas de Viagem.)

[11 *de julho*]

Luar claro; madrugada belíssima com Marte, Plêiades, Saturno, Taurus, Órion, Vênus; dia de sol; tarde clara.

Temperatura de 9,3°-21,0° centígrados

Da Fazenda do Frutuoso a São Gonçalo do Pará e

à Fazenda do Palmital.

5 horas — Acordar, toalete, banho, diário, balancete etc.

7½ — Partindo da Fazenda do Frutuoso.

9h — No primeiro vau do ribeirão da Prata ou do Moraes.

9½ — No segundo vau desse ribeirão.

10¼ — Chegada a São Gonçalo do Pará. Almoço em casa dos negociantes Ignácio Mendes & Carvalho. Na sala estava o retrato do engenheiro Antônio Rebouças, publicado em 1874 pelo *Novo Mundo*.

1h — Seguindo viagem de São Gonçalo do Pará.

2h10 — Avista-se ao norte o morro Agudo, que assinala a cidade de Pitangui.

2h30 — No povoado. Moradores do Ribeirão do Faria.

3h — Junto à margem direita do rio Pará.

3½ — No vau do ribeirão da Galha.

4h45 — Na margem direita do Pará alinhado com a estrada que seguíamos, com o morro Agudo.

5h — Na ponte sobre o ribeirão do Palmital, que conflui no Pará junto à corredeira do mesmo nome.

5½ — Na Fazenda do Palmital, pertencente a Domingos de Faria Sodré, onde pernoitamos.

(Vide as Notas de Viagem.)

[*12 de julho*]

Noite e manhã enubladas; tempo claro das dez em diante; dia de sol; tarde belíssima.

Temperatura de 13,5°-23° centígrados

Da Fazenda do Palmital a Pitangui e à Fazenda da Ponte do Miranda.

5h — Acordar, toalete, banho, diário, balancete etc.

7h — Cartas aos amigos H. E. Hargreaves, C. H. Linklates e dr. José Carlos Rodrigues sobre a colonização dos vales do Paraopeba, Camapuã, Pará etc.

7¾ — Partindo da Fazenda do Palmital.

9½ — Junto à ponte sobre o rio Pará.

10h — Atravessando, a vau, o rio São João, junto à ponte em ruínas.

11 horas — Chegada ao Hotel Alexandre na cidade de Pitangui.

$2\frac{1}{2}$ — Partindo para a Fazenda da Ponte do Miranda.

3h — No vau do ribeirão da Água Suja.

$3\frac{1}{2}$ — Na ponte do Miranda sobre o rio Pará.

5h — Voltando da Fazenda do Miranda, onde travei conhecimento com o deputado provincial padre Miguel Kerdole Dias Maciel. Acompanharam-me o redator da realização padre Luiz Antônio dos Santos Amorim e o advogado Olympio Maciel Vieira Machado.

6h — No Hotel Alexandre, em Pitangui, onde pernoitamos.

(Vide as Notas de Viagem.)

[*13 de julho*]

Noite encoberta; pela madrugada Marte, Plêiades, Saturno, Taurus, Órion, Vênus; manhã belíssima; dia de sol; tarde com algumas nuvens.

Temperatura de 15,4°-23,4° centígrados
Da cidade de Pitangui à Fábrica de Algodão do Brumado
e a Santo Antônio das Pedras.

5h — Acordar, toalete, banho, diário, balancete etc.

$7\frac{3}{4}$ — Partindo da cidade de Pitangui.

9h — Na Fábrica de Algodão do Brumado, pertencente a F. J. de Andrade Botelho, onde almoçamos.

11½ — Seguindo viagem pela margem direita ou oriental do rio São João, entre lavras d'ouro abandonadas.

12h45 — Atravessando a ponte sobre o rio São João.

5h00 — Atravessando de novo o rio São João em uma ponte de madeira em ruínas; até aí o vale do rio do São João é largo com planícies e colinas em meia-laranja; mas é menos fértil do que o vale do Pará.

7h00 — Chegando a Santo Antônio das Pedras. Hospedamo-nos no sobrado junto ao armazém de Joaquim Mendes Carvalho. Esta jornada, a mais fatigante de todas, foi feita só com o engenheiro João Batista de Oliveira e dois camaradas. Em Santo Antônio das Pedras, como na grande parte do vale de São João, faltam confluentes com boa água de beber.

(Vide as Notas de Viagem.)

[*14 de julho*]

Luar enublado à noite; madrugada e manhã encobertas; dia de sol; tarde clara.

Temperatura de 16,1°-24,5° centígrados

De Santo Antônio das Pedras a Santana de São João do Rio Acima e ao arraial do Itatiaia.

5h — Acordar, toalete, banho, diário, balancete etc.

7¾ — Partindo de Santo Antônio das Pedras.

9 horas — Na Igreja da Pedra, construída sobre enorme rocha segura (gnaisse-granítica) lembrando a Urca.

10½ — Junto a uma cachoeira de cinquenta metros de altura em plano inclinado curvo sobre gnaisse enegrecido pelas intempéries.

11h — Na ponte de madeira sobre o rio São João, na entrada do arraial de Santana.

11¼ — Chegada à hospedaria de João Antônio da Fonseca. Travo conhecimento com o negociante Manoel Gonçalves de Souza Moreira, o principal da localidade.

2¼ — Continuando viagem pela margem esquerda do rio São João, que é agora mais fértil.

3h — Passando pela Fazenda do Engenho.

4½ — Na cachoeira e na Fazenda da Ponta da Serra do Itatiaia--Açu, onde deixa-se o vale do rio São João.

5¾ — Saindo da floresta da Ponta da Serra.

7¼ — Chegada à povoação do Itatiaia, ao armazém de Eduardo Rodrigues da Fonseca, onde pernoitamos.

(Vide as Notas de Viagem.)

[*15 de julho*]

Belo luar à noite: muita neblina pela madrugada e pela manhã; dia de sol; tarde clara.

Temperatura de 8,1°-16,5° centígrados

Do arraial do Itatiaia à cidade de Bonfim e à freguesia das Piedades Gerais.

5h — Acordar, toalete, banho, diário, balancete etc.

7¾ — Partindo do arraial do Itatiaia.

8h35 — No vau do córrego das Porteiras.

9¼ — Na serra do Bom Jardim.

10h50 — Atravessando a ponte de madeira sobre o rio Manso, que desemboca junto ao final do Paraopeba.

11¼ — Atravessando o arraial do rio Manso.

1½ — Chegada à cidade de Bonfim. Hospedamo-nos em casa do dr. Moreira da Rocha.

2½ — Respondendo à carta de 9 de julho (de Brumado) do amigo João Batista de Oliveira e Souza.

4½ — Seguindo viagem com um guia especial e novos animais alugados na cidade de Bonfim.

4h35 — Na ponte sobre o ribeirão do Bonfim, afluente do Macaúbas, confluente do Paraopeba.

7¼ — Na ponte sobre o rio Macaúbas.

8 horas — Chegada à freguesia da Piedade dos Gerais; hospedamo-nos em casa do vigário Francisco Nogueira Penedo, aí residente desde 1855.

(Vide as Notas de Viagem.)

[*16 de julho*]

Luar à noite; manhã clara; dia de sol mais ou menos enublado; tarde com raras nuvens.

Temperatura de 7,2°-18,5° centígrados

Da freguesia da Piedade dos Gerais à Fazenda da Sesmaria e a Suaçuí.

5h — Acordar, toalete, banho, diário, balancete etc.

7½ — Partindo da freguesia da Piedade dos Campos Gerais, termo do Bonfim.

8¼ — No vau do córrego do Lava-Pés.

9h10 — Na bifurcação a so da entrada para Brumado, atual cidade de Entre Rios.

10h15 — Passando o cruzeiro da sesmaria.

10h20 — Parando para almoçar na Fazenda da Sesmaria, pertencente a João Maia.

11½ — Seguindo viagem.

11h35 — Vau do ribeirão do Mateus.

12h10 — Passando pela laje da Lagoinha.

12h20 — No vau do ribeirão da Lagoinha.

12h40 — Em frente ao cruzeiro do projetado arraial da Lagoinha.

2h00 — Na Fazenda dos Machados.

3 horas — Na ponte sobre o Camapuã na Fazenda do [Pico].

3h20 — No vau do ribeirão do Raposo.

4h45 — No vau do Suaçuí.

5½ — Chegada a Suaçuí; hospedagem no Hotel Nacional.

(Vide as Notas de Viagem.)

[*17 de julho*]

Luar enublado; muita neblina pela manhã; dia de sol mais ou menos encoberto; tarde dúbia.

Temperatura de 7,5°-18,6° centígrados

5 horas — Acordar, toalete, banho, diário, balancete etc.

6h — Recordando e aperfeiçoando a lição 31.ª de engenharia civil.

De Suaçuí a Santo Amaro à Estação de Paraopeba e
a Carandaí.

6h45 — Partindo de Suaçuí.

8¼ — Ponte do córrego das Caixetas, fazenda do João Lopes.

9¼ — Na ponte do [Sabugi] sobre o rio Paraopeba.

10h05 — Vau do córrego do arraial de Santo Amaro.

10h35 — No Hotel do Francisco, situado no extremo meridional do arraial de Santo Amaro, onde almoçamos.

12h — Partindo do arraial de Santo Amaro.

1h05 — Na Estrada Geral de Barbacena a Ouro Preto.

1h30 — Tomando um atalho para a Estação de Paraopeba.

2h45 — Chegada em Hotel Abelardo, junto à Estação de Paraopeba.

3½ — Carta de agradecimento ao João Batista de Oliveira e Souza, restituindo-lhe o camarada e quatro animais.

4h — Seguindo em trem de lastro para Carandaí.

5½ — Chegando ao Hotel Martinelli em Carandaí.

6½ — Visitando com o engenheiro Libânio da Silva Lima os negociantes Carneiro & Caldeira.

(Vide as Notas de Viagem.)

De Carandaí ao Rio de Janeiro.
[**18 de julho**]

Luar à noite; madrugada encoberta e ventosa; chuva desde Carandaí até o sítio; tarde clara no Paraíba.

Temperatura de 16,5°-21,1° centígrados

5h — Acordar, toalete, banho, diário, balancete etc.

6h47 — Partindo de Carandaí no trem expresso da Estrada de Ferro de D. Pedro II com o engenheiro João Batista de Oliveira, companheiro em toda esta longa excursão.

7½ — Trava conhecimento comigo o companheiro de viagem Felippo Privalelli, empreiteiro da seção de Carandaí à Estação de Paraopeba no Caminho de Ferro de D. Pedro II.

9h00 — Respondendo ao telegrama do engenheiro Paulo Freitas de Sá sobre o ramal de Oliveira, projetado para o Caminho de Ferro de Pitangui.

12 — Cruza-nos em Cedofeita o engenheiro Burnier levando a família para Queluz.

1h — Entra no trem o deputado conselheiro Carlos Afonso de Figueiredo, ex-ministro da Guerra, que promete auxiliar a empresa dos caminhos de ferro pelos vales do Paraopeba e do Pará.

7h — Chegada à Estação Central, onde esperava-me o amigo engenheiro José Américo dos Santos.

8h — De volta aos meus aposentos n.º 38 no Hotel da Vista Alegre, em Santa Teresa.

(Vide as Notas de Viagem.)

11.
ENTRE ESTRADAS DE FERRO E A PROPAGANDA ABOLICIONISTA

19/7 a
5/9/1883

[*19 de julho*]

Luar enublado; muita neblina pela manhã; dia de sol; tarde clara com raras nuvens sobre as montanhas.

Temperatura de 16,9°-21,8° centígrados

5h — Acordar, toalete, banho, diário, balancete etc.

7h — Respondendo e aperfeiçoando a lição 31.ª de engenharia civil.

9¾ — Dando-a na Escola Politécnica.

11 — Na Gazeta da Tarde com os amigos José do Patrocínio e J. F. Clapp promovendo a propaganda abolicionista.

11½ — Na Tipografia Aldina recebendo provas do livro *Agricultura nacional — Estudos econômicos* — impressa até à página 128.

12h — No escritório, 47 rua do Carmo, com os amigos engenheiro José Américo dos Santos e advogado Adolfo de Barros tratando do Caminho de Ferro de Pitangui.

12½ — No Clube de Engenharia com os amigos A. G. Paulo de Frontin e tesoureiro Niemeyer.

1h½ — Com o dr. Carlos [Teodoro] de Bustamante, Evaristo Juliano de Sá, tratando do Caminho de Ferro de Pitangui.

3½ — De volta ao Hotel da Vista Alegre, em Santa Teresa.

5½ — Visita-me o meu bom amigo Miguel Antônio Dias, leva para imprimir em folhetos a descrição do banquete, dado em Londres, em Queen Anne's Mansions, pelos amigos Joaquim Nabuco e J. C. Rodrigues, a 9 junho 1883, em honra da libertação da Fortaleza a 24 maio 1883.

[*20 de julho*]

Luar belíssimo; madrugada esplêndida; Plêiades, Saturno e Marte a 1°30' de distância em Taurus, Órion, Vênus; dia de sol; nuvens à tarde, principalmente sobre os montes.

Temperatura de 17,5°-23,4° centígrados

5h — Acordar, toalete, banho, diário, balancete etc.

7 — Pondo em ordem os documentos de viagem e a correspondência dos dezenove dias de ausência do Rio de Janeiro.

9½ — Com o diretor Galvão da Escola Politécnica.

10½ — Na Gazeta da Tarde com os amigos Miguel Antônio Dias e José do Patrocínio promovendo a abolição.

11h — No Ministério da Agricultura tratando das Estradas de Ferro Conde d'Eu, na Paraíba do Norte, e de Pitangui, vales do Pará e do Paraopeba em Minas Gerais.

12h — No Clube de Engenharia com os amigos José Américo dos Santos e Carlos Alberto Morsing.

1h — Com o dr. Carlos Teodoro de Bustamante e James Grainger Bellamy tratando do Caminho de Ferro de Pitangui.

2h — Na Câmara dos Deputados com o dr. Ângelo Salatiel Carneiro da Cunha tratando do Caminho de Ferro Conde d'Eu.

3h — De volta ao Hotel da Vista Alegre, em Santa Teresa.

3½ — Estudando vários documentos sobre os vales do Pará e do Paraopeba, principalmente o relatório de 1875 de James Banlis, engenheiro da Public Works Construction Company.

[*21 de julho*]

Luar mais ou menos enublado; madrugada encoberta; manhã clara; dia de sol; tarde brilhante.

Temperatura de 17,7°-25,0° centígrados

5h — Acordar, toalete, banho, diário, balancete etc.

7h — Recordando e aperfeiçoando a lição 32.ª de engenharia civil.

9¾ — Dando-a na Escola Politécnica.

11 — Na Gazeta da Tarde com os amigos José do Patrocínio e Joaquim Serra promovendo a propaganda abolicionista.

11½ — Na Tipografia Aldina, revendo provas do livro *Agricultura nacional — Estudos econômicos.*

12h — Com o Evaristo Juliano de Sá, procurador do dr. Carlos

Teodoro de Bustamante, tratando a transferência definitiva do Caminho de Ferro de Pitangui.

12½ — No Clube de Engenharia com os amigos engenheiros José Américo dos Santos, C. Dent, barão da Leopoldina, Evaristo de Oliveira e Souza e ex-deputado João das Chagas Lobato, tratando do ramal de Oliveira em conexão com o caminho de ferro dos vales do Pará e do Paraopeba até Pitangui.

2½ — Em casa do James Grainger Bellamy com o engenheiro Charles Dent apresentando-lhe o esboço da primeira seção da estrada de ferro desde a Estação do Paraopeba até Brumado (cidade de Entre Rios).

3½ — De volta ao Hotel da Vista Alegre em Santa Teresa.

[*22 de julho*]

Luar à noite; madrugada belíssima, Plêiades, Saturno, Marte em Taurus, Órion, Vênus e Júpiter no horizonte; dia de sol mais ou menos enublado; ventania à tarde.

Temperatura de 17,4°-26,3° centígrados

5h — Acordar, toalete, banho, diário, balancete etc.

7h — Respondendo às cartas do amigo Charles Neate e do presidente A. H. Phillpotts sobre o Caminho de Ferro Conde d'Eu na província da Paraíba do Norte.

11½ — Registrando as cartas escritas ao amigo C. H. Linklates da estação do Caminho de Ferro de D. Pedro II a 30 julho, de Queluz a 2 de julho, de Ouro Preto a 4 julho, da Estação de Paraopeba a 6 de julho e de Pitangui a 12 de julho.

12½ — Escrevendo ao C. H. Linklates sobre o estado dos negócios da companhia The Minas Central Railway of Brazil, Limited.

1½ — Carta ao Charles Neate, secretário da companhia, resumindo os fatos principais da excursão a Minas e exploração dos vales do Paraopeba e do Pará.

3h — Registrando diversos documentos relativos às companhias Conde d'Eu Railway na Paraíba do Norte, e The Minas Central Railway of Brazil, Limited, concessionária da estrada de ferro dos vales do Paraopeba e do Pará.

6½ — Visita-me o negociante Evaristo de Oliveira e Souza para tratar da passagem do caminho de ferro por Brumado e do ramal para Oliveira.

[*23 de julho*]

Muito vento e muita chuva à noite e pela manhã; dia escuro e chuvoso; tarde encoberta.

Temperatura de 19,0°-21,3° centígrados

5h — Acordar, toalete, banho, diário, balancete etc.

7h — Escrevendo a W. Martineau (M. Inst. c. e.) sobre o traçado do caminho de ferro pelos vales do Paraopeba e do Pará até a ponte do Miranda (Pitangui).

9h — Respondendo às cartas de 9 e 19 junho do amigo dr. j. c. Rodrigues, atualmente em Londres.

10½ — Na Gazeta da Tarde com o José do Patrocínio tratando da propaganda abolicionista.

11h — No escritório, 47 rua do Carmo, com os amigos A. de Barros e José Américo dos Santos tratando do Caminho de Ferro de Pitangui (vales do Paraopeba e do Pará).

11½ — Recebendo no New London & Brazilian Bank do gerente Edward Herdman três públicas formas dos contratos dos caminhos de ferro de Pitangui e Santo Antônio dos Patos.

12 — No Clube de Engenharia com o engenheiro Carlos Hargreaves e tesoureiro Niemeyer.

1h — Com o dr. Carlos Teodoro de Bustamante, seu procurador Evaristo Juliano de Sá e advogado dr. Gonzaga preparando a escritura para transferência definitiva do Caminho de Ferro de Pitangui à companhia.

3h — De volta ao Hotel da Vista Alegre.

3½ — Respondendo à carta do engenheiro Paulo Freitas de Sá, diretor da Estrada de Ferro do Oeste de Minas, sobre o Caminho de Ferro de Pitangui e ramal para Oliveira.

[*24 de julho*]

Noite e manhã enubladas; dia mais ou menos encoberto; ameaças de chuva à tarde.

Temperatura de 18,7°-24,1° centígrados

5h — Acordar, toalete, banho, diário, balancete etc.

7h — Recordando e aperfeiçoando a lição 33 de engenharia civil.

9¾ — Dando-a na Escola Politécnica.

11 — Em Congregação de Lentes, sobre o regulamento para os concursos ao magistério.

12h — No Clube de Engenharia com os amigos Morsing e tesoureiro Niemeyer.

1h — Com o advogado dr. Gonzaga esperando a transferência por escritura em tabelião do Caminho de Ferro de Pitangui à companhia The Minas Central Railway of Brazil, Limited.

2h — Na Tipografia Aldina, revendo provas do livro — *Agricultura nacional — Estudos econômicos*.

3h — De volta ao Hotel da Vista Alegre, em Santa Teresa.

3½ — Preparando o roteiro da exploração do vale do Paraopeba à lagoa Seca e ao vale do Pará.

6h — Visitando o conselheiro Ignácio da Cunha Galvão, que desejava consultar-me sobre o cargo de representante da companhia do Caminho de Ferro de Cacequi—Uruguaiana.

7h — Na Gazeta da Tarde com José do Patrocínio e Gomes tratando da propaganda abolicionista.

[*25 de julho*]

Noite enublada; pela madrugada Lua, Plêiades, Saturno em Taurus, Marte, Órion, Vênus e Júpiter junto ao horizonte; dia de sol; ameaças de chuva à tarde.

Temperatura de 17,9°-25,4° centígrados

5h — Acordar, toalete, banho, diário, balancete etc.

7h — Escrevendo ao amigo João Batista de Oliveira e Souza, de Brumado, cidade de Entre Rios (Minas).

8h — Continuando o roteiro da exploração desde Brumado até lagoa Seca e Capela Nova do Desterro.

9½ — Na Tipografia Aldina revendo provas do livro — *Agricultura nacional — Estudos econômicos*.

10½ — No Ministério das Obras Públicas tratando com o ministro dos caminhos de ferro Conde d'Eu e Pitangui.

12h — No Clube de Engenharia revendo provas do folheto sobre o banquete abolicionista, dado em Londres, pelos amigos Joaquim Nabuco e dr. J. C. Rodrigues.

3h½ — De volta ao Hotel da Vista Alegre, onde encontro meu sobrinho e afilhado André Veríssimo Rebouças, que janta comigo.

7h — Na Gazeta da Tarde, em Confederação Abolicionista, com os amigos J. F. Clapp, José do Patrocínio, Gomes dos Santos etc.

[*26 de julho*]

Noite mais ou menos encoberta; madrugada com Lua, Plêiades, Saturno, Marte, Órion, Vênus e Júpiter a 20' de distância; manhã belíssima; dia de sol; tarde clara e ventilada.

Temperatura de 18,5°-23,5° centígrados

5h — Acordar, toalete, banho, diário, balancete etc.

7h — Recordando e aperfeiçoando a lição 34.ª de engenharia civil.

9¾ — Dando-a na Escola Politécnica.

11h — Recebo carta do príncipe conde d'Eu referindo-se aos meus trabalhos em 1870 para organização da Sociedade Protetora dos Emancipados, e convidando para associação que ora cria para proteger os ingênuos. (Vide o Resumo Autobiográfico p. 83 e 84.)

11½ — Na Gazeta da Tarde com o José do Patrocínio tratando da propaganda abolicionista.

12h — Na Tipografia Aldina revendo provas do livro — *Agricultura nacional — Estudos econômicos*, impresso até a p. 144.

1h — No Clube de Engenharia com os amigos Morsing e Niemeyer.

2h — Com o tradutor C. Kunhardt e com o advogado dr. Gonzaga acelerando a tradução dos estatutos e a transferência para a companhia The Minas Central Railway of Brazil, Limited.

3h — De volta ao Hotel da Vista Alegre, em Santa Teresa.

3½ — Pondo em ordem vários documentos da propaganda abolicionista.

[*27 de julho*]

Ameaças de chuva à noite; manhã encoberta; dia de sol mais ou menos enublado; tarde incinerada e ventosa.

Temperatura de 19,3°-23,0° centígrados

5h — Acordar, toalete, banho, diário, balancete etc.

7h — Continuando a aperfeiçoar o roteiro da exploração dos vales do Paraopeba e do Pará.

9¾ — Na Gazeta da Tarde com os amigos Miguel Antônio Dias e José do Patrocínio tratando da propaganda abolicionista, educação de ingênuos etc.

10½ — Na Tipografia Aldina remetendo ao padre Luiz Antônio dos Santos Amorim a *Revista de Engenharia*, a *Agricultura nacional* até a p. 145 e sementes de trigo para repartir com os amigos de Pitangui.

11h — No Ministério da Agricultura tratando dos caminhos de ferro Conde d'Eu e Pitangui.

12h — Com o advogado dr. Gonzaga e tradutor Kunhardt acelerando os negócios da companhia The Minas Central Railway, Limited.

1h — No Clube de Engenharia com o amigo J. A. dos Santos.

2½ — De volta ao Hotel da Vista Alegre em Santa Teresa.

3h — Respondendo à carta de 6 julho do amigo Thomas H. Linklates e escrevendo ao padre Amorim em Pitangui.

7h — Na Gazeta da Tarde, em Confederação Abolicionista com

os amigos Miguel Antônio Dias, J. F. Clapp e José do Patrocínio, que terminou, entre aplausos, a leitura do Manifesto ao Parlamento, pedindo a abolição imediata e sem indenização.

[*28 de julho*]

Ameaças de chuva à noite e pela manhã; dia dúbio até o meio-dia; tarde incinerada e ventosa.

Temperatura de 19,8°-24,5° centígrados

5h — Acordar, toalete, banho, diário, balancete etc.

7h — Recordando e aperfeiçoando a lição 35.ª de engenharia civil.

9¾ — Dando-a na Escola Politécnica.

11 — Na Gazeta da Tarde com o José do Patrocínio tratando da propaganda abolicionista.

11½ — Na Tipografia Aldina revendo provas do livro — *Agricultura nacional — Estudos econômicos*.

12h — No Clube de Engenharia com o Evaristo de Oliveira e Souza tratando do Caminho de Ferro de Pitangui.

12½ — Com o tabelião Cerqueira Lima, encarregando-o de lavrar a escritura de transferência dessa estrada de ferro à companhia The Minas Central Railway, Limited.

1h — Com o tradutor Carlos Kunhardt tratando dos estatutos dessa companhia.

1½ — Em congregação na Escola Politécnica para aprovação dos pontos de concurso.

3h — De volta ao Hotel da Vista Alegre, em Santa Teresa.

3½ — Continuando a aperfeiçoar o roteiro da exploração dos vales do Paraopeba e do Pará.

[*29 de julho*]

Noite estrelada; belíssima madrugada com Lua em Taurus, Saturno, Marte, Órion, Júpiter e Vênus junto ao horizonte; manhã clara; dia de sol.

Temperatura de 18,9°-25,6° centígrados

5h — Acordar, toalete, banho, diário, balancete etc.

7h — Respondendo em carta ao telegrama de 23 de julho do engenheiro Batterbee sobre a aprovação do regulamento e das tarifas do Caminho de Ferro Conde d'Eu, que deve ser inaugurado a 7 de setembro 1883.

8h — Escrevendo ao engenheiro José Rebouças, em Campinas, sobre os vapores para os rios Mogi Guaçu e Pardo.

9h — Continuando a aperfeiçoar o roteiro da exploração dos vales do Pará e do Paraopeba.

12h — Introduzindo no curso de engenharia civil da Escola Politécnica as notas e observações, tomadas sobre os desbarrancados dos campos gerais na província de Minas.

1h — Aumentando o "Vocabulário técnico da arte de construir" com alguns termos usados na construção da Estrada de Ferro de D. Pedro II.

2h — Preparando para impressão em folheto os primeiros catorze artigos da série — "Abolição imediata e sem indenização" — publicados na *Gazeta da Tarde*.

[*30 de julho*]

Muito vento à noite e pela madrugada; ameaças de chuva pela manhã; dia escuro e encoberto; chuviscos ao anoitecer.

Temperatura de 18,3°-21,1° centígrados

5h — Acordar, toalete, banho, diário, balancete etc.

7h — Redigindo o 15.º artigo da série — "Abolição imediata e sem indenização" — xv.

8h — Redigindo o 16.º artigo desta série.

10h — Entregando na Gazeta da Tarde o artigo xv ao José do Patrocínio.

10½ — Na Tipografia Central de Evaristo R. da Costa, à travessa do Ouvidor n.º 7, entregando para serem impressos em folheto os catorze primeiros artigos.

11h — Com o tabelião Cerqueira Lima e tradutor Carlos Kunhardt, promovendo a transferência do Caminho de Ferro de Pitangui e os estatutos da companhia The Minas Central Railway of Brazil.

11½ — Na sessão inaugural da Sociedade Abolicionista da Escola Politécnica, assistida pelos amigos J. F. Clapp e José do Patrocínio. Produziu extraordinária emoção o engenheiro José Agostinho dos Reis, substituto de economia política, terminando um eloquente discurso pela declaração — "Nasci escravo!!!"

2h — Em Congregação de Lentes da Escola Politécnica para habilitar os candidatos ao concurso.

3½ — De volta ao Hotel da Vista Alegre em Santa Teresa.

Falece, à noite, de febre amarela, o excelente companheiro de hotel Gustave Theisen.

[*31 de julho*]

Chuviscos à noite; neblina pela manhã; dia escuro e tempestuoso; muito vento à tarde; ameaças de chuva ao anoitecer.

Temperatura de 18,5°-19,6° centígrados

5h — Acordar, toalete, banho, diário, balancete etc.

7h — Recordando e aperfeiçoando a lição 36.ª de engenharia civil.

9¾ — Dando-a na Escola Politécnica.

11 — Assistindo ao saimento do infeliz amigo o negociante Gustave Theisen.

12h — Remetendo £ 20 = 229$250 ao amigo Trajano A. de

Carvalho, em nome da Companhia Paulista por intermédio dos correspondentes Norton, Megaw & Co.

1h — No Ministério das Obras Públicas entregando a petição com os estatutos da companhia The Minas Central Railway of Brazil, Limited.

1½ — Visitando o negociante J. Henry de Castro Bellamy que ontem chegou de Londres.

2h — Com o dr. Carlos Teodoro de Bustamante e seu procurador Evaristo Juliano de Sá, acelerando a transferência do Caminho de Ferro de Pitangui.[8]

[*1.º de agosto*]

Noite escura e tempestuosa; manhã enublada; chuviscos durante o dia; ameaças de chuva ao anoitecer.

Temperatura de 15,9°-18,8° centígrados

5h — Acordar, toalete, banho, diário, balancete etc.

7h — Carta ao amigo Trajano A. de Carvalho avisando-lhe da remessa de £ 20 por Norton, Megaw & Co.

8h — Respondendo às cartas de 6 e 7 julho do amigo c. h. Linklates.

8½ — E a de 9 de julho do secretário Charles Glanvill.

9¾ — Na Gazeta da Tarde entregando o artigo xvi da série "Abolição imediata e sem indenização".

10½ — No Ministério da Agricultura tratando dos caminho de ferro Conde d'Eu e Pitangui.

11½ — Na Tipografia Aldina revendo provas do livro *Agricultura nacional — Estudos econômicos* impresso até a p. 168.

12h — No Clube de Engenharia com os amigos Morsing e José Américo dos Santos.

2½ — De volta ao Hotel da Vista Alegre em Santa Teresa.

3h — Remetendo ao engenheiro José Rebouças três folhetos e o recibo de £ 20 de Norton, Megaw & Co.

3½ — Enviando ao Joaquim Nabuco impressos da propaganda abolicionista.

7h — Na Gazeta da Tarde, em Confederação Abolicionista, com os amigos Miguel A. Dias, J. F. Clapp, Domingos Gomes dos Santos etc.

[*2 de agosto*]

Chuva à noite e pela manhã; dia escuro e chuvoso; tarde enublada e invernosa.

Temperatura de 13,7°-19,8° centígrados

5h — Acordar, toalete, banho, diário, balancete etc.

6½ — Redigindo o XVII artigo da série — "Abolição imediata e sem indenização" — XVII.

7½ — Recordando e aperfeiçoando a lição 37.ª de engenharia civil.

9¾ — Dando-a na Escola Politécnica.

11 — Entregando ao José do Patrocínio, na Gazeta da Tarde, o artigo XVII escrito hoje.

12 — No Clube de Engenharia com o engenheiro José Américo dos Santos tratando do Caminho de Ferro de Pitangui.

1h — No Ministério da Agricultura promovendo a aprovação dos estatutos da companhia The Minas Central Railway of Brazil, Limited.

2h — Na Tipografia Aldina revendo provas do livro — *Agricultura nacional — Estudos econômicos* impresso até a p. 176.

3h — De volta ao Hotel da Vista Alegre, em Santa Teresa.

4 horas — Preparando vários documentos dos caminhos de ferro de Pitangui e do Conde d'Eu, na Paraíba do Norte.

[*3 de agosto*]

Noite escura com raras estrelas; manhã enublada, dia encoberto; alguns raios de sol à tarde.

Temperatura de 14,3°-19,7° centígrados

5h — Acordar, toalete, banho, diário, balancete etc.

6½ — Redigindo o 18.º artigo da série — "Abolição imediata e sem indenização" — XVIII.

7½ — Redigindo o 19.º artigo da mesma série — XIX.

9¼ — Na Gazeta da Tarde entregando o primeiro artigo, escrito hoje, ao José do Patrocínio.

10½ — Na Tipografia Aldina revendo as provas do livro — *Agricultura nacional — Estudos econômicos*, impresso até a página 184.

11½ — No Ministério de Obras Públicas, tratando dos caminhos de ferro de Pitangui e do Conde d'Eu.

12 — No Clube de Engenharia com o amigo Morsing.

12½ — Em congregação da Escola Politécnica sobre reforma do ensino de desenho.

3h — De volta ao Hotel da Vista Alegre em Santa Teresa.

3½ — Requerendo isenção de direitos de importação para o material, destinado ao tráfego do Caminho de Ferro Conde d'Eu cuja primeira seção deve abrir-se a 7 de setembro de 1883.

[*4 de agosto*]

Noite mais ou menos enublada; pela madrugada Saturno, Marte, Órion, Júpiter; neblina pela manhã; dia de sol; tarde brilhante muito ventilada.

Temperatura de 14,5°-20,5° centígrados

5h — Acordar, toalete, banho, diário, balancete etc.

7h — Recordando e aperfeiçoando a lição 38 de engenharia civil.

9¾ — Dando-a na Escola Politécnica.

11 horas — Na Gazeta da Tarde, entregando ao José do Patro-

cínio o 19.º artigo da série — "Abolição imediata e sem indenização" — XIX.

11½ — No Ministério de Obras Públicas tratando dos estatutos da companhia — The Minas Central Railway of Brazil — Limited, e de isenção de direitos para o Caminho de Ferro Conde d'Eu.

12h — No Clube de Engenharia com o tesoureiro Niemeyer.

1½ — À rua Municipal n.º 8, com o negociante Evaristo de Oliveira e Souza, tratando do Caminho de Ferro de Pitangui.

3h — De volta ao Hotel da Vista Alegre em Santa Teresa.

3½ — Entregando ao J. J. de Carvalho Bastos duas propostas de fornecedores de pedra para os portos do Rio Grande do Sul e de Ensenada (La Plata).

7h — Na Gazeta da Tarde, em Confederação Abolicionista, com os amigos Miguel Antônio Dias, João F. Clapp, José do Patrocínio, Domingos Gomes dos Santos etc. Distribuem-se as primeiras provas impressas do manifesto, assina-se a cópia da representação sobre os salários dos escravos, falecidos nas minas de Cata Branca, enviada de Londres pelo Joaquim Nabuco, de acordo com a Anti-Slavery Society.

[*5 de agosto*]

Noite estrelada; Saturno em Taurus, Marte, Órion, Júpiter,

Vênus no horizonte ao amanhecer; esplêndida manhã; dia de sol; tarde brilhante.

Temperatura de 16,2°-26,8° centígrados

5h — Acordar, toalete, banho, diário, balancete etc.

7h — Redigindo o vigésimo artigo da série — "Abolição imediata e sem indenização" — xx.

8h — Redigindo o 21.º artigo desta mesma série — xxi.

9h — Revendo as provas do Manifesto da Confederação Abolicionista, redigido por José do Patrocínio.

11h — Visitando, a pedido do Evaristo Juliano de Sá, a fábrica de margarina, situada à praia de Santa Luzia.

1h — Redigindo para a *Revista de Engenharia*, a pedido do amigo José Américo dos Santos, um artigo sobre o secador de Worrell [*s. f. Worrell Combined Dryer & Cooler*].

3h — Fazendo novos estudos sobre imposto territorial. Cálculo da superfície de um lote de terras.

5h — Visita-me e janta comigo o meu antigo empregado Lamego, aposentado das obras das Docas da Alfândega e das Docas de D. Pedro ii.

8h — Visita-me o negociante Evaristo de Oliveira e Souza, irmão do amigo João Batista de Oliveira e Souza, de Brumado (cidade de Entre Rios) para consultar sobre o traçado do Caminho de Ferro de Pitangui.

[*6 de agosto*]

Noite estrelada; Plêiades, Saturno, Taurus, Marte, Órion, Júpiter e Vênus junto ao horizonte ao amanhecer; manhã um pouco incinerada; dia de sol; tarde dúbia.

Temperatura de 18,3°-21,2° centígrados

5h — Acordar, toalete, banho, diário, balancete etc.

7h — Continuando a tomar notas e aperfeiçoar o roteiro da exploração dos vales do Pará e do Paraopeba.

9½ — Na Gazeta da Tarde entregando ao José do Patrocínio as provas corretas do Manifesto da Confederação Abolicionista.

10h — Na Tipografia Aldina revendo provas do livro — *Agricultura nacional — Estudos econômicos*.

10½ — No Ministério das Obras Públicas tratando do Caminho de Ferro Conde d'Eu e dos estatutos da companhia The Minas Central Railway of Brazil, Limited.

12h — No Clube de Engenharia com o negociante John Henry de Castro Bellamy, recém-chegado de Londres, tratando do Caminho de Ferro de Pitangui e do acréscimo de capital para a companhia The São Paulo Central Sugar Factory of Brazil, Limited, e com o engenheiro A. Scott Blacklaw, tratando do Engenho Central de Ingaíba (perto de Mangaratiba).

2h — Entregando ao engenheiro José Américo dos Santos o artigo sobre o secador de Worrell.

3h — De volta ao Hotel da Vista Alegre, em Santa Teresa.

3½ — Remetendo a Vicente de Paulo Sátiro de Andrada, residente em Cajuru, uma encomenda de [...] com saudações ao professor Carlos Batista dos Santos.

[*7 de agosto*]

Ameaças de chuva à noite e pela manhã; dia escuro interrompido por chuviscos; tarde encoberta e dúbia.

Temperatura de 16,7°-21,3° centígrados

5 horas — Acordar, toalete, banho, diário, balancete etc.

7h — Recordando e aperfeiçoando a lição 39.ª de engenharia civil.

9h — Na igreja de São Francisco de Paula, na missa do engenheiro Siqueira, falecido na Comissão do Madeira—Mamoré.

9¾ — Na Escola Politécnica dando a 39.ª lição, que foi ouvida pelo diretor Ignácio da Cunha Galvão.

11h — Na Gazeta da Tarde, entregando ao José do Patrocínio o artigo xx da série "Abolição imediata e sem indenização" e tratando com os amigos J. F. Clapp e Miguel Antônio Dias da propaganda abolicionista.

11½ — Na Tipografia Aldina revendo provas do livro — *Agricultura nacional — Estudos econômicos* impresso até a página 192.

12 — No Clube de Engenharia com o negociante Evaristo de Oliveira e Souza tratando do Caminho de Ferro Pitangui.

1h — Na tipografia, 7 rua Nova do Ouvidor, recebendo as provas do primeiro panfleto da Confederação Abolicionista.

2h — No Ministério das Obras Públicas tratando dos estatutos da companhia The Minas Central Railway of Brazil, que sobem hoje para o conselho de Estado, e do Engenho Central de Capivari, em São Paulo.

3h — De volta ao Hotel da Vista Alegre, em Santa Teresa.

3½ — Preparando a correspondência para Londres.

[*8 de agosto*]

Muita chuva à noite e pela manhã; dia escuro e chuvoso; tarde sempre enublada com chuviscos.

Temperatura de 15,3°-20,5° centígrados

5h — Acordar, toalete, banho, diário, balancete etc.

7 — Respondendo à carta de 5 julho do presidente A. H. Phillpotts da companhia Conde d'Eu Railway Company, Limited.

8h — Escrevendo ao Charles Glanvill, secretário da companhia The Minas Central Railway of Brazil, Limited.

8½ — Escrevendo ao amigo Charles Linklates sobre o Caminho de Ferro de Pitangui e engenhos centrais de Capivari (São Paulo) e de Ingaíba (Mangaratiba).

9h — Escrevendo ao Henry Raffard, em São João de Capivari (São Paulo).

10h — Entregando ao José do Patrocínio o XXI artigo da série "Abolição imediata e sem indenização".

11h — Na Escola Politécnica assistindo à discussão dos estatutos do Centro Abolicionista.

1½ — Na Tipografia Aldina revendo provas do livro — *Agricultura nacional — Estudos econômicos*.

2 — Na tipografia do Evaristo, 7 rua Nova do Ouvidor, vendo as provas corretas do primeiro panfleto da Confederação Abolicionista (meus quinze primeiros artigos).

2½ — No Clube de Engenharia com os amigos engenheiros Morsing, José Américo dos Santos e tesoureiro Niemeyer.

3½ — De volta ao Hotel da Vista Alegre, em Santa Teresa.

4 — Remetendo aos amigos Joaquim Nabuco e dr. José Carlos Rodrigues provas dos estatutos do Centro Abolicionista da Escola Politécnica.

[*9 de agosto*]

Chuvas à noite; manhã escura e enublada; ameaças de chuva durante o dia; chuviscos à tarde.

Temperatura de 15,5°-21,7° centígrados

5h — Acordar, toalete, banho, diário, balancete etc.

6½ — Redigindo o artigo 22 da série "Abolição imediata e sem indenização" — xxii.

7½ — Recordando e aperfeiçoando a lição 40.ª de engenharia civil.

8¼ — Respondendo à carta do engenheiro Batterbee, na Paraíba do Norte, sobre isenção de direitos ao Caminho de Ferro Conde d'Eu.

9¾ — Dando a 40.ª lição na Escola Politécnica.

11 — Entregando ao José do Patrocínio o artigo xxii.

11½ — Na Tipografia Aldina revendo provas do livro — *Agricultura nacional — Estudos econômicos.*

12h — Com o Evaristo Juliano de Sá e o tabelião tratando do pagamento do selo da transferência do Caminho de Ferro de Pitangui.

1h — No Clube de Engenharia com o amigo Morsing, que amanhã volta a dirigir os estudos do Caminho de Ferro do Madeira ao Mamoré.

2h — Na Câmara dos Deputados com o dr. Anísio tratando do Caminho de Ferro Conde d'Eu (Paraíba do Norte).

3½ — De volta ao Hotel da Vista Alegre, em Santa Teresa.

4h — Estudando os dados estatísticos sobre a abolição nos Estados Unidos, enviados pelo dr. j. c. Rodrigues, e ontem publicados no *Jornal do Commercio.*

[**10 *de agosto***]

Chuviscos à noite; manhã escura e dúbia; dia encoberto; pequenos aguaceiros à tarde.

Temperatura de 16,3°-21,3° centígrados

5h — Acordar, toalete, banho, diário, balancete etc.

6½ — Redigindo o artigo 23 da série — "Abolição imediata e sem indenização" — XXIII.

8¾ — No bota-fora do engenheiro Morsing, chefe da Comissão do Madeira—Mamoré, com os amigos engenheiro José Américo dos Santos e Niemeyer, tesoureiro do Clube de Engenharia.

10½ — Na Gazeta da Tarde com os amigos José do Patrocínio, Clapp e Miguel Antônio Dias tratando da propaganda abolicionista.

11h — Na Escola Politécnica, nas eleições do Centro Abolicionista [diretoria e comissão de redação].

12h — Na Tipografia Aldina revendo provas do livro — *Agricultura nacional — Estudos econômicos*, impresso até à página 216.

2½ — De volta ao Hotel da Vista Alegre, em Santa Teresa.

3h — Escrevendo aos engenheiros George Ranson e Hastings C. Dent para acelerarem os estudos da primeira seção do Caminho de Ferro de Pitangui.

4h — Carta ao amigo João Batista de Oliveira e Souza, em Brumado (cidade de Entre Rios).

[**11 de agosto**]

Chuviscos à noite; muita neblina pela manhã; aguaceiros das onze às duas; sol e muito vento à tarde.

Temperatura de 16,3-20,4° centígrados

5h — Acordar, toalete, banho, diário, balancete etc.

7 — Recordando e aperfeiçoando a lição 41.ª de engenharia civil.

9¾ — Dando-a na Escola Politécnica.

11 — Na Gazeta da Tarde com José do Patrocínio e J. F. Clapp tratando da propaganda abolicionista.

11½ — Na Tipografia Aldina revendo provas do livro *Agricultura nacional — Estudos econômicos*, impresso até a página 232.

12h — Na Tipografia Central, revendo as últimas provas do panfleto n.º 1 da Confederação Abolicionista.

12½ — No Clube de Engenharia com o tesoureiro Niemeyer.

1½ — No Tabelião Cerqueira Lima tratando da escritura de transferência do Caminho de Ferro de Pitangui.

2h — No Ministério da Agricultura promovendo a abertura do Caminho de Ferro Conde d'Eu a 7 de setembro de 1883 e a aprovação dos estatutos da companhia The Minas Central Railway of Brazil, Limited.

3h — De volta ao Hotel da Vista Alegre em Santa Teresa.

7h — No Salão dos Ensaios Literários, ao largo do Rosário n.º 34, presidindo, por proposta do amigo J. F. Clapp, a assembleia-

-geral da Confederação Abolicionista que aprovou o manifesto, redigido pelo José do Patrocínio.

[*12 de agosto*]

Luar mais ou menos enublado; bela madrugada com Plêiades, Saturno, Taurus, Marte, Órion e Júpiter; manhã esplêndida; dia de sol; algumas nuvens à tarde.

Temperatura de 16,3°-21,3° centígrados

5h — Acordar, toalete, banho, diário, balancete etc.

7h — Remetendo para Londres aos amigos dr. J. C. Rodrigues e [Joaquim] Nabuco exemplares do Manifesto da Confederação Abolicionista.

8h — Fazendo um extrato das cláusulas do contrato, celebrado por Francisco José Pedro Lessa, primitivo concessionário da Estrada de Ferro do Pitangui, com a Presidência de Minas em 18 novembro de 1881.

12h — Redigindo um ofício ao presidente de Minas para isenção de direitos de importação e transporte gratuito na Estrada de D. Pedro II de conformidade com esse contrato.

2h — Carta ao conselheiro Lima Duarte, presidente da Câmara dos Deputados, para promover a votação da lei necessária, com os deputados de Minas.

3h — Tirando cópia do ofício ao presidente para remeter para

Londres à companhia The Minas Central Railway of Brazil, Limited.

4h — Visitam-me o engenheiro Machado Bittencourt, ex-praticante das Docas de D. Pedro II, e Adriano Eduardo Mullier, meu afilhado e empreiteiro dessas obras.

[*13 de agosto*]

Luar enublado; manhã encoberta com alguns aguaceiros entremeados de sol; dia claro; muito vento à tarde.

Temperatura de 16,5°-22,0° centígrados

5h — Acordar, toalete, banho, diário, balancete etc.

6½ — Respondendo à carta de 6 de julho de George Bennelt, secretário da Brazilian Railways Construction Corporation.

8½ — Escrevendo ao amigo Charles H. Linklates sobre o Caminho de Ferro de Pitangui e engenhos centrais de São Paulo e do Rio de Janeiro.

10h — Entregando em casa do presidente da Câmara, conselheiro Lima Duarte, a carta escrita ontem (Caminho de Ferro Pitangui).

10½ — Na Gazeta da Tarde, dando ao José do Patrocínio o 23.º artigo da série — "Abolição imediata e sem indenização" — XXIII.

11h — Com o procurador Evaristo Juliano de Sá, tabelião

Bustamante e no escritório do advogado Gonzaga tratando da transferência do Caminho de Ferro de Pitangui.

1h — No Clube de Engenharia com o tesoureiro Niemeyer.

3h — De volta ao Hotel da Vista Alegre em Santa Teresa.

3½ — Respondendo às cartas de 17 e 19 de julho do secretário Charles Glanvill da companhia The Minas Central Railway of Brazil, Limited.

7h — Visitando o amigo dr. Antônio Paulo de Melo Barreto e família em sua casa à rua de D. Luiza.

8h — No Clube Beethoven com os amigos engenheiro José Américo dos Santos, deputado A. d'E. Taunay etc.

[*14 de agosto*]

Chuviscos ao anoitecer; luar enublado; pela madrugada Plêiades, Saturno, Taurus, Marte, Órion, Júpiter; manhã encoberta; dia e tarde dúbios.

Temperatura de 18,3°-24,1° centígrados

5h — Acordar, toalete, banho, diário, balancete etc.

7 — Recordando e aperfeiçoando a lição 42.ª de engenharia civil.

9¾ — Dando-a na Escola Politécnica.

11 — Na Tipografia Aldina pagando a terceira prestação do livro *Agricultura nacional — Estudos econômicos*.

12h — No Clube de Engenharia com os amigos engenheiro José Américo dos Santos, advogado Adolfo de Barros, ex-deputado João das Chagas Lobato tratando do Caminho de Ferro de Pitangui e ramal de Oliveira.

2½ — Assinando no Tabelião Cerqueira Lima com o dr. Carlos Teodoro de Bustamante o contrato de transferência do Caminho de Ferro de Pitangui à companhia The Minas Central Railway of Brazil, Limited.

3½ — De volta ao Hotel da Vista Alegre, em Santa Teresa.

4h — Escrevendo ao amigo Charles Neate e ao presidente A. H. Phillpotts sobre a multa de 5:000$000 Rs. imposta à companhia Conde d'Eu Railway Co. Limited por não ter aberto a linha a 7 de julho 1883.

[*15 de agosto*]

Luar enublado; neblina pela manhã; aguaceiros das nove até às onze; dia encoberto; tarde ora de sol, ora de chuva.

Temperatura de 18,5°-22,3° centígrados

5h — Acordar, toalete, banho, diário, balancete etc.

7h — Respondendo às cartas do engenheiro José Rebouças de 10 e 11 de agosto, em Campinas (São Paulo).

8h — Fazendo o balanço das despesas feitas por conta da companhia The Minas Central Railway of Brazil, Limited.

9½ — Tirando cópia para remeter para Londres.

10 horas — Fazendo o balanço da tesouraria da Sociedade Brasileira contra a Escravidão.

1h — Redigindo o artigo 24.º da série — "Abolição imediata e sem indenização" — XXIV.

2h — Redigindo o artigo 25.º da mesma série — XXV.

3h — Redigindo o artigo 26.º da mesma série — XXVI.

4h — Principio a ler e anotar a brochura — *Étude de biologie industrielle sur le café par le Dr. Couty.*

5h — Visitou-me o aprendiz do Arsenal de Marinha Santa Rosa, filho do maestro Santa Rosa, infeliz autor do hino pela terminação da Guerra do Paraguai.

[*16 de agosto*]

Fortes aguaceiros à noite; manhã enublada; dia de sol; tarde clara e enublada.

Temperatura de 18,0º-23,4º centígrados

5 horas — Acordar, toalete, banho, diário, balancete etc.

7h — Recordando e aperfeiçoando a lição 43.ª de engenharia civil.

9¾ — Dando-a na Escola Politécnica.

11 horas — Entregando ao José do Patrocínio o artigo 24 da série "Abolição imediata e sem indenização".

11½ — No Tabelião Bustamante recebendo quatro cópias da escritura de transferência do Caminho de Ferro de Pitangui.

12h — Visando-as no Consulado inglês.

12½ — No Clube de Engenharia escrevendo ao secretário Charles Glanvill e remetendo-lhe a transferência.

1h — Escrevendo ao amigo Charles H. Linklates avisando da remessa da escritura de transferência.

2h — No escritório do engenheiro José Américo dos Santos dando-lhe o prospecto da companhia The Minas Central Railway of Brazil, Limited e o relatório do engenheiro José Rebouças sobre os rios Mogi Guaçu e Pardo para ser publicado na *Revista de Engenharia*.

3½ — De volta ao Hotel da Vista Alegre.

4h — Remetendo ao Joaquim Nabuco em Londres exemplares da *Gazeta da Tarde* de 14 de agosto com a representação sobre os escravizados de Cata Branca.

[*17 de agosto*]

Luar entre nuvens; Plêiades, Taurus, Saturno, Marte, Órion, Júpiter pela madrugada; manhã clara; grandes aguaceiros das onze às duas; tarde dúbia.

Temperatura de 18,9°-23,9° centígrados

5h — Acordar, toalete, banho, diário, balancete etc.

7h — Escrevendo o artigo "Luiz Gama e a abolição" para o aniversário do seu falecimento em 24 agosto 1882.

8h — Respondendo à carta do engenheiro Henri Raffard, superintendente da companhia The São Paulo Central Sugar Factory of Brazil, Limited.

8½ — Redigindo o artigo 27 da série — "Abolição imediata e sem indenização" — xxvii.

10h — Na Gazeta da Tarde entregando o artigo "Luiz Gama".

10½ — No Tabelião Bustamante dando três documentos da companhia The Minas Central of Brazil Railway, Limited.

11h — No Ministério das Obras Públicas tratando dessa companhia e da Conde d'Eu Railway.

12h — No Clube de Engenharia mostrando ao presidente A. H. Phillpotts o decreto com a multa de Rs. 5:000$000.

1h — Na Tipografia Aldina, revendo provas do livro — *Agricultura nacional — Estudos econômicos* impresso até à página 240.

2½ — De volta ao Hotel da Vista Alegre, em Santa Teresa.

3h — Continuando a ler e anotar a obra do dr. Couty sobre o café.

[**18 *de agosto***]

Luar enublado; chuviscos pela madrugada; manhã encoberta; ameaça de chuva durante o dia; tarde dúbia.

Temperatura de 16,7°-20,1° centígrados

5 horas — Acordar, toalete, banho, diário, balancete etc.

7 — Recordando e aperfeiçoando a lição 44.ª de engenharia civil.

9¾ — Dando-a na Escola Politécnica.

11h — Na Gazeta da Tarde entregando o artigo 25 da série — "Abolição imediata e sem indenização" — xxv.

11½ — Na Tipografia Aldina revendo provas do livro — *Agricultura nacional — Estudos econômicos*.

12 — No Tabelião Bustamante recebendo públicas formas de dois documentos sobre o Caminho de Ferro de Pitangui.

1h — No Clube de Engenharia ouvindo do engenheiro Antônio Maria de Oliveira Bulhões o projeto do seu Caminho de Ferro Interoceânico do Rio de Janeiro ao Pacífico.

2h — Com o negociante J. Henry de Castro Bellamy tratando da companhia The Minas Central Railway of Brazil, Limited, e do Engenho Central de Capivari em São Paulo.

3h — De volta ao Hotel da Vista Alegre, em Santa Teresa.

3½ — Fazendo extratos dos dois documentos recebidos hoje sobre o Caminho de Ferro de Pitangui.

[**19 de agosto**]

Luar entre nuvens; madrugada belíssima com Plêiades, Taurus,

Saturno, Marte, Órion e Júpiter; manhã clara; dia de sol, mais ou menos enublado; tarde encoberta.

Temperatura de 12,9°-19,8° centígrados

5 horas — Acordar, toalete, banho, diário, balancete etc.

7h — Escrevendo ao João Batista de Oliveira, atualmente em Ouro Preto, na pretensão de ser nomeado fiscal do Caminho de Ferro de Pitangui.

7½ — Redigindo a pedido da Sociedade Emancipadora Acadêmica de São Paulo, o artigo — "O Ipiranga da abolição".

8½ — Respondendo à carta de 9 de julho do amigo José Gonçalves Ramos, correspondente em Lisboa.

9h — Respondendo à carta de 17 de julho do amigo Trajano A. de Carvalho, atualmente em Londres, e a de 10 de junho do almirante Costa Azevedo.

9½—12h — Tirando uma duplicata do balancete da companhia The Minas Central Railway of Brazil, Limited, para ir para Londres.

1h — Redigindo e passando a limpo dois pareceres para a Sociedade Auxiliadora da Indústria Nacional, como presidente da seção de máquinas e aparelhos.

3h — Revendo e colecionando vários documentos da propaganda abolicionista durante os anos de 1880, 1881 e 1882.

4h — Continuando a ler e anotar a obra do dr. Couty sobre o café.

[*20 de agosto*]

Vento forte ao anoitecer; noite e manhã encobertas; chuva das nove e meia às onze; dia sempre escuro e invernoso.

Temperatura de 15,1°-19,3° centígrados

5h — Acordar, toalete, banho, diário, balancete etc.

7h — Redigindo o artigo 28 da série — "Abolição imediata e sem indenização" — xxviii.

8h — Redigindo o artigo 29 desta série — xxix.

10h — Com o conselheiro Lima Duarte, presidente da Câmara dos Deputados, tratando da isenção dos direitos para o Caminho de Ferro de Pitangui.

10½ — Com o consultor José Bento tratando dos estatutos da companhia The Minas Central Railway of Brazil Limited.

11h — Na Inspetoria das Obras Públicas com o amigo José Ewbank da Câmara (Caminho de Ferro Pitangui).

12 — No Clube de Engenharia obtendo do engenheiro j. j. Bithell informações dos estudos desse caminho de ferro.

1h — Na Tipografia Aldina revendo provas do livro — *Agricultura nacional — Estudos econômicos*, impresso até à p. 248.

2h — Em congregação da Escola Politécnica.

3h — Entregando ao consultor José Bento a pública forma do contrato Pitangui.

4h — De volta ao Hotel da Vista Alegre, em Santa Teresa.

[*21 de agosto*]

Noite e manhã enubladas; dia sempre escuro e invernoso; tarde com pequenos aguaceiros.

Temperatura de 14,0°-18,0° centígrados

5 horas — Acordar, toalete, banho, diário, balancete etc.

7h — Recordando e aperfeiçoando a lição 45.ª de engenharia civil.

9¾ — Dando-a na Escola Politécnica.

11 — Na Gazeta da Tarde entregando ao José do Patrocínio o 26.º artigo da série — "Abolição imediata e sem indenização".

11½ — Na Tipografia Aldina revendo provas do livro — *Agricultura nacional — Estudos econômicos*.

12h — No Clube de Engenharia com os engenheiros José Américo dos Santos, George Ranson e J. J. Bithell tratando do Caminho de Ferro de Pitangui.

2h — No Banco do Brasil, com o presidente José Machado Coelho de Castro, discutindo à vista do folheto do dr. Couty, os momentosos problemas da abolição, monopólio territorial, subdivisão do solo, imigração com propriedade rural etc.

3h — De volta ao Hotel da Vista Alegre em Santa Teresa.

3½ — Continuando a ler e anotar o folheto do dr. Couty sobre o café.

[*22 de agosto*]

Chuva à noite e pela manhã; dia escuro e invernoso; tempo melhorando para a tarde.

Temperatura de 14,3°-20,3° centígrados

5h — Acordar, toalete, banho, diário, balancete etc.

7h — Escrevendo ao Charles Glanvill, secretário da companhia The Minas Central Railway of Brazil, Limited.

8h — Escrevendo aos irmãos Charles e Thomas H. Linklates sobre o Caminho de Ferro de Pitangui e engenhos centrais de Capivari (São Paulo) e Ingaíba e Araruama (Rio de Janeiro).

9h — Respondendo às cartas de 9 e 24 de julho do amigo dr. José Carlos Rodrigues, atualmente em Londres.

10½ — Na Gazeta da Tarde com os amigos José do Patrocínio e J. F. Clapp tratando da propaganda abolicionista.

11h — No Ministério das Obras Públicas tratando dos caminhos de ferro Conde d'Eu e do mapa-geral dos vales do Paraopeba e do Pará.

12h — No Clube de Engenharia com o engenheiro George Ranson tratando do Caminho de Ferro de Pitangui.

2½ — De volta ao Hotel da Vista Alegre, em Santa Teresa.

3 horas — Respondendo à carta de 23 julho de A. H. Phillpotts, presidente do Caminho de Ferro Conde d'Eu.

4h — E a de 11 de agosto do engenheiro R. C. Batterbee, na Paraíba do Norte.

[*23 de agosto*]

Noite clara; pela madrugada Lua, Plêiades, Taurus, Saturno, Marte, Órion, Júpiter; manhã belíssima; dia de sol; tarde um pouco incinerada.

Temperatura de 15,7°-23,2° centígrados

5 horas — Acordar, toalete, banho, diário, balancete etc.

7h — Recordando e aperfeiçoando a lição 46.ª de engenharia civil.

9¾ — Dando-a na Escola Politécnica.

11 — Com o José do Patrocínio, na Gazeta da Tarde, dando o 27.º artigo da série "Abolição imediata e sem indenização" — XXVII.

11½ — Entregando na Tipografia Niemeyer as primeiras páginas do contrato do Caminho de Ferro de Pitangui.

12h — No Clube de Engenharia com o engenheiro George Ranson, chefe da turma de estudos dessa estrada de ferro.

1h — Com os amigos Miguel Antônio Dias, Adolfo de Barros e A. P. de Alencastro, recebendo as primeiras folhas do livro do amigo Joaquim Nabuco — *Reformas nacionais* — *O abolicionismo*, Londres 1883.

2h — Com o dr. Carlos Teodoro de Bustamante tratando do pagamento dos juros garantidos à companhia The Minas Central Railway of Brazil, Limited.

3h — De volta ao Hotel da Vista Alegre em Santa Teresa.

3½ — Continuando a ler e anotar a brochura do dr. Couty sobre o café.

[*24 de agosto*]

Noite estrelada; bela madrugada com Lua, Plêiades, Taurus, Saturno, Órion, Marte, Júpiter; manhã clara; dia de sol; tarde clara e ventilada.

Temperatura de 16,9°-22,5° centígrados

5h — Acordar, toalete, banho, diário, balancete etc.

7h — Começo a redigir a representação do Centro Abolicionista da Escola Politécnica ao Parlamento sobre o Imposto Territorial.

10h — Na Gazeta da Tarde com os amigos José do Patrocínio, Miguel Antônio Dias e J. F. Clapp tratando da propaganda abolicionista.

11h — Em casa de Norton, Megaw & Co. restituindo ao amigo Naylor os documentos sobre a Companhia Florestal Paranaense.

11½ — Na Tipografia Aldina revendo provas do livro — *Agricultura nacional — Estudos econômicos* — impresso até à página 256.

12 — No Clube de Engenharia, mandando imprimir na Tipografia Niemeyer o contrato do Caminho de Ferro Pitangui.

1h — Remetendo aos amigos Joaquim Nabuco e dr. J. C. Rodrigues em Londres os primeiros exemplares da brochura — Confederação Abolicionista — "Abolição imediata e sem indenização", panfleto n.º 1.

2½ — De volta ao Hotel da Vista Alegre, em Santa Teresa.

3 — Respondendo à carta de 31 julho de Charles Glanvill, secretário da companhia The Minas Central Railway of Brazil, Limited.

[*25 de agosto*]

Noite estrelada; muita neblina pela madrugada e pela manhã; dia de sol; tarde clara e ventilada.

Temperatura de 18,0°-20,3° centígrados

5h — Acordar, toalete, banho, diário, balancete etc.

7h — Recordando e aperfeiçoando a lição 47.ª de engenharia civil.

9¾ — Dando-a na Escola Politécnica.

11 horas — Na Gazeta da Tarde com o José do Patrocínio e J. F. Clapp tratando da propaganda abolicionista.

12h — No Clube de Engenharia, revendo as primeiras provas do contrato do Caminho de Ferro Pitangui.

1h — Na Tipografia Aldina revendo provas do livro — *Agricultura nacional — Estudos econômicos*.

2h — Pagando na Tipografia Central de Evaristo R. da Costa, 7 travessa do Ouvidor, os mil exemplares do folheto — Confederação Abolicionista — "Abolição imediata e sem indenização", panfleto n.º 1, que importaram em Rs. 150$000, 48 páginas.

3h — De volta ao Hotel da Vista Alegre, em Santa Teresa.

6h — Visitando ao amigo engenheiro Herculano Veloso Ferreira Pena, diretor da Estrada de Ferro de D. Pedro II, em sua casa, 33 rua do Senador Vergueiro.

7h½ — Na Gazeta da Tarde, com os amigos José do Patrocínio e J. F. Clapp, em sessão da Confederação Abolicionista, preparatória do festival amanhã no Teatro D. Pedro II para leitura do manifesto.

[*26 de agosto*]

Noite estrelada; bela madrugada com Plêiades, Taurus, Saturno, Órion, Lua, Marte, Júpiter; manhã clara; dia de sol; tarde incinerada. .

Temperatura de 17,9°-28,3° centígrados

5 horas — Acordar, toalete, banho, diário, balancete etc.

7h — Tirando cópia do pedido de informações para ser apresentado no Parlamento sobre portugueses possuidores de escravos, redigido em 28 de fevereiro de 1882.

8h — Continuo a redigir a representação do Centro Abolicionista da Escola Politécnica ao Parlamento sobre o Imposto Territorial.

10¾ — No Teatro D. Pedro II organizando o festival com os amigos Miguel A. Dias e J. F. Clapp.

12h — Entregue ao senador Silveira da Motta cópia do pedido de informações sobre portugueses com escravos.

12½ — Discurso de abertura pelo presidente J. F. Clapp.

12¾ — Discurso do orador José do Patrocínio.

1¾ — Discurso do deputado pelo Rio Grande do Sul, Severino Ribeiro.

2¼ — Discurso pelo deputado por Pernambuco José Veríssimo.

2¾ — Discurso pelo deputado pelo Ceará Antônio Pinto.

3h — Concerto que assisti do camarote com os colegas, lentes da escola, Álvaro, Frontin, José Agostinho dos Reis e Enes de Souza.

4h — De volta ao Hotel da Vista Alegre em Santa Teresa.

[*27 de agosto*]

Muito vento ao anoitecer; noite dúbia; ameaças de chuva ao amanhecer; aguaceiros do meio-dia em diante; tarde escura e tempestuosa.

Temperatura de 19,3°-25,9° centígrados

5h — Acordar, toalete, banho, diário, balancete etc.

7h — Carta ao ministro da Agricultura sobre isenção de impostos e transporte livre na Estrada de Ferro de D. Pedro II para o Caminho de Ferro de Pitangui.

7½ — Continuo a redigir a representação do Centro Abolicionista da Escola Politécnica ao Parlamento sobre o Imposto Territorial.

10h — Em casa do conselheiro José Bento da Cunha Figueiredo que prometeu para breve os estatutos da companhia The Minas Central Railway of Brazil, Limited.

10½ — Na Gazeta da Tarde com o José do Patrocínio tratando da propaganda abolicionista.

11h — Na Escola Politécnica entregando aos dr.ˢ Álvaro de Oliveira e Raja Gabaglia a representação sobre o Imposto Territorial.

12h — No Clube de Engenharia com o engenheiro George Ranson, que pediu-me uma carta fixando a primeira seção do Caminho de Ferro de Pitangui da Estação de Paraopeba a Brumado (cidade de Entre Rios).

2h — No Ministério das Obras Públicas promovendo os caminhos de ferro Conde d'Eu e de Pitangui.

3½ — De volta ao Hotel da Vista Alegre, em Santa Teresa.

4h — Fazendo extratos sobre o Imposto Territorial do *Statesman's Year Book*, 1883.

[*28 de agosto*]

Muita chuva e muito vento à noite e pela manhã; dia escuro e tempestuoso; muito vento à tarde.

Temperatura de 16,8°-20,3° centígrados

5h — Acordar, toalete, banho, diário, balancete etc.

7h — Recordando e aperfeiçoando a lição 48.ª de engenharia civil.

9¾ — Dando-a na Escola Politécnica.

11 horas — Na Gazeta da Tarde com os amigos José do Patrocínio, J. F. Clapp e Miguel Antônio Dias tratando da propaganda abolicionista.

11½ — Na Tipografia Aldina acelerando a impressão do livro — *Agricultura nacional — Estudos econômicos*.

12h — Na Tipografia Niemeyer revendo provas do contrato do Caminho de Ferro de Pitangui.

1h — No Clube de Engenharia na recepção do engenheiro A. Durieux, gerente das oficinas de Dyle e Bacalan.

2¼ — De volta ao Hotel da Vista Alegre, em Santa Teresa.

3h — Continuando os estudos sobre o Imposto Territorial e anotando a brochura do dr. Couty sobre o café.

7h — Na Confederação Abolicionista, na Gazeta da Tarde, com os amigos Miguel Antônio Dias, J. F. Clapp e José do Patrocínio, recebendo as contas do festival de 26 de agosto (domingo) que produziu Rs. 580$000, e providenciando sobre a distribuição do manifesto pelas diversas províncias do Brasil.

[*29 de agosto*]

Noite e manhã encobertas; sol das oito em diante; dia e tarde claros e ventilados.

Temperatura de 16,5°-21,7° centígrados

5h — Acordar, toalete, banho, diário, balancete etc.

7h — Continuando os estudos sobre o Imposto Territorial e revendo o original de "Charles Darwin e a escravidão neste Império", escrito em 1881.

10h — Na Gazeta da Tarde com os amigos José do Patrocínio, Miguel A. Dias e J. F. Clapp tratando da propaganda abolicionista.

10½ — Na Secretaria da Câmara obtendo os projetos de locação de serviços.

11 — No Ministério da Agricultura aperfeiçoando o mapa do Caminho de Ferro de Pitangui, que prepara o amigo Penha, encarregado da Carta-Geral do Império.

11½ — Na Escola Politécnica, em trabalhos do Centro Abolicionista com os colegas Álvaro de Oliveira, Enes de Souza, Raja Gabaglia e Arlindo Fragoso.

12½ — No Clube de Engenharia revendo provas do contrato do Caminho de Ferro de Pitangui.

2½ — De volta ao Hotel da Vista Alegre, em Santa Teresa.

3 — Lendo e anotando o artigo, publicado hoje pelo conselheiro Rohan na *Gazeta de Notícias* — "O elemento servil e o trabalho livre".

[*30 de agosto*]

Noite estrelada; ao amanhecer Plêiades, Taurus, Saturno, Órion, Marte, Júpiter e Lua delgadíssima no horizonte; manhã clara; dia de sol; tarde um pouco incinerada.

Temperatura de 15,5°-21,7° centígrados

5h — Acordar, toalete, banho, diário, balancete etc.

7 — Recordando e aperfeiçoando a lição 49.ª de engenharia civil.

9¾ — Dando-a na Escola Politécnica.

11 horas — Na Gazeta da Tarde tratando da propaganda abolicionista com os amigos Miguel Antônio Dias e J. F. Clapp.

11½ — Com E. P. Wilson, empresário do Caminho de Ferro Conde d'Eu, que pediu-me uma representação sobre o ramal do Cabedelo para o senador Diogo Velho.

12 — No Clube de Engenharia, com o amigo engenheiro José Américo dos Santos, e revendo provas do contrato da Estrada de Ferro de Pitangui.

1½ — Na Tipografia Aldina revendo provas do livro — *Agricultura nacional — Estudos econômicos*, impresso até a p. 272.

3h — De volta ao Hotel da Vista Alegre, em Santa Teresa.

7h — No Clube de Engenharia, na conferência do coronel Conrado Jacob de Niemeyer sobre os carris da Copacabana.

8h — Visitando a família do engenheiro Antônio Paulo de Melo Barreto, em sua casa à rua de D. Luiza.

8 ½ — Assistindo ao concerto do Clube Beethoven, com o amigo engenheiro José Américo dos Santos.

[*31 de agosto*]

Noite estrelada; ao amanhecer Plêiades, Taurus, Saturno, Órion, Marte e Júpiter; manhã incinerada; dia de sol; tarde com alguma névoa no horizonte.

Temperatura de 15,9°-23,1° centígrados

5h — Acordar, toalete, banho, diário, balancete etc.

7h — Redigindo a representação sobre o ramal e porto do Cabedelo, pedida pelo senador Diogo Velho.

10h — Com o senador José Bento da Cunha Figueiredo, que participou-me ter já dado parecer aprovando os estatutos da companhia The Minas Central Railway of Brazil, Limited.

10½ — Na Gazeta da Tarde, com o José do Patrocínio, dando o 28.º artigo da série — "Abolição imediata e sem indenização" — xxviii.

11h — No escritório dos empreiteiros Wilson, entregando a representação sobre o ramal do Cabedelo.

11½ — Na Escola Politécnica, ativando o Centro Abolicionista com os colegas Álvaro de Oliveira e Enes de Souza.

12h½ — No Clube de Engenharia revendo provas do contrato do Caminho de Ferro Pitangui.

2½ — De volta ao Hotel da Vista Alegre, em Santa Teresa.

3h — Percorrendo a obra — *La Rendita Fondiaria e la sua Elisione Naturale — Di Achille Loria*, 1880, Milão.

[*1.º de setembro*]

Noite estrelada; neblina pela madrugada; manhã mais ou menos incinerada; dia e tarde escuros e ventilados.

Temperatura de 16,7°-22,5° centígrados

5h — Acordar, toalete, banho, diário, balancete etc.

7 — Recordando e aperfeiçoando a lição 50.ª de engenharia civil.

9¾ — Dando-a na Escola Politécnica.

11h — Na Gazeta da Tarde com os amigos José do Patrocínio, J. F. Clapp e deputado pelo Rio Grande do Sul Severino Ribeiro tratando da propaganda abolicionista.

12h — No Clube de Engenharia revendo provas do contrato do Caminho de Ferro de Pitangui.

1½ — No escritório, 47 rua do Carmo, com os amigos Adolfo de Barros e A. P. de Alencastro remetendo ao Joaquim Nabuco em Londres documentos da propaganda abolicionista.

2h — Na Tipografia Aldina revendo provas do livro — *Agricultura nacional — Estudos econômicos*.

3h — De volta ao Hotel da Vista Alegre, em Santa Teresa.

3½ — Lendo a biografia do dr. Peter Wilhelm Lund pelo amigo dr. Theodoro H. Langgaard.

6½ — Na Sociedade Auxiliadora da Indústria Nacional; não houve sessão por falta de número.

O Diário Oficial de hoje publicou o Manifesto da Confederação Abolicionista a pedido do deputado Severino Ribeiro.

[*2 de setembro*]

Noite mais ou menos encoberta; madrugada com Plêiades, Taurus, Saturno, Órion, Marte e Júpiter; manhã incinerada; dia de sol; tarde ventilada.

Temperatura de 17,3°-23,1° centígrados

5h — Acordar, toalete, banho, diário, balancete etc.

7h — Respondendo à carta de 19 agosto do amigo João Batista de Oliveira e Souza, de Brumado (Entre Rios).

8h — Escrevendo ao amigo engenheiro H. E. Hargreaves sobre a viagem a Minas projetada para 6 de setembro.

8½ — E ao engenheiro Paulo Freitas de Sá, gerente do Caminho de Ferro do Sítio a São João del-Rei.

9h — Redigindo o artigo 30 da série — "Abolição imediata e sem indenização" — xxx.

12h — Fazendo acréscimos ao curso de materiais de construção com extratos da biografia do dr. Lund.

2h — Redigindo o artigo 31 da série — "Abolição imediata e sem indenização" — xxxi.

3h — Lendo e anotando os dois discursos, proferidos neste ano, sobre o elemento servil pelo deputado abolicionista Aristides Spínola (província da Bahia).

4h — Continuando a ler e anotar a obra do dr. Couty sobre o café, colonização em São Paulo etc. etc.

[*3 de setembro*]

Noite um pouco encoberta; madrugada com Taurus, Saturno, Órion, Marte e Júpiter ao oriente; manhã incinerada; dia de sol; tarde calma.

5h — Acordar, toalete, banho, diário, balancete etc.

7h — Redigindo o artigo 32 da série — "Abolição imediata e sem indenização" — xxxii.

10h — Na Gazeta da Tarde entregando ao José do Patrocínio o artigo 29 desta série (xxix).

10½ — À rua do Ouvidor n.º 81 com o amigo j. f. Clapp regularizando a escrituração da Confederação Abolicionista.

11h — No Ministério das Obras Públicas redigindo uma petição de favores gerais à companhia The Minas Central Railway of Brazil, Limited.

12 — No Clube de Engenharia com o amigo José Américo dos Santos tratando da excursão projetada para o dia 6.

2h — Na Tipografia Aldina revendo provas do livro — *Agricultura nacional — Estudos econômicos.*

3h — De volta ao Hotel da Vista Alegre, em Santa Teresa.

3½ — Escrevendo ao engenheiro Libânio da Silva Lima em Carandaí sobre a excursão de 6 setembro.

4h — Revendo as primeiras folhas impressas do contrato do Caminho de Ferro de Pitangui.

O deputado por Goiás Leopoldo de Bulhões apresenta o projeto de abolição imediata na Câmara e vai à Comissão de Justiça Civil.

[*4 de setembro*]

Delgado crescente ao anoitecer; madrugada com Taurus, Saturno, Órion, Marte e Júpiter ao oriente; neblina pela manhã; dia de sol embaçado; tarde dúbia.

5h — Acordar, toalete, banho, diário, balancete etc.

7h — Recordando e aperfeiçoando a lição 51.ª de engenharia civil.

9½ — Na Escola Politécnica em feriado por grande gala.

10 horas — Na Gazeta da Tarde com os amigos Miguel Antônio Dias e J. F. Clapp tratando com o José do Patrocínio da propaganda abolicionista.

11 horas — Despedindo-me de James Grainger Bellamy, J. Henry de Castro Bellamy, Evaristo Juliano de Sá e Evaristo de Oliveira e Souza, interessados no Caminho de Ferro de Pitangui.

12h — No Clube de Engenharia revendo as últimas provas do contrato desse Caminho de Ferro.

2h — Na Tipografia Aldina, acelerando a impressão do livro — *Agricultura nacional — Estudos econômicos*.

3h — De volta ao Hotel da Vista Alegre em Santa Teresa.

3½ — Escrevendo ao engenheiro João Batista de Oliveira, atualmente em Ouro Preto para preveni-lo da excursão projetada para 6 de setembro.

7h — Na Confederação Abolicionista, na sala da redação da Gazeta da Tarde, com os amigos J. F. Clapp e José do Patrocínio.

[*5 de setembro*]

Crescente ao anoitecer; madrugada e manhã encobertas; dia de sol sempre incinerado; tarde clara.

5h — Acordar, toalete, banho, diário, balancete etc.

7h — Escrevendo ao Charles Glanvill, secretário da companhia The Minas Central Railway of Brazil, Limited.

8h — Carta a A. H. Phillpotts, presidente da companhia Conde d'Eu Railway Co. Limited.

9h — Respondendo à carta de 8 agosto do amigo Charles H. Linklates sobre o Caminho de Ferro de Pitangui.

10h — No Gabinete de Engenharia Civil da Escola Politécnica, em conferência com os diretores do Banco do Comércio Antônio da Costa Chaves Faria e Manoel José Soares, deputado por Minas, que me propuseram a compra do Caminho de Ferro de São João del-Rei pela companhia The Minas Central Railway of Brazil, Limited.

12h — No Clube de Engenharia enviando para essa companhia seis exemplares da brochura "Contrato do Caminho de Ferro de Pitangui".

2h — Em congregação na Escola Politécnica.

3h — Em assembleia-geral do Clube de Engenharia, que não funcionou por falta de número.

3½ — Com o amigo José Américo dos Santos predispondo a excursão a Minas amanhã.

4h — Despedindo-me dos chefes abolicionistas J. F. Clapp, José do Patrocínio e Miguel Antônio Dias.

4½ — De volta ao Hotel da Vista Alegre, em Santa Teresa.

6/9 a
16/9/1883

12.

SEGUNDA VIAGEM ÀS GERAIS

Do Rio de Janeiro à Estação de Paraopeba (Cristiano Otoni).
[*6 de setembro*]

Crescente ao anoitecer; madrugada encoberta; neblina pela manhã; dia escuro até Barbacena; tarde dúbia.

Temperatura de 15,3°-21,5° centígrados

2h — Acordar, toalete, banho, diário, balancete etc.

5h — Partindo para Minas pela Estrada de Ferro D. Pedro II com o amigo engenheiro José Américo dos Santos.

7h — Fazendo com ele as primeiras observações de altitude em quatro aneroides de Casella e Negretti & Zambra.

10½ — Reuniu-se a nós, na Estação de Entre Rios, o companheiro de viagem, ex-deputado por Oliveira, dr. João das Chagas Lobato.

3h — Entra no trem e acompanha-nos até a Estação do Sítio o engenheiro Paulo Freitas de Sá, gerente da Estrada de Ferro de São João del-Rei, que deseja fundir-se na companhia The Minas Central Railway of Brazil, Limited.

5½ — Chegada a Carandaí; recepção pelos engenheiros Libânio e Câncio e negociantes Carneiro & Caldeira.

6½ — Continuando viagem em trem especial.

8 horas — Chegando à Estação de Paraopeba, atualmente denominada Cristiano Otoni.

8¼ — Conferência com o engenheiro George Ranson sobre as plantas da primeira seção ainda muito atrasadas.

9 horas — Jantar no Hotel Abelardo com os companheiros de viagem.

(Vide as Notas de Viagem.)

De Paraopeba a Brumado (cidade de Entre Rios).
[*7 de setembro*]

Crescente incinerado à noite; muita neblina pela madrugada e pela manhã; dia de sol; tarde clara.

        Temperatura de 10,2°-22,3° centígrados

5h — Acordar, toalete, banho, diário, balancete etc.

7h — Observações nos quatro aneroides.

8h — Almoço no Hotel Abelardo com o engenheiro J. A. dos Santos, ex-deputado Chagas Lobato e seu sobrinho, engenheiro George Ranson e filho.

9¾ — Partindo dos Pinheiros do Paraopeba.

1h30 — Nas três tendas do engenheiro Hastings C. Dent examinando seus estudos na primeira seção.

3h — Partindo desse abarracamento para examinar a picada do *divide*, passo do Curtume.[9]

4h05 — Despede-se o engenheiro Dent no vau do rio Curtume.

4h45 — Sai a nosso encontro no cruzeiro da serra do Camapuã o amigo João Batista de Oliveira e Souza, proprietário e fazendeiro em Brumado.

7h15 — Chegada a Brumado. Recepção com foguetes, música etc.

8h — Jantar em casa do amigo João Batista com os seus companheiros de viagem.

10h — Recolho-me ao meu quarto, junto à sala de jantar. O quarto em que pernoitei a 6 de julho de 1883 foi ocupado pelos amigos engenheiro José Américo dos Santos e ex-deputado por Oliveira João das Chagas Lobato.

(Vide as Notas de Viagem.)

De Brumado à Fazenda do Campo Novo.
[**8 de setembro**]

Crescente incinerado; céu sempre encoberto e enfumaçado pelas bárbaras queimadas; dia de sol pálido.

Temperatura de 13,5°-23,6° centígrados

5h — Acordar, toalete, banho, diário, balancete etc.

7 — Observações nos quatro aneroides com o engenheiro J. A. dos Santos.

8h — Carta ao amigo Charles H. Linklates, em Londres, para providenciar sobre o atraso dos estudos do Caminho de Ferro de Pitangui.

9h — Carta análoga ao Charles Glanvill, secretário da companhia.

10h — Almoço em casa do amigo João Batista de Oliveira e Souza.

11h — Visita ao Central Office do engenheiro George Ranson.

11½ — Partindo de Brumado (cidade de Entre Rios).

2h — Em frente à cachoeira do Caiuabá.

3h — Na Fazenda da Mata, sobre a margem esquerda do Caiuabá, junto a uma série de cascatas com trinta metros de altura, em diorito enegrecido pelas intempéries.

3¾ — Partindo da Fazenda da Mata, pertencente ao capitão Francisco Antônio de Assis.

4h20 — Deixando o belo vale do ribeirão da Mata e seguindo pelo córrego da Prata.

4h45 — No campo do Cunha.

5h05 — Tomando com o engenheiro José Américo dos Santos observações dos quatro aneroides no *ridge = pass = divide* dos vales do Paraopeba e do Pará.

5h30 — Pousando na Fazenda do Campo Novo, pertencente a Francisco Pacheco de Souza, primeiro guia para a lagoa Seca.

(Vide as Notas de Viagem.)

Da Fazenda do Campo Novo ao arraial de Passa Tempo.

[*9 de setembro*]

Luar incinerado; manhã e dia encobertos; ameaças de chuva sempre de uma às três da tarde.

Temperatura de 12,2°-22,4° centígrados

5h — Acordar, toalete, banho, diário, balancete etc.

7h — Partindo da Fazenda do Campo Novo.

9h10 — Chegando à Capela Nova do Desterro.

9h35 — Partindo com o guia Francisco Pacheco de Souza, que vinha de explorar as melhores passagens para o ramal de Oliveira.

11h45 — Repousando na fazenda do coronel Teodoro (Fazenda do Campo Grande).

1h — Partindo dessa fazenda, onde separou-se de nós o infatigável amigo João Batista de Oliveira e Souza.

2h½ — Chegando ao arraial de Passa Tempo. Hospedamo-nos em casa do negociante Francisco das Chagas Andrade, que nos viera buscar da cidade de Oliveira.

5h — Jantar com os companheiros de viagem engenheiro José Américo dos Santos, deputado de 1864-67 por Oliveira dr. João das Chagas Lobato e seu sobrinho o negociante Salatiel das Chagas Lobato.

9h — Durmo no quarto junto à sala de visitas.

(Vide as Notas de Viagem.)

Do arraial de Passa Tempo à Fazenda das Pedras Negras.

[*10 de setembro*]

Luar incinerado; madrugada e manhã encobertas; dia de sol; ameaças de chuva à tarde.

Temperatura de 16,3°-26,5° centígrados

5h — Acordar, toalete, banho, diário, balancete etc.

6h — Tomando observações nos quatro aneroides com o amigo engenheiro José Américo dos Santos.

9h — Almoçando em casa do negociante Francisco das Chagas Andrade Sobrinho.

11¾ — Partindo da freguesia de Passa Tempo.

1h45 — Repousando junto à foz do Invejosa, sob uma figueira, a seiscentos metros do rio Pará.

2h20 — Continuando viagem pela margem esquerda do rio Pará.

3h10 — No alto da garganta do Pião (Morro).

3h45 — Na ponte sobre o rio Curral.

4h40 — No vau do ribeirão do Buraco.

6h — Chegando à Fazenda das Pedras Negras, pertencente aos irmãos dr. Antônio Justiniano das Chagas Andrade e capitão Pedro J. das Chagas Andrade.

7½ — Jantar com os companheiros de viagem.

8½ — Traçando o caminhamento de hoje com o engenheiro José Américo dos Santos e os guias de viagem.

9½ — Durmo no quarto de três janelas junto à sala de visita.

(Vide as Notas de Viagem.)

Da Fazenda das Pedras Negras à cidade de Oliveira.
[*11 de setembro*]

Luar incinerado; madrugada e manhã encobertos; dia de sol; tarde clara.

Temperatura de 15,4°-27,0° centígrados

5h — Acordar, toalete, banho, diário, balancete etc.

7h — Tomando observações nos quatro aneroides com o amigo engenheiro José Américo dos Santos.

9h15 — Partindo da Fazenda das Pedras Negras pelo vale do ribeirão das Pedras Negras.

9h45 — Na ponte do ribeirão do Nominato.

10h45 — No primeiro vau do ribeirão do Teotônio ou do Nominato.

11h07 — Na cumeada (*ridge = divide*) do Nominato e Teotônio.

11h25 — Na Fazenda do Teotônio, atravessando o primeiro lacrimal do ribeirão do Paiol.

1h10 — No vau do ribeirão do Pinto.

1h15 — Repousando na fazenda de Francisco Pinto de Barros.

1h45 — Continuando a viagem.

3h10 — No alto do Diamante (observação dos aneroides).

4h20 — Chegando à cidade de Oliveira; recepção com foguetes, cavaleiros etc.

4h30 — Hospedagem em casa da mãe do ex-deputado dr. João das Chagas Lobato.

5h½ — Jantar com os companheiros de viagem.

9h — Durmo no quarto da frente, junto à sala de visita.

(Vide as Notas de Viagem.)

Na cidade de Oliveira.

[*12 de setembro*]

Ameaças de chuva ao anoitecer; manhã clara; dia de sol; tarde belíssima.

Temperatura de 17,3°-25,2° centígrados

5h — Acordar, toalete, banho, diário, balancete etc.

7 — Tomando observações nos quatro aneroides com o engenheiro José Américo dos Santos.

9h — Almoço em casa da mãe do deputado dr. João das Chagas Lobato.

11h — No cruzeiro de Oliveira. Jardim Público.

11½ — No Alto das Pedras limando rumos auxiliado pelo amigo engenheiro J. A. dos Santos.

1h — Repousando em casa do capitalista fazendeiro José das Chagas Andrade.

2h — Partindo para a lagoa da Folha Larga.

2h20 — No admirável *divide* do Maracanã, confluente do Jacaré, rio Grande, Paraná, rio da Prata e do Boa Vista, confluente do Itapecerica, Pará e do rio São Francisco.

3h10 — Desenhando a topografia da lagoa da Folha Larga.

3h45 — Na nova fazenda ou sítio do capitalista José das Chagas Andrade.

3h50 — Voltando a Oliveira pelo vale do córrego do Moinho do Machado.

4h20 — No belo *divide* do Boa Vista ao córrego das Capoeiras do Vidal ou córrego do Diamante, confluente do Jacaré, rio Grande, Paraná e rio da Prata.

(Vide as Notas de Viagem.)

De Oliveira ao arraial de São Tiago.
[**13 de setembro**]

Luar incinerado; manhã mais ou menos enublada; dia de sol; tarde com raras nuvens no horizonte.

Temperatura de 18,2°-26,3° centígrados

5h — Acordar, toalete, banho, diário, balancete etc.

7h — Continuando os estudos sobre as estradas de ferro na província de Minas Gerais.

8h — Visitando a Catedral e os admiráveis pomares de Oliveira onde frutificam a cevada e a mangueira.

9h — Partindo de Oliveira com grande acompanhamento.

10½ — Visitando na Fazenda do Diamante o Salatiel das Chagas Lobato.

11 horas — Prosseguindo viagem só com o amigo engenheiro José Américo dos Santos, um guia e dois camaradas.

11h50 — Na ponte sobre o rio Fradique.

12h10 — Na lagoa da Matinha, abundante em peixe.

12h25 — Junto às ruínas da ponte sobre o Jacaré.

12h35 — Em frente à segunda lagoa da Matinha.

1h05 — Na cachoeira do Retiro, na Fazenda do Jacaré.

2½ — Repousando na Fazenda da Pedra Azul, ou do Campo do Jacaré, pertencente ao capitalista José das Chagas Andrade, irmão do barão de Bambuí.

3h20 — Seguindo viagem.

8h — Chegando à hospedaria do arraial de São Tiago.

(Vide as Notas de Viagem.)

Eleito unanimemente membro do conselho diretor do Clube de Engenharia.

Do arraial de São Tiago a São João del-Rei.

[**14 de setembro**]

Luar e muito vento à noite; manhã encoberta; dia de sol; tarde com raras nuvens.

Temperatura de 15,3°-22,8° centígrados

5 horas — Acordar, toalete, banho, diário, balancete etc.

6h — Observando os aneroides com o engenheiro J. A. dos Santos.

7¼ — Partindo do arraial de São Tiago.

8h¼ — No Alto da Vigia (cerca de 1 300 metros).

8h20 — Descendo para o vale do rio do Peixe, confluente do rio das Mortes.

8h30 — Na ponte sobre o rio do Peixe.

11h35 — Pousando para almoçar no Bom Retiro, em casa de um morador ou agregado, a uma légua da fazenda do Manoel Esteves.

12h40 — Seguindo viagem para São João del-Rei.

1h40 — Pousando a três quilômetros ao sul da Capela de Santa Rita, povoação do município de São João del-Rei.

2h35 — Chegando à margem do rio das Mortes, que atravessamos por uma ponte sujeita à peagem.

3h50 — Atravessando o vau do rio dos Prados, confluente da margem esquerda do rio das Mortes.

5h00 — Chegando à cidade de São João del-Rei.

5½ — Hospedamo-nos em casa do engenheiro Paulo Freitas de Sá, gerente do Caminho de Ferro do Oeste. [Sítio a São João del-Rei.]

8h — Visita-nos o negociante José de Almeida, diretor da Companhia do Oeste de Minas.

(Vide as Notas de Viagem.)

Em São João del-Rei.
[*15 de setembro*]

Luar encoberto; ameaças de chuva pela manhã; pequenos aguaceiros das onze em diante.

Temperatura de 19,1°-23,2° centígrados

5 horas — Acordar, toalete, banho, diário, balancete etc.

6h — Observando os aneroides com o engenheiro J. A. dos Santos.

7h — Projetando uma série de planos inclinados para dar as mais rápidas e econômicas ligações do vale do Paraíba do Sul e do Centro da província de Minas Gerais com o oceano Atlântico.

9h — Almoçando com os amigos engenheiros J. Américo dos Santos e Paulo Freitas de Sá.

10h — Visitando as oficinas e a Estação da Estrada de Ferro do Oeste. [Sítio a São João del-Rei.]

11h25 — Partindo em trole para a gruta da Pedra junto ao rio Elvas.

12h30 — Tomando o aspecto e várias notas sobre a gruta da Pedra (calcário cinzento-chumbo). Vale belíssimo para cultura com arado estendendo-se até a serra de São João. Belíssimas colinas para moinhos de vento.

2h — Voltando para São João del-Rei.

4½ — Jantando com os amigos engenheiros José Américo dos Santos e Paulo Freitas de Sá.

(Vide as Notas de Viagem.)

De São João del-Rei ao Rio de Janeiro.
[**16 de setembro**]

Chuviscos à noite; manhã enublada; dia sempre encoberto e chuvoso.

Temperatura de 13,5°-21,6° centígrados

3h — Acordar, toalete, banho, diário, balancete etc.

4h25 — Partindo de São João del-Rei com o amigo engenheiro José Américo dos Santos.

5h — Na Estação de São José del-Rei.

6h40 — Na Estação do Barroso.

7h15 — Parada no Vidal para receber carga.

7h20 — Tomando água na cachoeira do Vidal.

7h50 — Na cachoeira da Saudade sobre o rio das Mortes.

7h55 — Na Estação de Ilhéus em terra roxa.

8h45 — Na Estação do Sítio.

9h05 — Continuando viagem pelo Caminho de Ferro de D. Pedro II.

10h — Esboçando o projeto da companhia The Terra Roxa of Brazil Immigration Company, Limited e comunicando ao companheiro de viagem engenheiro José Américo dos Santos.

4h¼ — Jantando com ele no bufê da Barra do Piraí.

7h10 — Chegando à Estação Central do Rio de janeiro.

8h — Restituindo ao meu aposento n.º 38 do Hotel da Vista Alegre, em Santa Teresa.

(Vide as Notas de Viagem.)

17/9 a
16/11/1883

13.

ENGENHARIA CIVIL, ABOLIÇÃO E CAPITALISMO

[*17 de setembro*]

Chuviscos à noite e pela madrugada; pela manhã de sol entre nuvens de chuva; aguaceiros durante o dia e à tarde.

Temperatura de 16,9°-21,7° centígrados

5h — Acordar, toalete, banho, diário, balancete etc.

7h — Coordenando os documentos obtidos na excursão a Brumado, Oliveira e São João del-Rei.

10h — Na Escola Politécnica, aumentando o Gabinete de Engenharia Civil com amostras de calcários da província de Minas.

11h — Na Gazeta da Tarde e com o amigo J. F. Clapp promovendo a propaganda abolicionista.

12h — No Clube de Engenharia recebendo a nomeação de membro do conselho diretor.

1h — No escritório, 47 rua do Carmo, com os amigos José Américo dos Santos, Adolfo de Barros e empresário Carvalho Bastos tratando da empresa do cais de Santos.

2h — Com os negociantes Bellamy e com o Evaristo Juliano de Sá tratando do Caminho de Ferro de Pitangui.

3h — No Jornal do Commercio obtendo o pagamento dos honorários do amigo dr. J. C. Rodrigues como seu correspondente desde 1867.

4h — De volta ao Hotel da Vista Alegre, em Santa Teresa.

[*18 de setembro*]

Chuva à noite; madrugada com Lua, Órion no zênite, Sirius, Júpiter; sol pela manhã.

Temperatura de 16,5°-21,3° centígrados

4h — Acordar, toalete, banho, diário, balancete etc.

6 — Respondendo à carta do engenheiro João Batista de Oliveira de 4 setembro em Ouro Preto.

6½ — E a de 20 agosto de Londres do amigo J. C. Rodrigues dando-lhe o prospecto da companhia The Terra Roxa of Brazil Immigration Company, Limited.

8h — Respondendo à carta de 23 agosto do banqueiro Emil Oppert, de Londres, 8 e 9 Queen Street Place.

10h — Na Gazeta da Tarde tratando da propaganda abolicionista.

10½ — No Ministério das Obras Públicas tratando dos caminhos de ferro de Pitangui e Conde d'Eu.

11½ — Abrindo em casa de Norton, Megaw & Co. um crédito de £ 50 para o amigo dr. J. C. Rodrigues, em Londres.

12h — No Clube de Engenharia com os amigos Adolfo de Barros e engenheiro José Américo dos Santos tratando da empresa do cais de Santos.

3h — Eleito segundo-vice-presidente do Clube de Engenharia.

4h — De volta ao Hotel da Vista Alegre, em Santa Teresa.

6h — Dando pêsames ao amigo engenheiro Antônio Paulo de Melo Barreto pela morte do visconde de Abaeté.

7h — Em Confederação Abolicionista na Gazeta da Tarde com os amigos Miguel Antônio Dias, J. F. Clapp e José do Patrocínio.

[*19 de setembro*]

Chuva à noite; madrugada e manhã encobertas; pequenos aguaceiros durante o dia e à tarde.

5h — Acordar, toalete, banho, diário, balancete etc.

7h — Respondendo às cartas e telegramas do engenheiro R. C. Batterbee (Caminho de Ferro Conde d'Eu).

8h — E a dos amigos Charles e Thomas Linklates, Londres.

9½ — Com o conselheiro Lima Duarte tratando do Caminho de Ferro Pitangui e da internação de imigrantes em São José del-Rei, Brumado etc.

10h — Com os negociantes Bellamy respondendo ao telegrama da companhia The Minas Central Railway of Brazil, Limited.

11h — Com os amigos Joaquim Serra e José do Patrocínio tratando da propaganda abolicionista.

12h — No Clube de Engenharia pagando minha remissão, e preparando com o presidente Fernandes Pinheiro o catálogo perpétuo da biblioteca.

1h — Com os amigos engenheiro J. A. dos Santos e Adolfo de Barros tratando da empresa do cais de Santos.

2h — Em congregação na Escola Politécnica.

3½ — Com o senador Meira de Vasconcelos promovendo o ramal e o porto de Cabedelo, ostensivamente contrariados pelo imperador, segundo o testemunho do próprio ministro das Obras Públicas.

4h — De volta ao Hotel da Vista Alegre, em Santa Teresa.

[*20 de setembro*]

Chuviscos à noite; manhã encoberta; dia dúbio; alguns raios de sol à tarde.

Temperatura de 18,1°-23,3° centígrados

4h — Acordar, toalete, banho, diário, balancete etc.

6h — Escrevendo ao engenheiro George Ranson, urgindo pelas plantas da primeira seção (Paraopeba a Brumado).

7h — E ao amigo dr. J. C. Rodrigues em Londres.

7½ — Recordando e aperfeiçoando a lição 51.ª de engenharia civil.

9¾ — Dando-a na Escola Politécnica.

11 horas — Na Gazeta da Tarde promovendo a propaganda abolicionista com os amigos Miguel Antônio Dias e José do Patrocínio.

12h — No Clube de Engenharia com o amigo José Américo dos Santos tratando da empresa do cais de Santos.

2h — Na Tipografia Aldina revendo provas do livro *Agricultura nacional — Estudos econômicos* impresso até a p. 304.

3½ — De volta ao Hotel da Vista Alegre, em Santa Teresa.

4h — Respondendo à carta de 17 agosto do amigo engenheiro Charles Neate sobre o Caminho de Ferro Conde d'Eu.

[*21 de setembro*]

Noite mais ou menos enublada; muita neblina pela manhã; dia de sol; tarde clara e ventilada.

4h — Acordar, toalete, banho, diário, balancete etc.

6h — Respondendo à carta de 17 agosto de A. H. Phillpotts, presidente da Conde d'Eu Railway Co., Limited.

8h — E a da mesma data do engenheiro W. Martineau, consultor em Londres da companhia The Minas Central Railway of Brazil, Limited.

10h — Na Gazeta da Tarde tratando de promover a propaganda abolicionista.

11h — No Ministério das Obras Públicas recebendo a carta-geral dos vales do Pará e do Paraopeba, que remeti ao engenheiro W. Martineau e tratando dos caminhos de ferro Conde d'Eu e Minas Central.

12h — No Clube de Engenharia com o amigo J. A. dos Santos e os negociantes Bellamy tratando do Caminho de Ferro de Pitangui.

1h — No escritório, 47 rua do Carmo, com o engenheiro José Américo dos Santos, Adolfo de Barros, J. J. de Carvalho Bastos, Almeida e Wright tratando da empresa do cais de Santos.

3½ — De volta ao Hotel da Vista Alegre, em Santa Teresa.

4h — Redigindo o prospecto da *Revista Abolicionista Ilustrada — A Escravidão*.

[*22 de setembro*]

Noite mais ou menos enublada; neblina pela manhã; dia de sol; tarde com algumas nuvens.

4h — Acordar, toalete, banho, diário, balancete etc.

6h — Requerendo ao presidente de Minas o primeiro pagamento de juros garantidos ao Caminho de Ferro Conde d'Eu.

7h — Escrevendo ao Charles Glanvill, secretário da companhia The Minas Central Railway of Brazil, Limited.

7½ — Recordando e aperfeiçoando a lição 52.ª de engenharia civil (primeira de fundações, LXX do programa).

9½ — Dando-a na Escola Politécnica.

11h — Na Gazeta da Tarde com José do Patrocínio e J. F. Clapp promovendo a propaganda abolicionista.

11½ — Na Tipografia Aldina pagando a quarta prestação do livro *Agricultura nacional — Estudos econômicos*.

12 — Respondendo a um telegrama do capitalista Emil Oppert sobre a companhia The Minas Central Railway of Brazil, Limited.

12½ — No Clube de Engenharia recebendo o empreiteiro dessa companhia Ross da firma Ross & Mathews.

2h — Com o engenheiro José Américo dos Santos e o empresário J. J. de Carvalho Bastos tratando da empresa do cais de Santos.

4h — De volta ao Hotel da Vista Alegre, em Santa Teresa.

6h — Em preparativos para a viagem a São Paulo.

Do Rio de Janeiro a São Paulo.

[**23 de setembro**]

Ventania e chuva ao anoitecer; Lua, Órion, Sirius e Júpiter pela madrugada; dia de sol; tarde clara.

Temperatura de 15,3°-18,2° centígrados

2h — Acordar, toalete, banho, diário, balancete etc.

5h — Partindo para São Paulo, para examinar as plantas do cais de Santos, com o empresário José Joaquim de Carvalho Bastos.

12h — Em frente ao Itatiaia de Aiuruoca ou de Resende, recordando os episódios da ascensão em janeiro de 1878 com o engenheiro José Rebouças e os alunos de engenharia civil da Escola Politécnica.

3h — Projeto para um caminho de ferro ligando imediatamente o vale do rio Grande ao litoral da província de São Paulo, contornando o extremo meridional da serra da Mantiqueira.

6h — Chegada a São Paulo com o engenheiro Turner, chefe do tráfico do Caminho de Ferro de São Paulo ao Rio de Janeiro.

6½ — Hospedando-me no Grand Hotel, à rua de São Bento, quarto n.º 48.

8h — Jantando com o companheiro de viagem J. J. de Carvalho Bastos e o deputado provincial Camilo de Andrada, candidato à inspetoria da alfândega de Santos.

Em São Paulo.
[24 de setembro]

Noite estrelada; neblina pela manhã; dia de sol; ameaças de chuva ao anoitecer.

Temperatura de 16,3°-18,5° centígrados

5h — Acordar, toalete, banho, diário, balancete etc.

7h — Carta ao amigo Joaquim Nabuco sobre propaganda abolicionista, democracia rural e a Terra Roxa Immigration Company, Limited.

8h — Carta ao amigo João Batista de Oliveira e Souza sobre o Caminho de Ferro de Pitangui.

10 — Na repartição das Obras Públicas da província de São Paulo (projetos Milnor Roberts, e Medina).

11h — Com o presidente da província, barão de Guajará, apresentando o empresário J. J. de Carvalho Bastos.

11½ — Visitando o arquiteto Tommaso Bezzi, encarregado de dirigir o monumento do Ipiranga.

12h — Redigindo com o J. J. de Carvalho Bastos a proposta para construção do cais de Santos.

2h — Lendo e anotando o livro do amigo Joaquim Nabuco — *Reformas nacionais — O abolicionismo*.

6h — Recebendo na estação o amigo Adolfo de Barros.

7½ — Visita-me o dr. Raul Pompeia e convida-me para o benefício do Centro Abolicionista de São Paulo.

De São Paulo ao Rio de Janeiro.

[*25 de setembro*]

Ameaças de chuva à noite; manhã encoberta; dia de sol; tarde belíssima.

Temperatura de 16,6°-22,3° centígrados

3½ — Acordar, toalete, banho, diário, balancete etc.

5½ — Na estação do caminho de ferro com os amigos advogado Adolfo de Barros e empresário José Joaquim de Carvalho Bastos.

6h — Partindo para o Rio de Janeiro.

9h — Esboçando em viagem o projeto de doca para o porto de Santos a jusante da sua alfândega. [Vide a planta na pasta — porto de Santos.]

11h — Esboçando o projeto da companhia The D. Pedro II Third Rail Company Limited, para dar passagem até o Rio de Janeiro a todos os trens das linhas e ramais de bitola de um metro.

4h — Jantar na Barra do Piraí com o abolicionista Abílio da Silveira, negociante em São Paulo, amigo de Luiz Gama, de saudosa memória.

7h — Chegando ao Rio de Janeiro. Recebido na estação pelo amigo engenheiro José Américo dos Santos.

8h — Voltando ao meu aposento n.° 38 do Hotel da Vista Alegre, em Santa Teresa.

[*26 de setembro*]

Noite estrelada; manhã enublada e ventosa; dia de sol; tarde mais ou menos encoberta.

Temperatura de 17,5°-23,7° centígrados

5h — Acordar, toalete, banho, diário, balancete etc.

7h — Pondo em ordem os documentos da viagem a São Paulo.

9½ — Na Escola Politécnica aumentando e aperfeiçoando o Gabinete de Engenharia Civil.

10½ — Visitando a família do José do Patrocínio em casa, à rua do Visconde de Itaúna n.º 25.

11½ — No Ministério das Obras Públicas tratando de obter os estatutos do Caminho de Ferro Pitangui e isenção de direitos para o Caminho de Ferro Conde d'Eu (Paraíba).

12h — No Clube de Engenharia com o engenheiro José Américo dos Santos tratando da empresa do cais de Santos.

2h — Com o amigo Joaquim Serra, promovendo a propaganda abolicionista.

2½ — Na Tipografia Aldina revendo provas do livro — *Agricultura nacional — Estudos econômicos* impresso até à página 328.

3h — Com o negociante James Grainger Bellamy promovendo os negócios do Caminho de Ferro de Pitangui.

4h — De volta ao Hotel da Vista Alegre, em Santa Teresa.

6h — Com o Carlos von Koseritz e F. [...] tratando de promover a criação de uma Sociedade de Imigração conexa com a de Berlim.

[*27 de setembro*]

Noite dúbia; manhã ventosa e encoberta; dia escuro e abafado; violento furacão ao anoitecer.

Temperatura de 18,5°-30,0° centígrados

5h — Acordar, toalete, banho, diário, balancete etc.

7h — Respondendo à carta de 31 agosto de A. H. Phillpotts, presidente da Conde d'Eu Railway Co. Limited.

8h — Recordando e aperfeiçoando a lição 53.ª de engenharia civil.

9¾ — Dando-a na Escola Politécnica.

11 horas — Na Gazeta da Tarde, ativando com os amigos J. F. Clapp, Miguel Antônio Dias e Joaquim Serra a propaganda abolicionista.

11½ — Na Tipografia Aldina revendo provas do livro — *Agricultura nacional — Estudos econômicos* impresso até à página 344.

12½ — No Clube de Engenharia com o engenheiro José Américo dos Santos tratando da empresa do cais de Santos (província de São Paulo).

3h — De volta ao Hotel da Vista Alegre em Santa Teresa.

4h — Remetendo ao engenheiro W. Martineau e ao secretário Charles Glanvill cópias das cartas de 21 e 22 setembro.

[*28 de setembro*]

Extraordinário furacão à noite; chuva pela madrugada; dia escuro e chuvoso; alguns raios de sol à tarde.

Temperatura de 18,9°-21,6° centígrados

5h — Acordar, toalete, banho, diário, balancete etc.

7h — Escrevendo ao amigo Charles Neate em Londres.

7½ — E ao amigo dr. J. C. Rodrigues sobre abolição, monopólio territorial, imigração etc.

9¾ — Na Gazeta da Tarde propondo a comemoração da lei de 28 de setembro de 1871.

10½ — Na Tipografia Aldina, revendo provas do livro *Agricultura nacional — Estudos econômicos*.

11h — Na Escola Politécnica tratando com os amigos Álvaro de Oliveira, Enes de Souza e Sampaio da organização da Sociedade de Imigração, conexa com a de Berlim.

12h — No Clube de Engenharia com os amigos Miguel Antônio Dias, Conrado Niemeyer etc.

2h — Em congregação na Escola Politécnica.

3½ — De volta ao Hotel da Vista Alegre, em Santa Teresa.

6 horas — No Hotel Globo, presidindo com o José do Patrocínio o jantar em honra à Lei Rio Branco, de catorze talheres, com os amigos J. F. Clapp, engenheiro José Américo dos Santos, Gomes (Radical)[10] e redatores da *Gazeta da Tarde*. No segundo andar o Partido Conservador dava um jantar aos companheiros de ministério do visconde do Rio Branco.

[*29 de setembro*]

Noite encoberta; sol pela manhã; dia mais ou menos claro; algumas nuvens à tarde.

Temperatura de 19,0°-23,9° centígrados

5h — Acordar, toalete, banho, diário, balancete etc.

7 — Recordando e aperfeiçoando a lição 54.ª de engenharia civil.

9¾ — Dando-a na Escola Politécnica.

11 horas — Na Gazeta da Tarde com José do Patrocínio promovendo a propaganda abolicionista.

11½ — No Ministério das Obras Públicas tratando dos estatutos da companhia The Minas Central Railway of Brazil, Limited e do ramal Cabedelo.

12h — Na Câmara dos Deputados obtendo exemplares do projeto de lei de Imposto Territorial, que redigi em 1882 e que o deputado José Mariano apresentou a 13 de setembro de 1882 como emenda à receita-geral do Império.

12½ — No Clube de Engenharia com o Carlos von Koseritz tratando da Sociedade de Imigração.

2h — Remetendo ao amigo dr. J. C. Rodrigues em Londres planta dos caminhos de ferro de Pitangui, São João del-Rei etc.

2½ — Na Tipografia Aldina revendo provas do livro — *Agricultura nacional — Estudos econômicos* impresso até à página 352.

3h — Com o amigo Miguel Antônio Dias revendo provas do folheto para propaganda do livro do amigo Joaquim Nabuco — *Reformas nacionais — O abolicionista*.

4h — De volta ao Hotel da Vista Alegre em Santa Teresa.

[*30 de setembro*]

Noite mais ou menos enublada; manhã encoberta; dia de sol muito ventilado; tarde clara.

Temperatura de 19,1°-22,3° centígrados

5h — Acordar, toalete, banho, diário, balancete etc.

7h — Remetendo ao secretário Charles Glanvill segunda via do "Account of the Minas Central Railway of Brazil, Limited" até 22 setembro.

9h — Redigindo a dedicatória a José do Patrocínio do panfleto — "Charles Darwin e a escravidão neste Império", que principiei a escrever em 1881.

12h — Escrevendo para a *Gazeta da Tarde* o artigo — "A abolição em São João da Barra".

2h — Traço no mapa-geral da Estrada de Ferro de D. Pedro II o projeto, concebido a 23 de setembro 1883, de uma via férrea, ligando imediatamente o vale do rio Grande ao litoral da província de São Paulo contornando o extremo meridional da serra da Mantiqueira.

3h — Projetando várias ligações do Centro de Minas e do vale do rio Paraíba do Sul com o litoral das províncias de São Paulo e do Rio de Janeiro. (Ver o diário de 15 de setembro — projeto de planos inclinados para o rio Paraíba do Sul e Centro da província de Minas Gerais.)

[*1.º de outubro*]

Noite estrelada; manhã belíssima; dia de sol; tarde clara e ventilada.

Temperatura de 18,9°-25,5° centígrados

5h — Acordar, toalete, banho, diário, balancete etc.

7h — Pondo em dia a escrituração da Sociedade Brasileira contra a Escravidão.

8h — Aperfeiçoando o projeto da companhia The D. Pedro II Third Rail Company, Limited, concebido a 25 de setembro em viagem de São Paulo para o Rio de Janeiro.

9¾ — Na Gazeta da Tarde promovendo a propaganda abolicionista com os amigos J. F. Clapp e José do Patrocínio.

10½ — Na Tipografia Aldina revendo provas do livro — *Agricultura nacional — Estudos econômicos*.

11h — No Ministério das Obras Públicas tratando dos interesses dos caminhos de ferro de Pitangui e Conde d'Eu.

12h — No Clube de Engenharia enviando aos amigos dr. J. C. Rodrigues e C. H. Linklates o relatório do presidente de Minas e as leis de favores aos imigrantes.

2h — Em sessão da diretoria do Clube de Engenharia.

3h — No cassino ouvindo os ensaios do grande concerto anual do Clube Beethoven.

4h — De volta ao Hotel da Vista Alegre em Santa Teresa.

[*2 de outubro*]

Noite enublada; algumas nuvens pela madrugada; dia de sol; tarde clara e ventilada.

Temperatura de 20,5°-25,0° centígrados

5h — Acordar, toalete, banho, diário, balancete etc.

7h — Recordando e aperfeiçoando a lição 55.ª de engenharia civil.

9¾ — Dando-a na Escola Politécnica.

11 horas — Na Gazeta da Tarde ativando a propaganda abolicionista.

11½ — Na Tipografia Aldina revendo provas do livro — *Agricultura nacional — Estudos econômicos*.

12h — No Ministério das Obras Públicas, onde prometeram para amanhã os estatutos da companhia do Caminho de Ferro de Pitangui.

12½ — No Clube de Engenharia remetendo para o amigo João Batista de Oliveira e Souza em Brumado e para o redator de *A Realização* em Pitangui folhetos com ilustrações para a cultura do trigo.

2h — Com os amigos Miguel Antônio Dias e Joaquim Serra propondo a propaganda abolicionista e a difusão do livro do amigo Joaquim Nabuco.

3h — De volta ao Hotel da Vista Alegre, em Santa Teresa.

[*3 de outubro*]

Noite estrelada; ameaças de chuva pela manhã; dia de sol; tarde mais ou menos enublada.

Temperatura de 20,7°-26,8° centígrados

5h — Acordar, toalete, banho, diário, balancete etc.

7 — Fazendo acréscimos ao curso de engenharia civil com observações sobre desbarrancados, tomadas na última viagem à província de Minas.

9¾ — Na Gazeta da Tarde com os amigos José do Patrocínio e J. F. Clapp promovendo a propaganda abolicionista.

11h — No Ministério das Obras Públicas acelerando o decreto de estatutos da companhia The Minas Central Railway of Brazil, Limited.

11½ — No Clube de Engenharia com o tesoureiro Niemeyer.

12 — Na Escola Politécnica assistindo ao concurso de matemáticas transcendentes.

2h — No cassino assistindo aos últimos ensaios do grande concerto anual do Clube Beethoven.

4h — De volta ao Hotel da Vista Alegre em Santa Teresa.

6h — Visita-me o amigo engenheiro Antônio Paulo de Melo Barreto, diretor da Companhia Leopoldina, para tratar da liberdade de uma escrava.

[*4 de outubro*]

Noite enublada; ameaças de chuva pela manhã; dia de sol; tarde dúbia.

Temperatura de 20,1°-28,8° centígrados

5h — Acordar, toalete, banho, diário, balancete etc.

7h — Recordando e aperfeiçoando a lição 56.ª de engenharia civil, última de fundações.

9¾ — Dando-a na Escola Politécnica.

11 — Na Gazeta da Tarde com os amigos Miguel Antônio Dias, José do Patrocínio e J. F. Clapp promovendo a propaganda abolicionista.

11½ — No Ministério das Obras Públicas mandando levar cópia para o Diário Oficial dos estatutos da companhia The Minas Central Railway of Brazil, Limited.

12h — No Clube de Engenharia com o tesoureiro Niemeyer.

12½ — Na Tipografia Aldina revendo provas do livro — *Agricultura nacional — Estudos econômicos*, impresso até à página 376.

3h — De volta ao Hotel da Vista Alegre, em Santa Teresa.

8h — No cassino, no grande concerto do Clube Beethoven, com os amigos José Américo dos Santos, Adolfo de Barros, J. J. de Carvalho Bastos, negociante Bellamy, deputado Taunay etc.

[*5 de outubro*]

Noite dúbia; ameaças de chuva pela manhã; dia de sol mais ou menos enublado; tarde clara e ventilada.

Temperatura de 20,0°-24,3° centígrados

5h — Acordar, toalete, banho, diário, balancete etc.

7 — Continuando a ler e anotar o livro do amigo Joaquim Nabuco — *Reformas nacionais — O abolicionismo*.

9¾ — Na Gazeta da Tarde promovendo a propaganda abolicionista.

10½ — Na Tipografia Aldina, revendo provas do livro — *Agricultura nacional — Estudos econômicos*.

11h — No Ministério das Obras Públicas obtendo os estatutos da companhia The Minas Central Railway of Brazil, Limited.

11½ — Pagando sua impressão na Tipografia Nacional.

12 — Pagando no Tesouro a respectiva carta imperial.

12½ — No Clube de Engenharia com o amigo José Américo dos Santos tratando do Caminho de Ferro de Pitangui.

1½ — O engenheiro Manoel Timóteo da Costa, lente da Escola Politécnica, entrega-me o contrato do Caminho de Ferro de Oliveira, que deseja vender à companhia The Minas Central Railway of Brazil, Limited.

2½ — De volta ao Hotel da Vista Alegre, em Santa Teresa.

[*6 de outubro*]

Crescente à noite; madrugada e manhã enubladas; dia de sol; primeira trovoada deste verão ao anoitecer.

Temperatura de 20,9°-26,7° centígrados

5h — Acordar, toalete, banho, diário, balancete etc.

7h — Escrevendo ao Charles Glanvill, secretário da companhia

The Minas Central Railway of Brazil, enviando-lhe os estatutos da companhia (decreto).

7½ — Respondendo à carta de 8 setembro do amigo C. H. Linklates.

8 horas — Recordando e aperfeiçoando a lição 57.ª, primeira de arquitetura.

9¾ — Dando-a na Escola Politécnica.

11 horas — Na Gazeta da Tarde com os amigos José do Patrocínio e J. F. Clapp promovendo a propaganda abolicionista.

11½ — Na Tipografia Aldina revendo provas do livro — *Agricultura nacional* — *Estudos econômicos* — impresso até à página 392.

12h — No Ministério das Obras Públicas obtendo a carta imperial da companhia The Minas Central Railway of Brazil, Limited.

1h — No Clube de Engenharia, remetendo para Londres essa carta imperial e quatro números do Diário Oficial de hoje com o decreto, que autorizou esta companhia a funcionar no Império.

2½ — De volta ao Hotel da Vista Alegre, em Santa Teresa.

[*7 de outubro*]

Luar à noite; madrugada e manhã enubladas; dia de sol; ameaças de trovoada ao anoitecer.

Temperatura de 21,2°-30,3° centígrados

5 horas — Acordar, toalete, banho, diário, balancete etc.

7h — Respondendo à carta de Augusto Cândido Gomes, da Estação do Cuscuzeiro, Caminho de Ferro de São Carlos do Pinhal, província de São Paulo, sobre abolição.

8h — Escrevendo ao amigo dr. J. C. Rodrigues em Londres sobre a colonização dos caminhos de ferro de Minas.

9 horas — Fazendo o *account* da companhia The Minas Central Railway of Brazil, Limited até esta data.

12h — Respondendo à carta de 6 de setembro de A. H. Phillpotts, presidente da Conde d'Eu Railway Co. Limited.

2h — Respondendo à carta de 30 de agosto do engenheiro W. Martineau, consultor da companhia The Minas Central Railway of Brazil, Limited.

3h — Continuando a ler e anotar o livro do amigo Joaquim Nabuco — *Reformas nacionais — O abolicionismo*.

29.º aniversário de José do Patrocínio.[11]

[**8 de outubro**]

Trovoada e chuva à noite; madrugada com Órion, Sirius e Júpiter; manhã clara; tarde belíssima.

Temperatura de 21,5°-34,0° centígrados

5h — Acordar, toalete, banho, diário, balancete etc.

7h — Continuando os estudos para a colocação de imigrantes

nas margens dos caminhos de ferro de São João del-Rei e de Pitangui.

9½ — Na Gazeta da Tarde com o amigo José do Patrocínio, que completa hoje 29 anos; com os amigos J. F. Clapp, Miguel Antônio Dias e Joaquim Serra promovendo a propaganda abolicionista.

10½ — Na Tipografia Aldina acelerando a conclusão do livro — *Agricultura nacional — Estudos econômicos*.

11 horas — No Ministério das Obras Públicas e na Agência de Colonização tratando dos caminhos de ferro Pitangui e Conde d'Eu e de imigrantes para a província de Minas.

12h — No Clube de Engenharia com o amigo José Américo dos Santos enviando para o Charles Glanvill o mapa dos vales do Pará e do Paraopeba.

2h — Remetendo ao amigo J. C. Rodrigues, em Londres, vários dados sobre imigração e a circular, assinada por dr. Hermann Blumeneau, Carlos von Koseritz e H. A. Gruber para criação de filiais da Sociedade Central de Geografia Comercial em Berlim.

3½ — De volta ao Hotel da Vista Alegre, em Santa Teresa.

[*9 de outubro*]

Luar à noite; ameaças de chuvas pela manhã; dia sempre encoberto; chuva ao anoitecer.

Temperatura de 21,5°-24,9° centígrados

5h — Acordar, toalete, banho, diário, balancete etc.

7 — Recordando e aperfeiçoando a lição 58.ª (arquitetura 2.ª).

9¾ — Dando-a na Escola Politécnica.

11 horas — Na Gazeta da Tarde entregando o 30.º artigo da série "Abolição imediata e sem indenização" — xxx.

11½ — Na Tipografia Aldina revendo provas do índice da obra — *Agricultura nacional — Estudos econômicos*.

12h — No Ministério das Obras Públicas promovendo a publicação do decreto de favores gerais ao Caminho de Ferro de Pitangui.

12½ — No Clube de Engenharia remetendo para Londres as *press copies* e duplicatas das cartas e documentos da companhia The Minas Central Railway of Brazil, Limited, e da projetada The Terra Roxa of Brazil Immigration Company, Limited.

2h — Com os amigos Miguel Antônio Dias, José Américo dos Santos, J. F. Clapp e José do Patrocínio, promovendo a propaganda abolicionista.

3h — De volta ao Hotel da Vista Alegre, em Santa Teresa.

[10 *de outubro*]

Chuva à noite; manhã encoberta; dia sempre escuro e enublado; tarde dúbia.

Temperatura de 18,9°-27,3° centígrados

5h — Acordar, toalete, banho, diário, balancete etc.

7h — Respondendo à carta do dr. Antônio Ribeiro Folha (Bahia).

10h — Na Gazeta da Tarde entregando o 31.º artigo da série — "Abolição imediata e sem indenização" — xxxi.

10½ — Na Tipografia Aldina e na oficina de encadernação de Antônio Vieira & Gavião, 33 rua Gonçalves Dias, tratando da brochura americana dos quinhentos volumes da obra — *Agricultura nacional — Estudos econômicos.*

11h — No Ministério das Obras Públicas tirando cópia para o Diário Oficial das cláusulas do decreto de favores ao Caminho de Ferro de Pitangui.

12h — No Clube de Engenharia enviando para o amigo dr. J. C. Rodrigues, em Londres, várias publicações da Biblioteca Nacional.

2h — Com os amigos Miguel Antônio Dias e Joaquim Serra promovendo a propaganda abolicionista.

3h — Com o colega dr. Enes de Souza promovendo a extensão da Sociedade Central de Geografia Comercial em Berlim, com filiais no Brasil para imigração, subdivisão do solo e incremento da democracia rural.

3½ — De volta ao Hotel da Vista Alegre, em Santa Teresa.

[**11 de outubro**]

Noite escura; ameaças de chuva pela manhã; grande trovoada e fortes aguaceiros das duas da tarde até o anoitecer.

Temperatura de 20,9°-22,9° centígrados

5h — Acordar, toalete, banho, diário, balancete etc.

7h — Redigindo o artigo 33.º da série "Abolição imediata e sem indenização" — XXXIII.

8h — Recordando e aperfeiçoando a lição 59.ª (arquitetura 3.ª).

9¾ — Dando-a na Escola Politécnica.

11 horas — Na Gazeta da Tarde entregando o artigo 32.º da série "Abolição imediata e sem indenização" — XXXII.

11½ — Na Tipografia Aldina recebendo as últimas páginas do livro — *Agricultura nacional* — *Estudos econômicos* — que terminou na página 409.

12h — No Ministério das Obras Públicas e na Tipografia Nacional pagando o decreto de favores gerais à companhia The Minas Central Railway of Brazil, Limited.

12½ — No Clube de Engenharia remetendo exemplares desse decreto para o amigo Charles H. Linklates e para o secretário Charles Glanvill.

2½ — Com os amigos Miguel Antônio Dias, José do Patrocínio e Joaquim Serra, promovendo a propaganda abolicionista.

3½ — De volta ao Hotel da Vista Alegre em Santa Teresa.

4 horas — Visita-me o engenheiro Silva Freire, formando na Escola de Pontes e Calçadas, e recém-chegado da Europa.

[*12 de outubro*]

Chuva à noite e pela manhã; dia escuro e chuvoso; grandes aguaceiros à tarde.

Temperatura de 16,9°-18,8° centígrados

5h — Acordar, toalete, banho, diário, balancete etc.

7h — Redigindo o artigo 34.º da série — "Abolição imediata e sem indenização" — xxxiv.

10h — Na Escola Politécnica promovendo a Sociedade de Imigração filial da de Berlim.

10½ — Na Gazeta da Tarde trabalhando na propaganda abolicionista com José do Patrocínio e Joaquim Serra.

11h — Na Tipografia Aldina recebendo o índice e a frente do livro — *Agricultura nacional — Estudos econômicos*.

11½ — No Ministério da Agricultura tratando da companhia The Minas Central Railway of Brazil, Limited.

12h — No Clube de Engenharia respondendo às cartas dos amigos a. p. Youle e general j. p. Beadle, diretores do Caminho de Ferro Conde d'Eu.

2h — Escrevendo ao amigo j. c. Rodrigues sobre engenhos centrais na província da Paraíba do Norte.

3h — Visitando ao amigo William Lara Tupper, em sua casa, 45 rua das Laranjeiras.

4½ — De volta ao Hotel da Vista Alegre, em Santa Teresa.

[*13 de outubro*]

Muita chuva à noite e pela manhã; dia escuro com chuviscos; tarde dúbia.

Temperatura de 16,5°-21,3° centígrados

4½ — Acordar, toalete, banho, diário, balancete etc.

6½ — Preparando o programa do festival em homenagem à Itália livre, unida e abolicionista.

7½ — Recordando e aperfeiçoando a lição 60.ª (arquitetura 4.ª).

9¾ — Dando-a na Escola Politécnica.

11 horas — Na Gazeta da Tarde entregando o artigo 33.º da série "Abolição imediata e sem indenização" — XXXIII.

11½ — Na Tipografia Aldina pagando a última prestação do livro — *Agricultura nacional — Estudos econômicos* cuja impressão importou em Rs. 1:512$000.

12h — No Ministério das Obras Públicas pagando a certidão do decreto de favores à companhia — The Minas Central Railway of Brazil, Limited.

12½ — No Clube de Engenharia remetendo vários documentos ao secretário dessa companhia, em Londres, e escrevendo ao amigo Joaquim Nabuco em regozijo aos seus trabalhos abolicionistas no Congresso Jurídico Internacional de Milão (12 setembro 1883).

2½ — Com os amigos Miguel Antônio Dias, José do Patrocínio, J. F. Clapp e Joaquim Serra tratando de promover a propaganda abolicionista.

3½ — De volta ao Hotel da Vista Alegre, em Santa Teresa.

[*14 de outubro*]

Chuva à noite e pela manhã; dia entremeado de chuviscos; tarde escura e ventosa.

Temperatura de 16,5°-21,3° centígrados

5 horas — Acordar, toalete, banho, diário, balancete etc.

7h — Pondo em ordem vários documentos da propaganda abolicionista e dos caminhos de ferro da Paraíba e de Pitangui.

10h — No Polytheama organizando o Festival Abolicionista.

10½ — Telegrafando ao engenheiro Batterbee, diretor do Caminho de Ferro Conde d'Eu na Paraíba do Norte, para pagar os 5% de expediente do material do tráfego.

11 horas — No Liceu de Artes e Ofícios redigindo com o deputado Alfredo d'Escragnolle Taunay, o incansável promotor da grande naturalização e com o publicista e deputado provincial

do Rio Grande do Sul Carlos von Koseritz, o protesto contra a introdução de chins no Brasil.

12h — Na fundação da Sociedade Brasileira de Imigração.

1½ — No Polytheama com os amigos Miguel Antônio Dias, J. F. Clapp, José do Patrocínio, engenheiro José Américo dos Santos, dirigindo o Festival Abolicionista.

4 horas — De volta ao Hotel da Vista Alegre, em Santa Teresa.

6h — Visita-me o negociante Evaristo de Oliveira e Souza, irmão do amigo João Batista de Oliveira e Souza, de Brumado (cidade de Entre Rios).

8h — Em uma partida musical em casa da família Carneiro, rua do Carvalho de Sá n.º 24 (Laranjeiras).

[*15 de outubro*]

Noite escura; manhã encoberta; dia sempre enublado e invernoso; tarde dúbia.

Temperatura de 17,5°-20,6° centígrados

5h — Acordar, toalete, banho, diário, balancete etc.

7h — Enviando para Londres *press copies* das cartas escritas a 12 outubro ao general Beadle e ao A. P. Youle.

8h — Remetendo vários documentos ao Charles Glanvill, secretário da companhia The Minas Central Railway of Brazil, Limited.

8½ — Recomendando a Sir John Hawkshaw em Londres meu ex-aluno engenheiro Afonso de Souza Gomes.

10h — Na Gazeta da Tarde promovendo a propaganda abolicionista.

10½ — Na Tipografia Aldina e no encadernador Antônio Vieira & Gavião, 33 rua Gonçalves Dias, acelerando a encadernação da *Agricultura nacional*.

11h — No Clube de Engenharia enviando sementes de legumes para os amigos J. B. de Oliveira e Francisco Pacheco.

12h — Visita-me o ex-deputado João das Chagas Lobato para tratar da venda do ramal de Oliveira.

1½ — Com o amigo Taunay, promovendo a Sociedade Brasileira de Imigração.

2h — Em conselho do Clube de Engenharia com o amigo José Américo dos Santos.

4h — De volta ao Hotel da Vista Alegre, em Santa Teresa.

5h — Em conferência com o Carlos von Koseritz e Ferdinand Schmidt, companheiros de hotel, sobre a Sociedade Brasileira de Imigração.

[**16 de outubro**]

Noite e manhã encobertas; chuviscos durante o dia; tarde enublada.

Temperatura de 17,5°-20,7° centígrados

4½ — Acordar, toalete, banho, diário, balancete etc.

6½ — Delineando a organização do pessoal da Sociedade Brasileira de Imigração.

8h — Recordando e aperfeiçoando a lição 61.ª (arquitetura 5.ª).

9¾ — Dando-a na Escola Politécnica.

11 horas — Na Gazeta da Tarde com os amigos José do Patrocínio, J. F. Clapp e Joaquim Serra promovendo a propaganda abolicionista e a reação contra a introdução de chins (escravidão amarela).

11½ — Na Tipografia Aldina e no encadernador dando instruções para a encadernação em pano, em estilo americano, do livro — *Agricultura nacional*.

12h — No Ministério das Obras Públicas, promovendo o ramal Cabedelo e aperfeiçoando a planta dos vales do Pará e do Paraopeba.

12½ — No Clube de Engenharia examinando as plantas do porto de La Rochelle, trazidas pelo engenheiro Silva Freire.

1½ — Na Escola Politécnica assistindo à prova oral do concurso de matemáticas transcendentes.

2½ — Com os amigos Álvaro de Oliveira, José Agostinho dos Reis e Enes de Souza, tratando das propagandas abolicionista e de imigração europeia.

3½ — De volta ao Hotel da Vista Alegre, em Santa Teresa.

[**17 de outubro**]

Luar enublado; alguns raios de sol pela manhã; dia claro; algumas nuvens sobre o horizonte à tarde.

Temperatura de 17,5°-22,7° centígrados

5h — Acordar, toalete, banho, diário, balancete etc.

7 — Respondendo às cartas de 20 e 22 setembro dos amigos Charles e Thomas H. Linklates, em Londres.

9¾ — Na Gazeta da Tarde com os amigos Joaquim Serra, José do Patrocínio, J. F. Clapp e Miguel A. Dias promovendo a propaganda abolicionista.

11h — Na Tipografia Aldina e no encadernador acelerando a conclusão da obra *Agricultura nacional — Estudos econômicos.*

11¼ — Na praça do Comércio, com os alunos de engenharia civil, vendo as obras do zimbro de ferro, dirigidas pelo arquiteto Luiz Schreiner.

12h — No Clube de Engenharia com o engenheiro José Américo dos Santos tratando do Caminho de Ferro de Pitangui.

1h — Telegrafando ao banqueiro Emil Oppert, em Londres, gerente da companhia Brazilian Railways Construction Corporation, Limited.

1½ — Com o amigo deputado Alfredo d'Escragnolle Taunay promovendo a Sociedade Brasileira de Imigração.

3h — De volta ao Hotel da Vista Alegre, em Santa Teresa.

5h — O Carlos von Koseritz trazendo o seu projeto de estatutos para a Sociedade Brasileira de Imigração.

8h — Visita-me o meu afilhado [...] ex-empreiteiro das Docas de D. Pedro ii.

[*18 de outubro*]

Luar esplêndido; maravilhosa madrugada com Lua ao ocidente; Órion e Sirius no zênite; Júpiter no oriente; dia de sol; raras nuvens à tarde sobre as montanhas.

Temperatura de 17,9°-27,3° centígrados

5h — Acordar, toalete, banho, diário, balancete etc.

6½ — Remetendo ao engenheiro W. Martineau, em Londres, uma nota sobre a superioridade das locomotivas Baldwin.

7½ — Recordando e aperfeiçoando a lição 62.ª (arquitetura 6.ª).

9¾ — Dando-a na Escola Politécnica.

11h — Na Gazeta da Tarde com os amigos Joaquim Serra, José do Patrocínio, j. f. Clapp e Miguel Antônio Dias promovendo a abolição e combatendo a escravidão chinesa.

11½ — No escritório, 47 rua do Carmo, com os advogados Adolfo de Barros e Alencastro tratando da Sociedade Brasileira contra a Escravidão.

12h — No Clube de Engenharia com o amigo engenheiro José

Américo dos Santos tratando das companhias do Caminho de Ferro de Pitangui e de imigração.

1h — Escrevendo ao engenheiro George Ranson para dar as plantas da primeira seção a 15 de novembro.

2h — Com o amigo deputado Alfredo d'Escragnolle Taunay promovendo a Sociedade Brasileira de Imigração.

3h — Enviando ao Joaquim Nabuco em Londres várias publicações sobre abolição e imigração.

3½ — De volta ao Hotel da Vista Alegre, em Santa Teresa.

[*19 de outubro*]

Belo luar e linda madrugada com Lua, Órion e Sirius no zênite; Júpiter ao oriente; dia de sol; chuva e ameaças de trovoada à tarde.

Temperatura de 18,9°-30,7° centígrados

5h — Acordar, toalete, banho, diário, balancete etc.

7h — Remetendo ao amigo J. C. Rodrigues em Londres vários documentos sobre imigração.

8h — Respondendo às duas cartas de 22 setembro do Charles Glanvill, secretário da companhia The Minas Central Railway Co.

9h — Respondendo à carta do banqueiro Emil Oppert, *managing director of the Brazilian Railways Construction Corporation, Limited.*

10h — Na Gazeta da Tarde com os amigos José do Patrocínio, J. F. Clapp e Miguel A. Dias tratando da propaganda abolicionista e repulsão dos escravos chins.

11h — No Ministério das Obras Públicas encomendando ao Penha a planta do Caminho de Ferro de Santo Antônio dos Patos.

12h — No Clube de Engenharia com o amigo engenheiro José Américo dos Santos tratando das empresas de caminho de ferro e imigração.

2h — Na livraria do Faro & Lino, 74 rua do Ouvidor, encarregando-o da venda dos quinhentos volumes do livro *Agricultura nacional — Estudos econômicos —* doados à Confederação Abolicionista.

3h — Repartindo os sete primeiros exemplares com os amigos engenheiro J. A. Santos, José do Patrocínio, Joaquim Serra, deputado Taunay, engenheiro Horácio Faria, dr. Araripe Júnior e José Avelino.

[*20 de outubro*]

Chuviscos à noite; manhã enublada; dia de sol; ameaças de trovoada à tarde.

Temperatura de 16,0°-30,7° centígrados

5h — Acordar, toalete, banho, diário, balancete etc.

7 — Recordando e aperfeiçoando a lição 63.ª (arquitetura 7.ª).

9¾ — Dando-a na Escola Politécnica.

11 — Na prova prática do concurso de matemáticas transcendentes (dr. Licínio).

11½ — Na Gazeta da Tarde com José do Patrocínio e J. F. Clapp, promovendo a propaganda abolicionista.

12h — No Clube de Engenharia com o engenheiro José Américo dos Santos, que deseja empreitar a construção do Caminho de Ferro de Pitangui.

1½ — Com ele e com os negociantes James Grainger Bellamy e J. Henry de Castro Bellamy, que encarregou-se de levar para Londres a proposta.

2½ — Em casa dos editores Faro e Lino assinando com os amigos Alencastro (redator), Adolfo de Barros, Miguel Antônio Dias e Joaquim Serra uma representação em nome da Sociedade Brasileira contra a Escravidão pedindo ao Governo providências contra a constante violação das leis de 7 novembro 1831 e 28 setembro 1871 — africanos retidos e ingênuos reescravizados.

3½ — De volta ao Hotel da Vista Alegre, em Santa Teresa.

[*21 de outubro*]

Luar à noite; manhã encoberta; dia de sol ou enublado; ameaças de trovoada à tarde.

Temperatura de 21,0°-33,5° centígrados

4½ — Acordar, toalete, banho, diário, balancete etc.

6½ — Registrando vários documentos da propaganda abolicionista e democrática.

7½ — Escrevendo para a *Gazeta da Tarde* o artigo — "Monopólio territorial".

9½ — Na Tipografia Aldina, com o empresário J. J. de Carvalho Bastos, revendo provas do prospecto da companhia da mina de carvão de pedra do arroio dos Ratos.

11h — No Liceu de Artes e Ofícios sustentando a discussão dos estatutos da Sociedade Central de Imigração, redigidos por Carlos von Koseritz e corrigidos pelo deputado A. d'E. Taunay.

2h — De volta ao Hotel da Vista Alegre, em Santa Teresa.

3h — Remetendo ao engenheiro W. Martineau em Londres dados sobre carros americanos e locomotivas de Baldwin.

3½ — Anotando o contrato impresso do Caminho de Ferro de Pitangui.

[*22 de outubro*]

Vento e chuviscos pela madrugada e pela manhã; dia sempre escuro e chuvoso.

Temperatura de 23,5°-33,4° centígrados

5h — Acordar, toalete, banho, diário, balancete etc.

7h — Redigindo para a *Gazeta da Tarde* o artigo — "Os latifúndios".

9½ — Na Gazeta da Tarde com os amigos José do Patrocínio e J. F. Clapp promovendo a propaganda abolicionista.

10½ — No Ministério da Agricultura, mandando tirar cópia para imprensa dos estatutos da companhia The Minas Central Railway of Brazil, Limited.

11h — Na Escola Politécnica promovendo com os lentes Álvaro de Oliveira e Enes de Souza o Centro Abolicionista da Escola Politécnica.

12h — No Clube de Engenharia com o amigo engenheiro José Américo dos Santos, ouvindo ler sua proposta para empreitada do Caminho de Ferro de Pitangui.

1h — Com o deputado Anísio e empreiteiro Wilson tratando do ramal e porto do Cabedelo.

2h — Com o deputado Taunay trabalhando na organização da Sociedade Central de Imigração.

3½ — De volta ao Hotel da Vista Alegre, em Santa Teresa.

[*23 de outubro*]

Noite escura com chuviscos; manhã enublada; dia sempre escuro; tarde dúbia.

Temperatura de 16,2°-22,5° centígrados

5h — Acordar, toalete, banho, diário, balancete etc.

7h — Redigindo, a pedido do dr. Anísio, a nota a favor do ramal e porto do Cabedelo.

7½ — Recordando e aperfeiçoando a lição 64.ª (arquitetura 8.ª).

9¾ — Dando-a na Escola Politécnica.

11 horas — Na Gazeta da Tarde promovendo a propaganda abolicionista com os amigos Miguel Antônio Dias e José do Patrocínio.

11½ — Na Tipografia Aldina mandando imprimir a representação sobre o Imposto Territorial, [...] para o Centro Abolicionista da Escola Politécnica.

12 — No Clube de Engenharia Civil mandando duplicatas da correspondência para Londres.

1h — Na Escola Politécnica, assistindo ao concurso de matemáticas transcendentes e à congregação.

2h — Com o deputado Alfredo d'E. Taunay, organizando a Sociedade Central de Imigração.

3h½ — De volta ao Hotel da Vista Alegre em Santa Teresa.

[*24 de outubro*]

Noite e manhã enubladas; dia sempre escuro; tarde dúbia.

Temperatura de 17,5°-23,8° centígrados

5h — Acordar, toalete, banho, diário, balancete etc.

7h — Introduzindo no curso de engenharia civil da Escola Politécnica várias observações tomadas nas excursões à província de Minas Gerais.

9½ — Na Gazeta da Tarde, redigindo o artigo — "A *Folha Nova* pedindo democracia rural".

10½ — Na Tipografia Aldina recebendo os dez primeiros exemplares da representação do Centro Abolicionista da Escola Politécnica sobre o Imposto Territorial.

11h — No Ministério da Agricultura providenciando sobre o Caminho de Ferro Conde d'Eu, estatutos da companhia The Minas Central Railway of Brazil, Limited, e sobre o mapa do prolongamento para Santo Antônio dos Patos.

11½ — Na assembleia-geral do Centro Abolicionista da Escola Politécnica iniciando um voto de louvor a Joaquim Nabuco pelos seus trabalhos no Congresso de Milão e um protesto contra a escravidão chinesa.

2h — No Clube de Engenharia remetendo ao amigo dr. j. c. Rodrigues, em Londres, amostras de zinco de São João del-Rei.

3h — No paquete *Tagus*, despedindo-me do amigo J. Henry de Castro Bellamy, em viagem para Londres.

5h — De volta ao Hotel da Vista Alegre, em Santa Teresa.

[*25 de outubro*]

Noite e manhã enubladas; dia escuro; ameaças de chuva ao anoitecer.

Temperatura de 18,0°-20,3° centígrados

5h — Acordar, toalete, banho, diário, balancete etc.

7h — Recordando e aperfeiçoando a lição 66.ª (arquitetura 9.ª).

9 — Dando-a na Escola Politécnica.

11h — Na Gazeta da Tarde com os amigos José do Patrocínio e J. F. Clapp, promovendo a propaganda abolicionista.

11½ — Na Tipografia Aldina conferindo provas da representação sobre Imposto Territorial.

12h — No Clube de Engenharia com o negociante Evaristo de Oliveira e Souza, tratando da Estrada de Ferro de Pitangui e da imigração para a província de Minas Gerais.

2h — No Jornal do Commercio reclamando contra a mesquinha retribuição dos trabalhos do amigo dr. J. Carlos Rodrigues, como correspondente de Nova York.

3h — De volta ao Hotel da Vista Alegre em Santa Teresa.

[*26 de outubro*]

Ameaças de chuva à noite; alguns raios de sol pela manhã; dia incinerado; tarde dúbia.

Temperatura de 19,5°-24,7° centígrados

5h — Acordar, toalete, banho, diário, balancete etc.

7h — Tomando várias notas sobre socionomia.

7½ — Escrevendo ao amigo J. C. Rodrigues, em Londres.

9½ — Visitando o José do Patrocínio em sua casa, 25 Visconde de Itaúna.

11h — No Ministério da Agricultura lendo a informação sobre o porto do Cabedelo; dando a informação sobre o porto do Cabedelo; dando instruções para o mapa do Caminho de Ferro de Pitangui a Santo Antônio dos Patos, e impressão dos estatutos dessa companhia.

12h — No Clube de Engenharia com o amigo Agostinho Vieira da Silva, empreiteiro das Docas de D. Pedro II recém-chegado de Portugal; com o engenheiro Timóteo da Costa, tratando da compra do Caminho de Ferro de Oliveira e com o dr. Paulo Freitas de Sá, tratando da compra do caminho de ferro do sítio a São João del-Rei.

2h — Na Escola Politécnica votando no concurso do dr. Licínio.

3h — Visitando o velho abolicionista Joaquim Francisco Alves Branco Muniz Barreto, 73 Lavradio.

4h — De volta ao Hotel da Vista Alegre, em Santa Teresa.

7h — Visita-me o Evaristo de Oliveira e Souza para tratar do Caminho de Ferro para Brumado (cidade de Entre Rios).

[*27 de outubro*]

Noite e manhã enubladas; chuviscos durante o dia; aguaceiros ao anoitecer.

Temperatura de 21,5°-29,3° centígrados

5h — Acordar, toalete, banho, diário, balancete etc.

7h — Recordando e aperfeiçoando a lição 66.ª (arquitetura 10.ª).

9¾ — Dando-a na Escola Politécnica.

11h — Na Gazeta da Tarde e com o amigo J. F. Clapp, promovendo a propaganda abolicionista.

12h — No Clube de Engenharia, remetendo ao amigo dr. J. C. Rodrigues em Londres, vários dados sobre a Estrada de Ferro do Juiz de Fora ao [...] fornecidos pelo engenheiro Castro Barbosa.

1h — Com o ex-deputado dr. João das Chagas Lobato tratando da compra do Caminho de Ferro de Oliveira.

2h — Na Tipografia Aldina dando para imprimir o "Apelo às escolas", feito pelo Centro Abolicionista da Escola Politécnica.

2½ — Entregando ao Tabelião Bustamante para tirar duas cópias o contrato do Caminho de Ferro de Oliveira.

3h — Dando ao Gusmão Lobo e ao dr. Castro, redatores do *Jornal do Commercio*, [...] representação ao Parlamento [...] Territorial.

3½ — De volta ao Hotel da Vista Alegre, em Santa Teresa.

[*28 de outubro*]

Chuva à noite; manhã enublada; dia dúbio; tarde encoberta.

Temperatura de 22,1°-26,3° centígrados

5h — Acordar, toalete, banho, diário, balancete etc.

7h — Respondendo às cartas de 21 setembro e 4 outubro do amigo Charles Neate, em Londres.

9h — Reunindo vários documentos sobre imigração.

11h — No Liceu de Artes e Ofícios na eleição da Sociedade Central de Imigração, aclamado primeiro-secretário.

1h — Com o deputado A. d'E. Taunay preparando as atas para os jornais desta eleição.

1½ — Recebendo do engenheiro Manoel Timóteo da Costa procuração para organizar a companhia do Caminho de Ferro de Oliveira.

2h — De volta ao Hotel da Vista Alegre, em Santa Teresa.

2½ — Preparando o programa do curso de engenharia civil na Escola Politécnica para 1884.

[*29 de outubro*]

Noite enublada; manhã clara; dia de sol; tarde brilhante com viração fresca.

Temperatura de 18,1°-26,3° centígrados

5h — Acordar, toalete, banho, diário, balancete etc.

7h — Respondendo à carta de 30 setembro do Costa Azevedo, atualmente em Londres.

8 — Principiando a extratar do livro do Joaquim Nabuco trechos contra o monopólio territorial.

9¾ — Na Gazeta da Tarde promovendo a propaganda abolicionista.

11 horas — No Ministério das Obras Públicas tratando dos caminhos de ferro Conde d'Eu, Pitangui e Santo Antônio dos Patos.

12h — No Clube de Engenharia enviando ao dr. J. C. Rodrigues, em Londres, dez volumes da obra — *Agricultura nacional* — *Estudos econômicos* — para repartir com vários amigos.

1h — Com os engenheiros Manoel Timóteo da Costa e Estevão de Ribeiro de Assis Resende tratando a compra do Caminho de Ferro de Oliveira.

2h — Com os amigos J. F. Clapp, Taunay, Serra e Gusmão Lobo promovendo as propagandas para abolição e imigração europeia.

3½ — De volta ao Hotel da Vista Alegre, em Santa Teresa.

[*30 de outubro*]

Noite enublada; aguaceiros pela manhã; dia dúbio; tarde mais ou menos enublada.

Temperatura de 18,3°-23,9° centígrados

5h — Acordar, toalete, banho, diário, balancete etc.

7 — Escrevendo para a *Gazeta da Tarde* o artigo — "Congresso Jurídico Internacional de Milão" — para o presidente Joaquim Nabuco.

8h — Recordando e aperfeiçoando a lição 67.ª (arquitetura 11.ª).

9¾ — Encerramento do curso de engenharia civil.

11 horas — Na Gazeta da Tarde e com os amigos J. F. Clapp, Miguel A. Dias e Joaquim Serra promovendo a propaganda abolicionista.

11½ — Na Tipografia Aldina acelerando a impressão do "Apelo às escolas" pelo Centro Abolicionista da Escola Politécnica.

12h — No Clube de Engenharia escrevendo ao amigo dr. J. C. Rodrigues sobre os empregos na província de Minas (caminhos de ferro e imigração).

2h — Na Livraria Faro & Lino com o deputado A. d'E. Taunay promovendo a Sociedade Central da Imigração.

3½ — De volta ao Hotel da Vista Alegre, em Santa Teresa.

[*31 de outubro*]

Noite enublada; sol pela manhã; dia mais ou menos encoberto; muitas nuvens à tarde.

Temperatura de 18,1°-24,7° centígrados

5h — Acordar, toalete, banho, diário, balancete etc.

7 — Continuando os extratos do livro de Joaquim Nabuco sobre o monopólio territorial.

9¾ — Na Gazeta da Tarde promovendo a propaganda abolicionista.

10½ — No Ministério das Obras Públicas tratando dos caminhos de ferro Conde d'Eu (Paraíba do Norte) e Pitangui em Minas Gerais.

11½ — Com o Evaristo Juliano de Sá, corretor do dr. Carlos Teodoro de Bustamante, tomando conhecimento da compra do Caminho de Ferro de Santo Antônio dos Patos pelo banqueiro Emil Oppert, de Londres.

12h — No Clube de Engenharia, com o amigo engenheiro José Américo dos Santos, que mostrou-me sua proposta para empreitada da construção da Estrada de Ferro de Pitangui.

1h — Na Livraria Faro & Lino com o amigo Taunay promovendo a Sociedade Central de Imigração.

1½ — Em congregação na Escola Politécnica.

3 horas — De volta ao Hotel da Vista Alegre, em Santa Teresa.

7 horas — Visita-me o dr. Tristão Pereira da Fonseca, advogado em Ouro Preto, com duas cartas recomendando-o para advogado do Caminho de Ferro de Pitangui.

[*1.º de novembro*]

Noite enublada; sol pela manhã; dia encoberto e ventilado; aguaceiros ao anoitecer.

Temperatura de 18,5°-24,3° centígrados

5h — Acordar, toalete, banho, diário, balancete etc.

7 — Respondendo à carta de 26 outubro do amigo João Batista de Oliveira e Souza, de Brumado.

8h — Escrevendo ao empreiteiro L. E. Ross, que chegara a Brumado, voltando de Pitangui, em 25 outubro; para aprontar as plantas da primeira seção para 15 novembro.

1h — Tomando do diário várias notas sobre as relações de amizade com Sir John Hawkshaw no Rio de Janeiro e em Londres para servir ao discurso de 4 novembro. [Sessão solene da medalha — Hawkshaw.]

2h — Fazendo um resumo do plano financeiro da companhia The Minas Central Railway of Brazil, Limited (Caminho de Ferro de Pitangui).

3h — Visita-me o colega Nuno Álvares, que deseja completar seu curso na Escola Politécnica.

3½ — Terminando a leitura do livro de Joaquim Nabuco — *Reformas nacionais — O abolicionismo*.

[*2 de novembro*]

Chuva à noite e pela manhã; dia escuro e invernoso de contínuos aguaceiros; tarde tempestuosa.

Temperatura de 17,8°-19,0° centígrados

5h — Acordar, toalete, banho, diário, balancete etc.

7h — Continuando os extratos do livro do Joaquim Nabuco sobre o monopólio territorial.

9 — Pondo em ordem vários documentos da propaganda abolicionista.

12h — Continuando o Resumo Autobiográfico até 14 junho 1879.

3½ — Terminando a leitura do livro do dr. Couty — *Étude de biologie industrielle sur le café*.

[*3 de novembro*]

Muita chuva à noite; manhã enublada; dia de sol entre nuvens; tarde encoberta.

Temperatura de 16,1°-23,5° centígrados

5h — Acordar, toalete, banho, diário, balancete etc.

7h — Continuando os extratos do livro do Joaquim Nabuco sobre — monopólio territorial.

9¾ — Na Escola Politécnica entregando o programa do curso de engenharia civil para 1884.

10½ — Na Gazeta da Tarde com os amigos Miguel Antônio Dias e J. F. Clapp, tratando da propaganda abolicionista.

11h — No Ministério da Agricultura pagando a cópia dos estatutos do Caminho de Ferro de Pitangui e providenciando sobre o ramal e porto do Cabedelo.

12h — No Clube de Engenharia, respondendo à carta do advogado Olympio Maciel Vieira Machado de Pitangui.

1h — Com o engenheiro Blacklaw tratando dos engenhos centrais de Ingaíba e Araruama.

2h — Em conselho do Clube de Engenharia com os amigos engenheiro José Américo dos Santos, tesoureiro Niemeyer e presidente Fernandes Pinheiro.

3h — Com o inspetor do Arsenal de Marinha Arthur Silveira da Motta, obtendo vapor para recepção do engenheiro Justus Dirks, esperado no dia 5.

4h — De volta ao Hotel da Vista Alegre, em Santa Teresa.

[*4 de novembro*]

Crescente entre nuvens ao anoitecer; sol pela manhã; dia claro muito ventilado.

Temperatura de 16,6°-24,3° centígrados

5h — Acordar, toalete, banho, diário, balancete etc.

7 — Respondendo às cartas de 2 e 12 outubro do banqueiro E. Oppert em Londres.

10h — No Hotel Carson com o cônsul holandês Frederik Palm e o J. J. de Carvalho Bastos concordando na recepção amanhã do engenheiro Justus Dirks.

11h — Visitando os amigos Pedro Leitão da Cunha, meu presidente em Santa Catarina em 1863, e o engenheiro Antônio Paulo de Melo Barreto, presidente da Companhia Leopoldina.

12½ — De volta ao Hotel da Vista Alegre, em Santa Teresa.

1h — Respondendo às cartas de 25, 26 e 27 setembro; 8, 9 e 10 outubro do secretário Charles Glanvill da companhia The Minas Central Railway of Brazil, Limited.

2h — Respondendo à carta de 8 outubro do amigo Charles H. Linklates em Londres.

3h — E às cartas de 4 e 24 outubro do engenheiro R. C. Batterbee, diretor do Caminho de Ferro Conde d'Eu, na Paraíba do Norte.

7h — Na Escola Politécnica, em sessão solene do instituto para a quinta medalha Hawkshaw.

8h — Entregando-a, como fideicomissário, ao dr. Adolfo José Del Vecchio, diretor das Obras Hidráulicas da Alfândega.

[*5 de novembro*]

Luar enublado; alguns raios de sol pela manhã; dia e tarde mais ou menos encobertos.

Temperatura de 17,7°-24,5° centígrados

5h — Acordar, toalete, banho, diário, balancete etc.

7½ — No cais do largo do Paço esperando o paquete *Patagônia*, que deve trazer o engenheiro Justus Dirks.

9½ — Almoçando no Hotel Globo com os companheiros dessa recepção cônsul holandês F. Palm, engenheiros José Américo dos Santos e André Gustavo Paulo de Frontin e empresário J. J. de Carvalho Bastos.

10½ — Na Escola Politécnica dando ponto de prova escrita aos meus alunos do curso do primeiro ano de engenharia civil.

11½ — Dando o problema para esse exame.

12½ — No Clube de Engenharia remetendo a correspondência para a Europa.

1½ — Esperando o *Patagônia* no Consulado da Holanda.

4½ — Jantando no Hotel do Globo com o amigo José Américo dos Santos.

7½ — De volta ao Hotel da Vista Alegre, em Santa Teresa.

[*6 de novembro*]

Luar enublado; dia sempre encoberto; vento fresco à tarde com ameaças de chuva.

Temperatura de 17,7°-22,0° centígrados

5h — Acordar, toalete, banho, diário, balancete etc.

7½ — A bordo do *Patagônia*, que entrou pela madrugada trazendo o nosso amigo engenheiro Justus Dirks.

9½ — Almoço no Hotel do Globo com os companheiros de recepção engenheiro José Américo dos Santos e cônsul da Holanda Frederik Palm.

11h — Na Escola Politécnica visitando com o diretor e lentes dr.ˢ Souto, Pimentel, Monteiro de Barros, Licínio Barcelos e Pitanga os gabinetes de engenharia civil, botânica, biblioteca, química e física industrial, zoologia, mineralogia e física geral.

1½ — No Clube de Engenharia com o presidente Fernandes Pinheiro, tesoureiro Niemeyer, dr. A. G. P. de Frontin, que ofereceu-lhe uma coleção encadernada das revistas do Instituto Politécnico.

3½ — Restituindo o engenheiro Justus Dirks ao paquete *Patagônia*, acompanhado nesse dever de amizade pelo cônsul F. Palm, engenheiro J. A. dos Santos e empresário J. J. de Carvalho Bastos.

5h — Entregando no Jornal do Commercio, com o engenheiro

A. G. P. de Frontin, seu primeiro artigo em nome do Centro Abolicionista da Escola Politécnica.

6h — De volta ao Hotel da Vista Alegre, em Santa Teresa.

[*7 de novembro*]

Noite encoberta; sol pela manhã; chuviscos às duas da tarde; céu azul entre nuvens ao anoitecer.

Temperatura de 19,2°-24,3° centígrados

5h — Acordar, toalete, banho, diário, balancete etc.

7h — Lendo no *Jornal do Commercio* o primeiro artigo do Centro Abolicionista da Escola Politécnica, redigido pelo amigo engenheiro André Gustavo Paulo de Frontin.

9½ — Na Gazeta da Tarde promovendo a propaganda abolicionista.

10½ — Na Escola Politécnica providenciando sobre os exames dos alunos do meu curso.

11h — No Ministério das Obras Públicas tratando do Caminho de Ferro do Conde d'Eu e da publicação dos estatutos da companhia The Minas Central Railway of Brazil, Limited.

12 — No Clube de Engenharia com o presidente Fernandes Pinheiro e tesoureiro Niemeyer.

1h — Pagando ao tradutor oficial Carlos Kunhardt a tradução

dos três documentos enviados pelos banqueiros da Minas Central Railway of Brazil, Limited.

1½ — Pagando ao Tabelião Bustamante duas cópias do contrato do Caminho de Ferro de Oliveira.

2h — Na Livraria Faro & Lino com o general Rohan e deputado Taunay tratando da Sociedade Central de Imigração.

6h — No Hotel do Globo, no Banquete Abolicionista, com os amigos J. F. Clapp, José do Patrocínio, Joaquim Serra, José Américo dos Santos, A. G. P. de Frontin, José Agostinho dos Reis etc.

[*8 de novembro*]

Luar à noite; manhã belíssima; dia de sol; tarde incinerada com viração fresca.

Temperatura de 18,5°-25,5° centígrados

5h — Acordar, toalete, banho, diário, balancete etc.

7 — Coordenando novos documentos da propaganda abolicionista.

9¾ — Na Gazeta da Tarde e com o amigo J. F. Clapp tratando da próxima viagem à Europa de José do Patrocínio.

10½ — Na Escola Politécnica dando ponto para prova escrita a cinco alunos de engenharia civil.

11 — No Ministério das Obras Públicas, tratando da publicação

dos estatutos da companhia The Minas Central Railway of Brazil, Limited.

12 — Na Escola Politécnica em conferência com o dr. Álvaro de Oliveira, presidente do Centro Abolicionista.

2h — No Clube de Engenharia e com o deputado A. d'E. Taunay tratando da Sociedade Central de Imigração.

3h — De volta ao Hotel da Vista Alegre em Santa Teresa.

6h — Conferenciando com o companheiro de hotel Ferdinand Schmidt, tesoureiro da Sociedade Central de Imigração.

[*9 de novembro*]

Luar incinerado; ameaças de chuva pela manhã; dia dúbio; alguns raios de sol à tarde.

Temperatura de 17,7°-24,3° centígrados

5h — Acordar, toalete, banho, diário, balancete etc.

7h — Continuando os extratos do livro de Joaquim Nabuco sobre — Imposto Territorial.

9½ — Nas oficinas do direito, recebendo do dr. Monte o artigo do dr. Antônio Joaquim de Macedo Soares — "A lei de 7 de novembro de 1831 está em vigor".

10h — Dando ponto aos quatro primeiros alunos do meu curso de engenharia civil.

11h — No Ministério da Agricultura e no Diário Oficial providenciando sobre a impressão dos estatutos da companhia The Minas Central Railway of Brazil, Limited.

11½ — No Clube de Engenharia com o Evaristo de Oliveira e Souza prevenindo a seu irmão o amigo João Batista de Oliveira da viagem de 15 novembro a Ouro Preto.

12h — Na Escola Politécnica em exames orais de quatro alunos.

2h — Na Gazeta da Tarde com o amigo J. F. Clapp promovendo a propaganda abolicionista.

3h — De volta ao Hotel da Vista Alegre, em Santa Teresa.

[10 *de novembro*]

Luar enublado; manhã encoberta; dia de sol; tarde belíssima.
Temperatura de 17,5°-21,3° centígrados

5h — Acordar, toalete, banho, diário, balancete etc.

7h — Escrevendo para a *Gazeta da Tarde* o artigo — "O exemplo do Ceará".

8h — Cartas aos amigos H. E. Hargreaves e Libânio da Silva Lima prevenindo da viagem de 15 novembro a Carandaí e Queluz com destino a Ouro Preto.

9½ — Na Gazeta da Tarde promovendo a propaganda abolicionista.

10h — Na Escola Politécnica dando ponto à segunda turma de engenharia civil.

10½ — No Ministério das Obras Públicas requerendo o pagamento dos juros garantidos ao Caminho de Ferro Conde d'Eu.

11h — No Clube de Engenharia recebendo a correspondência de Londres.

12h — Em exames na Escola Politécnica.

2h — Com os amigos Joaquim Serra e deputado Taunay em preparativos para a sessão da diretoria da Sociedade Central de Imigração.

3½ — De volta ao Hotel da Vista Alegre, em Santa Teresa.

[11 *de novembro*]

Luar à noite; sol pela manhã; dia de sol forte; algumas nuvens à tarde.

Temperatura de 19,8°-29,8° centígrados

5h — Acordar, toalete, banho, diário, balancete etc.

7h — Respondendo à carta de 18 outubro do presidente da companhia Conde d'Eu Railway, Limited.

9½ — Visitando ao amigo Miguel Antônio Dias em sua casa, 23 largo do Catumbi.

11h — No Liceu de Artes e Ofícios em conselho da diretoria da Sociedade Central de Imigração.

1h — No Polytheama, no Festival Abolicionista, em despedida do amigo José do Patrocínio.

3h — De volta ao Hotel da Vista Alegre, em Santa Teresa.

3½ — Participando ao engenheiro Paulo Freitas de Sá, em São João del-Rei a viagem de 15 novembro.

[*12 de novembro*]

Luar incinerado; manhã encoberta; dia de sol; tarde clara e ventilada.

Temperatura de 19,5°-27,7° centígrados

5h — Acordar, toalete, banho, diário, balancete etc.

7h — Respondendo à carta de 17 outubro de Thomas Dickson, *managing director of The Rio de Janeiro Central Sugar Factories Limited*.

8h — E à carta de 6 novembro do empreiteiro L. E. Ross em Brumado (cidade de Entre Rios).

9½ — No Diário Oficial acelerando a impressão dos estatutos da companhia The Minas Central Railway of Brazil, Limited.

10h — Na Escola Politécnica dando ponto à terceira turma para exames orais.

10½ — Com os negociantes Norton, Megaw & Co. tratando do pagamento de £ 50 e com James Grainger Bellamy comunicando-lhe a viagem a Minas.

11h — No Clube de Engenharia recebendo para a Escola Politécnica uma coleção da fábrica de F. Krupp.

12h — Nos exames orais da terceira turma de meus alunos.

3h — De volta ao Hotel da Vista Alegre, em Santa Teresa.

5h — Jantam comigo o meu sobrinho e afilhado André Veríssimo Rebouças e J. Serpa Júnior, gerente da *Gazeta da Tarde*.

[*13 de novembro*]

Luar mais ou menos enublado; sol pela manhã; dia e tarde de céu claro.

Temperatura de 20,1°-31,6° centígrados

5h — Acordar, toalete, banho, diário, balancete etc.

7 — Agradecendo a J. G. Repsold, representante de Friedr. Krupp, o presente feito à Escola Politécnica.

9h — No Diário Oficial tratando da impressão dos estatutos da companhia The Minas Central Railway of Brazil, Limited.

10h — Na Escola Politécnica dando ponto à quarta turma de engenharia civil.

10½ — No Banco do Brasil recebendo 2:000$000 Rs. da conta-corrente.

11h — Na Gazeta da Tarde com José do Patrocínio, tratando da sua viagem à Europa.

11½ — Pagando a Norton, Megaw & Co. £ 50, enviadas para Londres.

12h — Com o negociante Evaristo de Oliveira e Souza tratando do Caminho de Ferro de Pitangui.

12½ — Em exames orais da quarta turma de engenharia civil.

2½ — No Jornal do Commercio tratando a impressão pelo Centro Abolicionista da Escola Politécnica da representação sobre Imposto Territorial.

3½ — De volta ao Hotel da Vista Alegre, em Santa Teresa.

8h — Visita-me o amigo engenheiro José Américo dos Santos.

[*14 de novembro*]

Luar um pouco incinerado; manhã clara; dia de sol.

Temperatura de 24,5°-30,8° centígrados

5h — Acordar, toalete, banho, diário, balancete etc.

7 — Preparando a petição para pagamento dos juros garantidos à companhia The Minas Central Railway of Brazil, Limited.

9h — Na Escola Politécnica providenciando sobre os exames dos alunos e dando ponto à quinta turma.

11h — No Clube de Engenharia.

12h — Em exames da quinta turma de engenharia civil.

Doente.

[*15 de novembro*]

Temperatura de 19,1°-30,9° centígrados

Doente

8h — Visita-me o dr. Saturnino Soares de Meireles.

6h — Visitam-me os amigos engenheiro José Américo dos Santos e Evaristo de Oliveira e Souza.

[*16 de novembro*]

Noite encoberta; manhã clara; dia de sol; algumas nuvens à tarde.
Temperatura de 18,9°-25,6° centígrados
7h — Redijo uma representação sobre o ramal do Cabedelo a pedido dos empreiteiros Wilson Sons & Co.
10h — Na Escola Politécnica despedindo-me para a excursão à província de Minas.
11h — No Clube de Engenharia com os amigos engenheiros José Américo dos Santos e André Gustavo Paulo de Frontin.
2h — De volta ao Hotel da Vista Alegre em Santa Teresa.

8h — Visita-me o ex-deputado João das Chagas Lobato.

17/11 a
29/11/1883

14.

TERCEIRA VIAGEM ÀS GERAIS

Sociedade Central de Imigração.
[**17 de novembro**]

Noite enublada; manhã clara; ameaças de trovoada à tarde
Temperatura de 21,3°-25,5° centígrados
Do Rio de Janeiro a Carandaí.

5h — Partindo no trem expresso.

9h — Com o dr. Carlos Teodoro de Bustamante até a Barra do Piraí.

2h — O engenheiro Paulo Freitas de Sá entra no trem dirigindo-se a Ouro Preto para reclamar contra o traçado do Caminho de Ferro de Pitangui.

5½ — Chegada a Carandaí. Pernoite no Hotel Martinelli.

[**18 de novembro**]

Noite encoberta; manhã dúbia; dia de sol; trovoada das três às quatro com forte aguaceiro entre Queluz e Ouro Branco.
Temperatura de 17,0°-29,0° centígrados

De Carandaí a Queluz e ao pouso do Cesário.

8h — Partindo de Carandaí no trem especial do engenheiro Burnier.

10h — Chegada a Queluz. Recebido pelo engenheiro H. E. Hargreaves.

2h — Seguindo a cavalo de Queluz com o engenheiro Paulo Freitas de Sá.

5½ — Chegando ao pouso do Cesário, onde pernoitamos.

Do pouso do Cesário a Ouro Preto.

[**19 de novembro**]

Noite estrelada; manhã encoberta; ameaças de trovoada e chuviscos à tarde.

Temperatura de 19,3°-26° centígrados

3h — Acordar, toalete, diário, balancete etc.

4½ — Partindo do pouso do Cesário.

8½ — Almoçando na Rancharia.

11h — Chegando ao Hotel Antunes em Ouro Preto.

12 — Com o sr. Francisco Cândido Soares da Silva, recomendado pelo João das Chagas Lobato, e com o advogado Manoel Joaquim de Lemos.

1h — Apresentando-me ao presidente dr. Antônio Gonçalves Chaves e secretário dr. Camilo de Brito.

2½ — Redigindo uma petição para aprovação do traçado geral do Caminho de Ferro de Pitangui.

4½ — Jantar em casa do engenheiro João Victor de Magalhães.

Em Ouro Preto.

[*20 de novembro*]

Noite encoberta; manhã dúbia; trovoada e chuva das doze às duas da tarde.

Temperatura de 17,5°-27° centígrados

5h — Acordar, toalete, banho, diário, balancete etc.

7h — Carta ao Charles Glanvill, secretário da companhia The Minas Central Railway of Brazil, Limited.

8h — Carta ao amigo Evaristo de Oliveira e Souza.

12h — Entregando ao presidente vários documentos sobre o Caminho de Ferro de Pitangui.

1h — O presidente dá-me para refutar a representação da Companhia do Oeste contra o Caminho de Ferro de Pitangui.

1½ — Passo a tarde redigindo essa refutação.

6h — Visita ao dr. Manoel de Aragão Gesteira.

Em Ouro Preto.

[**21 de novembro**]

Muita chuva à noite e pela manhã; dia encoberto; tarde clara.

Temperatura de 16,8°-25° centígrados

5h — Acordar, toalete, diário, balancete etc.

6h — Completando e passando a limpo a refutação ao requerimento da Companhia do Oeste.

9h — Escrevendo ao amigo dr. J. C. Rodrigues em Londres.

10½ — Visitando a Escola de Minas com o diretor Gorceix e secretário João Victor.

12½ — Apresentando ao inspetor das Obras Públicas dr. Crockatt de Sá a refutação.

1½ — Entregando-a ao presidente. Conferenciando sobre projetos de imigração na província de Minas.

2h — Carta ao dr. Carlos Teodoro de Bustamante sobre o pagamento da transferência.

2½ — Respondendo à carta do amigo João Batista de Oliveira e Souza de Brumado.

3h — Visita ao velho amigo e colega Antônio Maria Correia de Sá Bernardes, atual bispo de Mariana que me retém para jantar.

6 — Visitas ao Francisco Cândido Soares da Silva, advogado dr. Manoel Joaquim de Lemos e Carlos Gabriel de Andrade, redator do *Liberal Mineiro*.

Em Ouro Preto.

[**22 de novembro**]

Chuva à noite e pela manhã; dia encoberto; nuvens à tarde.

Temperatura de 17,0°-25,0° centígrados

5h — Acordar, toalete, banho, diário, balancete etc.

6h — Carta ao Emil Oppert, em Londres, sobre a companhia The Minas Central.

12h — Despedidas ao presidente, secretário, diretor das Obras Públicas etc.

3h½ — Jantar em casa do Carlos Gabriel de Andrade com o João Batista de Oliveira, dr. Manoel de Aragão Gesteira, advogado dr. Manoel Joaquim de Lemos etc.

6h — Despedidas ao bispo de Mariana, Francisco Cândido Soares da Silva, engenheiro João Victor de Magalhães etc.

De Ouro Preto a Queluz.

[**23 de novembro**]

Noite estrelada; manhã clara; dia de sol; trovoada das quatro às cinco da tarde.

Temperatura de 16,3°-28,0° centígrados

4h — Acordar, toalete, diário, balancete etc.

6h — Partindo de Ouro Preto, acompanhado até Saramenha pelo Francisco Cândido Soares da Silva.

10½ — Almoçando no pouso do Cesário.

11½ — Continuando a viagem para Queluz.

2½ — No pouso de José Dias.

3½ — Chegando a Queluz, ao escritório dos engenheiros Hargreaves e Burnier.

4h — Hospedando-me em casa do amigo H. E. Hargreaves.

8h — Visitando ao engenheiro M. [Noel] Nascentes Burnier e concordando na viagem de amanhã.

De Queluz a Paraopeba e Brumado.

[**24 de novembro**]

Noite mais ou menos enublada; manhã clara; dia de sol; ameaças de trovoada à tarde.

Temperatura de 17,5°-26,0° centígrados

4h — Acordar, toalete, diário, balancete etc.

7h — Partindo de Queluz para o Paraopeba, em trem especial com o engenheiro Miguel N. N. Burnier.

8½ — Chegando ao hotel do Abelardo José da Cunha, junto à Estação do Paraopeba, de nome Cristiano Otoni.

10h — Partindo a cavalo para Brumado.

2h — Com o engenheiro Dent e seu ajudante, examinando os trabalhos feitos.

3h — Seguindo para Brumado.

6 — Chegando aí, recebido pelo amigo João Batista de Oliveira e Souza, comendador Pena, Ribeiro e mais presentes.

8h — Visitado pelo empreiteiro L. E. Ross.

Em Brumado (cidade de Entre Rios).

[*25 de novembro*]

Trovoada à noite; sol pela manhã, dia quente e abafado; tarde dúbia.

Temperatura de 37,5° no Rio de Janeiro

16,0°-29,0° centígrados

5h — Acordar, toalete, diário, balancete etc.

7h — Preparando vários documentos para o contratador L. E. Ross.

10h — Visitando ao engenheiro George Ranson (doente).

10½ — Conferenciando com o empreiteiro L. E. Ross sobre o melhor meio de obter as plantas da primeira seção.

5h — Visita ao local da estação projetada para Brumado, junto à ponte.

7h — Despedidas.

De Brumado a Carandaí.

[**26 de novembro**]

Manhã clara; trovoada e aguaceiro das dez às treze; sol à tarde.

Temperatura de 17,8°-28,5° centígrados

5h — Acordar, toalete, diário, balancete etc.

7½ — Partindo de Brumado, acompanhado pelo amigo João Batista de Oliveira e Souza e parentes, durando meia hora.

11½ — Na palhoça do engenheiro Dent e ajudante dando instruções sobre a confecção das plantas.

12 — Seguindo viagem para Carandaí passando por São Caetano.

2h — Fazendo uma refeição no pouso do Felipe.

2¼ — Continuando a viagem.

5 horas — Chegando a Carandaí e pousando no Hotel Martinelli.

De Carandaí ao Rio de Janeiro.

[**27 de novembro**]

Ameaças de trovoada à noite; neblina pela manhã em Carandaí; dia mais ou menos enublado.

Temperatura de 15,8°-29° centígrados

5h — Acordar, toalete, diário, balancete etc.

6h45 — Partindo pelo trem expresso.

7½ — Chegando à Estação Central no Rio de Janeiro. Recebido pelo engenheiro José Américo dos Santos e negociante Evaristo de Oliveira e Souza.

8½ — No aposento n.º 38 do Hotel da Vista Alegre, em Santa Teresa.

[*28 de novembro*]

Noite encoberta; sol pela manhã; dia enublado, trovoada e muita chuva das quatro e meia da tarde até anoitecer.

Temperatura de 21,7°-28,1° centígrados

5h — Acordar, toalete, diário, balancete etc.

7h — Coordenando os documentos da viagem a Minas.

9½ — Entregando 350$000 Rs. a Antônio J. Alves Vieira a pedido de A. M. Antunes, de Ouro Preto.

10h — Visitando ao amigo Evaristo de Oliveira e Souza e entregando-lhe 1:600$000 Rs. remetidos de Brumado (cidade de Entre Rios).

10½ — Na Escola Politécnica tratando dos exames e dos exercícios práticos.

11 horas — Com o Evaristo Juliano de Sá, procurador do dr. C. T. de Bustamante tratando do Caminho de Ferro de Pitangui.

12h — No Clube de Engenharia com os amigos Adolfo de Barros, José Américo dos Santos e João das Chagas Lobato.

2h — Com o negociante J. G. Bellamy conferenciando sobre a companhia The Minas Central Railway of Brazil, Limited.

3½ — De volta ao Hotel da Vista Alegre, em Santa Teresa.

6h — Com o tesoureiro da Sociedade Central de Imigração Ferdinand Schmidt.

[*29 de novembro*]

Muita chuva à noite e pela manhã; dia escuro e chuvoso; agua-ceiro à tarde.

Temperatura de 19,5°-26,3° centígrados

5h — Acordar, toalete, diário, balancete etc.

7h — Carta ao Emil Oppert sobre o Caminho de Ferro de Pitangui.

8h — Carta ao Charles Glanvill, secretário da companhia The Minas Central Railway of Brazil, Limited.

11h — No Ministério das Obras Públicas tratando dos caminhos de ferro Conde d'Eu e do Pitangui.

12h — Com o Evaristo Juliano de Sá, procurador do dr. C. T. de Bustamante.

1h — No Clube de Engenharia com os amigos Miguel Antônio Dias e J. J. de Carvalho Bastos.

2h — Em casa de Paula Dantas & Cia. à rua da Saúde providenciando sobre vários pedidos do L. E. Ross.

3h — De volta ao Hotel da Vista Alegre, em Santa Teresa.

O Evaristo Juliano de Sá, procurador do dr. Carlos Teodoro de Bustamante, manda por telegrama ao João Batista de Oliveira, em Ouro Preto, [que] suspenda a transferência do Caminho de Ferro de Pitangui.

15.
ABOLIÇÃO, IMIGRANTISMO E DEMOCRACIA RURAL

30/11 a
31/12/1883

[*30 de novembro*]

Muita chuva à noite e pela manhã; dia dúbio; alguns raios de sol à tarde.

Temperatura de 17,5°-27,3° centígrados

5h — Acordar, toalete, diário, balancete etc.

7h — Respondendo à carta de 12 novembro do engenheiro R. C. Batterbee, Caminho de Ferro Conde d'Eu (Paraíba do Norte).

8h — E a do engenheiro W. Martineau, em Londres, consultor da companhia The Minas Central Railway of Brazil, Limited.

10h — Na Escola Politécnica dando ponto à sexta turma de engenharia civil.

10½ — No Tesouro tratando do pagamento de jornais ao Caminho de Ferro Conde d'Eu.

11 horas — Em congregação da Escola Politécnica.

12 — Em exames da sexta turma de engenharia civil.

2h — No Clube de Engenharia com o engenheiro José Américo dos Santos.

2½ — Com o Evaristo Juliano de Sá, sócio-procurador do dr. C. T. de Bustamante; mostrou-me telegrama de haver mandado suspender a transferência do Caminho de Ferro de Pitangui em Ouro Preto.

3h — Com os amigos Taunay, Enes de Souza e Joaquim Serra tratando da abolição e imigração.

4h — De volta ao Hotel da Vista Alegre, em Santa Teresa.

[1.º de dezembro]

Noite estrelada; manhã clara; dia de sol; tarde clara e ventilada.

Temperatura de 18,3º-24,5º centígrados

5h — Acordar, toalete, diário, balancete etc.

7 — Respondendo à carta de novembro, em Oliveira, do amigo Cândido de Faria Lobato.

8h — Repassando a conta-corrente da companhia The Minas Central Railway of Brazil, Limited.

10h — Na escola dando ponto à sétima turma de engenharia civil.

11h — No Ministério das Obras Públicas enviando ao empreiteiro L. E. Ross medidas de planta e perfil.

11½ — No escritório, 47 rua do Carmo, com os amigos Miguel A. Dias e A. P. de Alencastro.

12h — Em exames na Escola Politécnica.

2h — Em conselho do Clube de Engenharia.

3½ — De volta ao Hotel da Vista Alegre, em Santa Teresa.

6h — No Hotel do Globo, no jantar dos engenheiros civis de 1883, turma que lecionei, em 1879, álgebra e geometria analítica, e, em 1881, o meu curso de construção.

[*2 de dezembro*]

Noite estrelada; neblina pela manhã; dia de sol brilhante.
Temperatura de 19,7°-27,7° centígrados
5h — Acordar, toalete, diário, balancete etc.
7 — Escrevendo ao Emil Oppert sobre a companhia The Minas Central Railway of Brazil, Limited.
8h — E aos amigos Charles e Thomas H. Linklates sobre o mesmo assunto.
10h — Visitando ao dr. Saturnino Soares de Meireles.
12h — Estudando vários documentos da companhia Conde d'Eu Railway Company, Limited.
2h — Respondendo às cartas de 23 outubro e de 7 novembro do amigo J. C. Rodrigues em Londres.

[*3 de dezembro*]

Crescente e Vênus ao anoitecer; noite estrelada; manhã clara; dia enublado; trovoada à tarde.

Temperatura de 21,9°-34,5° centígrados

5h — Acordar, toalete, diário, balancete etc.

7h — Estudando uma reclamação sobre a integridade dos juros garantidos à companhia Conde d'Eu.

10h — Dando ponto à oitava turma de engenharia civil.

11h — No Ministério das Obras Públicas tirando cópia do aviso de 3 agosto sobre juros garantidos.

12h — No gabinete do dr. Enes de Souza assistindo ao princípio da sessão da Sociedade Central de Imigração.

12½ — Examinando a oitava turma de engenharia civil.

2h — No Clube de Engenharia com os amigos Miguel Antônio Dias e José Américo dos Santos.

3h — Com o Evaristo Juliano de Sá, tratando da companhia The Minas Central Railway of Brazil, Limited.

4h — De volta ao Hotel da Vista Alegre, em Santa Teresa.

[*4 de dezembro*]

Noite encoberta; chuva pela manhã; grandes aguaceiros até o meio-dia; chuviscos à tarde.

Temperatura de 20,9°-23,3° centígrados

5h — Acordar, toalete, diário, balancete etc.

7 — Carta ao Charles Glanvill, secretário da companhia The Minas Central Railway of Brazil, Limited.

8h — Preparando a reclamação da companhia Conde d'Eu sobre impostos nas contas do custeio.

10h — Pagando ao tesoureiro Ferdinand Schmidt joia de 100$000 Rs. como sócio remido da Sociedade Central de Imigração.

11h — Com o negociante James Grainger Bellamy tratando da companhia do Caminho de Ferro de Pitangui.

12h — No Clube de Engenharia com os amigos Miguel Antônio Dias e José Américo dos Santos.

2h — Visitando o cônsul José Maria da Silva Paranhos, recém-chegado de Liverpool.

3h — De volta ao Hotel da Vista Alegre, em Santa Teresa.

[*5 de dezembro*]

Noite e manhã enubladas; dia de sol; tarde encoberta e ventilada.
Temperatura de 18,5°-25,0° centígrados

5h — Acordar, toalete, diário, balancete etc.

7 — Respondendo às cartas de 18 outubro e 8 novembro do amigo Charles Neate, em Londres.

8h — Respondendo às cartas de 7 novembro do presidente A. H. Phillpotts da companhia Conde d'Eu.

10h — Na Escola Politécnica dando ponto à nona e última turma de engenharia civil.

11h — Recebendo £ 350 do English Bank of Rio de Janeiro

remetidas pela companhia The Minas Central Railway of Brazil, Limited.

11½ — Pondo 3:000$000 Rs. na conta-corrente do Banco do Brasil.

12 — No Ministério das Obras Públicas preparando para impressão os estatutos dessa companhia.

12½ — Na Escola Politécnica em exames.

2h — No Clube de Engenharia.

2½ — Com o amigo J. F. Clapp promovendo a propaganda abolicionista.

3 ½ — De volta ao Hotel da Vista Alegre, em Santa Teresa.

[*6 de dezembro*]

Ameaças de chuva à noite e pela manhã; chuviscos durante o dia; tarde dúbia.

Temperatura de 19,7°-25,1° centígrados

5h — Acordar, toalete, diário, balancete etc.

7h — Preparando cálculos para os exercícios práticos dos alunos de engenharia civil.

10h — Na Tipografia Nacional providenciando sobre a impressão dos estatutos da companhia The Minas Central Railway of Brazil, Limited.

10½ — Visitando o cônsul J. M. da Silva Paranhos, recém-chegado de Liverpool.

11h — No Tabelião Bustamante, mandando tirar pública forma da procuração da companhia Minas Central.

12h — No Clube de Engenharia com os amigos engenheiro José Américo dos Santos e J. J. de Carvalho Bastos.

2h — No escritório, 47 rua do Carmo, com o advogado A. P. de Alencastro.

4h — De volta ao Hotel da Vista Alegre, em Santa Teresa.

[*7 de dezembro*]

Chuviscos à noite e pela manhã; dia escuro; tarde tempestuosa.
Temperatura de 19,5°-23,5° centígrados

5h — Acordar, toalete, diário, balancete etc.

7h — Revendo os cálculos para exercícios práticos dos alunos de engenharia civil.

10h — Pagando 430$000 pela encadernação da obra — *Agricultura nacional — Estudos econômicos*.

11½ — Na Escola Politécnica em congregação especial para o prêmio do compêndio do dr. Álvaro de Oliveira.

12½ — No Clube de Engenharia com o tesoureiro Niemeyer.

2h — No escritório do engenheiro José Américo dos Santos.

3h — Com o engenheiro Antônio Maria de Oliveira Bulhões que deseja consultar-me sobre seu projeto de viação urbana e de vários melhoramentos na cidade do Rio de Janeiro.

3½ — Pagando ao Tabelião Bustamante a pública forma da procuração da companhia The Minas Central Railway of Brazil, Limited.
4h — De volta ao Hotel da Vista Alegre, em Santa Teresa.

[*8 de dezembro*]

Noite encoberta; manhã escura e ventosa; dia dúbio e aguaceiros das duas da tarde em diante.

Temperatura de 19,7°-22,3° centígrados
5h — Acordar, toalete, diário, balancete etc.
7h — Escrevendo ao Charles Glanvill e enviando-lhe a conta da companhia The Minas Central Railway of Brazil, Limited até 8 dezembro 1883.
11h — No Recreio Dramático, dirigindo o Festival Abolicionista em honra do Ceará, com os amigos Miguel Antônio Dias, J. F. Clapp, dr. José Agostinho dos Reis, dr. Álvaro de Oliveira e etc.
3h — De volta ao Hotel da Vista Alegre, em Santa Teresa.

[*9 de dezembro*]

Muito vento e chuva à noite; chuviscos pela manhã; dia dúbio; alguns raios de sol à tarde.

Temperatura de 19,4°-26,2° centígrados

5h — Acordar, toalete, diário, balancete etc.

7h — Passando a limpo a reclamação feita em nome da companhia Conde d'Eu Railway Co. Limited, sobre o aviso de 3 de agosto de 1883 que mandou excluir os impostos das contas de custeio.

10h — Visita-me o meu afilhado Adriano E. Mullier para participar-me ter partido para a Europa o amigo Agostinho Vieira da Silva.

11½ — Na Sociedade Central de Imigração com os amigos Beaurepaire Rohan, Taunay, Enes de Souza, Ferdinand Schmidt etc.

2h — De volta ao Hotel da Vista Alegre, em Santa Teresa.

6½ — Visita-me o dr. Parreiras Horta, chefe da seção do Ministério das Obras Públicas.

[*10 de dezembro*]

Luar enublado; manhã encoberta; dia mais ou menos claro; alguns raios de sol à tarde.

Temperatura de 19,5°-26,3° centígrados

5h — Acordar, toalete, diário, balancete etc.

7h — Preparando exemplos de cálculos de resistência dos materiais para os exercícios práticos dos alunos de engenharia civil.

10h — Na Tipografia Nacional pagando 376$000 da impressão

dos estatutos da companhia The Minas Central Railway of Brazil, Limited, no Diário Oficial.

11h — No Ministério das Obras Públicas apresentando a reclamação da companhia Conde d'Eu Railway Company, Limited.

12 — Na Junta Comercial, no Tabelião Bustamante e de novo no Ministério das Obras Públicas providenciando sobre o registro dos estatutos da companhia.

2h — No Clube de Engenharia com os amigos José Américo dos Santos e Miguel Antônio Dias.

3½ — De volta ao Hotel da Vista Alegre, em Santa Teresa.

7h — Visitando o amigo engenheiro Antônio Paulo de Melo Barreto e família, em sua casa à rua de D. Luiza.

8h — No concerto do Clube Beethoven com o amigo José Américo dos Santos.

[*11 de dezembro*]

Luar incinerado; algumas nuvens pela manhã; dia de sol mais ou menos encoberto; tarde clara.

Temperatura de 20,9°-28,3° centígrados

5h — Acordar, toalete, diário, balancete etc.

7h — Preparando o histórico da companhia The Minas Central Railway of Brazil, Limited.

10h — No Diário Oficial remetendo exemplares dos estatutos da companhia The Minas Central Railway of Brazil, Limited, para o secretário Charles Glanvill, Emil Oppert e Charles H. Linklates.

11h — No Clube de Engenharia tirando cópia para remeter para Londres da reclamação da companhia Conde d'Eu.

12h — No Clube com o amigo José Américo dos Santos.

2h — Na Livraria Faro & Lino com o amigo Joaquim Serra tratando da propaganda abolicionista.

3½ — De volta ao Hotel da Vista Alegre, em Santa Teresa.

[*12 de dezembro*]

Trovoada e chuva à noite; manhã enublada; chuviscos durante o dia; alguns raios de sol à tarde.

Temperatura de 22,1°-28,1° centígrados

5h — Acordar, toalete, diário, balancete etc.

7h — Revendo vários trabalhos sobre abolição e imigração.

10h — No Ministério das Obras Públicas acelerando a certidão da carta imperial da companhia The Minas Central Railway of Brazil, Limited.

11h — No Clube de Engenharia tomando várias notas sobre estradas de ferro.

2h — Com o dr. C. Teodoro de Bustamante, Evaristo Juliano de Sá e Selnio Castelli, demonstrando o seu conflito com a companhia The Minas Central Railway of Brazil, Limited.

3h — De volta ao Hotel da Vista Alegre, em Santa Teresa.

7h — Na Gazeta da Tarde, em sessão da Confederação Abolicionista, presidida pelo amigo J. F. Clapp.

[*13 de dezembro*]

Luar enublado; sol pela manhã; dia claro e ventilado; ameaças de trovoada à tarde.

Temperatura de 21,7°-31,5° centígrados

5h — Acordar, toalete, diário, balancete etc.

7h — Redigindo para a Sociedade Central de Imigração a nota — "Imigração e estradas de ferro".

10h — No Ministério das Obras Públicas pagando selo da certidão da carta imperial da companhia The Minas Central Railway of Brazil, Limited.

11h — Respondendo à carta do construtor L. E. Ross, de 9 de dezembro, em Brumado (Entre Rios).

12 — No Clube de Engenharia com o engenheiro José Américo dos Santos.

2h — Na Livraria Faro & Lino com os amigos Taunay e Joaquim Serra, promovendo abolição e imigração. Entregando ao Taunay cópia da nota, escrita pela manhã, "Imigração e estradas de ferro".

3½ — De volta ao Hotel da Vista Alegre, em Santa Teresa.

8h — Visita-me o amigo J. J. de Carvalho Bastos, empresário no Rio Grande do Sul.

[*14 de dezembro*]

Luar incinerado; sol pela manhã; dia claro; tarde brilhante e ventilada.

Temperatura de 22,8°-31,3° centígrados

5h — Acordar, toalete, diário, balancete etc.

7h — Escrevendo ao Charles Glanvill, secretário da companhia The Minas Central Railway of Brazil, Limited.

8h — Redigindo para a *Revista de Engenharia* uma notícia do livro de Joaquim Nabuco — *Reformas nacionais — O abolicionismo*.

10h½ — Recebendo no Ministério das Obras Públicas a certidão da carta imperial da companhia The Minas Central Railway of Brazil, Limited.

11h — No Clube de Engenharia com o engenheiro José Américo dos Santos.

2h — Com o engenheiro João Batista de Oliveira, recém-chegado de Ouro Preto, mostrou-me o telegrama de 29 de novembro do Evaristo Juliano de Sá, mandando suspender a transferência do Caminho de Ferro de Pitangui.

3½ — De volta ao Hotel da Vista Alegre, em Santa Teresa.

[*15 de dezembro*]

Luar à noite; sol pela manhã; dia claro; tarde brilhante e enublada.

Temperatura de 23,8°-36,1° centígrados

5h — Acordar, toalete, diário, balancete etc.

7h — Preparando cálculos de resistência para os exercícios práticos dos alunos.

10h — Dando na Escola Politécnica o programa dos exercícios práticos deste ano.

11h — Com os amigos Miguel A. Dias e J. F. Clapp tratando da propaganda abolicionista.

12h — No Clube de Engenharia com o amigo J. A. dos Santos.

2h — Em sessão do conselho diretor do clube.

3h — Com os amigos Joaquim Serra e Alfredo d'E. Taunay, promovendo a propaganda abolicionista e a Sociedade Central de Imigração.

4h — De volta ao Hotel da Vista Alegre, em Santa Teresa.

[*16 de dezembro*]

Ameaças de trovoada ao anoitecer; sol pela manhã; céu enublado durante o dia; chuviscos ao anoitecer.

Temperatura de 24,1°-31,8° centígrados

5h — Acordar, toalete, diário, balancete etc.

7h — Preparando exercícios de grafostática para os alunos.

11h — Na Sociedade Central de Imigração com os amigos Beaurepaire Rohan, Taunay, Enes de Souza, Ferdinand Schmidt etc.

2h — Visitando o dr. Parreiras Horta, chefe de seção do Ministério das Obras Públicas.

2½ — De volta ao Hotel da Vista Alegre, em Santa Teresa.

3 — Tomando notas para o artigo — "Imigrante proprietário" — destinado à Sociedade Central de Imigração.

A *Gazeta de Notícias* publicou hoje em artigo de fundo sob a rubrica — Sociedade Central de Imigração — o artigo redigido a 13 de dezembro — "Imigração e estradas de ferro" (primeiro desta série).

[**17 de dezembro**]

Noite enublada; vento e chuva pela manhã; aguaceiros até o meio-dia; chuva ao anoitecer.

Temperatura de 22,0°-23,9° centígrados

5h — Acordar, toalete, diário, balancete etc.

7h — Recordando e aperfeiçoando a primeira lição de orçamentos.

10h — Dando-a na Escola Politécnica.

11½ — No escritório do amigo J. F. Clapp promovendo a propaganda abolicionista.

12h — No Tabelião Bustamante pagando a pública forma dos estatutos da companhia The Minas Central Railway of Brazil, Limited.

1h — Na Junta Comercial requerendo que fossem arquivados esses estatutos, minha procuração e a carta imperial da companhia.

2h — No Clube de Engenharia com os amigos J. A. dos Santos e J. J. de Carvalho Bastos, tratando da empresa do cais de Santos.

4h — De volta ao Hotel da Vista Alegre, em Santa Teresa.

[*18 de dezembro*]

Chuva à noite; manhã enublada; dia escuro com alguns chuviscos; tarde dúbia.

Temperatura de 20,2°-24,1° centígrados

5h — Acordar, toalete, diário, balancete etc.

7h — Preparando cálculos de divisão de terras para a Sociedade Central de Imigração.

8h — Redigindo o artigo — "Imigrante e proprietário".

10h — Com o amigo Miguel A. Dias promovendo a propaganda abolicionista.

11h — No Clube de Engenharia respondendo à carta de 23 novembro do amigo dr. J. C. Rodrigues em Londres.

12h — Com os amigos José Américo dos Santos e advogado Adolfo de Barros.

2h — Na Livraria Faro & Lino com os amigos Joaquim Serra, A. d'E. Taunay e dr. Hilário de Gouveia, cunhado de Joaquim Nabuco, tratando das propagandas abolicionista e de imigração.

3½ — De volta ao Hotel da Vista Alegre, em Santa Teresa.

[*19 de dezembro*]

Noite e manhã enubladas; dia de sol; tarde ventilada com algumas nuvens.

5h — Acordar, toalete, diário, balancete etc.

7h — Respondendo à carta de 24 novembro do Charles Glanvill, secretário da companhia The Minas Central.

8h — Respondendo à carta de 23 novembro do amigo Charles Neate.

10 — No Arsenal de Guerra em exercícios práticos dos alunos de engenharia civil.

12h — No Clube de Engenharia com o tesoureiro Niemeyer providenciando sobre uma conferência para exposição do porto de Mostardas, no Rio Grande do Sul.

2h — Com o negociante James Grainger Bellamy passando telegrama a seu irmão J. Henry de Castro Bellamy, atualmente em Manchester, sobre o comprimento do Caminho de Ferro de Pitangui.

3h — Com os amigos J. F. Clapp e Joaquim Serra tratando da propaganda abolicionista.

4h — De volta ao Hotel da Vista Alegre, em Santa Teresa.

[20 *de dezembro*]

Noite estrelada; ameaças de chuva pela manhã; dia de sol; trovoada e aguaceiros das quatro e meia da tarde em diante.

Temperatura de 21,5°-30,0° centígrados

5h — Acordar, toalete, diário, balancete etc.

7 — Preparando exercícios de cálculo de resistência de materiais para os alunos.

10h — Em casa de Wilson Sons & Co., empreiteiros do Caminho de Ferro Conde d'Eu, restituindo-lhes um memorial sobre o ramal do Cabedelo.

11h — No Clube de Engenharia com os amigos Miguel Antônio Dias e engenheiro José Américo dos Santos.

12h — Começando a traduzir para a *Gazeta da Tarde* o discurso do amigo Joaquim Nabuco sobre escravidão e tráfico de africanos, pronunciado no Congresso Internacional Jurídico de Milão.

2h — Na Livraria Faro & Lino, com o amigo Joaquim Serra tratando da propaganda abolicionista.

3h — Agradecendo ao Eduardo Braga sementes de trigo, que mandou vir do rio da Prata para os amigos de Brumado em Minas.

4h — De volta ao Hotel da Vista Alegre, em Santa Teresa.

[*21 de dezembro*]

Trovoada e chuva ao anoitecer; manhã encoberta; dia mais ou menos encoberto; aguaceiro às quatro e meia da tarde.

Temperatura de 21,4°-31,4° centígrados

5h — Acordar, toalete, diário, balancete etc.

7h — Preparando cálculos de tesouras de telhado para os alunos de engenharia civil.

10h — No Arsenal de Guerra, embarcando os alunos em um vapor e em um escaler.

10½ — Partindo para a ilha do Governador a visitar a fábrica de tijolos de Santa Cruz e o forno Hoffman.

2h — De volta ao Rio de Janeiro.

2½ — No Clube de Engenharia com o tesoureiro Niemeyer.

3h — Entrego ao amigo Taunay o artigo — "Imigrante e proprietário". Vamos em comissão com o presidente H. de B. Rohan e barão de Tefé ao Ministério da Agricultura, onde deixamos cumprimentos ao ministro. O oficial de gabinete convida-me para fazer parte da comissão, que tem de dar parecer sobre o projeto do engenheiro Bulhões para novos carris urbanos.

4h — De volta ao Hotel da Vista Alegre, em Santa Teresa.

7h — No Clube de Engenharia com os amigos engenheiro José Américo dos Santos, A. G. Paulo de Frontin e J. J. de Carvalho Bastos assistindo a esta conferência.[12]

[*22 de dezembro*]

Chuviscos à noite e pela manhã; dia encoberto; tarde dúbia; chuviscos ao anoitecer.

Temperatura de 22,5°-25,3° centígrados

5h — Acordar, toalete, diário, balancete etc.

7h — Respondendo à carta de 15 novembro de A. H. Phillpotts, presidente da companhia Conde d'Eu Railway.

8h — Respondendo à carta de 26 novembro do engenheiro Batterbee, na Paraíba do Norte.

10h — Na Gazeta da Tarde promovendo a propaganda abolicionista.

11h — Preparando para a *Gazeta da Tarde* três artigos com o título — "O presidente Joaquim Nabuco — *Reformas nacionais — O abolicionismo* — Opiniões da imprensa europeia".

12h — No Clube de Engenharia com os amigos engenheiro José Américo dos Santos e João das Chagas Lobato.

1h — Na Junta Comercial requerendo duas certidões do arquivo dos estatutos da companhia The Minas Central.

2h — Com o amigo A. d'E. Taunay preparando a sessão de amanhã da Sociedade Central de Imigração.

3½ — De volta ao Hotel da Vista Alegre em Santa Teresa.

[*23 de dezembro*]

Chuviscos à noite; sol pela manhã entre nuvens; dia dúbio; tarde enublada.

Temperatura de 21,3°-23,9° centígrados

5h — Acordar, toalete, diário, balancete etc.

7 — Preparando os exercícios de grafostática para os alunos.

11h — Na Sociedade Central de Imigração com os amigos Taunay, Beaurepaire Rohan, Enes de Souza, barão de Tefé etc.

2½ — De volta ao Hotel da Vista Alegre, em Santa Teresa.

3h — Fazendo cálculos e preparando o artigo — "Lotes de terras para imigrantes".

A *Gazeta de Notícias* publicou em artigo de fundo o segundo desta série com o título — "Imigrante e proprietário".

[*24 de dezembro*]

Noite e manhã encobertas; dia de sol enublando-se depois do meio-dia; ameaças de chuva ao anoitecer.

Temperatura de 22,7°-35,0° centígrados

5h — Acordar, toalete, diário, balancete etc.

7h — Recordando e aperfeiçoando a segunda lição de orçamento.

10h — Dando-a na Escola Politécnica.

11½ — Na Gazeta da Tarde com o amigo J. F. Clapp promovendo a propaganda abolicionista.

1h — Em casa do ministro da Justiça P. Paraíso, à rua do Senador Vergueiro, em Botafogo, com a Confederação Abolicionista, reclamando várias medidas em prol da abolição.

2h — No Clube de Engenharia com os amigos José Américo dos Santos e J. J. de Carvalho Bastos concordando na viagem projetada para amanhã a São Paulo.

3h — Na Junta Comercial recebendo duas certidões da companhia The Minas Central Railway of Brazil, Limited (arquivo dos estatutos).

3½ — Deixando bilhete de despedida ao amigo Miguel Antônio Dias.

4h — De volta ao Hotel da Vista Alegre, em Santa Teresa.

Do Rio de Janeiro a São Paulo.

[**25 de dezembro**]

Trovoada e chuviscos à noite; manhã encoberta; chuviscos durante o dia; tarde belíssima em São Paulo.

Temperatura de 19,3°-24,7° centígrados

3h — Acordar, toalete, diário, balancete etc.

5h — Partindo para São Paulo em trem expresso com os amigos engenheiro José Américo dos Santos e empresário José Joaquim de Carvalho Bastos.

7¼ — Passando pela Estação de Palmeiras.

12 horas — Na Estação da Cachoeira; mudando para a linha do Norte de São Paulo.

5¼ — Passando pelos belíssimos Campos de Santo Ângelo.

6 horas — Chegando à Estação do Norte, em São Paulo.

7h — Hospedando-me no Grand Hotel, quarto n.º 40 (segundo andar).

Em São Paulo.

[**26 de dezembro**]

Noite encoberta; manhã clara; dia de sol; aguaceiro às quatro da tarde; nuvens ao anoitecer.

Temperatura de 18,5°-25,6° centígrados

5h — Acordar, toalete, diário, balancete etc.

7h — Esboçando o artigo — "Salário e parceria — Propriedade territorial", para a Sociedade Central de Imigração.

8h — Terminando com o engenheiro José Américo dos Santos várias notas sobre estradas de ferro.

9h — Revendo e aperfeiçoando a proposta do empresário J. J. de Carvalho Bastos para construção do cais de Santos.

11h — Visita-nos o advogado dr. João de Sá e Albuquerque, ex-secretário da província de São Paulo.

1h — Visita ao dr. Clemente Falcão de Souza Filho, e ao engenheiro Joyner (Água e Esgotos da Cantareira).

6h — Visitam-nos o dr. Sisenando Nabuco, o arquiteto Tommaso Bezzi e Henry Raffard.

8h — Em casa do dr. João de Sá e Albuquerque em reunião musical (rua de Santa Cecília).

Em São Paulo.
[*27 de dezembro*]

Chuviscos à noite; sol pela manhã; dia dúbio; aguaceiros e trovoada à tarde.

Temperatura de 19,1°-27,6° centígrados

5 horas — Acordar, toalete, diário, balancete etc.

7 — Esboçando o artigo — "Abolição e democracia rural".

8 — Continuando a tradução da memória do amigo Joaquim Nabuco — "Escravidão e tráfico de africanos", lida no Congresso Jurídico Internacional de Milão.

9 — Completando e fechando com os amigos engenheiro José Américo dos Santos e J. J. de Carvalho Bastos a proposta para construção do cais de Santos.

11h — Visita-me o dr. Clemente Falcão de Souza Filho.

12 — Nas Obras Públicas, entregando a proposta

1.º engenheiro Del Vecchio (A. J.);

2.º engenheiro Andrade Souza (Augusto);

3.º engenheiro Rossi — empresário Tavolara ([...]);

4.º engenheiros André Rebouças e J. A. Santos, empresário J. J. de Bastos & Cia.;

5.º engenheiro [...] (Manuel R. Garcia);

6.º Luiz Bianchi Bertholdi.

5 — Visita-me o dr. Olavo, meu ex-aluno, atual inspetor das Obras Públicas de São Paulo.

5½ — Jantar no Grand Hotel com o dr. João de Sá e Albuquerque e os companheiros de viagem.

10 horas — Despedidas do dr. Sisenando Nabuco, engenheiro Tommaso Bezzi, arquiteto do monumento do Ipiranga etc.

De São Paulo ao Rio de Janeiro.

[**28 de dezembro**]

Noite estrelada; manhã encoberta; dia de sol mais ou menos enublado; aguaceiros à tarde.

Temperatura de 19,2°-29,5° centígrados

4h — Acordar, toalete, diário, balancete etc.

6h — Partindo de São Paulo com o amigo engenheiro José Américo dos Santos. O empresário J. J. de Carvalho Bastos ficou para assistir à abertura das propostas.

7h — Encontramos no trem o engenheiro Carlos Americano Freire, chefe de distrito em Guaratinguetá.

12h — Passando em Cachoeira para a Estrada de Ferro de D. Pedro II.

4h — Jantando na Estação da Barra do Piraí.

7h — Chegando à Estação Central.

8 — Restituído ao meu aposento n.º 38 nos anexos de leito do Hotel da Vista Alegre, em Santa Teresa.

[**29 de dezembro**]

Noite estrelada; sol brilhante pela manhã; dia claro e ventilado; ameaças de trovoada ao anoitecer.

Temperatura de 22,5°-36,7° centígrados

5h — Acordar, toalete, diário, balancete etc.

7h — Pondo em ordem as notas de viagem a São Paulo.

8h — Redigindo o artigo — "Lotes de terras para imigrantes" — despachado à Sociedade Central de Imigração.

10h — Na Escola Politécnica providenciando sobre os exercícios práticos dos alunos de engenharia civil.

10½ — Na Gazeta da Tarde com o amigo J. F. Clapp, promovendo a propaganda abolicionista.

11h — No Ministério da Agricultura tratando do Caminho de Ferro Conde d'Eu e aceitando a nomeação para dar parecer sobre o projeto de carris urbanos do dr. Bulhões.

12h — No Clube de Engenharia com os amigos engenheiro José Américo dos Santos e Miguel Antônio Dias.

2h — Com o Evaristo de Oliveira e Souza e James Grainger Bellamy tratando sobre a companhia Minas Central.

2½ — No Consulado inglês reconhecendo as firmas da certidão de arquivo dessa companhia na Junta Comercial.

3½ — De volta ao Hotel da Vista Alegre, em Santa Teresa.

[*30 de dezembro*]

Trovoada e aguaceiros às oito da noite; sol pela manhã; aguaceiro ao meio-dia; tarde dúbia.

Temperatura de 23,3°-26,9° centígrados

5h — Acordar, toalete, diário, balancete etc.

7h — Respondendo à carta de 13 dezembro do engenheiro R. C. Batterbee (Caminho de Ferro Conde d'Eu, Paraíba do Norte).

9h — Com os amigos Miguel Antônio Dias, J. F. Clapp e outros membros da Confederação Abolicionista, despedindo-nos do engenheiro José Agostinho dos Reis, que partiu para o Pará no vapor *Espírito Santo*.

11h — No escritório da Sociedade Central de Imigração, n.º 18 rua do General Câmara, com os amigos Rohan, Taunay e etc., em sessão da diretoria.

3h — De volta ao Hotel da Vista Alegre, em Santa Teresa.

3½ — Coligindo dados para o artigo — "Agricultura por imigrantes".

A *Gazeta de Notícias* publicou em artigo de fundo o terceiro desta série com o título — "Lotes de terras para imigrantes".

[*31 de dezembro*]

Chuva à noite e pela manhã; dia escuro e chuvoso; aguaceiros à tarde.

Temperatura de 22,5°-25,3° centígrados

5h — Acordar, toalete, diário, balancete etc.

7 — Recordando e aperfeiçoando a terceira lição de orçamentos.

8 — Respondendo à carta do secretário Charles Glanvill (The Minas Central Railway of Brazil, Limited).

10h — Dando a terceira lição de orçamentos na Escola Politécnica.

11½ — Na Gazeta da Tarde promovendo a propaganda abolicionista.

12h — No Clube de Engenharia com o amigo José Américo dos Santos, tesoureiro Niemeyer, e presidente Fernandes Pinheiro e engenheiro Timóteo da Costa.

1h — No escritório da Sociedade Central de Imigração trabalhando com o vice-presidente A. d'E. Taunay, tesoureiro Ferdinand Schmidt e gerente Hugo A. Gruber.

2½ — Recebendo telegrama da companhia Minas Central anunciando a vinda do amigo Linklates para o Rio de Janeiro.

3h — Conferência com o amigo engenheiro José Américo dos Santos, James Grainger Bellamy e os sócios do dr. Bustamante sobre essa companhia.

4h — De volta ao Hotel da Vista Alegre, em Santa Teresa, aposento n.º 38 (nos anexos).

André Rebouças.

1884

16.
FELIZ ANO NOVO

1/1 a
27/1/1884

Rio de Janeiro—Santa Teresa.
[*1.º de janeiro*]

Muita chuva à noite e pela manhã; pequenos aguaceiros durante o dia; fortes à tarde.

Temperatura de 21,1°-24,1° centígrados

5 horas — Acordar, toalete, banho, diário, balancete etc.

7 — Escrevendo ao Francisco Bruno Pereira, procurador da família na Bahia.

7½ — Respondendo às órfãs do meu tio dr. Manuel Maurício Rebouças.

8 — Escrevendo ao amigo dr. J. C. Rodrigues, em Boston.

9 — E ao Charles H. Linklates.

12 — Cartas de saudação de Ano-Bom aos amigos dr. Joaquim Nabuco, almirante Costa Azevedo e construtor naval Trajano de Carvalho.

2 — Preparando o almanaque para a cátedra de 1884.

3 — Respondendo às cartas de 21 novembro e 7 dezembro do Emil Oppert, *managing director of The Brazil Railway Construction Corporation, Limited,* associada à companhia The Minas

Central Railway of Brazil, Limited, empresária da Estrada de Ferro de Pitangui.

4 — Visita-me e janta comigo o meu afilhado de casamento Adriano Eduardo Mullier, ex-empreiteiro das Docas de D. Pedro II (1871-1876).

Hotel da Vista Alegre — Aposento n.º 38 (anexos).
[*2 de janeiro*]

Fortes aguaceiros à noite e pela manhã; dia muito chuvoso; tarde escura com chuviscos.

Temperatura de 17,9°-21,5° centígrados

5h — Acordar, toalete, banho, diário, balancete etc.

7 — Carta ao Charles Glanvill, secretário da companhia The Minas Central Railway of Brazil, Limited.

8 — Respondendo à carta de 6 dezembro de A. H. Phillpotts, presidente da companhia The Conde d'Eu Railway Co. Limited (Paraíba do Norte).

10½ — No Arsenal de Marinha para exercícios práticos dos meus alunos do primeiro ano de engenharia civil, impossibilitados pelo mau tempo.

11 horas — Com o negociante James Grainger Bellamy e com os procuradores do dr. Carlos Teodoro de Bustamante tratando de salvar a companhia Minas Central Railway of Brazil, Limited.

12 — No Clube de Engenharia com o amigo engenheiro José Américo dos Santos, respondendo a um telegrama de São Paulo do empresário J. J. de Carvalho Bastos sobre o cais de Santos.
1h — No escritório da Sociedade Central de Imigração, n.º 18 rua do General Câmara, com o vice-presidente A. d'E. Taunay e gerente Hugo A. Gruber.
2½ — De volta ao Hotel da Vista Alegre, em Santa Teresa.

[*3 de janeiro*]

Muita chuva à noite e pela manhã; incessantes aguaceiros durante todo o dia até anoitecer.

Temperatura de 17,0°-22,1° centígrados

5 horas — Acordar, toalete, banho, diário, balancete etc.
7 — Respondendo à carta do empresário J. J. de Carvalho Bastos, de São Paulo em 3 de dezembro.
8 — Redigindo para a série, que tem publicado a *Gazeta de Notícias*, aos domingos, o artigo — "Sociedade Central de Imigração — IV — Salário — Parceria — Propriedade industrial".
11 — Na Gazeta da Tarde promovendo a propaganda abolicionista.
12 — No Clube de Engenharia, com o engenheiro José Américo dos Santos, tratando da adjudicação do cais de Santos.
1 — Na Sociedade Central de Imigração com o vice-presidente A. d'E. Taunay e gerente Hugo A. Gruber.

2 — Respondendo à carta de L. E. Ross, da firma Ross & Mathews, empreiteiros do Caminho de Ferro de Pitangui, atualmente em Brumado, cidade de Entre Rios, fazendo os estudos da linha.

3 — Entregando no Ministério da Agricultura a resposta ao aviso nomeando-me para a comissão, que tem de rever os planos de carris urbanos (Copacabana) feitos pelo engenheiro Antônio Maria de Oliveira Bulhões.

4 horas — De volta ao Hotel da Vista Alegre, em Santa Teresa.

[*4 de janeiro*]

Chuva à noite; manhã enublada; chuviscos durante o dia; tarde com muita neblina.

Temperatura de 19,5°-22,5° centígrados

5h — Acordar, toalete, banho, diário, balancete etc.

7 — Recordando e aperfeiçoando a quarta lição de orçamentos para os meus alunos em exercícios práticos.

8 — Continuando para a *Gazeta da Tarde* a tradução da memória, lida no Congresso Internacional Jurídico de Milão pelo presidente Joaquim Nabuco — "Escravidão e tráfico de africanos".

10 — Na Escola Politécnica dando a quarta lição de orçamentos.

11½ — Na Gazeta da Tarde com os amigos Miguel Antônio Dias e J. F. Clapp promovendo a propaganda abolicionista.

12 — No Clube de Engenharia com os amigos engenheiro José

Américo dos Santos e advogado Adolfo de Barros tratando da adjudicação do cais de Santos.

1 hora — Na Sociedade Central de Imigração com o vice-presidente A. d'E. Taunay, segundo-secretário dr. Enes de Souza e gerente Hugo A. Gruber.

2 — Revendo provas do programa do meu curso de engenharia civil (primeira cadeira do primeiro ano).

3h½ — De volta ao Hotel da Vista Alegre, em Santa Teresa.

[*5 de janeiro*]

Muita chuva à noite e pela manhã; pequenos aguaceiros durante o dia; chuviscos à tarde.

Temperatura de 20,3°- 25,5° centígrados

5 horas — Acordar, toalete, banho, diário, balancete etc.

7 — Respondendo às felicitações do engenheiro Paulo Freitas de Sá, gerente do Caminho de Ferro do Sítio a São João del-Rei.

7½ — Agradecendo ao Carlos von Koseritz, deputado provincial pelo Rio Grande do Sul, o projeto de lei de Imposto Territorial, que enviou-me.

8 horas — Continuando a tradução da memória do Joaquim Nabuco sobre escravidão e tráfico de africanos.

11 horas — Na Gazeta da Tarde na propaganda abolicionista.

12 — Na Sociedade Central de Imigração, em sessão da diretoria

com os amigos presidente Rohan, vice-presidente A. d'E. Taunay etc.

1h — No Clube de Engenharia com o amigo José Américo dos Santos tratando da companhia Minas Central e da adjudicação do cais de Santos.

2h — No Clube de Engenharia terminando a revisão das provas do programa do meu curso.

4 horas — De volta ao Hotel da Vista Alegre, em Santa Teresa.

[*6 de janeiro*]

Chuviscos à noite e pela manhã; sol mais ou menos enublado das nove às duas da tarde; chuviscos até anoitecer.

Temperatura de 20,5°-29,8° centígrados

5 horas — Acordar, toalete, banho, diário, balancete etc.

7 — Preparando a conta-corrente da companhia The Minas Central Railway of Brazil, Limited.

8 — Continuando a tradução da memória do Joaquim Nabuco sobre escravidão e tráfico de africanos.

9 — Esboçando para a Sociedade Central de Imigração o artigo — "Evolução rural".

11 horas — Visita-me o Roberto Carr Bustamante, meu ex-empregado nas companhias da Doca da Alfândega do Rio de Janeiro e das Docas de D. Pedro II.

2 — Anotando o meu livro — *Agricultura nacional — Estudos econômicos* — propaganda abolicionista e democrática — setembro de 1874 a setembro de 1883.

A *Gazeta de Notícias* publicou hoje em artigo de fundo o quarto da série — "Sociedade Central de Imigração — iv — Salário — Parceria — Propriedade territorial".

[*7 de janeiro*]

Luar de crescente entre nuvens; manhã encoberta; dia de sol enublado; trovoada e chuva à tarde.

Temperatura de 20,0°-29,9° centígrados

5 horas — Acordar, toalete, banho, diário, balancete etc.

7 — Recordando e aperfeiçoando a quinta lição de orçamentos.

10 — Dando-a na Escola Politécnica.

11½ — Nas Docas de D. Pedro ii recebendo dividendos e visitando as obras, que dirigi de 1871 a 1876.

12 — No escritório da Sociedade Central de Imigração com o vice-presidente A. d'E. Taunay e segundo-secretário Enes de Souza.

1 hora — No Clube de Engenharia com os amigos engenheiro José Américo dos Santos, advogado Adolfo de Barros e empre-

sário J. J. de Carvalho Bastos, que chegou ontem de São Paulo trazendo os dados sobre a adjudicação do cais de Santos.

2h — Com o engenheiro José Américo dos Santos trabalhando nesta empresa e na da Estrada de Ferro de Pitangui (The Minas Central Railway of Brazil, Limited).

3½ — De volta ao Hotel da Vista Alegre, em Santa Teresa.

[*8 de janeiro*]

Chuva à noite; sol pela manhã; dia claro e ventilado; tarde belíssima.

Temperatura de 21,3°-25,7° centígrados

5 horas — Acordar, toalete, banho, diário, balancete etc.

7 — Remetendo ao Charles Glanvill a conta-corrente da companhia Minas Central até hoje.

8 — Respondendo à carta de 5 janeiro de Ouro Preto, do engenheiro Américo Batista Brandão, fiscal do Caminho de Ferro de Pitangui.

8½ — E à do 1.º de janeiro de Mr George Ranson, ex-engenheiro de Ross & Mathews, empreiteiros dessa estrada de ferro.

10½ — Na Gazeta da Tarde promovendo a propaganda abolicionista.

11 — Na Sociedade Central de Imigração com os amigos presidente Rohan, vice-presidente Taunay etc.

12 — No Clube de Engenharia com os amigos Miguel A. Dias e engenheiro José Américo dos Santos.

1½ — No Ministério das Obras Públicas, examinando as plantas dos melhoramentos urbanos projetados pelo engenheiro A. M. de Oliveira Bulhões em conexão com os carris urbanos da Copacabana.

2½ — Na Seção de Estradas de Ferro tratando da relevação da multa de 5:000$000 imposta à companhia Conde d'Eu.

3½ — De volta ao Hotel da Vista Alegre, em Santa Teresa.

7½ — Na Gazeta da Tarde, em sessão da Confederação Abolicionista, presidida pelo amigo J. F. Clapp.

[*9 de janeiro*]

Luar à noite; manhã belíssima; dia de sol brilhante; céu enublado à tarde.

Temperatura de 18,9°-25,7° centígrados

5 horas — Acordar, toalete, banho, diário, balancete etc.

7 — Redigindo para a Sociedade Central de Imigração o quinto artigo — "Evolução rural".

10 — No Arsenal de Marinha com os alunos visitando os estaleiros e as oficinas.

12 — Na ilha das Cobras explicando aos alunos os diques, a serraria etc.

2 horas — No Clube de Engenharia com o tesoureiro Niemeyer.

2½ — No escritório, 47 rua do Carmo, com o amigo advogado Adolfo de Barros.

3 horas — Com o engenheiro José Américo dos Santos e com o negociante James Grainger Bellamy tratando da companhia The Minas Central Railway of Brazil, Limited, e da adjudicação do cais de Santos.

3½ — Com o presidente Henrique de Beaurepaire Rohan e vice-presidente Alfredo d'Escragnolle Taunay da Sociedade Central de Imigração.

4 horas — De volta ao Hotel da Vista Alegre, em Santa Teresa. Janta comigo o engenheiro Abel Ferreira de Matos, ex-chefe da seção dos estudos da Estrada de Ferro Madeira ao Mamoré.

[10 *de janeiro*]

Noite enublada; manhã clara; dia de sol; tarde belíssima.
Temperatura de 20,5°-27,9° centígrados

5 horas — Acordar, toalete, banho, diário, balancete etc.

7 — Fazendo acréscimos ao curso de engenharia civil com os dados obtidos ontem na visita ao Arsenal.

8 — Continuando a tradução da memória de Joaquim Nabuco lida no Congresso Internacional Jurídico de Milão.

10 — Na Gazeta da Tarde entregando os três primeiros artigos

dessa tradução — "Escravidão e tráfico de africanos" e promovendo a propaganda abolicionista com o amigo J. F. Clapp.

11 horas — No Clube de Engenharia com os amigos José Américo dos Santos e Adolfo de Barros tratando da adjudicação do cais de Santos.

1 hora — Na Sociedade Central de Imigração com os amigos presidente Rohan e vice-presidente Taunay.

2h — No escritório, 47 rua do Carmo, reunindo alguns documentos sobre o Caminho de Ferro Conde d'Eu.

3½ — De volta ao Hotel da Vista Alegre, em Santa Teresa.

A *Gazeta da Tarde* publica o primeiro artigo com a tradução da memória de Joaquim Nabuco, lida no Congresso Internacional Jurídico de Milão sobre — "Escravidão e tráfico de africanos".

[11 *de janeiro*]

Luar com Plêiades, Taurus, Saturno, Órion, Sirius, Júpiter no oriente ao anoitecer; manhã belíssima; dia de sol; trovoada e chuva à tarde.

Temperatura de 27,3°-31,3° centígrados

5 horas — Acordar, toalete, banho, diário, balancete etc.

7 — Recordando e aperfeiçoando a sexta lição de orçamentos.

8 — Preparando documentos sobre o Caminho de Ferro Conde d'Eu pedidos pelo presidente A. H. Phillpotts.

10 — Na Escola Politécnica dando a sexta lição de orçamentos.

11½ — Na Gazeta da Tarde, na propaganda abolicionista com o J. F. Clapp e Luiz de Andrade, vice-presidente da confederação e redator da *Gazeta da Tarde*.

12 horas — No Clube de Engenharia com o engenheiro José Américo dos Santos e empresário J. J. de Carvalho Bastos, para o qual redijo uma nota sobre o cais de Santos.

1½ — Na Sociedade Central de Imigração com o vice-presidente A. d'E. Taunay, segundo-secretário Enes de Souza e gerente Gruber.

2½ — No Ministério das Obras Públicas em conferência com o engenheiro A. M. de Oliveira Bulhões sobre o seu projeto de carris urbanos para Copacabana e vários melhoramentos para a cidade do Rio de Janeiro.

3½ — Na Seção das Estradas de Ferro em consulta sobre a Estrada de Ferro Conde d'Eu (Paraíba do Norte).

4½ — De volta ao Hotel da Vista Alegre, em Santa Teresa.

[*12 de janeiro*]

Chuva à noite; manhã enublada; dia de sol abafado; trovoada e aguaceiros das três da tarde em diante.

Temperatura de 22,5°-37,2° centígrados

5 horas — Acordar, toalete, banho, diário, balancete etc.

7 — Respondendo à carta de 17 dezembro de A. H. Phillpotts, presidente da companhia Conde d'Eu Railway Company, Limited.

8 — Copiando a duplicata da conta-corrente da companhia The Minas Central Railway of Brazil, Limited.

10½ — Na Gazeta da Tarde em propaganda abolicionista.

11 — No Ministério das Obras Públicas enviando um mapa do Brasil para o amigo Charles Neate e decretos sobre estradas de ferro para o presidente A. H. Phillpotts.

12 — No Clube de Engenharia com o amigo José Américo dos Santos e ex-deputado dr. João das Chagas Lobato tratando do Caminho de Ferro de Pitangui.

1 hora — Na Sociedade Central de Imigração com o vice-presidente Taunay, segundo-secretário dr. Enes de Souza, gerente Hugo A. Gruber e diretor barão de Tautphoeus.

2 — Com o engenheiro João Martins da Silva Coutinho conferenciando sobre o projeto Bulhões de carris urbanos para a Copacabana.

3 — Revendo provas para impressão do programa do curso de engenharia civil em 1884.

4 horas — De volta ao Hotel da Vista Alegre, em Santa Teresa.

46.º aniversário de André Rebouças. 1838-84.

[*13 de janeiro*]

Muita chuva à noite; manhã enublada; dia de sol; tarde mais ou menos encoberta.

Temperatura de 20,5°-28,8° centígrados

5 horas — Acordar, toalete, banho, diário, balancete etc.

7 — Escrevendo ao amigo engenheiro Charles Neate, em Londres.

8 — Respondendo à carta de 19 dezembro do amigo Joaquim Nabuco participando sua intenção de vir ao Rio de Janeiro.

8½ — Respondendo à carta do amigo Alexandre de Oliveira Monteiro atualmente em Londres.

9 — E a de 22 dezembro do engenheiro R. C. Batterbee, da Paraíba do Norte sobre o Caminho de Ferro Conde d'Eu.

12 — Na Sociedade Central de Imigração em sessão de conselho com os amigos Taunay, barão de Tefé etc.

1½ — No Teatro Polytheama, à rua do Lavradio, no Festival Abolicionista com os amigos engenheiro José Américo dos Santos, Miguel Antônio Dias, J. F. Clapp etc.

6 horas — Jantando no Restaurante do Globo com os amigos engenheiro José Américo dos Santos e cônsul de Liverpool, José Maria da Silva Paranhos.

9 — De volta ao Hotel da Vista Alegre, em Santa Teresa.

A *Gazeta de Notícias* publicou hoje um artigo de fundo o quinto da série — "Sociedade Central de Imigração — v — Evolução rural".

[*14 de janeiro*]

Luar à noite; manhã belíssima; dia de sol; tarde mais ou menos enublada.

Temperatura de 19,5°-26,9° centígrados

5 horas — Acordar, toalete, banho, diário, balancete etc.

7 — Recordando e aperfeiçoando a sétima lição de orçamentos.

8 — Respondendo à carta do secretário Charles Glanvill de 19 dezembro sobre a companhia The Minas Central Railway of Brazil, Limited.

10 — Dando na Escola Politécnica a sétima lição de orçamentos.

11½ — Na Gazeta da Tarde promovendo a propaganda abolicionista com o Luiz de Andrade.

12 — Na Sociedade Central de Imigração com o presidente Rohan e vice-presidente Taunay tratando da colonização das margens do Caminho de Ferro de D. Pedro i (Santa Catarina e Rio Grande do Sul).

2 horas — No Clube de Engenharia com o amigo José Américo dos Santos.

2½ — Conferência com os colegas Fernandes Pinheiro e j. m. da

Silva Coutinho sobre o projeto Bulhões de carris urbanos para a Copacabana.

4 horas — De volta ao Hotel da Vista Alegre, em Santa Teresa.

[*15 de janeiro*]

Luar enublado; manhã encoberta; dia dúbio; ameaças de chuva à tarde.

Temperatura de 20,3°-25,1° centígrados

5 horas — Acordar, toalete, banho, diário, balancete etc.

7 — Respondendo à carta de 21 dezembro do Emil Oppert, *managing director of The Brazilian Railways Construction Corporation, Limited*.

8 — Esboçando para a Sociedade Central de Imigração o artigo — "Terra para imigrantes".

10 horas — Na Gazeta da Tarde com os amigos J. F. Clapp e Luiz de Andrade promovendo a propaganda abolicionista.

11 horas — No Clube de Engenharia com os amigos engenheiro José Américo dos Santos e Fernandes Pinheiro.

12½ — Na Sociedade Central de Imigração com os diretores Taunay, Blumenau, Enes de Souza e Gruber.

2 horas — No escritório, 47 rua do Carmo, com o dr. A. P. de Alencastro, advogado da Sociedade Brasileira contra a Escravidão.

2½ — Escrevendo ao amigo Temístocles Aranha, redator do *Paiz* no Maranhão, e remetendo-lhe um exemplar da minha obra — *Agricultura nacional*.

3 horas — Com J. G. Repsold, representante de Friedr. Krupp, examinando a coleção presenteada ao meu Gabinete de Engenharia Civil na Escola Politécnica.

4½ — De volta ao Hotel da Vista Alegre, em Santa Teresa.

[*16 de janeiro*]

Noite e manhã enubladas; dia de sol mais ou menos encoberto; ameaças de chuvas à tarde.

Temperatura de 20,5°-27,5° centígrados

5 horas — Acordar, toalete, banho, diário, balancete etc.

7 — Continuando a tradução da memória do presidente Joaquim Nabuco, lido no Congresso Internacional Jurídico de Milão — "Escravidão e tráfico de africanos".

10 horas — No escritório do engenheiro Adolfo José Del Vecchio, atual diretor das obras da Alfândega, com meus alunos de engenharia civil, examinando o aparelho para determinação da resistência dos materiais, as obras que executei de 1866 a 1871, a ponte movediça, os maquinismos Armstrong etc.

12 — No Clube de Engenharia com o amigo engenheiro José Américo dos Santos e presidente Fernandes Pinheiro.

1½ — Na Sociedade Central de Imigração com os amigos diretores Rohan, Taunay, Trinks, Enes de Souza, gerente Hugo Gruber etc.

2½ — Na Junta Comercial requerendo certidão do arquivo dos estatutos da companhia The Minas Central Railway of Brazil, Limited.

3 horas — Na Gazeta da Tarde promovendo a propaganda abolicionista.

4 horas — De volta ao Hotel da Vista Alegre, em Santa Teresa.

[**17 de janeiro**]

Noite enublada; manhã clara; dia de sol; ameaças de trovoada à tarde.

Temperatura de 21,5°-28,1° centígrados

5 horas — Acordar, toalete, banho, diário, balancete etc.

7 — Preparando o programa de recepção do Joaquim Nabuco, presidente da Sociedade Brasileira contra a Escravidão, esperado em abril ou maio.

8 horas — Esboçando o segundo artigo para o Centro Abolicionista da Escola Politécnica; o primeiro foi publicado no jornal de 14 novembro 1883.

10½ — Na Gazeta da Tarde com os amigos Miguel Antônio Dias e Luiz de Andrade na propaganda abolicionista.

11 — No Ministério das Obras Públicas tratando dos caminhos de ferro Conde d'Eu e Minas Central.

12 — No Clube de Engenharia com o amigo José Américo dos Santos, lendo a correspondência vinda de Londres.

1 hora — Na Sociedade Central de Imigração com o vice-presidente Taunay, dr. Enes de Souza e gerente Hugo Gruber.

2 horas — Com o negociante James Grainger Bellamy explicando a preferência do vale do Pará sobre o do Paraopeba para a Estrada de Ferro de Pitangui da companhia The Minas Central Railway of Brazil, Limited.

3½ — De volta ao Hotel da Vista Alegre, em Santa Teresa.

[*18 de janeiro*]

Noite estrelada com Vênus ao ocidente; Saturno, Órion, Sirius, Júpiter no oriente; manhã belíssima; dia de sol.

Temperatura de 21,9°-27,5° centígrados

5 horas — Acordar, toalete, banho, diário, balancete etc.

7 — Redigindo para a Sociedade Central de Imigração o sexto artigo — "Terra para imigrantes".

10h — Na Doca da Alfândega visitando as obras da Ilha Fiscal, outrora ilha dos Ratos, com os meus alunos de engenharia civil e o atual engenheiro diretor A. J. Del Vecchio.

11h — Visitando os estudos para o cais das barcas *ferry* no

Arsenal de Guerra, empresa do engenheiro Antônio Rebouças que lhe foi roubada pelo Governo imperial a despeito de todos os meus esforços desde 1870 até abril 1883. (Vide os livros do diário durante esses anos.)

12h — No Clube de Engenharia com os engenheiros José Américo dos Santos, Fernandes Pinheiro e J. M. Coutinho na comissão de trilhos urbanos para a Copacabana.

1h — Na Sociedade Central de Imigração com os diretores Taunay, Gruber e tesoureiro Ferdinand Schmidt.

2h — Na Junta Comercial recebendo a certidão do arquivo dos estatutos da companhia Minas Central.

3½ — De volta ao Hotel da Vista Alegre, em Santa Teresa.

8 — Visitando o amigo de infância engenheiro A. P. de Melo Barreto, presidente da Companhia Leopoldina.

9h — No Clube Beethoven com ele e os engenheiros José Américo dos Santos, Freitas Reis etc.

Quebramento da bitola do Caminho de Ferro Dom Pedro II.
[**19 de janeiro**]

Noite belíssima como a anterior; Lua em minguante pela madrugada belíssima; dia de sol; ameaças de trovoada à tarde.
Temperatura de 21,7°-32,1° centígrados
5 horas — Acordar, toalete, banho, diário, balancete etc.

7 — Respondendo à carta de 23 dezembro do amigo dr. J. C. Rodrigues, atualmente em Londres.

10 horas — Na Gazeta da Tarde promovendo a propaganda abolicionista com os amigos Miguel Antônio Dias, J. F. Clapp, Luiz de Andrade etc.

11 horas — No Ministério da Agricultura com o oficial de gabinete e na Seção de Estradas de Ferro iniciando a mudança de bitola da Estrada de Ferro de D. Pedro II e a segunda edição do meu *Índice geral das madeiras do Brasil*; promovendo as estradas de ferro Conde d'Eu, Minas Central e a empresa de imigração — The Terra Roxa of Brazil Immigration Co. Limited. (Vide o diário de 1883 a partir de 16 setembro.)

12 horas — No Clube de Engenharia com o engenheiro José Américo dos Santos e presidente engenheiro Fernandes Pinheiro.

1 hora — Na Sociedade Central de Imigração com os amigos Rohan, Taunay, Enes de Souza, Trinks, Gruber etc.

2 horas — Carta ao Joaquim Serra em Nova Friburgo sobre a recepção de Joaquim Nabuco em abril ou maio.

3 horas — Com o negociante James Grainger Bellamy e o procurador do dr. C. T. de Bustamante tratando da companhia Minas Central (Caminho de Ferro de Pitangui).

4 horas — De volta ao Hotel da Vista Alegre, em Santa Teresa.

[*20 de janeiro*]

Noite mais ou menos enublada; manhã esplêndida; dia de sol; ameaças de trovoada à tarde.

Temperatura de 23,5°-31,3° centígrados

5 horas — Acordar, toalete, banho, diário, balancete etc.

7h — Preparando para o amigo Taunay uma nota de novas medidas a tomar pela Sociedade Central de Imigração.

8h — Respondendo ao amigo Trajano A. de Carvalho, que ofereceu vinte libras — 220$250 Rs. à Sociedade Brasileira contra a Escravidão.

9 horas — E a do engenheiro W. Martineau, da companhia Minas Central, de Londres em 23 dezembro 1883.

11½ — Na Sociedade Central de Imigração com os diretores Rohan, Taunay, barão de Tefé, Enes de Souza etc. etc.

2½ — No festival da Sociedade Abolicionista Tipográfica.

Entrego ao amigo J. F. Clapp o *donatio* de 230$000 Rs. do amigo construtor naval Trajano A. de Carvalho.

3h — Visitando o dr. Muniz Barreto, presidente honorário da Sociedade Brasileira contra a Escravidão.

3¾ — De volta ao Hotel da Vista Alegre, em Santa Teresa.

6½ — Visitando no Carvalho o amigo e colega dr. Joaquim Murtinho, lente de zoologia da Escola Politécnica.

[**21 *de janeiro***]

Noite mais ou menos enublada; ameaças de chuva pela manhã; dia encoberto; aguaceiros das cinco da tarde em diante.

Temperatura de 24,3°-28,1° centígrados

5 horas — Acordar, toalete, banho, diário, balancete etc.

7 — Recordando e aperfeiçoando a primeira lição de prática de cálculos de resistência dos materiais.

10 horas — Dando-a na Escola Politécnica.

11 — Na Gazeta da Tarde em propaganda abolicionista.

11½ — No Ministério das Obras Públicas tratando da comissão da Copacabana e das companhias Conde d'Eu e Minas Central.

12 horas — No Clube de Engenharia com o engenheiro J. M. [da] S. Coutinho projetando uma estrada de ferro ligando as províncias do Pará, Maranhão, Piauí, Ceará, Pernambuco, Alagoas, Bahia e Minas até Guaicuí no rio São Francisco.

1 hora — Na Sociedade Central de Imigração com o amigo Taunay, gerente Hugo A. Gruber etc.

2 horas — Com o amigo J. F. Clapp no Banco Industrial assinando para a Confederação Abolicionista o arrendamento do Teatro São Pedro d'Alcântara.

3 horas — Com o amigo o engenheiro José Américo dos Santos tratando da compra do Caminho de Ferro de São João del-Rei.

4 horas — De volta ao Hotel da Vista Alegre, em Santa Teresa.

[*22 de janeiro*]

Muito vento e muita chuva à noite; fortes aguaceiros pela manhã; dia escuro e chuvoso.

Temperatura de 20,0°-25,3° centígrados

5 horas — Acordar, toalete, banho, diário, balancete etc.

7 — Continuando a tradução da memória do Joaquim Nabuco, lida no Congresso Jurídico Internacional de Milão.

10 — Na Gazeta da Tarde com o amigo J. F. Clapp promovendo a propaganda abolicionista.

11 — Com o empresário J. J. de Carvalho Bastos redigindo uma nota sobre a adjudicação do cais de Santos.

12 — No Clube de Engenharia com os amigos Fernandes Pinheiro e J. Américo dos Santos.

1 hora — Na Sociedade Central de Imigração com os amigos Taunay, Enes de Souza, Trinks, Hugo A. Gruber etc. Inicio a ideia de imigração holandesa para as lagoas situadas ao longo do Caminho de Ferro de D. Pedro I, desde o porto de Imbituba, em Santa Catarina, até o limite sul do Império na barra do Chuí. [Nova Holanda.]

4 horas — De volta ao Hotel da Vista Alegre, em Santa Teresa.

[*23 de janeiro*]

Noite encoberta; sol entre nuvens pela manhã; dia dúbio; tarde clara.

Temperatura de 19,0°-27,1° centígrados

5 horas — Acordar, toalete, banho, diário, balancete etc.

7 — Redigindo para a Sociedade Central de Imigração o sétimo artigo — "Colonização nacional".

8 — Redigindo para a *Gazeta da Tarde* o artigo — "Abolição imediata e sem indenização" — xxxiv.

10 horas — Na Escola Politécnica providenciando sobre a restauração do Gabinete de Engenharia Civil, desbaratado pela exposição de cafés.

10½ — Visitando com os alunos em exercícios práticos as oficinas de marcenaria de Santos & Moreira.

11 horas — Mostrando-lhes as obras que executei nas Docas de D. Pedro ii de 1871 a 1876.

12 — No Clube de Engenharia com os amigos engenheiro José Américo dos Santos e advogado Adolfo de Barros tratando a compra dos caminhos de ferro de São João del-Rei e Oliveira.

1 hora — Na Sociedade Central de Imigração com os amigos A. d'E. Taunay, Enes de Souza etc.

2 horas — No Ministério da Agricultura tratando dos negócios dos caminhos de ferro Conde d'Eu e Minas Central, carris

urbanos e imigração com o oficial de gabinete engenheiro Amarílio de Vasconcelos.

3 horas — Na Gazeta da Tarde promovendo a propaganda abolicionista com os amigos Miguel A. Dias e J. F. Clapp.

4 horas — De volta ao Hotel da Vista Alegre, em Santa Teresa.

Copacabana.
[*24 de janeiro*]

Luar em Antares; neblina pela manhã; dia de sol; tarde clara.

Temperatura de 21,3°-28,3° centígrados

5 horas — Acordar, toalete, banho, diário, balancete etc.

$7\frac{1}{2}$ — Em Botafogo, em casa do amigo Niemeyer, tesoureiro do Clube de Engenharia, à rua da Passagem n.º 36, com os colegas de comissão Fernandes Pinheiro e J. M. da Silva Coutinho.

9h — Almoçando na Copacabana, em casa do amigo Niemeyer, com os colegas de comissão e o coronel Silva, empresário nas praias da Copacabana e Arpoador e na lagoa Rodrigo de Freitas.

$10\frac{1}{2}$ — Visitando a belíssima Garganta do Leme.

$11\frac{1}{2}$ — Voltando de Botafogo.

12 — Na Gazeta da Tarde, na propaganda abolicionista.

$12\frac{1}{2}$ — Visitando as obras do Teatro de São Pedro d'Alcântara para ser alugado pela Confederação Abolicionista com o presidente J. F. Clapp.

1½ — No Clube de Engenharia com os amigos Miguel A. Dias, Adolfo de Barros, engenheiro J. A. dos Santos etc.
2h — Na Sociedade Central de Imigração com os amigos presidente Rohan, vice-presidente A. d'E. Taunay etc.
4h — De volta ao Hotel da Vista Alegre, em Santa Teresa. (Vide as notas da excursão à Copacabana.)

[*25 de janeiro*]

Noite estrelada; ao amanhecer lua em minguante a 20° a leste de Antares; dia de sol; tarde brilhante.

Temperatura de 21,8°-31,5° centígrados

5 horas — Acordar, toalete, banho, diário, balancete etc.
7 — Aperfeiçoando o projeto Bulhões de carris urbanos da rua do Ouvidor à Copacabana.
8 — Redigindo o aviso de apresentação dos candidatos à Câmara Temporária pela Confederação Abolicionista — Joaquim Nabuco — Joaquim Serra — José do Patrocínio.
10 — Na Gazeta da Tarde promovendo a propaganda abolicionista com os amigos Miguel A. Dias e J. F. Clapp.
11 horas — No Ministério das Obras Públicas na comissão da Copacabana e tratando dos caminhos de ferro Conde d'Eu e Minas Central.
12 horas — No Clube de Engenharia remetendo ao amigo

dr. J. C. Rodrigues em Londres dez exemplares da *Agricultura nacional* e um atlas do Brasil.

1 hora — Com o visconde de Paranaguá que prometeu-me escrever ao filho, presidente do Amazonas, para emancipar essa província a 25 de março 1884.

1½ — Na Sociedade Central de Imigração com os amigos Miguel A. Dias, engenheiro José Américo dos Santos, A. d'E. Taunay, Enes de Souza etc.

4 horas — De volta ao Hotel da Vista Alegre, em Santa Teresa.

[*26 de janeiro*]

Noite estrelada; lua em minguante delgadíssimo ao amanhecer; dia de sol; tarde belíssima.

Temperatura de 22,8°-35,0° centígrados

5 horas — Acordar, toalete, banho, diário, balancete etc.

7 — Trabalhando nas propagandas para abolição imediata e imigração europeia.

10h — Na Gazeta da Tarde com os amigos J. F. Clapp, Miguel A. Dias, Luiz de Andrade etc.

11 horas — No Clube de Engenharia traduzindo o catálogo das amostras oferecidas por F. Krupp ao Gabinete de Engenharia Civil da Escola Politécnica.

12 — Com o negociante James Grainger Bellamy providen-

ciando sobre a recepção dos amigos Thomas H. Linklates e engenheiro W. Martineau, esperados de Londres.

1 hora — Na Sociedade Central de Imigração com os amigos engenheiros J. A. dos Santos, A. d'E. Taunay, dr. Enes de Souza etc.

3 horas — Com os artistas Artur Napoleão e Leopoldo Miguez concordando no festival de 10 de maio para a recepção do presidente Joaquim Nabuco.

4 horas — De volta ao Hotel da Vista Alegre, em Santa Teresa.

Hotel da Vista Alegre — Aposento n.º 38 (anexos).
[**27 de janeiro**]

Noite estrelada; nuvens pela manhã; dia de sol mais ou menos enublado e ventoso; ameaças de chuva ao anoitecer.

Temperatura de 23,5°-32,5° centígrados

5 horas — Acordar, toalete, banho, diário, balancete etc.

7 — Esboçando os melhoramentos urbanos, que devem ser executados pelas quatro principais companhias de carris urbanos do Rio de Janeiro.

8 — Escrevendo ao visconde de Paranaguá para lembrar-lhe a promessa de recomendar ao filho, presidente do Amazonas, para libertar essa província a 25 de março, no mesmo dia que o Ceará.

9 — Visita-me o afilhado Adriano E. Mullier, ex-empreiteiro das Docas de D. Pedro II (1871-1877).

11 — Comprando roupa para o irmão Pedro Rebouças.

12 — Na Sociedade Central de Imigração com os amigos Rohan, Taunay e diretores barão de Tautphoeus e Hugo A. Gruber.

2 horas — Conferenciando com o vereador Malvino Reis sobre as novas linhas de carris urbanos e melhoramentos projetados.

3½ — De volta ao Hotel da Vista Alegre, em Santa Teresa.

6½ — Visitando no Curvelo (Santa Teresa) o amigo e colega dr. Joaquim Murtinho, lente de zoologia na Escola Politécnica.

A *Gazeta de Notícias* publicou hoje em artigo de fundo o sétimo da série — "Sociedade Central de Imigração — VII — Colonização nacional".

17.
PETRÓPOLIS E A QUARTA VIAGEM A MINAS E SÃO PAULO

28/1 a
2/3/1884

Mudança para Petrópolis. Grand Hotel d'Orléans. Aposento n.º 39.
[*28 de janeiro*]

Trovoada e chuva das três da madrugada em diante; dia de sol; trovoada no Mauá; chuviscos em Petrópolis.

Temperatura de 24,2°-33,6° centígrados

5 horas — Acordar, toalete, banho, diário, balancete etc.

7 — Respondendo ao ofício do presidente de Minas de 8 de janeiro, recebido ontem ao meio-dia.

8 — Recordando e aperfeiçoando a segunda lição de prática dos cálculos de resistência dos materiais.

10 horas — Dando-a na Escola Politécnica com exercícios de grafostática, pressão sobre pontes, colunas etc.

10½ — Visitando com os alunos as obras do Teatro de São Pedro d'Alcântara.

11 horas — Na Gazeta da Tarde, providenciando sobre a propaganda abolicionista e despedindo-me dos amigos Miguel A. Dias, J. F. Clapp, Luiz de Andrade etc.

12 horas — No Ministério da Agricultura conferenciando com

o ministro conselheiro Pena sobre carris urbanos e reversão à municipalidade dos serviços de água, gás, esgoto etc.

2 horas — No Clube de Engenharia com os amigos J. A. dos Santos, F. Pinheiro, Niemeyer etc.

4 horas — Partindo para Petrópolis.

6½ — Chegando à estação, saudações e conversa com o conde d'Eu.

7 horas — Hospedando-me no quarto n.º 39 do Grand Hotel d'Orléans.

8 horas — Visitando a viúva do meu bom amigo o conde da Estrela, presidente das Docas Dom Pedro II.

Em Petrópolis.
[**29 de janeiro**]

Manhã belíssima em Petrópolis, na Haya-Interlaken brasileira; dia de sol; trovoada às três da tarde.

Temperatura de 19,3°-26,5° centígrados

5 horas — Acordar, toalete, banho, diário, balancete etc.

7 — Passeio higiênico, repousando do excessivo trabalho destes últimos dias.

11 — Com o ex-diretor da Estrada de Ferro Leopoldina Carlos Martins e o barão Maia Monteiro, último filho do conde da Estrela, procurando aposentos para hospedar os amigos Thomas

H. Linklates e engenheiro W. Martineau, esperados de Londres, em missão das companhias The Minas Central Railway of Brazil, Limited, e Brazilian Railways Constructions Corporation.

3 horas — Esboçando o projeto de um Grande Hotel Popular, junto à estação da Estrada de Ferro de Petrópolis.

4½ — Jantar com o engenheiro A. M. de Oliveira Bulhões no Grand Hotel d'Orléans.

8 horas — Visitando a família do meu bom amigo o conde da Estrela, presidente-fundador da Companhia das Docas de D. Pedro II.

Thomas H. Linklates.

[*30 de janeiro*]

Linda manhã e dia de sol; muita neblina à tarde na subida da serra e em Petrópolis.

Temperatura de 18,5°-27,2° centígrados

5 horas — Acordar, toalete, banho, diário, balancete etc.

7 — Descendo de Petrópolis no caminho de ferro de sistema Rigi.[13]

10 — No paquete *La Plata* em que chegou felizmente de Londres o amigo Thomas H. Linklates.

11 — Na Gazeta da Tarde com os amigos Miguel A. Dias e J. F. Clapp promovendo a propaganda abolicionista.

11½ — Na Escola Politécnica melhorando o Gabinete de Engenharia Civil.

12 — No Hotel da Vista Alegre em Santa Teresa ordenando a mudança para o de Orléans em Petrópolis.

1 hora — No Hotel do Globo, em brinde de recepção do amigo Thomas H. Linklates, no qual tomaram parte os engenheiros J. A. dos Santos e Fernandes Pinheiro, negociante James Grainger Bellamy e os sócios do concessionário Bustamante: Evaristo Juliano de Sá, Pires Ferrão e Selnio Castelli.

2 horas — No Clube de Engenharia com o tesoureiro Niemeyer.

4 horas — Subindo para Petrópolis com o amigo Thomas H. Linklates.

6¾ — Hospedando-o no Hotel MacDowall.

7½ — Jantando no meu hotel Grand Hotel d'Orléans.

8 horas — Cartas ao ex-deputado João das Chagas Lobato e ao negociante Evaristo de Oliveira e Souza prevenindo-os de projetar partir para Minas a 10 de fevereiro.

Em Petrópolis.

[**31 *de janeiro***]

Noite estrelada; manhã belíssima; dia de sol brilhante; neblina e chuviscos ao anoitecer.

Temperatura de 17,8°-26,2° centígrados

5 horas — Acordar, toalete, banho, diário, balancete etc.

7 — Cartas aos amigos dr. J. C. Rodrigues e Charles H. Linklates participando a chegada de Thomas H. Linklates e o renascimento da companhia Minas Central.

9½ — Almoçando com o amigo Thomas H. Linklates no Hotel MacDowall.

12 horas — Escrevendo ao empreiteiro L. E. Ross, em Brumado, cidade de Entre Rios, para dar plantas da primeira seção do Caminho de Ferro de Pitangui prontas a 10 de fevereiro.

2 horas — Redigindo para o amigo Thomas H. Linklates as condições do novo *agreement* que deve assinar com o dr. Carlos Teodoro Bustamante, representado por seu sócio e procurador Evaristo Juliano de Sá, para pagamento da concessão e do privilégio do Caminho de Ferro de Pitangui.

6½ — Na estação da Estrada de Ferro de Petrópolis apresentando ao conde d'Eu o amigo Thomas H. Linklates.

8 horas — Visito com esse amigo ao colega da comissão de carris urbanos para Copacabana J. M. [da] S. Coutinho, presidente da Estrada de Ferro de Petrópolis, denominada Estrada de Ferro Príncipe do Grão-Pará.

Em Petrópolis.
[*1.º de fevereiro*]

Chuviscos à noite; manhã enublada; dia de sol; trovoada e chuva de uma da tarde até anoitecer.

Temperatura de 19,2°-24,3° centígrados

5 horas — Acordar, toalete, banho, diário, balancete etc.

6½ — Sacando £ 300 sobre a companhia The Minas Central Railway of Brazil, Limited, por intermédio de Norton, Megaw & Co. [£ 300 = 3:268$000.]

6¾ — Escrevendo a declaração de ter doado ao compadre Roberto Carr Bustamante, fiel do Armazém da Alfândega do Rio de Janeiro, as três apólices, que lhe servem de fiança há muitos anos.

7 horas — Despedindo-me na estação do Caminho de Ferro de Petrópolis do amigo Thomas H. Linklates, que desceu à Corte para tratar com o Evaristo Juliano de Sá.

10 horas — Respondendo à carta de A. H. Phillpotts, presidente da companhia The Conde d'Eu Railway Co., Limited.

12 horas — Carta ao amigo dr. J. C. Rodrigues em Londres dando-lhe a história íntima do Caminho de Ferro Conde d'Eu.

6½ — Na estação recebendo os amigos engenheiro José Américo dos Santos, advogado Adolfo de Barros e agente financeiro Thomas H. Linklates.

7½ — Visitando este amigo no Hotel MacDowall e reconhecendo achar-se sob um ataque de febre amarela.

11 horas — Providenciando sobre seu tratamento com os amigos engenheiro José Américo dos Santos e barão de Vasconcelos (Rodolfo), hospedados também no Grand Hotel d'Orléans.

De Petrópolis a Entre Rios.
[*2 de fevereiro*]

Estrelas pela madrugada; manhã belíssima; dia de sol esplêndido; tarde clara.

Temperatura de 18,1°-26,2° centígrados

2 horas — Acordar, toalete, banho, diário, balancete etc.

3 — Com os amigos engenheiro José Américo dos Santos e barão de Vasconcelos (Rodolfo) tomando novas providências sobre o tratamento de Thomas H. Linklates.

5 horas — Partindo em diligência de Petrópolis com os colegas de comissão da Sociedade Central de Imigração engenheiro José Américo dos Santos e negociante alemão Trinks.

8½ — Projetando uma fábrica de papel nas quedas do Piabanha, aproveitando os resíduos das fábricas de algodão de Petrópolis, palha de milho etc.

10 horas — Chegando à Estação de Entre Rios e recebido pelo dr. Dias da Rocha presidente da comissão da Paraíba do Sul, chefe do Partido Abolicionista e de democracia rural nesta cidade.

12 horas — Visita à colônia dos emancipados da benemérita condessa do Rio Novo.

2 — Excursão à fazenda, junto ao rio Paraíba, capela, edifícios etc.

6 horas — Jantar no Hotel de Entre Rios com os membros das comissões da Sociedade Central de Imigração.

(Vide as Notas de Viagem.)

De Entre Rios a Petrópolis.
[*3 de fevereiro*]

Noite estrelada; dia de sol brilhante; raras nuvens à tarde em Petrópolis.

Temperatura de 18,5°-27,3° centígrados

4 horas — Acordar, toalete, banho, diário, balancete etc.

5 — Partindo, em carro especial, para Petrópolis, pela estrada União e Indústria com o amigo colega de comissão engenheiro José Américo dos Santos.

10½ — Chegando ao Grand Hotel d'Orléans.

12 horas — Visitando no Hotel MacDowall o amigo Thomas H. Linklates já fora de perigo.

1½ — Visitando os amigos Adolfo de Barros, vice-presidente da Sociedade Brasileira contra a Escravidão, Megaw, da firma

Norton, Megaw & Co., meus correspondentes em Londres, dr. André Gustavo Paulo de Frontin, lente e colega na Escola Politécnica.

2½ — Escrevendo para a *Gazeta da Tarde* uma nota sobre a excursão.

6 horas — Visitando com o dr. Ataliba Gomensoro o amigo Thomas H. Linklates.

(Vide as Notas de Viagem.)

Em Petrópolis.
[*4 de fevereiro*]

Luar de crescente entre brilhantes estrelas; manhã esplêndida; dia de sol; tarde belíssima.

Temperatura de 17,8°-22,5° centígrados

4 horas — Acordar, toalete, banho, diário, balancete etc.

6 — Carta ao amigo Miguel A. Dias providenciando sobre a mudança para Petrópolis.

6½ — Carta ao dr. J. C. Rodrigues sobre a Minas Central.

7 horas — Visitando o amigo Thomas H. Linklates, em tratamento no Hotel MacDowall.

8½ — Respondendo às cartas de 4 e 8 janeiro do Charles Glanvill, secretário da companhia Minas Central.

11 horas — Com o amigo Thomas H. Linklates acomodando-o em melhor quarto e guiando-o na convalescença da ameaça que sofreu da terrível febre amarela.

12½ — Visita-nos o empresário Hugh Wilson, Son que longamente conversa sobre a empresa do porto de Pernambuco, a qual associou Sir John Hawkshaw. (Vide meus trabalhos em Londres nos diários de 1882 e 1883 até 9 de fevereiro.)

8½ — Respondendo à carta do banqueiro Emil Oppert, datada de Londres em 2 janeiro.

Em Petrópolis.

[*5 de fevereiro*]

Luar crescente com Júpiter, Orion, Sirius, Vênus; manhã clara; ameaças de chuva durante o dia.

Temperatura de 18,5°-24,3° centígrados

4 horas — Acordar, toalete, banho, diário, balancete etc.

6 — Carta ao amigo A. d'E. Taunay sobre um ensaio de democracia rural na fazenda da condessa do Rio Novo, em Entre Rios.

7 — Visitando o amigo Thomas H. Linklates, já livre de perigo da ameaça de febre amarela.

10 — Conferência com o dr. Ribeiro de Almeida, presidente dos Bondes de Botafogo, sobre as modificações ao projeto do engenheiro Bulhões.

11 — Com o colega engenheiro André G. P. de Frontin, concordando em iniciar a propaganda de liberdade religiosa com o Centro Abolicionista da Escola Politécnica.

12 — O dr. Ribeiro de Almeida, médico da semana do imperador, examina o amigo T. H. Linklates e continua a conferência sobre os carris urbanos.

3 horas — Projeto para a Companhia de São Cristóvão uma galeria ocupando a situação das ruas de São Jorge e do Senhor dos Passos.

Em Petrópolis e no Rio de Janeiro.

[**6 de fevereiro**]

Luar em crescente com lindas estrelas; manhã enublada; dia de sol; tarde belíssima.

Temperatura de 19,3°-26,4° centígrados

4 horas — Acordar, toalete, banho, diário, balancete etc.

7 — Partindo de Petrópolis para o Rio de Janeiro.

9½ — No escritório do negociante James G. Bellamy, providenciando sobre a recepção do engenheiro William Martineau, esperado no paquete *Araucária*.

10½ — Na Gazeta da Tarde com os amigos J. F. Clapp e Miguel Antônio Dias promovendo a propaganda abolicionista.

11½ — Na Escola Politécnica, aperfeiçoando o Gabinete de

Engenharia Civil, e concordando com o dr. Álvaro de Oliveira sobre o programa deste ano do Centro Abolicionista que deverá compreender democracia rural e liberdade de consciência.

12½ — No Ministério das Obras Públicas tratando dos caminhos de ferro Conde d'Eu e Minas Central.

2 horas — No Clube de Engenharia com os colegas Fernandes Pinheiro e j. m. [da] s. Coutinho concordando na redação do parecer sobre o projeto Bulhões.

3 horas — Com os amigos engenheiro José Américo dos Santos e advogado Adolfo de Barros tratando a compra do Caminho de Ferro do Sítio a São João del-Rei.

4 horas — Voltando do Rio de Janeiro a Petrópolis.

7 — Restituído ao meu aposento n.º 39 da ala ocidental do Grand Hotel d'Orléans.

Em Petrópolis.
[*7 de fevereiro*]

Luar esplêndido com Júpiter, Marte, Saturno, Vênus; dia de sol brilhante; tarde maravilhosa.

Temperatura de 18,5° a 23,4° centígrados

5 horas — Acordar, toalete, banho, diário, balancete etc.

7 — Visitando, no Hotel MacDowall, o amigo Thomas H. Linklates, em conferência com o Evaristo Juliano de Sá e o

engenheiro [...] sobre a transferência do Caminho de Ferro de Pitangui.

10½ — Com o engenheiro Antônio Maria de Oliveira Bulhões discutindo as modificações ao seu projeto de melhoramentos urbanos.

12 — Respondendo ao ofício do presidente de Minas de 31 janeiro, fixando em cinco contos o vencimento do engenheiro fiscal do Caminho de Ferro de Pitangui.

2 horas — Pondo em ordem vários documentos das propagandas para abolição, imigração e democracia rural.

6½ — Recebendo na estação o engenheiro William Martineau, que chegara ao meio-dia no paquete *Araucária* e alojando-o no Hotel MacDowall.

Em Petrópolis.
[**8 de fevereiro**]

Luar esplêndido com os mesmos planetas; manhã enublada; dia dúbio; trovoada às quatro e meia da tarde.

Temperatura de 18,5° a 26,8° centígrados

5 horas — Acordar, toalete, banho, diário, balancete etc.

7 — No Hotel MacDowall com os amigos Thomas H. Linklates e William Martineau conferenciando sobre os caminhos de ferro de Pitangui, de Oliveira, de São João del-Rei e

empresa de imigração (Terra Roxa of Brazil Immigration Company Limited).

12 horas — Em passeio de carros com estes amigos por Petrópolis.

1 — Carta ao amigo dr. J. C. Rodrigues em Londres.

2 — Carta ao Charles Glanvill, secretário da companhia Minas Central.

3 — Trabalhando na abolição, imigração, democracia rural etc.

7 horas — Na estação com os amigos Thomas H. Linklates e engenheiro W. Martineau, providenciando sobre a viagem à província de Minas, a 10 de fevereiro (domingo próximo).

Eleito membro do conselho administrativo da Sociedade Propagadora das Belas-Artes, que mantém o admirável Liceu de Artes e Ofícios, fundado pelo amigo e colega arquiteto Bittencourt da Silva.

Em Petrópolis.

[*9 de fevereiro*]

Luar enublado; manhã chuvosa; incessantes aguaceiros durante o dia; muita chuva à tarde.

Temperatura de 17,5° a 20,3° centígrados

5 horas — Acordar, toalete, banho, diário, balancete etc.

7 — Despedindo-me do amigo Thomas H. Linklates, que felizmente, graças ao bom Deus, volta são e salvo para Londres.

11 horas — Respondendo à carta de 19 janeiro do amigo Charles Neate, em Londres, sobre o Caminho de Ferro Conde d'Eu.

12 — E as do engenheiro R. C. Batterbee, diretor dessa estrada de ferro na Paraíba do Norte.

Quarta viagem a Minas. De Petrópolis a Carandaí.
[**10 de fevereiro**]

Noite encoberta; dia sempre escuro e enublado; alguns chuviscos; tarde dúbia.

Temperatura de 16,2° a 23,4° centígrados

2 horas — Acordar, toalete, banho, diário, balancete etc.

4 — No Hotel MacDowall tomando o engenheiro William Martineau, M. Inst. GB.

5 — Partindo com ele de Petrópolis em diligência pela estrada União e Indústria.

10 — Chegando à Estação de Entre Rios. Recebo ali carta do engenheiro Fernandes Pinheiro, presidente do Clube de Engenharia, desculpando-se de não aceitar o lugar de engenheiro em chefe da companhia Minas Central por haver sido convidado pelo ministro da Agricultura para ir à Europa fiscalizar o fornecimento dos caminhos de ferro.

10½ — Telegrafo ao engenheiro Francisco Lobo Leite Pereira,

em Campinas, ex-chefe do engenheiro José Rebouças, oferecendo-lhe o lugar vago com £ 100 por mês.

11 horas — No trem para Carandaí com o senador Lima Duarte promovendo a imigração em Minas.

5½ — Chegando à Estação de Carandaí, obrigado a pernoitar no Hotel do Martinelli por estar interrompida a linha para Cristiano Otoni (Pinheiros do Paraopeba) por desmoronamentos.

(Vide as Notas de Viagem.)

De Carandaí ao pouso do Felipe.
[**11 de fevereiro**]

Muita chuva à noite e pela manhã; dia escuro e chuvoso; grandes aguaceiros à tarde.

Temperatura de 15,9° a 21,8° centígrados

5 horas — Acordar, toalete, banho, diário, balancete etc.

7 — Escrevendo ao dr. Fernandes Pinheiro, presidente do Clube de Engenharia e ao amigo dr. José Carlos Rodrigues, em Londres.

8 — E aos amigos Miguel Antônio Dias e engenheiro José Américo dos Santos, no Rio de Janeiro.

9 — E ao amigo Alfredo d'Escragnolle Taunay, vice-presidente da Sociedade Central de Imigração.

10 — Ao dr. Amarílio de Vasconcelos, oficial de gabinete do ministro da Agricultura, sobre a transformação da estrada União e Indústria em caminho de ferro econômico para imigrantes.

11½ — Partindo de Carandaí a cavalo com o engenheiro William Martineau, consultor da Minas Central.

1½ — Invernando no pouso do Felipe, na serra das Taipas, impossibilitados de prosseguir pelos aguaceiros extraordinários e medonhos lamaçais.

3 horas — Conferenciando com o engenheiro W. Martineau sobre o Caminho de Ferro de Pitangui, seus ramais e futuros prolongamentos.

(Vide as Notas de Viagem.)

Do pouso do Felipe a Brumado.
[**12 de fevereiro**]

Chuviscos à noite; manhã enublada; dia de sol com alguns chuviscos; tarde dúbia.

Temperatura de 16,2° a 23,5° centígrados

5 horas — Acordar, toalete, banho, diário, balancete etc.

7 — Seguindo viagem do pouso do Felipe com o engenheiro William Martineau.

9 — Almoçando no pouso da Boa Vista, junto a São Caetano,

onde encontramos os animais mandados de Brumado pelo amigo João Batista de Oliveira e Souza.

9½ — Continuando viagem para Brumado.

12 horas — Repousando no cruzeiro da serra do Camapuã.

1 — Prosseguindo para Brumado (cidade de Entre Rios).

2½ — Encontrando o amigo Francisco Pacheco de Souza, o prestimoso guia do *divide* dos vales do Paraopeba e do Pará (lagoa Seca).

4½ — Chegando a Brumado e hospedando-me em casa do amigo João Batista de Oliveira e Souza, cognominado o Pai dos Engenheiros da Estrada de Ferro Minas Central.

5 horas — O engenheiro William Martineau hospeda-se em casa do empreiteiro L. E. Ross, da firma Ross & Mathews, Londres.

(Vide as Notas de Viagem.)

Em Brumado (*cidade de Entre Rios*).

[13 *de fevereiro*]

Muita chuva à noite e pela manhã; dia de sol interrompido por fortes aguaceiros.

Temperatura de 18,3° a 24,5° centígrados

5 horas — Acordar, toalete, banho, diário, balancete etc.

7 — Ofício ao presidente da província de Minas dr. Antônio Gonçalves Chaves (remetido pelo engenheiro fiscal dr. Américo Batista de Melo Brandão).

8 — Carta ao secretário Charles Glanvill da companhia Minas Central enviando o primeiro recibo de 417$000 Rs. do ordenado do engenheiro fiscal.

8½ — Carta ao amigo dr. J. C. Rodrigues, em Londres.

9 — No escritório com W. Martineau e L. E. Ross.

10½ — Partindo de Brumado com o João Batista de Oliveira.

11½ — No acampamento do *divide* do ribeirão da Cachoeira, confluente do Brumado, em frente das primeiras águas do Caiuabá, último afluente do Paraopeba, em terras do amigo João Batista de Oliveira e Souza. Distância do *divide* a Brumado = 4 357 metros.

12½ — Na Fazenda da Boa Vista, pertencente a Joaquim Pacheco de Souza, com excelente panorama compreendendo a cidade de Brumado.

2 horas — De volta a esta cidade, em casa do amigo João Batista de Oliveira e Souza.

3 horas — No escritório do empreiteiro L. E. Ross com o engenheiro William Martineau providenciando sobre a preparação das plantas e do orçamento da primeira seção.

(Vide as Notas de Viagem.)

De Brumado a Fazenda do Campo Novo.

[14 *de fevereiro*]

Noite dúbia; luar enublado; chuvisco pela manhã; dia de sol; tarde belíssima no Campo Novo.

Temperatura de 16,5° a 23,2° centígrados

5 horas — Acordar, toalete, banho, diário, balancete etc.

7 — Despedindo-me do engenheiro W. Martineau e do empreiteiro L. E. Ross e de seus engenheiros Hashings Charles Dout, Francis William Large e Alfred Eveness Grant (doente).

9½ — Partindo de Brumado (cidade de Entre Rios).

10½ — No acampamento dos engenheiros Goodson e Henry, encarregados dos estudos do Caminho de Ferro de Brumado à lagoa Seca, *divide*, ou ponto de passagem do vale do Paraopeba para o vale do Pará.

11 horas — Despedindo-me do amigo João Batista de Oliveira e Souza, na Fazenda da Boa Vista, e continuando viagem com o amigo Francisco Pacheco de Souza (seu primo).

11½ — Despedindo-me, nas margens do Caiuabá, dos engenheiros Goodson e Henry.

1 hora — Repousando na Fazenda da Mata, [...], à vista das belas cascatas do ribeirão do Cunha (confluente do ribeirão da Mata, afluente do Caiuabá, tributário do Brumado).

1½ — Prosseguindo viagem.

[...] No *divide* do Cunha e Campo Novo.

[...] Hospedando-me em Campo Novo na casa do amigo Francisco Pacheco de Souza.

(Vide as Notas de Viagem.)

Da Fazenda do Campo Novo a Passa Tempo.

[**15 de fevereiro**]

Noite estrelada com Vênus, Júpiter, Saturno e Marte; madrugada belíssima com lua em minguante; dia de sol.

Temperatura de 17,2° a 25,3° centígrados

5 horas — Acordar, toalete, banho, diário, balancete etc.

7 — Partindo de Campo Novo com o amigo Francisco Pacheco de Souza.

9h — Almoçando na Capela Nova.

10 — Seguindo viagem pelo vale do Pará abaixo, e atravessando o enorme latifúndio da Fazenda do Campo Grande.

12 horas — Passando pelo terreiro desta fazenda para tomar a margem esquerda do Pará.

1½ — Chegando ao arraial ou freguesia de Passa Tempo, hospedando-me em casa do negociante Francisco Chagas de Andrade Sobrinho, no mesmo quarto que no mês de setembro de 1883, na viagem com o amigo engenheiro José Américo dos Santos e ex-deputado João das Chagas Lobato.

3 horas— Em preparativos para continuar a viagem amanhã em direção ao arraial ou freguesia do Japão.

(Vide as Notas de Viagem.)

Do Passa Tempo a Japão.
[**16 de fevereiro**]

Noite estrelada com Vênus, Júpiter, Saturno, Marte etc.; chuviscos pela manhã; dia de sol; tarde dúbia.

Temperatura de 17,5° a 26,3° centígrados

5 horas — Acordar, toalete, banho, diário, balancete etc.

7½ — Partindo de Passa Tempo para o Japão.

9½ — Almoçando na Invejosa, sob a mesma figueira, em que repousamos na primeira viagem de setembro de 1883.

10 horas — Continuando a viagem para Bom Jardim.

12 — Passando pelo pobríssimo povoado do Bom Jardim.

1 hora — Chegando ao arraial do Japão, hospedando-me em casa do Ângelo, prestimoso negociante italiano.

3 horas — Reconhecendo os pontos culminados do Japão: — a serra do Bicudo e a serra da Laje, que dizem ter minas de ouro e antimônio. O que possui certamente o Japão é terra

roxa como a melhor de São Paulo; cafezeiros de três metros de altura. Os três aneroides deram para o Japão a altitude média de 1 200 metros.

(Vide as Notas de Viagem.)

Do Japão a Oliveira.
[*17 de fevereiro*]

Muita chuva à noite; chuviscos pela manhã; dia de sol; trovoada ao anoitecer em Oliveira.

Temperatura de 17,3° a 26,8° centígrados

5 horas — Acordar, toalete, banho, diário, balancete etc.

8½ — Partindo para a cidade de Oliveira seguindo o vale do Japão com a magnífica terra roxa, comparável à melhor da província de São Paulo.

11 — Nas nascentes do Japão Grande, no pobríssimo sítio da Catinga, pertencente ao finado Antônio José da Costa.

11¼ — Almoçando ali com o amigo Francisco Pacheco de Souza, primo de João Batista de Oliveira e Souza.

11½ — Seguindo viagem para Oliveira.

3 horas — Hospedando-me em Oliveira, em casa de d. Maria das Chagas Lobato, mãe do amigo deputado dr. João das Chagas Lobato, no mesmo quarto que em setembro de 1883.

5 horas — Jantar com a família.

7 — Visitado pelo dr. Antônio Justiniano das Chagas, capitalista e fazendeiro José das Chagas Andrada, capitalista Antônio Alves de Moura, interessado na concessão do Caminho de Ferro de Oliveira.

(Vide as Notas de Viagem.)

Em Oliveira.

[**18 de fevereiro**]

Chuva à noite; manhã encoberta; dia de sol; trovoada ao anoitecer.

Temperatura de 16,8° a 26,5° centígrados

5 horas — Acordar, toalete, banho, diário, balancete etc.

7 — Projetando a ligação de Oliveira com o Caminho de Ferro do Rio Verde (Minas and Rio Company Limited) por Lavras.

8 — Esboçando o prolongamento do tronco ocidental de Cristiano Otoni a Brumado e Oliveira a Tamanduá (Itapecerica), Formiga e Piumhi (vale do São Francisco).

10 — Visitando o capitalista Francisco das Chagas Lobato.

12 — Conferenciando com o capitalista José das Chagas Andrada e o dr. Antônio Justiniano das Chagas sobre os caminhos de ferro irradiando de Oliveira.

5 horas — Jantando com vários amigos na casa do capitalista e fazendeiro José das Chagas Andrada.

7 horas — Visitando o capitalista Antônio Alves de Moura interessado na concessão do Caminho de Ferro de Oliveira (7% sobre 4 000 contos).

8½ — Em partida musical em casa do negociante Evaristo das Chagas Andrada.

(Vide as Notas de Viagem.)

De Oliveira à Fazenda da Mata.
[*19 de fevereiro*]

Fortes aguaceiros à noite; manhã enublada; dia dúbio; muita chuva à noite.

Temperatura de 17,5° a 23,8° centígrados

5 horas — Acordar, toalete, banho, diário, balancete etc.

7 — Esboçando um projeto de lei de garantia de juros para estabelecimento de imigrantes proprietários nas margens das estradas de ferro.

10¾ — Partindo de Oliveira a visitas à Fazenda da Mata, no vale do rio Boa Vista, confluente do Itapecerica e do Pará.

1½ — Chegando à Fazenda do Coração do Bom Jesus da Mata do Carmo, pertencente à dona Maria Josefa das Chagas Lobato.

4 horas — Jantar nessa fazenda.

4½ — Continuando pelo vale do rio Boa Vista até o pobríssimo arraial da ermida do Carmo da Mata.

5½ — Chegando a esse arraial e estudando a ligação do vale do Boa Vista com o do rio Japão Grande, que nos conduziu a Oliveira.

6½ — De volta à Fazenda da Mata, riquíssima em cedro, vinhático, óleo-bálsamo etc.

(Vide as Notas de Viagem.)

Da Fazenda da Mata a Oliveira.
[**20 de fevereiro**]

Muita chuva à noite e pela manhã; dia encoberto com alguns chuviscos.

Temperatura de 18,5° a 24,6° centígrados

5 horas — Acordar, toalete, banho, diário, balancete etc.

7¾ — Partindo da Fazenda do Coração do Bom Jesus da Mata, pertencente à dona Maria Josefa das Chagas Lobato (oitocentos alqueires).

10½ — Chegando à sua casa, na cidade de Oliveira, ao largo do Rosário.

12 horas — Visitando o capitão Pedro Justiniano das Chagas,

proprietário da Fazenda das Pedras Negras, no vale do Curral, onde pernoitamos em setembro de 1883.

2 horas — Visitando ao dr. Antônio Justiniano das Chagas, irmão do capitão Pedro, e primeira influência na cidade de Oliveira.

5 horas — Jantar com a família de dona Maria Josefa das Chagas Lobato.

8 horas — Pequeno sarau em família com piano e flauta, dois violinos e um violão.

(Vide as Notas de Viagem.)

De Oliveira a Santo Antônio do Amparo.

[*21 de fevereiro*]

Chuviscos à noite; sol pela manhã; grandes aguaceiros ao meio-dia, em diante.

Temperatura de 17,3° a 25,7° centígrados

5 horas — Acordar, toalete, banho, diário, balancete etc.

9½ — Partindo de Oliveira acompanhado pelo dr. Antônio Justiniano das Chagas e muitos outros amigos.

10 horas — Atravessando a Fazenda do Diamante de Salatiel de Faria Lobato.

10¾ — Na ponte de madeira do Bom Jardim sobre o Jacaré em grande enchente.

12 — Passando pela fazenda do dr. Antônio e do capitão Pedro Justiniano das Chagas Andrada, imenso latifúndio de 1 330 alqueires pelo título de compra.

1 hora — Atravessando a fazenda do capitão Carlos Ribeiro, com edifícios em ruína e deserta como todos os latifúndios desta zona.

2½ — Passando pela fazenda do tenente-coronel João Ribeiro.

5¼ — Chegando ao pobríssimo arraial de Santo Antônio do Amparo, sob enorme aguaceiro.

5¾ — Pousando depois de grande dificuldade em casa de Salviano Rodrigues Teixeira.

(Vide as Notas de Viagem.)

De Santo Antônio do Amparo a Lavras.
[*22 de fevereiro*]

Muita chuva à noite; aguaceiros pela manhã; alguns raios de sol à tarde.

Temperatura de 16,9° a 22,3° centígrados

5 horas — Acordar, toalete, banho, diário, balancete etc.

8 — Partindo de Santo Antônio do Amparo.

9½ — Atravessando o pobríssimo povoado do Carvalho (38 palhoças).

11 horas — Parando para almoçar nas palhoças da Guarita, região estéril e pobre.

11½ — Seguindo viagem para a ponte do Funil (rio Grande).

3 horas — Na ponte sobre o Funil. Aspecto geral mais lúgubre do que o da ponte do Miranda, sobre o Pará, junto de Pitangui. Inúmeros rápidos. Águas [...] pelas contínuas chuvas.

3½ — Seguindo viagem para a cidade de Lavras.

4 horas — Repousando na venda da cachoeira do ribeirão dos Carvalhos.

4h45 — Seguindo para a cidade de Lavras.

6h — Chegando a essa cidade e hospedando-me em casa do comendador Esteves, na praça principal.

(Vide as Notas de Viagem.)

Na cidade de Lavras do Funil.

[*23 de fevereiro*]

Noite encoberta; muita neblina pela manhã; dia de sol belíssimo com suave brisa; tarde brilhante.

Temperatura de 15,2° a 19,5° centígrados

5 horas — Acordar, toalete, banho, diário, balancete etc.

7 — Carta ao dr. Antônio Justiniano das Chagas, agradecendo a condução de Oliveira a Lavras.

8h — Estudando a navegabilidade do rio Grande na planta-geral desde a barra do ribeirão Vermelho até a cachoeira da Bocaina, levantada pelo engenheiro Julio Borell du Vernay em maio de 1856.
12h — Conferência com o dr. José Jorge da Silva Filho atual empresário da navegação do rio Grande.

(Vide as Notas de Viagem.)

De Lavras à Fazenda da Chamusca ou de Caxambu.
[*24 de fevereiro*]

Noite estrelada; manhã clara; dia de sol interrompido por trovoada e chuviscos às três da tarde.

Temperatura de 16,3° a 22,7° centígrados

5 horas — Acordar, toalete, banho, diário, balancete etc.
7½ — Observando os aneroides que deram 876 metros para altitude da cidade de Lavras, um tipo de Higienópolis.
8½ — Partindo da cidade de Lavras, depois de grande dificuldade em obter condução.
9½ — Atravessando campos belíssimos, mais planos do que quaisquer vistos em Minas, cortados por serras graníticas, dentilhadas e pitorescas.
11 horas — Parando para almoçar no rancho da Cachoeirinha, junto à serra da Bocaina.

11½ — Seguindo viagem.

1½ — Passando quase a nado o ribeirão da Bocaina.

2 horas — Atravessando a ponte nova sobre o ribeirão do Cerro ou da Barra, ao sair da Fazenda da Barra.

3¼ — O cargueiro fraquíssimo impossibilita continuar viagem.

3h40 — Obrigado a pousar na Fazenda do Chamusca ou de Caxambu de Antônio Severiano de Gouveia.

(Vide as Notas de Viagem.)

Da Fazenda da Chamusca ao arraial dos Três Corações.

[*25 de fevereiro*]

Noite estrelada; manhã clara; dia de sol; trovoada e aguaceiros às duas da tarde.

Temperatura de 18,3° a 24,5° centígrados

5 horas — Acordar, toalete, banho, diário, balancete etc.

5½ — Seguindo viagem para o arraial dos Três Corações termo do Caminho de Ferro do Rio Verde (Minas & Rio Company).

7¾ — No vau do rio dos Branquinhos ou da Boa Vista.

8 horas — Parando para almoçar no pouso do alemão Carlos.

8¾ — Seguindo viagem.

3h — Chegando aos Três Corações e hospedando-me no hotel

da d. Balduína com o amigo e companheiro de viagem Francisco Pacheco de Souza.

(Vide as Notas de Viagem.)

Na freguesia dos Três Corações ao rio Verde.
[*26 de fevereiro*]

Noite encoberta; muita neblina pela manhã; aguaceiros das nove às doze; tarde encoberta e dúbia.

Temperatura de 19,3° a 24,5° centígrados

5 horas — Acordar, toalete, banho, diário, balancete etc.

$6\frac{1}{4}$ — Atravessando o rio Verde em barca guiada por um cabo (vaivém); estando quebrada a ponte de madeira de cerca de oitenta metros de vão.

$6\frac{1}{2}$ — Pedindo pelo telefone locomotiva para seguir para Estação do Cruzeiro; até às nove e meia foi impossível obter comunicação por preguiça e embriaguez dos empregados.

10 horas — Almoçando com o companheiro de viagem Francisco Pacheco de Souza no Hotel dos Três Corações da viúva d. Balduína.

12 horas — Coordenando as Notas de Viagem.

3 horas — Escrevendo ao amigo dr. J. C. Rodrigues em Londres sobre ligação de Oliveira a Santos e Rio de Janeiro pelo

traçado que acabo de percorrer (vales do Jacaré, do Servo e do rio Verde); abolição, imigração, obras completas de Henry George e vinda de Joaquim Nabuco ao Rio de Janeiro, companhia Minas Central.

6 horas — Visitando a Estação dos Três Corações e examinando a locomotiva em depósito.

(Vide as Notas de Viagem.)

Em Três Corações do Rio Verde.
[*27 de fevereiro*]

Aguaceiros à noite; manhã enublada; dia de sol encoberto; fortes aguaceiros à tarde.

5 horas — Acordar, toalete, banho, diário, balancete etc.

7 — Carta ao engenheiro José Américo dos Santos, prevenindo da inesperada demora em Três Corações.

8 — Esboçando o artigo — "Cercas para os lotes de imigrantes".

12 horas — Na estação da estrada de ferro pedindo debalde ao engenheiro Hervey da Silva uma locomotiva para transportar-me ao Caminho de Ferro D. Pedro ii, e só hoje, pela manhã, conseguiu-se comunicar com a estação do entroncamento (Cruzeiro)!!

2 horas — Projetando a ligação da rede da companhia Minas Central com a baía de Parati a ilha Grande pelo vale do Aiuruoca.

7 horas — Chega um trem do Cruzeiro trazendo os engenheiros Hervey da Silva e Cristiano Carneiro Ribeiro da Luz, filho do senador Joaquim Delfino Ribeiro da Luz, fazendeiro no município da Cristina, lorde protetor do escandalosíssimo Caminho de Ferro do Rio Verde (Minas & Rio Railway Co., Limited, Waring Brothers, London Contractors).

(Vide as Notas de Viagem.)

De Três Corações à Estação do Cruzeiro.
[**28 de fevereiro**]

Muita chuva à noite; manhã encoberta; dia dúbio; fortes aguaceiros.

Temperatura de 16,3° a 22,8° centígrados

5 horas — Acordar, toalete, banho, diário, balancete etc.

6½ — Telegrafando aos engenheiros Burnier & Rademaker, diretores do Caminho de Ferro de D. Pedro II pedindo locomotiva da Estação do Cruzeiro à da Barra do Piraí.

7 horas — Escrevendo ao amigo dr. J. C. Rodrigues sobre o escândalo do Caminho de Ferro do Rio Verde (Minas & Rio Railway Co., Limited).

8 horas — Chega das minas do ouro de São Gonçalo da Campanha o engenheiro Herbert E. Hunt, chefe do Caminho de Ferro do Rio Verde.

10 — Partindo para a Estação do Cruzeiro.

11 — Na ponte de ferro de 26 metros sobre o Lambari.

11½ — Passando pelos rápidos do Jurumirim, formado pela serra de São Tomé das Letras (Itacolomito).

12 horas — Na ponte da Conceição (três vãos em treliça de ferro).

12h05 — Na Estação da Conceição do Rio Verde.

3h40 — Na boca do túnel da Mantiqueira entre Passa Quatro (província de Minas) e Passa Vinte (província de São Paulo).

4½ — Chegando à Estação do Cruzeiro.

5h — Hospedando-me no chalé do engenheiro H. E. Hunt, no mesmo quarto em que estiveram o conde d'Eu e a princesa imperial em 23 e 25 junho de 1882.

(Vide as Notas de Viagem.)

Do Cruzeiro à Estação de Entre Rios.
[*29 de fevereiro*]

Muita chuva à noite e pela manhã; dia de sol enublado; tarde belíssima no vale do Paraopeba.

Temperatura de 19,4° a 24,5° centígrados

5 horas — Acordar, toalete, banho, diário, balancete etc.

6½ — Visitando com o engenheiro Hunt a estação e as oficinas do Cruzeiro da companhia (Minas & Rio).

7h20 — Partindo da Estação do Cruzeiro pelo Caminho de Ferro de D. Pedro II.

8h05 — Partindo pela estação de Queluz de São Paulo.

1½ — Chegando à Barra do Piraí.

2½ — Partindo para a Estação de Entre Rios.

8 horas — Chegando e já pernoitando no Hotel da Estação com o amigo e companheiro de viagem Francisco Pacheco de Souza.

(Vide as Notas de Viagem.)

Da Estação de Entre Rios a Petrópolis.

[*1.º de março*]

Luar em crescente junto a Vênus; Saturno, Júpiter e Marte ao anoitecer; neblina pela manhã; dia de sol.

5 horas — Acordar, toalete, banho, diário, balancete etc.

7 — Recebendo a correspondência dirigida para Estação de Entre Rios.

9 — Almoçando com o engenheiro residente Mariano de Azevedo Moreira.

10 — Despedindo-me de Francisco Pacheco de Souza, que seguiu no trem para Carandaí.

11 horas — Partindo em diligência para Petrópolis.

5½ — Chegando a Petrópolis e hospedando-me no meu aposento n.º 39 (primeiro andar, Grand Hotel d'Orléans).

Em Petrópolis. Grand Hotel d'Orléans, aposento n.º 39.
[**2 de março**]

Noite maravilhosa de crescente entre Vênus e Júpiter; manhã belíssima; dia de sol; tarde clara.

5 horas — Acordar, toalete, banho, diário, balancete etc.

6¾ — Telegrama ao engenheiro Francisco Lobo Leite Pereira, em Campinas, urgindo para sua ida para Brumado.

8½ — Carta ao engenheiro Herbert E. Hunt pedindo o perfil do seu Caminho de Ferro do Rio Verde (Minas & Rio).

11 horas — Coordenando as notas da viagem à província de Minas.

3/3 a
5/4/1884

18.
ABOLIÇÃO NO CEARÁ

Em Petrópolis e no Rio de Janeiro.

[*3 de março*]

Noite belíssima com lua em crescente, planetas e estrelas; manhã clara; dia de sol; raras nuvens à tarde.

Temperatura de 10,5° a 29,6° centígrados

5 horas — Acordar, toalete, banho, diário, balancete etc.

7 — Descendo de Petrópolis para o Rio de Janeiro.

10 — Com o negociante James G. Bellamy e o concessionário dr. C. T. de Bustamante tratando do Caminho de Ferro de Pitangui.

11 horas — Na Gazeta da Tarde com os amigos Miguel A. Dias, J. F. Clapp, Luiz de Andrade etc., promovendo a propaganda abolicionista. Inicio a propaganda da nacionalização do solo — Henry George.

11½ — Na Escola Politécnica tratando do Gabinete de Engenharia Civil e dos exames da segunda turma.

12 horas — No Clube de Engenharia, assinando o parecer sobre carris urbanos (Copacabana).

1 hora — Na Sociedade Central de Imigração com os amigos

presidente Rohan, vice-presidente A. d'E. Taunay e diretor de mesa engenheiro José Américo dos Santos.

2 horas — Cobrando do gerente da companhia do gás favores para a quermesse em honra ao Ceará promovida pela Confederação Abolicionista.

3 horas — Assinando a petição para levantamento de £ 250 000 pela companhia Minas Central para construção dos 56 quilômetros da primeira seção (Cristiano Otoni— Brumado) redigida pelo dr. Gonzaga, advogado do dr. Bustamante.

4 horas — Voltando para Petrópolis.

Em Petrópolis.

[*4 de março*]

Lua entre Saturno e Aldebarã; Vênus, Júpiter, Marte etc.; manhã enublada; dia de sol dúbio; chuviscos à tarde.

Temperatura de 18,7° a 23,2° centígrados

5 horas — Acordar, toalete, banho, diário, balancete etc.

7 — Carta ao Joaquim Nabuco sobre abolição, monopólio territorial, nacionalização do solo etc.

9 — Abrindo um crédito de £ 100 em Londres (Norton, Megaw & Co.) para a vinda de Joaquim Nabuco.

11 horas — Visita à família do amigo Alfredo de Barros.

1 — Visita-me o colega dr. José de Saldanha da Gama, lente de botânica da Escola Politécnica.

2 horas — Carta ao amigo João Batista de Oliveira e Souza, em Brumado, abrindo crédito de £ 100 ao engenheiro Francisco Lobo Leite Pereira e de Rs. 1:000$000 para o amigo Francisco Pacheco de Souza para os estudos do Caminho de Ferro de Pitangui.

Em Petrópolis e no Rio de Janeiro.
[*5 de março*]

Chuvisco à noite; dia mais ou menos encoberto; neblina e chuva ao anoitecer em Petrópolis.

Temperatura de 18,5° a 26,7° centígrados

5 horas — Acordar, toalete, banho, diário, balancete etc.

7 — Descendo de Petrópolis pelo Caminho de Ferro Riggenbach.

10 — Com o negociante James Grainger Bellamy tratando da companhia Minas Central.

11 — Na Escola Politécnica tratando dos exames dos alunos do meu curso.

11½ — Na Gazeta da Tarde promovendo a propaganda abolicionista.

12 horas — No Clube de Engenharia com os amigos engenheiro José Américo dos Santos e Miguel Antônio Dias.

1 hora — No Ministério das Obras Públicas, aconselhando a mudança de bitola no prolongamento do Caminho de Ferro de D. Pedro II pelo rio das Velhas, e tratando dos caminhos de ferro Conde d'Eu e de Pitangui.

2 horas — Na Sociedade Central de Imigração com os amigos Rohan, Taunay, Enes de Souza etc.

4 horas — Voltando para Petrópolis.

Em Petrópolis.

[**6 de março**]

Chuva à noite; chuviscos pela manhã; dia de sol; aguaceiros das três da tarde.

Temperatura de 18,2° a 22,0° centígrados

5 horas — Acordar, toalete, banho, diário, balancete etc.

7 — Fazendo o *account* da companhia Minas Central até 8 março 1884.

11 — Escrevendo ao Charles Glanvill, secretário dessa companhia, sobre os últimos trabalhos.

12 — Escrevendo ao amigo Carlos Rodrigues em Londres, sobre abolição, imigração — nacionalização do solo — propaganda de Henry George — vinda de Joaquim Nabuco ao Brasil — comissão do engenheiro Fernandes Pinheiro, presidente do clube, à Europa.

2 horas — Remetendo ao amigo Charles H. Linklates vários extratos de jornais sobre engenhos centrais e recomendando ao amigo J. C. Rodrigues sua viagem a Minas em julho (abertura da Assembleia Provincial) para contrato de imigrantes.

3 horas — Redigindo um manifesto de gratidão do Clube de Engenharia ao seu presidente fundador Antônio Augusto Fernandes Pinheiro.

3½ — E uma notícia para a *Gazeta da Tarde* da carteira do engenheiro do colega Francisco Picanço.

Em Petrópolis e no Rio de Janeiro.

[*7 de março*]

Chuva à noite; dia escuro e chuvisco no Rio de Janeiro e em Petrópolis.

Temperatura de 19,2° a 22,5° centígrados

5 horas — Acordar, toalete, banho, diário, balancete etc.

7 — Descendo de Petrópolis pelo Caminho de Ferro Riggenbach.

10 — Na rua Direita no armazém do negociante James Grainger Bellamy, providenciando sobre a companhia Minas Central.

11 horas — No Ministério das Obras Públicas tratando dessa companhia e da do Caminho de Ferro Conde d'Eu.

12 — Na Escola Politécnica em exames dos alunos do meu curso.

1½ — Na Sociedade Central de Imigração com o amigo A. d'E. Taunay.

2½ — No Clube de Engenharia com os amigos Miguel Antônio Dias e engenheiro José Américo dos Santos.

4 horas — Voltando para Petrópolis.

Em Petrópolis.

[**8 de março**]

Chuviscos à noite; alguns raios de sol pela manhã; aguaceiros principalmente à tarde.

Temperatura de 18,3° a 22,4° centígrados

5 horas — Acordar, toalete, banho, diário, balancete etc.

7 — Com o empreiteiro L. E. Ross, no Hotel MacDowall, dando-lhe instruções para a visita do Caminho de Ferro do Rio Verde (Minas & Rio) e recomendando-o ao engenheiro Herbert E. Hunt.

11 horas — Escrevendo ao engenheiro Charles Glanvill, secretário da companhia Minas Central.

1 hora — Recebendo provas do panfleto — "Henry George — Nacionalização do solo — Apreciação da propaganda para abolição do monopólio territorial na Inglaterra", por Joaquim Nabuco.

2 horas — Recebendo telegrama do engenheiro Francisco

Lobo Leite Pereira, recém-chegado de Campinas (São Paulo) para dirigir a continuação do Caminho de Ferro de Pitangui, prometendo estar amanhã aqui.

Em Petrópolis.
[**9 de março**]

Chuviscos à noite; neblina pela manhã; dia escuro e chuvoso, grandes aguaceiros à tarde.

Temperatura de 17,5° a 28,8° centígrados

5 horas — Acordar, toalete, banho, diário, balancete etc.

7 — No Hotel MacDowall, dando ao engenheiro W. Martineau o artigo do geólogo Derby sobre os cafezais das províncias de Minas Gerais e São Paulo.

8½ — Escrevendo ao amigo dr. J. C. Rodrigues em Londres, sobre os caminhos de ferro Conde d'Eu, Minas Central e empresas de imigração.

10½ — Visita-me e almoça comigo no Hotel Orléans o amigo engenheiro Francisco Lobo Leite Pereira.

12½ — No Hotel MacDowall em conferência com meu amigo, o engenheiro William Martineau e o empreiteiro L. E. Ross sobre o Caminho de Ferro de Pitangui.

4 horas — Despedindo-me do engenheiro Lobo na estação do Caminho de Ferro de Petrópolis.

Em Petrópolis e no Rio de Janeiro.

[*10 **de março***]

Muita chuva à noite; dia dúbio no Rio de Janeiro; grande trovoada ao anoitecer em Petrópolis.

Temperatura de 17,8° a 22,1° centígrados

5 horas — Acordar, toalete, banho, diário, balancete etc.

7 — Descendo de Petrópolis pelo Caminho de Ferro Riggenbach.

10 — Em conferência com o negociante Bellamy e os empresários Bustamante e Evaristo Juliano de Sá sobre a companhia Minas Central.

11 — Na Gazeta da Tarde, na propaganda abolicionista.

12 — Na Sociedade Central de Imigração com os amigos Rohan, Taunay etc.

2½ — No Ministério das Obras Públicas, mostrando ao engenheiro Francisco Lobo Leite Pereira os trabalhos para as cartas dos vales do Pará e do Paraopeba, para a carta-guia dos imigrantes na província de Minas Gerais.

4 horas — Voltando para Petrópolis.

Em Petrópolis.
[**11 de março**]

Aguaceiros até meia-noite; manhã belíssima; dia de sol até às duas; neblina e muita chuva à tarde.

Temperatura de 18,3° a 22,8° centígrados

5 horas — Acordar, toalete, banho, diário, balancete etc.

7 — Respondendo à carta do dr. Queiroz Carreira, em Ouro Preto, sobre emprego no Caminho de Ferro de Pitangui e aconselhando-lhe o estabelecimento de um colégio em Brumado (cidade de Entre Rios).

8 horas — Preparando o primeiro artigo da série a publicar no *Jornal do Commercio* — "Centro Abolicionista da Escola Politécnica — Nacionalização do solo pelo Imposto Territorial Geometricamente Progressivo I — Documentos contra o monopólio territorial no Império do Brasil".

11 horas — Continuando os estudos sobre imposto territorial.

Em Petrópolis e no Rio de Janeiro.
[**12 de março**]

Muita chuva à noite e pela manhã; dia muito chuvoso no Rio de Janeiro e em Petrópolis.

Temperatura de 17,5° a 24,1° centígrados

5 horas — Acordar, toalete, banho, diário, balancete etc.

7 — Partindo para o Rio de Janeiro pelo caminho de ferro.

10 — No Clube de Engenharia conferenciando com o engenheiro Francisco Lobo Leite Pereira, e permitindo-lhe aceitar a direção das obras do prolongamento da Estrada de Ferro de D. Pedro II.

11 horas — Na Gazeta da Tarde, na propaganda abolicionista.

12 — Na Escola Politécnica, em exames dos alunos.

$1\frac{1}{2}$ — Na Sociedade Central de Imigração com os amigos Taunay, Rohan etc.

$2\frac{1}{2}$ — No Ministério das Obras Públicas, tratando dos caminhos de ferro Conde d'Eu e Minas Central.

6 horas — No restaurante do Globo, no jantar oferecido pelo presidente do clube engenheiro A. Fernandes Pinheiro.

10 horas— Pernoitando no Grand Hotel (Aurélio, proprietário) à rua do Marquês de Abrantes (Botafogo).

No Rio de Janeiro e em Petrópolis.

[**13 de março**]

Muita chuva à noite; manhã enublada; dia dúbio; chuviscos à noite e neblina em Petrópolis.

Temperatura de 18,3° a 26,1° centígrados

5 horas — Acordar, toalete, banho, diário, balancete etc.

7 — Escrevendo ao presidente de Minas sobre a carta-guia dos imigrantes na província de Minas Gerais e tirando cópia para ser publicada no *Jornal do Commercio*.

10 — Na Escola Politécnica, em conferência com o amigo e colega A. G. Paulo de Frontin sobre o Centro Abolicionista.

11 horas — Na Gazeta da Tarde, na propaganda abolicionista.

12 — No Clube de Engenharia com o amigo engenheiro José Américo dos Santos.

1½ — Na Tipografia do Rio News, acelerando a preparação dos panfletos — "Henry George — Nacionalização do solo".

2½ — Na Sociedade Central de Imigração com os amigos Rohan, Taunay etc.

4 horas — Voltando para Petrópolis.

Em Petrópolis.

[*14 de março*]

Luar pela madrugada; sol entre nuvens pela manhã; tarde dúbia com alguma neblina.

Temperatura de 15,8° a 23,2° centígrados

5 horas — Acordar, toalete, banho, diário, balancete etc.

7 — Escrevendo ao amigo João Batista de Oliveira e Souza, de Brumado, para preveni-lo de estar o dr. Lobo nomeado engenheiro do Caminho de Ferro de D. Pedro II.

8 — Trabalhando nas propagandas — "Nacionalização do solo pelo Imposto Territorial Geometricamente Progressivo" — "Democracia rural" etc.

11h — Carta ao amigo dr. j. c. Rodrigues em Londres, explicando o modo singular por que o Governo privou a Minas Central dos engenheiros Fernandes Pinheiro e Francisco Lobo Leite Pereira, extensão do caminho de ferro para Oliveira, Caminho de Ferro Conde d'Eu, imigração etc.

8½ — Recebo os dez primeiros panfletos — "Henry George — Nacionalização do solo — Apreciação da propaganda para abolição do monopólio territorial na Inglaterra", por Joaquim Nabuco.

Em Petrópolis.
[*15 de março*]

Noite estrelada; sol entre nuvens de gaze de seda pela manhã; ameaças de trovoada à tarde.

Temperatura de 15,9° a 24,6° centígrados

5 horas — Acordar, toalete, banho, diário, balancete etc.

7 — No Hotel MacDowall, com o engenheiro William Martineau, examinando os orçamentos dos 56 quilômetros da primeira seção do caminho de ferro da companhia Minas

Central [Cristiano Otoni ou Pinheiros do Paraopeba a Brumado, cidade de Entre Rios].

9 — Preparando o segundo artigo da série — "Centro Abolicionista da Escola Politécnica — Nacionalização do solo pelo Imposto Territorial Geometricamente Progressivo".

12 horas — Visitando o edifício do antigo Colégio Kopke onde tive o n.º 5 inicial em 1850 e 1851.

4½ — Jantando no Hotel Bragança com o amigo de infância engenheiro Antônio Paulo de Melo Barreto, presidente-fundador da Companhia Leopoldina.

8 horas — Visita-me o engenheiro William Martineau e comunica-me o seguinte telegrama — *London, 14 March 2h30 — Martineau John Moore & Co. Rio. Haston payment interest overdue, also admission fresh issue; everything prepared here — Wire sanction — Minas Central —*

Em Petrópolis.

[*16 de março*]

Luar incinerado; manhã e dia de sol; algumas nuvens à tarde.

Temperatura de 16,1° a 28,1° centígrados

5 horas — Acordar, toalete, banho, diário, balancete etc.

7 horas — No Hotel MacDowall conferenciando com o

engenheiro W. Martineau sobre as providências a tomar amanhã para acelerar as resoluções do presidente de Minas.
8 horas — Respondendo à carta de 18 fevereiro do presidente A. H. Phillpotts (Caminho de Ferro Conde d'Eu, Paraíba).
11 horas — Continuando os estudos sobre Imposto Territorial.

Quebramento da bitola da [Estrada de Ferro D. Pedro II].[15]

Petrópolis e Rio de Janeiro.
[*17 de março*]

Noite incinerada; manhã clara; dia de sol; tarde esplêndida em Petrópolis.

Temperatura de 15,3° a 22,6° centígrados

5 horas — Acordar, toalete, banho, diário, balancete etc.
7 horas — Partindo para o Rio pelo Caminho de Ferro Riggenbach.
10 — Com o negociante J. G. Bellamy tratando da companhia Minas Central.
11 horas — Na Gazeta da Tarde, na propaganda abolicionista.
12 — Na Tipografia do Rio News providenciando sobre a distribuição dos panfletos — "Henry George — Nacionalização do solo".

1 hora — No Ministério das Obras Públicas trabalhando na confecção da carta da província de Minas.

2½ — Na Sociedade Central de Imigração com os amigos Taunay, Rohan etc.

3 horas — No Clube de Engenharia com o amigo engenheiro José Américo dos Santos.

4 horas — Voltando para Petrópolis.

Em Petrópolis.

[**18 de março**]

Noite estrelada com Vênus, Júpiter, Saturno, Marte etc., Lua junto a Antares; manhã belíssima; dia de sol; tarde maravilhosa.

Temperatura de 16,1° a 23,4° centígrados

5 horas — Acordar, toalete, banho, diário, balancete etc.

7 — No Hotel MacDowall com o empreiteiro L. E. Ross do Caminho de Ferro de Pitangui (Minas Central).

8 — Carta ao amigo Joaquim Serra, em Nova Friburgo, sobre nacionalização do solo, Joaquim Nabuco, propaganda abolicionista e liberdade de consciência.

9 — Dando ao ministro do Império Maciel quatro panfletos — "Henry George — Nacionalização do solo".

12 — Esboçando a tabela-tipo para o Imposto Territorial Geometricamente Progressivo.

O *Jornal do Commercio* publica o segundo entrelinhado — "Centro Abolicionista da Escola Politécnica — Nacionalização do solo pelo Imposto Territorial — I — Documentos contra o monopólio territorial no Império do Brasil".

Em Petrópolis.
[*19 de março*]

Noite belíssima com Vênus, Júpiter, Saturno, Marte etc.; manhã maravilhosa; dia de sol; trovoada à tarde

Temperatura de 17,2° a 24,3° centígrados

5 horas — Acordar, toalete, banho, diário, balancete etc.

7 — No Hotel MacDowall conferenciando com o empreiteiro L. E. Ross (Caminho de Ferro Minas Central).

8 — Respondendo às cartas de 14 e 15 março do dr. Queiroz Carreira, em Ouro Preto, sobre aprovação das plantas da primeira seção.

9 — Preparando o terceiro artigo da série — "Centro Abolicionista da Escola Politécnica — Nacionalização do solo pelo Imposto Territorial Geometricamente Progressivo".

12 — Continuando os estudos e cálculos para essa propaganda — abolição — democracia rural etc.

7 horas — No Hotel MacDowall conferenciando com o enge-

nheiro W. Martineau e despedindo-me do empreiteiro L. E. Ross e do seu secretário Bithell, que voltam amanhã para Brumado (cidade de Entre Rios).

Em Petrópolis.
[**20 *de março***]

Noite estrelada com Vênus, Júpiter, Saturno, Marte etc., Lua junto a Antares; manhã belíssima; dia de sol; tarde clara.

Temperatura de 15,2° a 22,9° centígrados

5 horas — Acordar, toalete, banho, diário, balancete etc.

7 — No Hotel MacDowall verificando terem voltado para Brumado (cidade de Entre Rios) o empreiteiro L. E. Ross e seu secretário Bithell.

8h — Continuando os estudos para as propagandas: abolição — nacionalização do solo — democracia rural.

12 — Lendo e anotando os artigos do *Pall Mall Budget* de 11 janeiro 1884 — "A Plain Word to Mr George", e — "With Mr Henry George at St James Hall".

Petrópolis e Rio de Janeiro.

[**21 de março**]

Noite estrelada com Vênus, Júpiter, Saturno, Marte etc., manhã clara; dia de sol; nuvens à tarde.

Temperatura de 14,8° a 24,5° centígrados

5 horas — Acordar, toalete, banho, diário, balancete etc.

7 — Descendo para o Rio pelo Caminho de Ferro Riggenbach.

10 — Com o negociante James Grainger Bellamy tratando do Caminho de Ferro da companhia Minas Central.

11 horas — Na Gazeta da Tarde providenciando sobre os festejos para emancipação do Ceará com os amigos J. F. Clapp, Miguel Antônio Dias etc.

12 horas — Na Escola Politécnica, melhorando o Gabinete de Engenharia Civil.

1 hora — No Ministério das Obras Públicas trabalhando na carta-guia dos imigrantes na província de Minas.

2½ — Na Sociedade Central de Imigração com os amigos Taunay, Rohan etc.

4 horas — Voltando para Petrópolis.

Em Petrópolis.
[*22 de março*]

Noite bela como a anterior; manhã clara; dia de sol; algumas nuvens à tarde.

Temperatura de 16,2° a 22,5° centígrados

5 horas — Acordar, toalete, banho, diário, balancete etc.

7 — Respondendo à carta do velho amigo e colega engenheiro Zózimo Barroso, em convalescência no Tirol.

8 — E a do amigo Joaquim Nabuco em Londres, propondo um Congresso Abolicionista Internacional no Rio de Janeiro.

11 — Delineando o programa geral desse Congresso Internacional Abolicionista.

2 horas — Comunicando ao amigo Joaquim Serra, em Nova Friburgo, um extrato desse programa.

3 horas — Visitando o amigo de infância Antônio Paulo de Melo Barreto, presidente da Companhia Leopoldina, e ao capitalista Eliezer Ribeiro das Chagas, recém-chegado de Oliveira (Minas).

O *Jornal do Commercio* publica o terceiro entrelinhado — "Centro Abolicionista da Escola Politécnica — Nacionalização do solo pelo Imposto Territorial Geometricamente Progressivo — 1 — Documentos contra o monopólio territorial no Império do Brasil".

Em Petrópolis.

[**23 de março**]

Noite belíssima com Vênus, Júpiter, Saturno, Marte etc.; manhã clara; dia de sol; tarde clara.

Temperatura de 16,7° a 23,8° centígrados

5 horas — Acordar, toalete, banho, diário, balancete etc.

7 — No Hotel MacDowall, com o engenheiro W. Martineau, concordando na resposta ao telegrama da Minas Central, recebido ontem à noite e datado de Londres em 20 março (2h40 da tarde).

8 horas — Preparando o quarto artigo da série — "Centro Abolicionista da Escola Politécnica — Nacionalização do solo pelo Imposto Territorial Geometricamente Progressivo".

9 — Redigindo o quinto artigo desta série.

12 — Continuando os estudos sobre Imposto Territorial.

Em Petrópolis.

[**24 de março**]

Noite estrelada; dia com raras nuvens; tarde clara no Rio de Janeiro.

Temperatura de 17,1° a 24,2° centígrados

5 horas — Acordar, toalete, banho, diário, balancete etc.

7 — Descendo para o Rio no Caminho de Ferro Riggenbach.

10 — Com o negociante James G. Bellamy tratando da companhia Minas Central.

11h — Na Gazeta da Tarde e no Polytheama nos preparativos para o festival de amanhã.

1 hora — Na Escola Politécnica em conferência com os colegas do Centro Abolicionista.

2 horas — No Clube de Engenharia com os amigos Miguel Antônio Dias e engenheiro José Américo dos Santos.

3 horas — Remetendo para os amigos das províncias os panfletos — "Henry George — Nacionalização do solo".

6 horas — No restaurante do Globo, no jantar oferecido pelo Clube de Engenharia ao presidente A. Fernandes Pinheiro.

10 horas — Pernoitando no Grand Hotel, à rua do Marquês de Abrantes (Botafogo).

No Rio de Janeiro.

[**25 de março**]

Noite belíssima com Vênus, Júpiter, Saturno, Marte etc.; manhã esplêndida; dia de sol claro e ventilado.

Temperatura de 22,5° a 28,6° centígrados

5 horas — Acordar, toalete, banho, diário, balancete etc.

Dirigindo a quermesse da Confederação Abolicionista no Teatro Polytheama, à rua do Lavradio, das sete da manhã às dez da noite. Redijo ali mesmo a saudação ao Ceará.

10 horas — Pernoitando no Grand Hotel à rua do Marquês de Abrantes (em Botafogo).

No Rio e em Petrópolis.
[**26 de março**]

Noite estrelada; manhã enublada; chuviscos durante o dia; aguaceiros à tarde em Petrópolis.

Temperatura de 23,2° a 26,4° centígrados

5 horas — Acordar, toalete, banho, diário, balancete etc.

7 — No Polytheama, providenciando sobre a continuação da quermesse da Confederação Abolicionista.

9 — No Clube de Engenharia, remetendo para os amigos Rodrigues e J. Nabuco, em Londres, as publicações festivas de ontem em honra ao Ceará.[16]

12 — Na Gazeta da Tarde, na Escola Politécnica e na Sociedade Central de Imigração.

4h — Voltando para Petrópolis.

O *Jornal do Commercio* publica o meu artigo — "Confederação Abolicionista — Saudação ao Ceará".[17]

O *Jornal do Commercio* publica o quarto entrelinhado da série — "Nacionalização do solo pelo Imposto Territorial Geometricamente Progressivo".

Em Petrópolis.

[*27 de março*]

Aguaceiros à noite; manhã clara; dia de sol; neblina e chuva às quatro da tarde.

      Temperatura de 16,1° a 22,5° centígrados

5 horas — Acordar, toalete, banho, diário, balancete etc.

7 — Pondo em ordem os documentos abolicionistas do glorioso dia 25 de março 1884.

8 — Escrevendo ao amigo Miguel A. Dias sobre o Congresso Abolicionista, quermesse cearense etc.

9 — E ao amigo dr. J. C. Rodrigues em Londres, sobre abolição, imigração, Minas Central etc.

10 — E ao amigo Joaquim Serra, em Nova Friburgo sobre o Congresso Internacional Abolicionista, libertação da rua da Uruguaiana, do subúrbio do Engenho Novo etc.

1 hora — Continuando os trabalhos de propaganda para abolição — democracia rural etc.

Em Petrópolis.
[**28 de março**]

Vênus, Júpiter, Saturno, Marte etc. entre brilhantes estrelas; manhã clara, dia de sol; aguaceiro à tarde.

Temperatura de 15,2° a 21,4° centígrados

5 horas — Acordar, toalete, banho, diário, balancete etc.

7 — Esboçando o artigo — "Confederação Abolicionista — O Ceará e seus caluniadores".

9 — E para artigo de fundo da *Gazeta da Tarde* — "A resistência à abolição".

12 — Lendo e anotando a conferência de Henry George em Dundee, no 1.º de fevereiro 1884.

Em Petrópolis.
[**29 de março**]

Noite estrelada; neblina pela manhã; dia de sol; ameaças de chuvas à tarde.

Temperatura de 14,5° a 21,8° centígrados

5 horas — Acordar, toalete, banho, diário, balancete etc.

7 — Registrando os documentos abolicionistas relativos à redenção do Ceará.

12h — Redigindo para a *Gazeta da Tarde* o artigo de fundo — "A resistência à abolição".

2 horas — Preparando os capítulos sobre plutocracia para a propaganda — "Centro Abolicionista da Escola Politécnica — Nacionalização do solo pelo Imposto Territorial Geometricamente Progressivo".

Primeiro baile no Grand Hotel d'Orléans com o príncipe conde d'Eu, *high-life* de Petrópolis.

Em Petrópolis.
[*30 de março*]

Noite com lua em delgado crescente junto a Vênus, Júpiter, Marte, Saturno etc., manhã dúbia; dia de sol mais ou menos enublado.

Temperatura de 15,1° a 29,7° centígrados

5 horas — Acordar, toalete, banho, diário, balancete etc.

7 — Tomando várias notas sobre a obra de Charles Darwin — *The Descent of Man.*

9 — Com o engenheiro William Martineau conferenciando sobre a aprovação das plantas da primeira seção do Caminho de Ferro de Pitangui (Minas Central).

4 horas — Recebo carta do dr. Queiroz Carreira, de Ouro Preto, participando, afinal, a aprovação (com modificações) das plantas da primeira seção (Minas Central).

6 horas — No Hotel MacDowall, providenciando a respeito com o engenheiro William Martineau.

Em Petrópolis.

[*31 de março*]

[...] de Vênus; Saturno, Júpiter, Marte, [...] belíssimo dia de sol; trovoada e aguaceiros à tarde.

Temperatura de 16,4° a 23,5° centígrados

5 horas — Acordar, toalete, banho, diário, balancete etc.

7h — Na Estação do Caminho de Ferro, com o engenheiro William Martineau, assegurando o telegrama para a companhia Minas Central em Londres, sobre a aprovação das plantas da primeira seção.

8 — Redigindo o sexto artigo da série — "Centro Abolicionista da Escola Politécnica — Nacionalização do solo pelo Imposto Territorial Geometricamente Progressivo".

1 hora — Respondendo à carta de 29 fevereiro do secretário da companhia The Conde d'Eu Railway Company, Limited.

Em Petrópolis e no Rio de Janeiro.
[**1.º de abril**]

Muita chuva à noite; manhã de sol; dia dúbio; grandes aguaceiros das quatro e meia da tarde em diante.

Temperatura de 15,7° a 24,7° centígrados

5 horas — Acordar, toalete, banho, diário, balancete etc.

7½ — Partindo de Petrópolis pelo caminho de ferro.

10¼ — Na Escola Politécnica, abrindo o curso e dando a primeira lição (pedras).

11 horas — Na Gazeta da Tarde com o amigo J. F. Clapp na
propaganda abolicionista.

12 — No Ministério das Obras Públicas tratando dos caminhos
de ferro Conde d'Eu e Minas Central.

1 hora — Na Sociedade Central de Imigração com o vice-presidente Taunay e segundo-secretário Enes de Souza.

2½ — Em sessão do conselho do Clube de Engenharia.

3¾ — Voltando para Petrópolis.

Em Petrópolis.
[**2 de abril**]

Muita chuva à noite; sol pela manhã; pequenos aguaceiros
durante o dia; tarde dúbia.

Temperatura de 17,4° a 22,7° centígrados

5 horas — Acordar, toalete, banho, diário, balancete etc.

6½ — No Hotel MacDowall, com o engenheiro W. Martineau, que parte a 5 abril para Europa, conferenciando sobre a companhia Minas Central, Caminho de Ferro de Pitangui etc.

8½ — Esboçando para a Confederação Abolicionista o artigo — "O Waterloo da abolição".

10½ — Respondendo à carta de 9 março do amigo dr. J. C. Rodrigues, atualmente em Londres.

12 horas — Respondendo à carta do Charles Glanvill, secretário da companhia Minas Central.

2 horas — Remetendo aos engenheiros R. C. Batterbee e Charles Neate *press copies* da carta ao presidente da companhia Conde d'Eu Railway Co., Limited.

O *Jornal do Commercio* publica o quinto artigo da série — "Centro Abolicionista da Escola Politécnica — Nacionalização do solo pelo Imposto Territorial Geometricamente Progressivo".

Em Petrópolis e no Rio de Janeiro.
[*3 de abril*]

Ao anoitecer Lua pouco abaixo de Júpiter; manhã clara; dia dúbio no Rio; muita neblina e chuva à tarde em Petrópolis.

Temperatura de 18,3° a 23,5° centígrados

5 horas — Acordar, toalete, banho, diário, balancete etc.

7½ — Partindo de Petrópolis pelo caminho de ferro.

10¼ — Na Escola Politécnica dando a segunda lição e assistindo à Congregação dos Lentes.

12 — Na Gazeta da Tarde e com o amigo J. F. Clapp na propaganda abolicionista.

1 hora — No Clube de Engenharia com o amigo engenheiro J. A. dos Santos. Escrevendo ao diretor do Caminho de Ferro de D. Pedro II para preveni-lo da viagem a Minas no próximo domingo.

2 — Na Sociedade Central de Imigração com os amigos da diretoria conselheiro Rohan, dr. Enes de Souza.

3¼ — Voltando para Petrópolis.

Em Petrópolis. Aposento n.º 39 (segundo pavimento).
[*4 de abril*]

Muita neblina e muita chuva à noite e pela manhã; dia escuro e chuvoso; alguns raios de sol à tarde.

Temperatura de 17,2° a 21,1° centígrados

5 horas — Acordar, toalete, banho, diário, balancete etc.

7 — Pondo em ordem várias notas para o curso na Escola Politécnica e documentos da propaganda abolicionista.

9 — Principiando os preparativos para a viagem a Minas no próximo domingo (6 abril).
12 — Respondendo à carta do amigo José Gonçalves Ramos em Lisboa e remetendo-lhe £ 2.
2 — Pondo em dia a escrituração da companhia The Minas Central Railway of Brazil, Limited.

O *Jornal do Commercio* publica o sexto artigo da série — "Centro Abolicionista da Escola Politécnica — Nacionalização do solo pelo Imposto Territorial Geometricamente Progressivo".

A *Gazeta da Tarde* publicou meu artigo — "A resistência à abolição" — escrito a 29 de março de 1884.

Em Petrópolis e no Rio de Janeiro.
[*5 de abril*]

Neblina pela manhã; dia de sol; algumas nuvens ao anoitecer em Petrópolis.

Temperatura de 11,1° a 25,8° centígrados

5 horas — Acordar, toalete, banho, diário, balancete etc.
$7\frac{1}{2}$ — Partindo de Petrópolis pelo caminho de ferro.
$10\frac{1}{4}$ — Na Escola Politécnica dando a terceira lição de engenharia civil.

11½ — Na Gazeta da Tarde providenciando sobre a propaganda abolicionista.

12½ — No escritório, 47 rua do Carmo, comunicando a próxima viagem a Minas aos amigos Adolfo de Barros, A. P. de Alencastro etc.

1 hora — No Clube de Engenharia despedindo-me dos amigos engenheiro José Américo dos Santos e Miguel A. Dias.

2 — Na Sociedade Central de Imigração com os amigos Rohan, Enes de Souza etc.

3h — Com o negociante James Grainger Bellamy providenciando sobre a viagem a Minas a visitar o caminho de ferro da companhia Minas Central.

3¾ — Voltando para Petrópolis.

19.

ESTRADA DE FERRO MINAS CENTRAL —
MAIS UMA VIAGEM

6/4 a
18/4/1884

Quinta viagem a Minas. De Petrópolis a Cristiano Otoni (Paraopeba).
[*6 de abril*]

Noite belíssima de Lua, Vênus, Júpiter, Saturno e Marte; madrugada esplêndida; dia de sol.

Temperatura de 17,3° a 24,9° centígrados

3 horas — Acordar, toalete, banho, diário, balancete etc.

5 — Partindo em diligência de Petrópolis.

10 — Chegando à Estação de Entre Rios, Caminho de Ferro D. Pedro II.

10½ — Seguindo viagem de Entre Rios para Carandaí. Encontro no trem o deputado Antônio Felício dos Santos, que prometeu falar ao presidente de Minas sobre o pagamento de juros à companhia Minas Central e levantamento de capital para construir a primeira seção.

1 hora — Com o diretor do Caminho de Ferro D. Pedro II, meu discípulo de botânica em 1867, engenheiro M. N. N. Burnier em carro especial até Barbacena.

6 horas — Chegando à Estação de Carandaí.

6½ — Continuando em trole para a Estação do Paraopeba com o deputado A. Felício dos Santos e dois negociantes.

9 horas — Hospedando-me no hotel do negociante Abelardo José da Cunha, junto à Estação de Cristiano Otoni.

(Vide as Notas de Viagem.)

De Cristiano Otoni a Brumado (Entre Rios).
[*7 de abril*]

Noite esplêndida como a anterior e muita neblina nos Pinheiros do Paraopeba; dia de sol; tarde clara.

Temperatura de 16,1° a 22,8° centígrados

5 horas — Acordar, toalete, banho, diário, balancete etc.

7 — Dificuldades em obter animais pela preguiça característica desta província.

8½ — Partindo dos Pinheiros do Paraopeba.

10¾ — Almoçando no pouso do Alto da Boa Vista.

11¼ — Seguindo viagem para a serra do Camapuã.

2¼ — Repousando no pouso em frente ao cruzeiro do Camapuã e alugando um cavalo.

3¼ — Continuando viagem para Brumado.

5½ — Chegando à casa do amigo João Batista de Oliveira e Souza e hospedando-me no quarto de s. c. junto à sala de visita.

8 horas — Com o amigo Francisco Pacheco de Souza, que me indicou o *divide* da lagoa Seca em julho de 1883, preparando a viagem de amanhã às vertentes do Pará e do Paraopeba.

(Vide as Notas de Viagem.)

De Brumado ao Campo Novo.
[**8 de abril**]

Lua a leste de Marte; Vênus, Júpiter e Saturno; manhã clara; chuviscos durante o dia; trovoada à tarde.

Temperatura de 18,1° a 23,2° centígrados

5 horas — Acordar, toalete, banho, diário, balancete etc.

7 — Com o amigo João Batista de Oliveira e Souza examinando a casa que pretende alugar para escritório da companhia Minas Central.

8 — No escritório do empreiteiro L. E. Ross, examinando as plantas da segunda seção (Brumado à lagoa Seca).

9 — Respondendo ao ofício de 28 março do engenheiro fiscal dr. Américo Batista de Melo Brandão.

11 — Visitando o juiz de direito de Brumado dr. Amador Alves da Silva.

12¾ — Partindo de Brumado (cidade de Entre Rios) com o amigo Francisco Pacheco de Souza.

2 horas — Tomando lanche na Fazenda da Boa Vista de seu irmão Joaquim Pacheco de Souza.

3 — Continuando a viagem e examinando a picada de exploração da estrada de ferro.

5h50 — Chegando ao Campo Novo do Cunha e hospedando-me em casa do amigo Francisco Pacheco de Souza.

(Vide as Notas de Viagem.)

Em Campo Novo (lagoa Seca).
[**9 de abril**]

Muita chuva à noite e pela manhã; dia dúbio; alguns raios de sol à tarde.

Temperatura de 15,2° a 22,3° centígrados

5 horas — Acordar, toalete, banho, diário, balancete etc.

7 — Pondo em ordem as notas de viagem.

9 — Traçando um esboço topográfico do *divide* da lagoa Seca, feito pelo professor Luiz Balbino de Noronha Almeida, cunhado do amigo Francisco de Pacheco de Souza, a estrada de Brumado a Capela Nova, e a picada da Estrada de Ferro Minas Central, aberta pelos engenheiros Goodson e Henry.

10¾ — Partindo a cavalo com o amigo Francisco Pacheco

de Souza para visitar o *divide* — linha de cumeada desde o Campo Novo do Cunha até lagoa Seca.

12h — Na lagoa Seca aperfeiçoando a planta do professor Noronha de Almeida.

12¼ — Voltando pelo vale do Pará.

1½ — Chegando à casa do amigo Francisco Pacheco de Souza.

(Vide as Notas de Viagem.)

Em Campo Novo. Ribeirão do Sobrado.
[**10 de abril**]

Luar entre nuvens; madrugada encoberta; manhã belíssima; dia de sol mais ou menos enublado.

Temperatura de 15,8° a 21,6° centígrados

5 horas — Acordar, toalete, banho, diário, balancete etc.

5h50 — Céu encoberto pela neblina da manhã; impossível observar o eclipse da lua.

7 horas — Preparando no mapa a excursão ao vale do ribeirão do Sobrado, confluente do Pará pela margem esquerda.

10 horas — Partindo de Campo Novo com o amigo Francisco Pereira de Souza (a cavalo).

10¾ — Na lagoa Seca, escolhendo pedreira para construção das obras do *divide* do Paraíba ao Pará.

11 horas — Nas cabeceiras do ribeirão do José Joaquim, afluente do ribeirão do Sobrado.

11½ — Repousando na Pedra Branca do Rincão, um dos pontos mais altos da cumeada, dominando um panorama circular esplêndido e o belo vale do ribeirão do Sobrado.

12 horas — Projetando o ramal de São João del-Rei pelos vales dos ribeirões do Sobrado e do Glória.

1 hora — Nas ruínas do sobrado de pedra, que deu nome ao ribeirão.

1h05 — Na confluência do ribeirão do Sobrado com o Manoel Bastos.

1h10 — Voltando para Campo Novo pelo vale do Manoel Bento, seguido pelos engenheiros do Caminho de Ferro Minas Central.

3h00 — Chegando à casa do amigo Francisco Pacheco de Souza.

(Vide as Notas de Viagem.)

Em Campo Novo.
[**11 de abril**]

Luar esplêndido com Vênus, Júpiter, Saturno, Marte etc.; nuvens e neblina pela manhã; dia de sol; tarde clara.

Temperatura de 16,2° a 23,1° centígrados

5 horas — Acordar, toalete, banho, diário, balancete etc.

7 — Traçando a ligação da rede dos caminhos de ferro da Minas Central em São João del-Rei pelos vales dos ribeirões do Sobrado e da Glória.

9 — Projetando o prolongamento do Caminho de Ferro de Pitangui para Santo Antônio dos Patos e Paracatu.

11 horas — Excursão a pé com o amigo Francisco Pacheco de Souza pelas cumeadas do Campo Novo.

1 hora — Continuando os estudos topográficos da região do *divide* dos vales do Pará e do Paraopeba, na linha da cumeada do Campo Novo à lagoa Seca.

(Vide as Notas de Viagem.)

De Campo Novo a Laje.
[**12 de abril**]

Ao anoitecer Saturno entre Aldebarã e Vênus; manhã encoberta; sol do meio-dia em diante.

Temperatura de 17,1° a 24,5° centígrados

5 horas — Acordar, toalete, banho, diário, balancete etc.

6¾ — Partindo de Campo Novo com o amigo Francisco Pacheco de Souza.

7¼ — Passando pelo *divide* da lagoa Seca.

8 horas — Nas cumeadas entre o Pará e o Paraopeba.

9 — Avistando Brumado, cidade de Entre Rios e a serra do Curtume.

$10\frac{1}{2}$ — Almoçando em um rancho junto ao córrego das Pombas. Zona pobre de imensos latifúndios.

11 horas — Continuando viagem para Laje.

$11\frac{1}{2}$ — Dando milho aos animais na Fazenda do Curralinho, confluente do Brumado. A fazenda pertence a Francisco de Paula Santos.

$12\frac{3}{4}$ — Seguindo viagem para Laje.

$2\frac{1}{2}$ — Na cumeada entre o Paraopeba e o rio das Mortes (Alto do Jacarandá).

$2\frac{3}{4}$ — Avistando a freguesia da Laje do Rio da Glória.

4 horas — Chegando a Laje, hospedando-me no Hotel Rozendo. Zona de enormes desbarrancados como os maiores de Passa Tempo e Suaçuí. Raros trechos de terra roxa. Pobre e deserto. Florestas mesquinhas.

(Vide as Notas de Viagem.)

De Laje a São João del-Rei.

[**13 de abril**]

Luar enublado; manhã encoberta; dia de sol; tarde belíssima em São João del-Rei.

Temperatura de 15,2° a 25,3° centígrados

5 horas — Acordar, toalete, banho, diário, balancete etc.

7 — Partindo de Laje (do Hotel Rozendo).

8½ — Entrando na mata do Mosquito, de árvores raras vezes de diâmetro superior a 22 centímetros.

9h40 — Atravessando o ribeirão do Mosquito.

10 horas — Almoçando na Fazenda do Mosquito, pertencente a Francisco de Paula Lara.

10¾ — Seguindo viagem para São João del-Rei.

11h50 — Na Ponte Nova sobre a corredeira do Carandaí.

2h10 — Em São João del-Rei, hospedando-me em casa do negociante Manoel de Oliveira e Souza, irmão do amigo João Batista de Oliveira e Souza (de Brumado).

5 horas — Visita-me o engenheiro Paulo Freitas de Sá, gerente do Caminho de Ferro da Companhia do Oeste.

7 horas — Visitando o dr. João Batista dos Santos (barão de Ibituruna) de passagem em São João del-Rei, com os colegas da Escola Getúlio das Neves e conselheiro dr. Pitanga.[18]

(Vide as Notas de Viagem.)

De São João del-Rei ao Sítio e Entre Rios.

[14 *de abril*]

Luar de minguante; céu estrelado esplêndido com Vênus, Júpiter, Saturno, Marte etc.; manhã belíssima; dia de sol.

Temperatura de 15,3° a 25,4° centígrados

3 horas — Acordar, toalete, banho, diário, balancete etc.

4 — Na Estação do Caminho de Ferro de São João del-Rei despedindo-me do amigo Francisco Pacheco de Souza e do seu primo Marçal de Oliveira de Souza.

4h20 — Partindo de São João del-Rei pelo Caminho de Ferro do Oeste de Minas.

8h45 — Chegando à Estação do Sítio, entroncamento com a Estrada de Ferro de D. Pedro ii.

9h05 — Seguindo para Estação de Entre Rios.

1h50 — Hospedando-me no Hotel de Entre Rios.

2½ — Passa pela estação, indo da Leopoldina para Juiz de Fora, o dr. Francisco Lobo Leite Pereira, nomeado engenheiro em chefe do prolongamento da Estrada de Ferro de D. Pedro ii.

5 horas — Jantando em casa do engenheiro Marciano de Aguiar Moreira, chefe de divisão da Estrada de Ferro de D. Pedro ii.

(Vide as Notas de Viagem).

Da Estação de Entre Rios a Petrópolis.
[**15 de abril**]

Noite mais ou menos enublada; manhã encoberta; dia de sol; tarde clara.

Temperatura de 18,4° a 24,5° centígrados

5 horas — Acordar, toalete, banho, diário, balancete etc.

7 — Lendo e extratando os jornais destes dez dias de viagem.

9 — Almoçando em casa do engenheiro residente em Entre Rios Marciano de Aguiar Moreira.

11 horas — Partindo em diligência para Petrópolis.

5½ — Chegando a Petrópolis e hospedando-me no Grand Hotel d'Orléans.

(Vide as Notas de Viagem.)

Em Petrópolis (Grand Hotel d'Orléans, aposento n.º 28, terceiro pavimento).
[**16 de abril**]

Noite mais ou menos enublada; lua com esplêndido halo pela madrugada; dia de sol límpido.

Temperatura de 15,6° a 27,3° centígrados

5 horas — Acordar, toalete, banho, diário, balancete etc.

7 — Respondendo à carta de 31 março do amigo dr. Queiroz Carreira, em Ouro Preto, sobre os negócios da companhia Minas Central.

10 — Escrevendo o sétimo artigo da série — "Centro Abolicionista da Escola Politécnica — Nacionalização do solo pelo Imposto Territorial Geometricamente Progressivo".

12 horas — Mudando-me para melhor aposento no Grand Hotel d'Orléans.

Em Petrópolis e no Rio de Janeiro.
[**17 de abril**]

Noite bela com Vênus, Júpiter, Saturno, Marte etc.; neblina pela madrugada; dia de sol; algumas nuvens à tarde.

Temperatura de 14,1° a 23,8° centígrados

5 horas — Acordar, toalete, banho, diário, balancete etc.

7 — Esboçando as condições do Livro de Ouro dos Agricultores — 7 de setembro de 1884 — para a Confederação Abolicionista.

7½ — Descendo pelo Caminho de Ferro Riggenbach.

10¼ — Dando a quarta lição na Escola Politécnica.

11½ — Na Gazeta da Tarde, na propaganda abolicionista com o amigo J. F. Clapp.

12 — No Clube de Engenharia com o amigo J. Américo dos Santos.

1 hora — No Ministério das Obras Públicas dando instruções para a preparação do mapa do *divide* da lagoa Seca.

2 horas — Com o negociante James Grainger Bellamy e com o procurador do concessionário dr. Bustamante tratando da companhia Minas Central.

3¾ — Voltando para Petrópolis.

Em Petrópolis.

[**18 de abril**]

Noite mais ou menos enublada; manhã esplêndida; dia de sol; algumas nuvens à tarde.

Temperatura de 13,2° a 26,1° centígrados

5 horas — Acordar, toalete, banho, diário, balancete etc.

7 — Preparando o *account* da Minas Central desde 8 março até 18 abril 1884.

9 — Escrevendo o oitavo artigo da série — "Centro Abolicionista da Escola Politécnica — Nacionalização do solo pelo Imposto Territorial Geometricamente Progressivo".

11 — Respondendo à carta do amigo Joaquim Serra, em Nova Friburgo.

12 — E a do amigo Carlos Gomes e afilhado Carlos André de Milão em 15 março.

2 — E a do secretário da companhia Minas Central de Londres em 14 março.

O *Jornal do Commercio* publica o sétimo artigo da série — "Centro Abolicionista da Escola Politécnica — Nacionalização do solo pelo Imposto Territorial Geometricamente Progressivo".

20.

UMA DATA PARA A ABOLIÇÃO

19/4 a
31/5/1884

Em Petrópolis e no Rio de Janeiro.
[*19 de abril*]

Nuvens à noite com Vênus, Júpiter, Saturno, Marte etc.; manhã belíssima; dia de sol; tarde clara.

Temperatura de 14,1° a 26,5° centígrados

5 horas — Acordar, toalete, banho, diário, balancete etc.

7 — Escrevendo para a *Gazeta da Tarde* o artigo — "Escravo-cratas, jogadores de café".

7½ — Partindo para o Rio de Janeiro em estrada de ferro.

10¼ — Dando a quinta lição na Escola Politécnica.

11½ — Redigindo para a *Gazeta da Tarde* o aviso da próxima chegada de Joaquim Nabuco.

12 horas — Conferenciando com o amigo J. F. Clapp sobre o Livro de Ouro dos Agricultores — 7 de setembro de 1884 — que deve ser apresentado pela Confederação Abolicionista.

1 hora — Em sessão do conselho da Sociedade Central de Imigra-ção com os amigos Rohan, Taunay, José Américo dos Santos etc.

2 — Redigindo para a *História das estradas de ferro*, que está pre-parando o engenheiro Francisco Picanço, uma notícia sobre

o Caminho de Ferro de Pitangui e a companhia The Minas Central Railway of Brazil, Limited.

3¾ — Voltando para Petrópolis.

Em Petrópolis.

[*20 de abril*]

Noite um pouco enublada; lua em minguante pela madrugada; dia de sol esplêndido; tarde maravilhosa.

Temperatura de 13,1° a 19,3° centígrados

5 horas — Acordar, toalete, banho, diário, balancete etc.

7 — Visitando a I Exposição de Flores da Associação Hortícola e Agrícola de Petrópolis no novo pavilhão.

11 horas — Lendo e anotando o panfleto de José do Patrocínio — *L'Affranchissement des esclaves de la province du Ceará* — Paris 1884 — que foi distribuído no jantar de 25 de março à imprensa liberal de Paris.

Em Petrópolis.

[*21 de abril*]

Noite límpida com Vênus; Júpiter; Saturno; Marte etc.; lua em minguante pela madrugada; dia de sol; tarde clara.

Temperatura de 14,8° a 26,1° centígrados

5 horas — Acordar, toalete, banho, diário, balancete etc.

7 — Escrevendo ao José do Patrocínio sobre a propaganda abolicionista, sua candidatura ao Parlamento pelo Rio de Janeiro etc.

9 — Respondendo à carta do amigo José Gonçalves Ramos, em Lisboa, 2 abril, e enviando segunda via da letra de £ 2.

11 horas — Redigindo o nono artigo da série — "Escola Politécnica — Nacionalização do solo pelo Imposto Territorial Geometricamente Progressivo".

2 horas — Coligindo vários documentos da propaganda abolicionista.

O *Jornal do Commercio* publica o oitavo artigo da série — "Nacionalização do solo pelo Imposto Territorial Geometricamente Progressivo".

A *Gazeta da Tarde*, o artigo — "Escravocratas, jogadores de café".

Em Petrópolis e no Rio de Janeiro.
[**22 de abril**]

Bela noite com Vênus, Júpiter, Saturno, Marte etc.; luar em minguante pela madrugada; dia de sol; nuvens à tarde.

Temperatura de 16,2° a 27,1° centígrados

5 horas — Acordar, toalete, banho, diário, balancete etc.

7 — Esboçando o artigo — "O café e a abolição a 7 de setembro de 1884" — para a *Gazeta da Tarde*.

7½ — Descendo de Petrópolis pelo caminho de ferro.

10¼ — Na Escola Politécnica dando a sexta lição.

11½ — Na Gazeta da Tarde com os amigos Miguel A. Dias, Joaquim Serra, J. F. Clapp etc., providenciando sobre a recepção do Joaquim Nabuco.

12½ — No Clube de Engenharia com o amigo José Américo dos Santos tratando da companhia Minas Central.

1 hora — Na Sociedade Central de Imigração com os amigos general Rohan, Taunay, Enes de Souza etc.

2 — No Ministério da Agricultura tratando do Caminho de Ferro Conde d'Eu (ramal Cabedelo), carta-guia para os imigrantes na província de Minas Gerais etc.

3¾ — Voltando para Petrópolis.

Em Petrópolis.

[*23 de abril*]

Noite mais ou menos enublada; lua em minguante pela madrugada; manhã belíssima; dia de sol.

Temperatura de 15,6° a 22,1° centígrados

5 horas — Acordar, toalete, banho, diário, balancete etc.

7 — Redigindo para a *Gazeta da Tarde* o artigo — "O café e a abolição a 7 de setembro de 1884".

11 horas — Visitando o visconde de Mauá, recém-chegado do rio da Prata.

2 horas — Respondendo à carta de 3 março do presidente do Caminho de Ferro Conde d'Eu.

3 horas — Redigindo para a *Gazeta da Tarde* o primeiro anúncio do Festival Nabuco, projetado para 12 de maio 1884, nos salões do Cassino.

8 horas — Na exposição de flores da Associação Hortícola e Agrícola de Petrópolis.

O *Jornal do Commercio* publica o nono artigo da série — "Nacionalização do solo pelo Imposto Territorial Geometricamente Progressivo".

Em Petrópolis e no Rio de Janeiro.
[*24 de abril*]

Noite linda com Vênus, Júpiter, Saturno, Marte etc.; bela manhã; dia de sol; ameaças de chuva à tarde.

Temperatura de 16,5° a 29,1° centígrados

5 horas — Acordar, toalete, banho, diário, balancete etc.

7 — Esboçando o artigo — "Sete de setembro de 1884".

7½ — Partindo de Petrópolis em caminho de ferro e obtendo em viagem do ministro do Império Maciel autorização para os festejos de amanhã na escola pela redenção dos escravos em todo o seu perímetro.

10½ — Dando na Escola Politécnica a sétima lição.

11½ — Com os amigos J. F. Clapp, dr. José Agostinho dos Reis, Paulo de Frontin, Luiz de Andrade etc., promovendo os festejos da escola, a recepção de Joaquim Nabuco, e a propaganda abolicionista em Paris por José do Patrocínio.

12 horas — Em congregação da Escola Politécnica discutindo o programa dos festejos de amanhã.

2 horas — Na Sociedade Central de Imigração com os amigos José Américo dos Santos, Enes de Souza etc.

3¾ — Voltando para Petrópolis.

8½ — Na exposição de flores da Sociedade Hortícola e Agrícola.

Em Petrópolis.

[*25 de abril*]

Noite mais ou menos enublada; sol pela manhã com algumas nuvens; ameaças de chuva ao anoitecer.

Temperatura de 17,2° a 23,4° centígrados

5 horas — Acordar, toalete, banho, diário, balancete etc.

7 — Redigindo para a *Gazeta da Tarde* a notícia sobre o Festival Nabuco.

9 — Recomendando a Sir John Hawkshaw, em Londres, o engenheiro Luiz Rheingantz, do Rio Grande do Sul.

12 — Redigindo o décimo artigo da série — "Centro Abolicionista da Escola Politécnica — Nacionalização do solo pelo Imposto Territorial Geometricamente Progressivo".

2 horas — Coligindo novos documentos para a propaganda abolicionista, nacionalização do solo etc.

A *Gazeta da Tarde* publica meu artigo — "O café e a abolição a 7 de setembro de 1884".

Em Petrópolis e no Rio de Janeiro.
[**26 de abril**]

Neblina à noite; manhã clara; dia de sol; esplêndida tarde no Rio de Janeiro e em Petrópolis.

Temperatura de 16,5° a 29,3° centígrados

5 horas — Acordar, toalete, banho, diário, balancete etc.

7½ — Descendo de Petrópolis pelo Caminho de Ferro Riggenbach.

10 horas — Dando na Escola Politécnica a oitava lição.

11½ — Em conferência com os amigos Álvaro de Oliveira e

A. G. Paulo de Frontin sobre o Centro Abolicionista da Escola Politécnica.

12 horas — Na Gazeta da Tarde com os amigos J. F. Clapp, Joaquim Serra, Luiz de Andrade e Miguel Antônio Dias promovendo a libertação do município neutro, recepção-festival e eleição de Joaquim Nabuco.

1½ — Na sessão do conselho da Sociedade Central de Imigração com os amigos Rohan, engenheiro José Américo dos Santos, Enes de Souza etc.

2½ — No Ministério das Obras Públicas tratando dos caminhos de ferro Conde d'Eu e Minas Central e da carta-guia dos imigrantes na província de Minas Gerais.

3¾ — Voltando em vapor para Petrópolis.

Em Petrópolis.

[**27 de abril**]

Delgadíssimo crescente com Vênus, Júpiter, Saturno, Marte etc.; esplêndida manhã; dia de sol; alguns chuviscos; belo anoitecer com raras nuvens.

Temperatura de 15,8° a 22,1° centígrados

5 horas — Acordar, toalete, banho, diário, balancete etc.

7 — Coligindo os documentos da propaganda abolicionista na semana anterior.

9 — Respondendo ao ofício do engenheiro fiscal da Minas Central sobre a necessidade de novos estudos na passagem do vale do Brumado para o do Caiuabá.

10 horas — Escrevendo ao empreiteiro L. E. Ross sobre o mesmo assunto e recomendando-lhe o guia amigo Francisco Pacheco de Souza.

11 horas — Redigindo para a *Gazeta da Tarde* o artigo — "Sete de setembro de 1884".

1 hora — Na exposição de flores da Associação Hortícola e Agrícola de Petrópolis.

Em Petrópolis.
[*28 de abril*]

Ao anoitecer crescente entre Aldebarã e Saturno; Vênus, Júpiter, Marte etc.; sol pela manhã; aguaceiro à tarde com algumas nuvens.

Temperatura de 13,1° a 19,5° centígrados

5 horas — Acordar, toalete, banho, diário, balancete etc.

7 — Respondendo à carta de Charles Glanvill, secretário da companhia The Minas Central, de Londres em 27 março.

9 — Redigindo o 11.º artigo da série — "Centro Abolicionista da Escola Politécnica — Nacionalização do solo pelo Imposto Territorial Geometricamente Progressivo".

12 horas — Coordenando os documentos das companhias Conde d'Eu e Minas Central.

A *Gazeta da Tarde* publica o artigo "Festival Nabuco".

O *Jornal do Commercio* publica o décimo artigo da série — "Nacionalização do solo pelo Imposto Territorial Geometricamente Progressivo".

Em Petrópolis e no Rio de Janeiro.
[*29 de abril*]

Ao anoitecer crescente junto a Vênus; sol pela manhã; aguaceiros à tarde em Petrópolis e areando logo depois.

Temperatura de 13,2° a 26,5° centígrados

5 horas — Acordar, toalete, banho, diário, balancete etc.

7 — Descendo de Petrópolis em estrada de ferro.

10¼ — Na Escola Politécnica dando a nona lição.

11½ — Na Gazeta da Tarde com o amigo J. F. Clapp, promovendo a propaganda abolicionista.

12½ — No escritório, 47 rua do Carmo, tratando da recepção do amigo Joaquim Nabuco.

1 hora — Na Sociedade Central de Imigração com os amigos Rohan e dr. Enes de Souza.

2 horas — No Clube de Engenharia com o amigo José Américo dos Santos tratando do Caminho de Ferro do Pitangui e companhia Minas Central.

3¾ — Voltando para Petrópolis.

Em Petrópolis.

[*30 de abril*]

Lua em crescente, ao anoitecer, a igual distância de Vênus de Rigel e de Júpiter; sol pela manhã; dia e tarde sem nuvens.

Temperatura de 14,1° a 18,5° centígrados

5 horas — Acordar, toalete, banho, diário, balancete etc.

7 — Escrevendo para a *Gazeta da Tarde* o artigo — "A abolição e o comércio".

11 — Lendo na revista — *The Nineteenth Century* — a sofística memória do Duke of Argyll contra Henry George, que ele denomina — *The Prophet of S. Francisco.*[19]

O *Jornal do Commercio* publica o 11.º artigo da série — "Nacionalização do solo pelo Imposto Territorial Geometricamente Progressivo".

Em Petrópolis e no Rio de Janeiro.

[**1.º de maio**]

Lua junto a Júpiter; Saturno e Aldebarã perto do horizonte; dia de sol; ameaças de chuva à tarde.

Temperatura de 16,9° a 29,2° centígrados

5 horas — Acordar, toalete, banho, diário, balancete etc.

7½ — Descendo em caminho de ferro de Petrópolis.

10 — Na Escola Politécnica dando a décima lição.

12h — Na Câmara Municipal, com uma comissão de sete alunos da Escola Politécnica, requerendo ao presidente dr. Nobre permissão para conservar as placas — "Livre — 25 abril 1884" — na zona reclinada da Escola Politécnica.

1 hora — Na Gazeta da Tarde e com os amigos J. F. Clapp e Miguel A. Dias promovendo a abolição.

1½ — Na Sociedade Central de Imigração com os amigos Rohan, Taunay, Enes de Souza.

2 horas — Na sessão do conselho do Clube de Engenharia com o amigo engenheiro José Américo dos Santos.

3¾ — Voltando para Petrópolis.

A *Gazeta da Tarde* publica meu artigo — "A abolição e o comércio" —

Em Petrópolis.
[**2 de maio**]

Ao anoitecer Lua entre Júpiter e Marte; muita chuva pela madrugada e pela manhã; aguaceiros durante todo o dia até anoitecer.

Temperatura de 15,8° a 18,8° centígrados

5 horas — Acordar, toalete, banho, diário, balancete etc.

7 — Redigindo para a *Gazeta da Tarde* o artigo — "A reação dos escravocratas".

11 — E para o *Jornal do Commercio* o 12.º artigo da série — "Nacionalização do solo pelo Imposto Territorial Geometricamente Progressivo".

1 hora — Respondendo à carta de Joaquim Nabuco de Londres em 7 de abril, com endereço a Pernambuco onde é esperado pelo paquete *Tamar*.

2 horas — Coligindo vários documentos das propagandas para abolição dos escravos e do monopólio territorial.

Em Petrópolis e no Rio de Janeiro.
[**3 de maio**]

Chuva à noite; manhã enublada; dia de sol; tarde mais ou menos encoberta.

Temperatura de 14,1° a 22,5° centígrados

5 horas — Acordar, toalete, banho, diário, balancete etc.

7½ — Descendo de Petrópolis pelo Caminho de Ferro Riggenbach.

10 — Dando na Escola Politécnica a 11.ª lição.

11½ — Na Gazeta da Tarde com os amigos J. F. Clapp e Miguel Antônio Dias, promovendo a propaganda abolicionista.

12 horas — Em Congregação de Lentes da Escola Politécnica.

1½ — Na Sociedade Central de Imigração com os amigos Taunay, José Américo dos Santos, Enes de Souza etc.

2 horas — Com os amigos Adolfo de Barros e José Américo dos Santos, tratando da recepção de Joaquim Nabuco.

3 horas — Com o barão de Canindé e dr. Acácio de Aguiar, presidente e secretário do Cassino Fluminense procurando remover dificuldades opostas pelos escravocratas ao Festival Nabuco.

3¾ — Voltando para Petrópolis.

Em Petrópolis.

[*4 de maio*]

Luar com Vênus, Júpiter, Marte e Saturno muito perto do horizonte ao anoitecer; manhã clara; dia de sol.

Temperatura de 13,1° a 18,0° centígrados

5 horas — Acordar, toalete, banho, diário, balancete etc. Redigindo um projeto de lei para transporte gratuito do material dos caminhos de ferro destinados aos ramais e prolongamentos da Estrada de Ferro de D. Pedro II e das outras pertencentes ao Estado.

8 horas — Respondendo às cartas de 4 a 10 abril do Charles Glanvill, secretário da companhia Minas Central.

11 horas — Lendo a obra de Alfred Russel Wallace — *Land Nationalisation — Its Necessity and Its Aims* — 1882 — March, Godalming.

Em Petrópolis.

[*5 de maio*]

Luar com Vênus, Júpiter e Marte ao anoitecer; manhã esplêndida; dia de sol; tarde incinerada.

Temperatura de 13,5° a 17,5° centígrados

5 horas — Acordar, toalete, banho, diário, balancete etc.

7 — Preparando o *account* anual da companhia The Minas Central Railway of Brazil, Limited.

8 — Redigindo um código de máximas e preceitos fundamentais para a Confederação Abolicionista.

10 — Respondendo à carta de 27 abril do dr. Jaguaribe Filho, de São Paulo, à propaganda abolicionista.

11 horas — Escrevendo ao presidente de Minas sobre a necessidade de promover no Parlamento a lei para transporte gratuito do material da companhia Minas Central pelo Caminho de Ferro de D. Pedro II.

2 horas — Respondendo às cartas de 7 abril do presidente A. H. Phillpotts do Caminho de Ferro Conde d'Eu (Paraíba).

O *Jornal do Commercio* publica o 12.º artigo da série — "Nacionalização do solo pelo Imposto Territorial Geometricamente Progressivo".

A *Gazeta da Tarde*, o artigo — "A reação dos escravocratas".

Em Petrópolis e no Rio de Janeiro.
[**6 de maio**]

Noite de luar com Vênus, Júpiter e Marte; manhã e dia mais ou menos enublados; ameaças de chuva ao anoitecer.

Temperatura de 15,2° a 26,8° centígrados

5 horas — Acordar, toalete, banho, diário, balancete etc.

7½ — Descendo de Petrópolis pelo Caminho de Ferro Riggenbach.

10h — Dando a 12.ª lição na Escola Politécnica.

11½ — Na Gazeta da Tarde e com o amigo J. F. Clapp, promovendo a propaganda abolicionista.

12½ — No Clube de Engenharia e com o amigo engenheiro José Américo dos Santos tratando dos caminhos de ferro Conde d'Eu e Minas Central.

1½ — Na Câmara dos Deputados, com o deputado Ignácio Martins, tratando da apresentação do projeto de lei para transporte gratuito do material da companhia Minas Central.

2½ — Com o empresário Bustamante e o amigo Evaristo de Oliveira e Souza acelerando o pagamento dos juros e o levantamento de capital para a construção da primeira seção do Caminho de Ferro de Pitangui.

3¾ — Voltando para Petrópolis.

Em Petrópolis.

[*7 de maio*]

Noite de luar mais ou menos enublado; manhã de sol entre nuvens; ameaças de chuva à tarde.

Temperatura de 16,1° a 19,3° centígrados

5 horas — Acordar, toalete, banho, diário, balancete etc.

7 — Aperfeiçoando a redação do Livro de Ouro dos Agricultores para a Confederação Abolicionista.

10 horas — Respondendo à carta do 1.º de maio do amigo João Batista de Oliveira e Souza, de Brumado.

12 — E a do amigo dr. J. C. Rodrigues em Londres sobre o Caminho de Ferro de Pitangui e a projetada empresa de imigração — The Terra Roxa of Brazil Immigration Company, Limited.

Em Petrópolis e no Rio de Janeiro.

[8 de maio]

Luar enublado; manhã escura; muita chuva das nove em diante; fortes aguaceiros no Rio e em Petrópolis.

Temperatura de 18,5° a 22,3° centígrados

5 horas — Acordar, toalete, banho, diário, balancete etc.

7½ — Descendo de Petrópolis pelo Caminho de Ferro Riggenbach.

10 horas — Na Escola Politécnica, dando a 13.ª lição, última da primeira parte do curso — estudo dos materiais de construção.

11½ — Na Gazeta da Tarde com o amigo J. F. Clapp, tratando das finanças da Confederação Abolicionista, cujo saldo depositamos no Banco Rural e Hipotecário, em conta-corrente.

12½ — No Clube de Engenharia e com o engenheiro José Américo dos Santos, despachando a correspondência das companhias Conde d'Eu e Minas Central.

1½ — Na Sociedade Central de Imigração com o segundo-secretário dr. Enes de Souza.

2½ — Na Câmara dos Deputados para promover a passagem da lei de transporte gratuito para o material da companhia Minas Central.

3¾ — Voltando para Petrópolis.

Em Petrópolis.

[*9 de maio*]

Muita chuva à noite; manhã encoberta; dia dúbio; cerração e neblina ao anoitecer.

Temperatura de 15,1° a 19,3° centígrados

5 horas — Acordar, toalete, banho, diário, balancete etc.

7 — Redigindo para o *Jornal do Commercio* o 13.º artigo da série — "Centro Abolicionista da Escola Politécnica — Nacionalização do solo pelo Imposto Territorial Geometricamente Progressivo".

O *Jornal do Commercio* publica o projeto do Livro de Ouro para os Agricultores.

The Anglo-Brazilian Times
May, 9, 1884
Scully (falecido 1885)[20]

Em Petrópolis e no Rio de Janeiro.

[**10 de maio**]

Muita neblina à noite; manhã enublada; dia de sol no Rio e em Petrópolis; tarde clara.

Temperatura de 14,6° a 19,4° centígrados

5 horas — Acordar, toalete, banho, diário, balancete etc.

7½ — Descendo de Petrópolis pela Estrada de Ferro.

10 — Na Escola Politécnica, dando a lição XIV, primeira da segunda parte do curso — resistência dos materiais e estabilidade das construções.

11½ — Na Gazeta da Tarde e com os amigos J. F. Clapp e Miguel Antônio Dias, promovendo a propaganda abolicionista.

12½ — No Clube de Engenharia, escrevendo ao presidente da Câmara Lima Duarte e ao deputado dr. Felício dos Santos sobre o projeto de lei para transporte gratuito do material do Caminho de Ferro de Pitangui.

1½ — Na Sociedade Central de Imigração com os amigos Rohan, Taunay, engenheiros José Américo dos Santos e Enes de Souza.

2½ — Com o amigo Adolfo de Barros providenciando sobre a recepção de Joaquim Nabuco.

3¾ — Voltando para Petrópolis.

Em Petrópolis.
[**11 de maio**]

Luar incinerado; manhã enublada; dia de sol; tarde belíssima.

        Temperatura de 13,2° a 17,8° centígrados

5 horas — Acordar, toalete, banho, diário, balancete etc.

7 — Registrando alguns documentos da propaganda contra o escravismo e o monopólio territorial.

11 — Redigindo a petição para o pagamento dos juros garantidos ao Caminho de Ferro Conde d'Eu, na Paraíba do Norte.

12 — Continuando a ler a obra de Alfred Russel Wallace — *Land Nationalization.*

Em Petrópolis.
[**12 de maio**]

Ao anoitecer Órion junto ao Ocidente, Vênus, Júpiter, Marte e luar; ameaças de chuva pela manhã; muita neblina à tarde.

        Temperatura de 15,1° a 19,2° centígrados

5 horas — Acordar, toalete, banho, diário, balancete etc.

7 — Respondendo às cartas de 18 abril do presidente e secretário da companhia The Conde d'Eu Railway.

9 horas — Lendo e registrando no *Jornal dos Economistas* de fevereiro de 1884, o artigo "La muere a London" [sic].

2½ — Visita-me no meu aposento n.º 28 do Grand Hotel d'Or-léans, o visconde de Mauá, em partida para Londres para recla-mar contra a companhia do Caminho de Ferro Santos a Jundiaí. Recomendando-lhe o amigo dr. J. C. Rodrigues para coadjuvá-lo em Londres.

O *Jornal do Commercio* publica o 13.º artigo da série — "Nacio-nalização do solo pelo Imposto Territorial Geometricamente Progressivo".

Em Petrópolis e no Rio de Janeiro.
[**13 de maio**]

Chuva à noite; manhã enublada; aguaceiros durante o dia no Rio e em Petrópolis.

Temperatura de 14,2° a 24,5° centígrados

5 horas — Acordar, toalete, banho, diário, balancete etc.

7½ — Descendo de Petrópolis pelo Caminho de Ferro Riggenbach.

10 — Na Escola Politécnica dando a lição XV.

11½ — Na Gazeta da Tarde com o amigo J. F. Clapp promoven-do a propaganda abolicionista.

12 — Na Secretaria da Polícia, com o chefe conselheiro Tito de Matos e o amigo J. F. Clapp consultando sobre a recepção ao amigo Joaquim Nabuco, embaraçada pela reação escravocrata

do Parlamento, que obriga o Governo a impedir as manifestações abolicionistas populares.

1 hora — No Clube de Engenharia e com o amigo engenheiro José Américo dos Santos tratando dos caminhos de ferro Conde d'Eu e Minas Central.

2 — No Arsenal de Marinha com o inspetor Silveira da Motta e com o amigo Adolfo de Barros, tratando da recepção de Joaquim Nabuco.

2½ — Na Sociedade Central de Imigração com o segundo-secretário dr. Enes de Souza.

3¾ — Voltando para Petrópolis.

Em Petrópolis.
[*14 de maio*]

Noite enublada; luar pela madrugada; manhã encoberta; dia de sol; tarde dúbia.

Temperatura de 14,6° a 19,1° centígrados

5 horas — Acordar, toalete, banho, diário, balancete etc.

7 — Continuando os estudos para a propaganda contra o monopólio territorial.

11 horas — Redigindo o 14.º artigo da série — "Centro Abolicionista da Escola Politécnica — Nacionalização do solo pelo Imposto Territorial Geometricamente Progressivo".

Em Petrópolis e no Rio de Janeiro.

[**15 de maio**]

Neblina à noite e pela manhã; dia de sol; tarde com raras nuvens no Rio de Janeiro.

Temperatura de 13,6° a 23,5° centígrados

5 horas — Acordar, toalete, banho, diário, balancete etc.

7½ — Descendo de Petrópolis pelo caminho de ferro.

10 — Na Escola Politécnica dando a lição XVI.

11½ — Na Gazeta da Tarde com o amigo J. F. Clapp, tratando da recepção do amigo Joaquim Nabuco.

12½ — Entregando ao Ministério da Agricultura a petição para pagamento de juros ao Caminho de Ferro Conde d'Eu.

1½ — Na Sociedade Central de Imigração com o presidente Beaurepaire Rohan etc.

2½ — Em sessão do conselho do Clube de Engenharia com o amigo engenheiro José Américo dos Santos e colegas.

5 horas — No Grand Hotel, 20 rua do Marquês de Abrantes, quarto n.º 4, onde hospedo-me para esperar o amigo Joaquim Nabuco.

7 — Visitando os amigos Alfredo e Adolfo de Barros.

No Rio de Janeiro.
[**16 de maio**]

Noite estrelada; lua em minguante; manhã clara; dia de sol; tarde com algumas nuvens.

Temperatura de 21,1° a 27,3° centígrados

5 horas — Acordar, toalete, banho, diário, balancete etc.

7 — No Hotel Carson, visitando o empreiteiro L. E. Ross do Caminho de Ferro de Pitangui.

9 — No Liceu de Artes e Ofícios com o diretor Bittencourt visitando as obras novas.

11 — Na Gazeta da Tarde promovendo a propaganda abolicionista.

12 horas — No Clube de Engenharia com o amigo engenheiro José Américo.

1½ — Na Sociedade Central de Imigração com o presidente Rohan, segundo-secretário dr. Enes de Souza.

O paquete *Tamar*, no qual é esperado o amigo Joaquim Nabuco, não foi assinalado durante todo o dia.

O desembargador Serafim dispensa-me de comparecer às sessões do júri.

7 horas — Visito ao amigo Antônio Paulo de Melo Barreto.

No Rio de Janeiro e em Petrópolis.

[**17 de maio**]

Aguaceiros pela manhã; dia mais ou menos encoberto; tarde dúbia; neblina em Petrópolis.

Temperatura de 13,4° a 29,3° centígrados

5 horas — Acordar, toalete, banho, diário, balancete etc.

7 — No Arsenal de Marinha com os amigos Adolfo de Barros, engenheiro José Américo dos Santos etc., embarcando na lancha a vapor do inspetor Silveira da Motta.

8 — No paquete *Tamar*, recebendo o amigo Joaquim Nabuco; aí encontramos as comissões abolicionistas dirigidas pelos amigos J. F. Clapp e Miguel A. Dias.

10 horas — Na Escola Politécnica dando a lição XVII.

12 — No Banco do Brasil, depositando Rs. 3:000$000 recebidos da companhia Minas Central.

1½ — Em sessão do conselho da Sociedade Central de Imigração.

2½ — Com o amigo Joaquim Nabuco até partir para Petrópolis.

3½ — Seguindo viagem para Petrópolis.

Em Petrópolis.
[**18 de maio**]

Noite encoberta com chuviscos; manhã enublada; alguns raios de sol durante o dia e à tarde.

Temperatura de 19,2° a 19,4° centígrados

5 horas — Acordar, toalete, banho, diário, balancete etc.

7 — Escrevendo ao Charles Glanvill, secretário da companhia Minas Central.

9 — E ao dr. Américo Batista Brandão, engenheiro fiscal dessa companhia.

12 horas — Tomando notas e redigindo o relatório dos exercícios práticos do primeiro ano de engenharia civil.

Em Petrópolis.
[**19 de maio**]

Noite enublada com ventania forte; manhã clara; dia de sol entre nuvens; chuva à tarde.

Temperatura de 14,0° a 20,1° centígrados

5 horas — Acordar, toalete, banho, diário, balancete etc.

7½ — Na Estação do Caminho de Ferro, despedindo-me da família do dr. Luiz Gomes Pereira que retirou-se hoje de Petrópolis.

8½ — Tratando da redação do manifesto da Sociedade Central de Imigração ao Parlamento.

2 horas — Terminando o esboço desse manifesto.

3 — Passando a limpo o relatório dos exercícios práticos dos alunos do meu curso.

O *Jornal do Commercio* publica o 14.º artigo da série — "Nacionalização do solo pelo Imposto Territorial Geometricamente Progressivo".

Em Petrópolis e no Rio de Janeiro.
[*20 de maio*]

Chuva à noite; manhã encoberta; dia de sol mais ou menos enublado.

Temperatura de 13,2° a 22,8° centígrados

5 horas — Acordar, toalete, banho, diário, balancete etc.

7½ — Descendo de Petrópolis pelo Caminho de Ferro Riggenbach.

10 — Na Escola Politécnica dando a lição XVIII e entregando o relatório dos exercícios práticos.

11½ — Na Gazeta da Tarde com o amigo J. F. Clapp em conferência sobre a Confederação Abolicionista.

12½ — Na Câmara dos Deputados vendo o projeto n.º 63 de

1883, que concede transporte gratuito pelas estradas de ferro para o material de qualquer outra que nela se entregue.

1 hora — No Clube de Engenharia e com o engenheiro J. A. dos Santos.

1½ — Na Sociedade Central de Imigração remetendo ao vice-presidente Taunay o esboço de manifesto ao Parlamento.

2 horas — Com os amigos Joaquim Nabuco, Joaquim Serra, Adolfo de Barros e A. P. de Alencastro tratando da propaganda abolicionista.

3½ — Voltando para Petrópolis.

Em Petrópolis.
[*21 de maio*]

Noite encoberta; neblina pela manhã; dia de sol mais ou menos enublado.

Temperatura de 12,5° a 18,3° centígrados

5 horas — Acordar, toalete, banho, diário, balancete etc.

7 — Tomando conhecimento da conta-corrente, remetida pelo Francisco Bruno Pereira, procurador da família na Bahia.

11 — Escrevendo ao deputado dr. Felício dos Santos para ser posto em discussão o projeto de transporte gratuito do material dos ramais pelas estradas de ferro do estado.

12 — Remetendo um exemplar deste projeto ao Charles Glanvill, em Londres, secretário da The Minas Central.

1 hora — Escrevendo ao amigo J. C. Rodrigues em Londres.

2 horas — Redigindo o 15.º artigo da série — "Nacionalização do solo pelo Imposto Territorial Geometricamente Progressivo" —

Em Petrópolis.

[**22 de maio**]

Chuva à noite; sol pela manhã; dia enublado; chuviscos ao anoitecer.

Temperatura de 12,5° a 15,3° centígrados

5 horas — Acordar, toalete, banho, diário, balancete etc.

7 — Lendo e anotando a obra — *Land Nationalization, by Alfred Russel Wallace.*

11 — Continuando os estudos sobre Imposto Territorial.

Em Petrópolis.

[**23 de maio**]

Chuva à noite; sol pela manhã; dia mais ou menos enublado.

Temperatura de 12,5° a 15,1° centígrados

5 horas — Acordar, toalete, banho, diário, balancete etc.

7 — Aperfeiçoando a lição xix do curso de engenharia civil, professado na Escola Politécnica.

10h — Continuando a ler e anotar a obra — *Land Nationalization, by Alfred Russel Wallace.*

Em Petrópolis e no Rio de Janeiro.

[*24 de maio*]

Noite estrelada; manhã clara; dia de sol; tarde com raras nuvens.

Temperatura de 9,1° a 16,2° centígrados

5 horas — Acordar, toalete, banho, diário, balancete etc.

7½ — Descendo de Petrópolis pelo Caminho de Ferro Riggenbach.

10 — Na Escola Politécnica dando a lição xix.

11½ — No escritório do dr. Antônio Veríssimo de Matos, pedindo-lhe uma conferência para terça-feira.

12 horas — Visitando ao amigo José do Patrocínio, recém-chegado da Europa.

1 hora — Deixando bilhetes de visita ao presidente da província de Minas dr. Antônio Gonçalves Chaves e ao deputado dr. Antônio Felício dos Santos.

2 horas — Na Sociedade Central de Imigração com os amigos presidente Rohan, dr. Enes de Souza etc.

2½ — No Clube de Engenharia com o engenheiro José Américo dos Santos.

3½ — Voltando para Petrópolis.

Em Petrópolis.

[*25 de maio*]

Noite estrelada; manhã límpida; dia de sol com brisa fresca; tarde clara.

Temperatura de 8,2° a 12,3° centígrados

5 horas — Acordar, toalete, banho, diário, balancete etc.

7 — Respondendo à carta de 29 abril do A. H. Phillpotts, presidente da companhia D'Eu.

11 — E a do amigo Charles Neate, engenheiro consultor da mesma.

4 horas — Despedindo-me do amigo dr. Henrique de Barros, nomeado ministro brasileiro no Peru, que mudou-se para o Rio de Janeiro.

Décimo aniversário do falecimento do engenheiro Antônio Rebouças.

Em Petrópolis.

[*26 de maio*]

Algumas nuvens à noite; manhã incinerada; dia de sol; tarde clara.

Temperatura de 9,5° a 12,3° centígrados

5 horas — Acordar, toalete, banho, diário, balancete etc.

7 — Aperfeiçoando a lição xx do curso de engenharia civil, proferido na Escola Politécnica.

9 — Escrevendo ao amigo dr. J. C. Rodrigues, em Londres, sobre a companhia Minas Central.

10 — E ao dr. Queiroz Carreira, em Ouro Preto, sobre os negócios dessa mesma companhia.

O *Jornal do Commercio* publica o 15.º artigo da série — "Nacionalização do solo pelo Imposto Territorial Geometricamente Progressivo".

Em Petrópolis e no Rio de Janeiro.
[*27 de maio*]

Crescente entre Rigel e Vênus; manhã clara; dia de sol; nuvens à tarde.

Temperatura de 9,8° a 29,0° centígrados

5 horas — Acordar, toalete, banho, diário, balancete etc.

7 — Partindo de Petrópolis pelo Caminho de Ferro Riggenbach.

10 — Na Escola Politécnica dando a lição 20.ª que foi ouvida pelo diretor Ignácio da Cunha Galvão.

11½ — Com o dr. Antônio Veríssimo de Matos, tratando dos negócios da família (inventário, casa da Bahia etc.).

12½ — Na Câmara dos Deputados com os dr.ˢ Aureliano [...] e Felício dos Santos promovendo a companhia Minas Central.

1½ — No Ministério das Obras Públicas acelerando o pagamento dos juros garantidos à companhia Conde d'Eu Railway Co., Limited.

2h — No Clube de Engenharia com os amigos Joaquim Nabuco, Joaquim Serra e José Américo dos Santos discutindo sobre a propaganda abolicionista.

3½ — Voltando para Petrópolis.

Em Petrópolis.
Décimo nono aniversário do falecimento de minha boa mãe
d. Carolina Pinto Rebouças.
[**28 de maio**]

Noite enublada; sol pela manhã; dia claro com raras nuvens; tarde limpa.

Temperatura de 10,2° a 17,3° centígrados

5 horas — Acordar, toalete, banho, diário, balancete etc.

7 — Escrevendo ao engenheiro João Crockatt de Sá Pereira de Castro, diretor das Obras Públicas em Ouro Preto, sobre a companhia Minas Central.

8 — Redigindo o 16.º artigo da série — "Nacionalização do solo pelo Imposto Territorial Geometricamente Progressivo".

11 — Aperfeiçoando a lição xxi do curso de engenharia civil, professado na Escola Politécnica.

Em Petrópolis e no Rio de Janeiro.

[*29 de maio*]

Crescente ao anoitecer; manhã clara; dia de sol; raras nuvens à tarde.

Temperatura de 16,5° a 23,1° centígrados

5 horas — Acordar, toalete, banho, diário, balancete etc.

7½ — Descendo de Petrópolis pelo Caminho de Ferro Riggenbach.

10 — Na Escola Politécnica dando a lição 21.ª.

11½ — Com o dr. Antônio Veríssimo de Matos concordando nas instruções a dar ao procurador da família Francisco Bruno Pereira, na Bahia.

12½ — Na Gazeta da Tarde com o amigo José do Patrocínio e depois com o j. f. Clapp, tratando da Confederação Abolicionista.

1½ — Visitando e sendo visitado pelo amigo Frederick Youle, recém-chegado de Londres.

2 horas — Na Câmara dos Deputados com o dr. João das Chagas Lobato e o presidente de Minas dr. Antônio Gonçalves

Chaves, conferenciando sobre o Caminho de Ferro de Pitangui (Minas Central).

2½ — No Clube de Engenharia com os amigos José Américo dos Santos e Miguel Antônio Dias.

3½ — Voltando para Petrópolis.

Em Petrópolis.
[*30 de maio*]

Crescente ao anoitecer; manhã clara; dia de sol; raras nuvens à tarde.

Temperatura de 14,5° a 15,6° centígrados

5 horas — Acordar, toalete, banho, diário, balancete etc.

7½ — Respondendo à carta de 15 maio do correspondente na Bahia Francisco Bruno Pereira e à das filhas do meu finado tio Manoel Maurício Rebouças.

9½ — Respondendo às cartas de Charles Glanvill, secretário da companhia Minas Central de 30 abril e 8 maio.

12½ — E a do engenheiro W. Martineau, consultor da mesma companhia.

2 horas — Aperfeiçoando a lição XXII do curso de engenharia civil, professado na Escola Politécnica.

Em Petrópolis e no Rio de Janeiro.

[**31 *de maio***]

Lua em crescente; manhã clara; dia de sol mais ou menos enublado; ameaças de chuva à tarde.

Temperatura de 12,1° a 25,6° centígrados

5 horas — Acordar, toalete, banho, diário, balancete etc.

7½ — Descendo de Petrópolis pelo Caminho de Ferro Riggenbach.

10 — Na Escola Politécnica, dando a lição XXII.

11½ — Na Gazeta da Tarde promovendo a propaganda abolicionista.

12 — No Clube de Engenharia com o amigo José Américo dos Santos.

1½ — Em sessão da Sociedade Central de Imigração onde foi lido e aprovado o projeto de manifesto ao Parlamento, que redigi a 19 de maio.

6 horas — Jantar ao amigo Joaquim Nabuco, oferecido por quatro deputados e alguns amigos, no Globo.

10 horas — Pernoito no Hotel de France ao largo do Paço, aposento n.º 14 (segundo andar).

Docas D. Pedro II (c. 1885), construídas por André Rebouças no Rio de Janeiro

POSFÁCIO
O retorno de Ulisses: com o remo às costas entre o Atlântico e a Mantiqueira

Hebe Mattos

Um olhar que se abre ávido (e otimista) do Atlântico à Mantiqueira define, a meu ver, a perspectiva de André Rebouças nas páginas que acabamos de ler. André se queria universal e parecia quase ter conseguido. Em Londres, onde o livro começa, entre intelectuais abolicionistas e capitalistas que investiam no hemisfério sul, talvez fosse tão "negro" quanto Joaquim Nabuco ou José Carlos Rodrigues. Neste posfácio, busco compartilhar com todos os que se tornaram leitores da escrita de si de Rebouças meu encantamento com a positividade do momento e algo do contexto histórico que permite explicá-lo.

A autoidentificação com Ulisses, rei de Ítaca, personagem principal de Homero no texto clássico da *Odisseia*, ocupa lugar central nas cartas de exílio transcritas por André. No posfácio de *Cartas da África*,[1] enfatizei o uso da dualidade Ulisses/Eumeu na escrita epistolar de Rebouças. A autoidentificação simultânea com o rei de Ítaca e com o escravo Eumeu, personagens da *Odisseia*, era signo expressivo da dupla consciência, de ocidental e negro, que estruturava então sua reflexão sobre o mundo. Dei menos atenção, naquele momento, a uma outra referência a Ulisses, também recorrente no texto das cartas.

Em 21 de dezembro de 1892, André transcreveu, em seu registro de correspondência, uma carta escrita de Queenstown, na África do Sul, a Joaquim Nabuco e Alfredo Taunay, com o seguinte trecho:

> Eu também estou predestinado a percorrer indefinidamente o mundo atual, cem vezes maior do que o mundo do Divino Homero, com o meu remo às costas, até encontrar um povo tão rude e tão simplório que confunda remos de navegação com pau de joeirar trigo! [p. 240]

Tive muitas dificuldades na transcrição das citações a esse pequeno episódio da *Odisseia* referido nas cartas, por problemas no manuscrito, é fato, mas também por falta de familiaridade com os detalhes do texto de Homero e a complexa história das apropriações que dele foram feitas.

Retomei o enigma para escrever este posfácio, pois a metáfora do remo às costas me veio à mente de forma espontânea, enquanto lia suas anotações diárias sobre a viagem de retorno de Londres ao Rio, a bordo do paquete *Neva*, em janeiro de 1883, e, depois, sobre as muitas viagens a Minas Gerais como representante da Minas Central Railway nos meses que seguiram.

A metáfora do remo às costas faz referência a uma profecia feita pela alma de Tirésias, no livro XI da *Odisseia*, quando Ulisses desce ao mundo dos mortos, governado por Hades.

Segundo a profecia de Tirésias, após retornar a Ítaca e recuperar o trono e a esposa Penélope, Ulisses voltaria ao mar, viajando incessantemente até achar uma terra que não conhecia remo nem temperava com sal a comida, a ponto de confundirem seu remo carregado às costas com uma pá. Esse seria o sinal para cessar as viagens e regressar à terra natal, onde morreria de velhice.

No contexto das apropriações do texto de Homero, esse pequeníssimo episódio ganhou ressonância, passando a dialogar com o canto XXVI do Inferno da *Divina comédia* de Dante Alighieri, escrita no século XIV. Esse canto, conforme aprendi com o pesquisador Tiago Tresoldi,[2] definiria, no Ocidente, a passagem interpretativa de um Ulisses centrípeto, marcado pela ânsia do retorno, para um Ulisses centrífugo, definido pelo desejo da aventura e do desconhecido.

Segundo tradução e comentário de Tresoldi, no Inferno de Dante o poeta encontra a alma de Ulisses, ao lado da de Diomedes, expurgando na mesma chama os pecados cometidos na Guerra de Troia.

Capaz de falar entre as chamas, Ulisses conta ao poeta a própria morte, após o retorno a Ítaca e a volta ao mar, tendo o remo por asas, movido por um desejo de ir além do familiar, de conhecer e transformar o que era antes ignorado, mais forte que o apego à terra natal e aos amores que nela viviam.

Na narrativa de Dante, Ulisses nunca encontrou o povo que confundia o remo com pá. Não morreu de velhice em Ítaca, mas em um naufrágio, tragado por um redemoinho após visualizar as montanhas do Purgatório em algum lugar ao sul e além das Colunas de Hércules, referência aos promontórios existentes no estreito de Gilbratar, que dá entrada do Mediterrâneo ao oceano Atlântico. O *remo às costas* da profecia de Tirésias no reino de Hades redefinia-se no *remo como asas*, na boca do próprio Ulisses, no Inferno de Dante.

Na edição das cartas africanas, a referência a esse Ulisses com sede do desconhecido me pareceu evidente e, talvez por isso, dispensou então maior aprofundamento. Mas ela me voltou à mente com força enquanto lia e editava o diário de 1883 e 1884, mesmo que, neles, Ulisses e a *Odisseia* não estejam citados. As descrições dos últimos dias na Europa e do retorno a bordo do *Neva* evidenciam de forma muito intensa, antes que um desejo de volta, o gosto pelo desconhecido. É essa chave de positividade, rara na escrita de si do personagem, que vou buscar aprofundar neste texto.

————

O período aqui registrado diariamente tem ainda outra especificidade, já assinalada na apresentação: ele reabre a escrita de si do autor após cinco anos de intervalo.

Em 9 de fevereiro de 1877, Rebouças registrou em seu diário: "Dia dúbio: chuva à tarde: 24 a 26° centígrados". Deixou a página em branco para voltar a escrever somente em 1891, na página seguinte:

> Cessou o Diário Regular com a entrada para a redação d'O *Globo* a 3 de março de 1877.
>
> Continua o Resumo Biográfico até 31 de dezembro de 1882.
>
> E depois o *Letts Diary* de 1883 a 1889.

Dato essa anotação em 1891, pois nesse mesmo caderno ele começará a registrar a correspondência do exílio daquele ano.

A confiar-se na anotação, ele simplesmente deixou de manter um diário regular de fevereiro de 1877 até o final de 1882. Não se pode descartar, porém, a hipótese de uma interrupção menor, com a retomada em algum outro suporte, rejeitado no trabalho de reorganização memorial consolidado durante o autoexílio, a partir de 1891. Há algumas evidências disso, que comento no final deste posfácio.

De todo modo, a interrupção de 1877 aconteceu, e o corte entre o Rebouças jovem e o maduro seria consolidado no trabalho de memória, iniciado já na década de 1880, com anotações suas nos diários antigos e a elaboração de um Resumo Autobiográfico, que ele menciona várias vezes nos registros de 1883 e 1884. No Museu Imperial encontram-se diversos extratos desse resumo referentes aos anos de 1877-80, relacionados à amizade com o maestro Carlos Gomes e à organização do Festival Carlos Gomes em 1880. Os detalhes ali relatados são indícios da existência de diários para esse período, base para a elaboração do Resumo Autobiográfico, descartados apenas em 1891.

Em 1880, André perdeu o pai, sua principal referência intelectual. No mesmo ano passou no concurso da Escola Politécnica, efetivando-se na cadeira de engenharia civil. Escreveu também seus primeiros artigos abolicionistas na *Gazeta da Tarde*, então propriedade do jornalista negro Ferreira de Menezes, juntamente com os abolicionistas, também negros, José do Patrocínio e Luiz Gama. Organizou as primeiras conferências abolicionistas e o Festival Carlos Gomes, participou da fundação da Sociedade Brasileira contra a Escravidão com Joaquim Nabuco e redigiu os estatutos da Associação Central Emancipadora.

No Resumo Autobiográfico dos anos 1877-82, parcialmente publicado por Ana Flora e Ignácio José Veríssimo na edição de 1938 dos diários e cartas, são sobretudo essas ações abolicionistas que merecem destaque. As referências aos negócios aparecem apenas até 1877. Ana Flora e Veríssimo intitulam as anotações entre 1874 e 1877 então publicadas como "o fim do industrial".

A crise foi profunda, mas absolutamente não marca o fim da presença de Rebouças no mundo dos negócios. O André Rebouças que ressurge nas páginas do *Letts Diary* em 1883 é ainda o engenheiro e empresário que viveu a crise do final da década de 1870. Para entender o Rebouças de 1883 é preciso, portanto, recuar no tempo.

Ainda no final da década de 1860, o jovem engenheiro, então recém-chegado da Guerra do Paraguai, foi indicado pelo Conselho de Ministros para dirigir as obras das Docas da Alfândega, no Rio de Janeiro. Como gerente-geral do empreendimento, deparou constantemente com limitações orçamentárias e terminou por convencer o chefe do gabinete de ministros, visconde de Itaboraí, a criar uma companhia de capital privado para a conclusão das obras. Seria a primeira empresa privada concessionária de serviço público no Império.

Rebouças foi o responsável por toda a construção do arcabouço legal e econômico para a realização do projeto e, por isso, declinou de participar como acionista da companhia das Docas da Alfândega, que passou a administrar as docas que ele construíra e dirigira como comissionado do Estado imperial.

Aberta a possibilidade de atuação da iniciativa privada em obras de infraestrutura como concessionária do Estado, André participou da formação de diversas sociedades por ações para desenvolver seus muitos projetos, atraindo investidores no Brasil e no exterior.

Ele formulava os projetos de engenharia, montava o arcabouço legal das companhias e tinha contatos no Brasil e no exterior para atrair investidores. Conhecia pessoalmente capitalistas e industriais ingleses e estadunidenses com interesses no Brasil e privava de sua amizade.

Foi, nessa condição, o grande responsável pela modernização do porto do Rio de Janeiro, à frente das obras das Docas da Alfândega e depois das Docas Pedro II, da qual foi acionista e gerente-geral. Concebeu, paralelamente, a modernização de outros portos brasileiros, como os do Maranhão, do Recife, da Paraíba e, mais tarde, do Rio Grande do Sul. Com o irmão, também engenheiro, projetou o sistema de abastecimento de água para o Rio de Janeiro e construiu companhias por ações para o fornecimento de madeira para a construção civil, com práticas de reflorestamento (a Companhia Florestal Paranaense citada no diário) e para a construção de uma estrada de ferro entre Antonina e Curitiba, no Paraná. Com capitais ingleses, projetou e conseguiu implementar outra estrada de ferro, na Paraíba, concluída durante o período relatado neste diário.

A concorrência entre a companhia das Docas da Alfândega e a das Docas Pedro II pelo frete do café mudaria totalmente a situação para André. Em 1871 ele foi demitido da gerência das Docas da Alfândega, e a partir de então as críticas ao custo de algumas decisões suas à frente das obras das Docas Pedro II se tornaram cada vez mais pessoais, a ponto de ele se afastar da gerência-geral da companhia da qual era acionista para fazer uma viagem à Europa e aos Estados Unidos, em 1873. Tentava passar as decisões cotidianas a subordinados para apaziguar os ânimos de seus inimigos. Não foi assim que as coisas transcorreram.

Ao retornar, após alguns meses de viagem, seu irmão Antônio morreu repentinamente de tifo em 1874, em meio a obras de uma ferrovia que dirigia no estado de São Paulo, aos 34 anos, deixando viúva e dois filhos menores.

Ainda sob a dor dessa perda, viu o caminho de ferro que haviam projetado juntos, entre Curitiba e Antonina, ter o seu traçado final modificado para Curitiba—Paranaguá, em função de disputas políticas entre as duas cidades, e ter a concessão final retirada da empresa em que ele e os órfãos do irmão se mantinham como sócios.

Era uma crise ao mesmo tempo econômica e política, numa economia patrimonial, movida por favores pessoais. Na sequência, a Companhia Florestal Paranaense, da qual também era um dos principais acionistas, entrou em crise financeira, com ecos ainda na década de 1880. Finalmente, após muitas idas e vindas de negociações políticas, a gerência não foi renovada, ainda que a companhia continuasse a existir, em fusão com as Docas da Alfândega. Por uma terrível ironia, líderes conservadores a quem admirava, ligados às reformas da Lei do Ventre Livre, como o visconde do Rio

Branco, seriam seus algozes empresariais nesse momento difícil. Pedro II não o socorreria. A mágoa foi profunda e o afastaria da família imperial até as vésperas da Abolição.

A morte do pai em 1880 fecharia o círculo do inferno. Sem os dois Antônios, André ficava solto no ar. Vendeu a casa da família, decidiu morar em hotéis.

Como escrevi na apresentação, foram anos difíceis, mas combativos. Apesar da amizade com Nabuco e Taunay, muitos de seus companheiros mais próximos naqueles anos eram republicanos, como José Carlos Rodrigues, José do Patrocínio, Ferreira de Menezes ou Luiz Gama. Guardou, no Resumo Autobiográfico de 1880-82, apenas o bom combate pela causa da abolição. Ao concluir o posfácio, voltarei a argumentar que existiram diários para esses anos, ainda que André não os tenha preservado.

A falência foi dramática, mas ele se reergueu. Do exílio, em 1891, entre silêncios e revelações, André decidiu nos deixar ler novamente seus diários a partir de 1.º de janeiro de 1883.

Não foi, porém, o único ator na reorganização para a posteridade de sua escrita de si.

Os escritos de André atravessaram o Atlântico depois de sua morte em Funchal. Quem primeiro os recebeu e guardou? Os diários de 1883, 1884, 1885, 1887 e 1888 foram doados na década de 1940, provavelmente pela sobrinha Carolina, filha do irmão Antônio, ao arquivo do Instituto Histórico Geográfico

Brasileiro (IHGB). A família guardou consigo o diário do ano de 1886, doando-o apenas décadas depois.

André não foi o único gestor de sua memória, não há dúvida, mas ouso dizer que foi o principal. É ele quem decide se dar a ler de novo a partir de 1883. Foi ele quem provavelmente destruiu a maioria de suas notas de viagem ou o Diário Especial que menciona em 20 de março de 1883. Teve tempo de sobra para isso.

André Rebouças se escreveu para a posteridade, não tenho dúvida. Ocupou-se de sua memória como um artesão dedicado desde pelo menos a década de 1880, com direito a rever tudo durante os longos anos de autoexílio.

Ler a escrita de si de alguém que escreveu cada dia de sua vida me colocou alguns dilemas éticos. Teria eu direito de roteirizar, quase como romance, aquilo que Rebouças escreveu aparentemente para si mesmo? Estou, porém, apaziguada com a questão.

A escrita de si que agora lemos é a que ele quis que lêssemos. E, se podemos discutir ou imaginar algumas questões pessoais não explicitamente tratadas no texto, é porque ele quis nos deixar essa janela de imaginação.

Dou continuidade a este posfácio contextualizando as janelas da minha imaginação. A partir delas, dividi o texto de André em capítulos, imprimi sentido ao trajeto das suas viagens e busquei nos arquivos diferentes imagens dos lugares que descreve.

MEMORANDA OF REFERENCE, &c.,

As Addresses, Quotations, and other matters of interest.

Temperatura — De 25 Dezembro 1882 ao 1º Janeiro 1883 o thermometro marcou em Londres de 10° a 12°,5 centigrados chovendo sempre. Um Membro da Sociedade Meteorologica escreveu no "Standard" dizendo que ás mesmas horas, a temperatura era mais elevada que em Junho de 1882

Foi no Charing Cross Hotel, onde residi em Londres de 24 Setembro 1882 a 9 Fevereiro 1883, que teve logar o ..... Abolicionista offerecido ao Joaquim Nabuco a 23 Março 1881

Ferro-via Conde d'Eu — Do Sr. presidente da provincia da Parahyba recebeu ante-hontem o Sr. ministro da agricultura o seguinte telegramma, expedido ás 2 horas da tarde da estação de Mulungú, da ferro-via Conde d'Eu:

«Mulungú, 7 de Setembro — Congratulo-me com o governo imperial pelo anniversario do grandioso acontecimento que o dia de hoje recorda e pela inauguração, que acaba de realizar-se, do trafego da ferro-via Conde d'Eu no percurso de 75 kilometros entre a capital desta provincia e a estação do Mulungú: facto este anciosamente esperado com razão por toda a provincia como vigoroso propulsor da sua prosperidade.—*Ayres do Nascimento.*

O trecho que acaba de ser entregue ao trafego é dividido em duas secções, a primeira das quaes liga a capital a Cobé, e a segunda vai de Cobé a Mulungú. Na primeira secção ha cinco estações, sendo uma de 1ª classe e de ferro na capital, e outras de classes inferiores em Santa Rita, Rela, Espirito-Santo e Cobé; e na segunda as estações de Sapé, Araçá, Páo Ferro e Mulungú, as tres primeiras de 4ª classe e a ultima de 3ª.

A terceira secção, que proximamente poderá ser entregue ao transito, mede 22 kilometros entre Mulungú e Independencia. De Cobé, estação intermedia ás duas primeiras secções, parte um ramal que vai ter a Pilar com a extensão de 24 kilometros. Assim neste ramal como na terceira secção as obras achão-se adiantadas.

O governo imperial acha-se autorisado a garantir o juro de 6 % até o maximo capital de 800:000$ para o prolongamento da linha desde a capital até o porto de Cabedello; prolongamento reputado necessario a incrementar o trafego da ferro-via pela facilidade que trará ao commercio directo para o exterior.

A bitola da linha é de 1 metro entre tilho, sendo de £ 675,000 o capital garantido ao typo de 7 %. Todo o capital acha-se realizado.

Ao lado, reprodução da página que antecede o primeiro registro do diário de 1883, com recorte de jornal colado. Acima, Charing Cross Hotel, em Londres, onde Rebouças residiu entre setembro de 1882 e fevereiro de 1883

Viagem à Holanda. Páginas do diário de 1883, com as anotações de 13 e 14 de janeiro. Em registro posterior feito pelo próprio Rebouças, no cabeçalho do dia 13, referência ao seu aniversário

1883 31 Days   **14 Sunday**—2 aft Epiph [14–351]   **14 January**

Oxford Lent Term begins

n e estrellas á noite; o Sol e Céo claro como jámais
em Londres

Temperatura de 0° – 5° anti-frio

h. Acordar, Toilette, Diario, Balancete &ᶜ —

— Começo a estudar Croisette Desnoyers —
Travaux Publics en Hollande

= Visita ao Palacio do Senado e camara, um bello modelo
para o Brazil — Elegante, simples, modesto, confortavel
o Museo Wiertz — O Genio da imaginação —
Verdadeiro delirio artistico (Vide o Catalogo)
a "Palais de Justice" em construcção — Ferro architectonico
de 60.000,000 fr:
Palais des Beaux Arts — Columnas de granito
vermelho com bases e capiteis de bronze, Corinth cos,
como projectei em 1869–70, para a Praça do Commercio
do Rio de Janeiro.
Almoço no Café Riche (23 Rue de l'Écuyer)
Visita ao Minist° Brasileiro (Conde de Villeneuve)
ausente em Paris
Partida para Anvers —

Chegada em Anvers. Hospedo-me no Hotel
St. Antoine, Quarto N° 30

Jantar na "Table d'Hote", em uns 10 hospedes apenas

Justus Dirks, engenheiro-chefe das obras do canal de Amsterdam, que André conheceu em sua viagem à Holanda em 1883. Mais tarde no mesmo ano, os dois se reencontraram no Rio de Janeiro

Queen Anne's Mansions, onde André fez seu jantar de despedida antes de retornar ao Brasil. Em 1883, era o edifício mais alto de Londres

Programa de concerto do Clube Beethoven. A agremiação é um dos poucos lugares de lazer citados na rotina de Rebouças no Rio de Janeiro

Hotel da Vista Alegre, em Santa Teresa, onde Rebouças voltou a residir no regresso ao Brasil, em 1883. Rio de Janeiro, c. 1885

127 May — **7 MONDAY [127-238]** — **5th Month 1883**

Royal Academy opens. See Hol. Table

Noite estrellada; Venus e Marte pela madrugada, manhãa bellissima; dia de Sol; anuvios de tarde e ao anoitecer.

Temperatura de 19 - 26,1 Centigrados

5 — Acordar. Toilette, Banho, Diario Balancete &

7h — Respondendo á carta de 7 Abril do amigo G. H. Duik em London sobre C.F. Queluz Pitanguy e Engenheiro seu de Ingahyba (Municipio de Mangaratiba)

8h — Continuando o Resumo Autobiographico até 14 de 1872 (3ª Chegada á Marselha)

9½ — Na Escola Polytechnica melhorando o Gabinete de Engenharia Civil

10½ — Na Gazeta da tarde com o José do Patrocinio tratando da Propaganda Abolicionista

11h — Na Typographia Aldina accelerando a impressão da Agricultura Nacional — Estudos Economicos.

11½ — No Escriptorio - 47 Rua do Carmo com o advogado Pedro de Barros

12h — No Club de Engenharia com os amigos Miguel M. Dias e José Americo dos Santos

2½ — De volta ao Hotel da Vista Alegre, em Sta Thereza

3horas — Tomando notas para accrescermos ao livro sobre Agricultura Nacional —

Reprodução de páginas do diário dos dias 7 e 8 de maio de 1883, com anotação sobre a diretoria da companhia Minas Central, em Londres

1883 31 Days · **8 TUESDAY [128-237]** · **128 May**

Half Quarter Day

... estrellada; Venus e Marte muito proximos pela
madrugada; manhã bellissima; dia de Sol; ameaços
d'trovoada á tarde.

Temperatura de 19° - 26° centigrados
Acordar, Toilette, Banho, Matis, Balancête & &
Recordando e aperfeiçoando a 12ª Lição de Eng.ª Civil
Continuando o Resumo Auto-biographico de 18 de
Dezembro 1872 em S. Remo.

Dando a 12ª Lição de Engenharia Civil na Escola
Polytechnica.

Na "Gazeta da Tarde" com o José do Patrocinio e
J. F. de Clapp tractando da Propaganda Abolicionista
e na Typographia Alema tendo provas do livro
— Agricultura Nacional — Estudos Economicos -

— No Escriptorio — 47 Rua do Carmo - com o advogado
Pedro de Baros.

No Club de Engenharia com o amigo Hy. J. A.
dos Santos. Recebemos amabilissimas cartas do
Eng.ro J. Dirks, de 14 Abril em Punta-Arenas;
Estreito de Magalhães.
De volta ao Hotel da Vista Alegre, em S.ta Thereza

— Notas e accrescimos para o Curso de Engenharia Civil

The Minas Central Railway of Brazil Limited
(Queluz - Pitanguy, Brasil)
Sessão da Directoria em Londron E.C. — S.t Michaels
Hall, George Yard, Lombard Street
Nomeado - um Engenheiro Consultor e Agente da Compa-
nhia no Brasil em £ 600 por Anno.

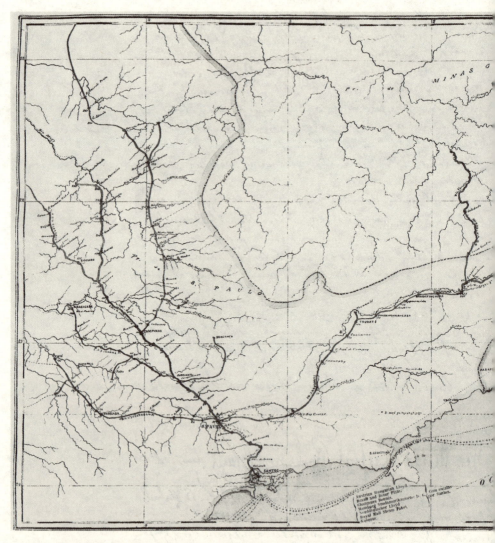

Planta das estradas de ferro das províncias do Rio de Janeiro, São Paulo e Minas Gerais (1885). A estação de Carandaí aparece como limite do avanço da Estrada de Ferro Central do Brasil em direção ao centro da província de Minas Gerais, na parte superior do mapa

MEUS ANNOS DE CAPTIVEIRO E DE LIBERDADE

POR

FREDERICO DOUGLASS

XIII

VICISSITUDES DA VIDA ESCRAVA

(Continuação)

Entre os filhos de tia Milly contava-se Henny, pobre enferma, que um dia ficára sem mãos cahindo n'um brazeiro. D'este modo, doente, esforçando-se por trabalhar, ella não valia mais que um cavallo de pau...e comia.

Esse miseravel, objecto, desfigurado, foi enviado a Baltimore.

Feito o ensaio, o senhor Hugues e sua mulher, achando que uma estropiada para nada lhes servia, a tornaram a embarcar e a enviaram ao senhor Thomaz, que tomou esse acto como acintoso, qualificou-o de ingratidão e immediatamente escreveu ao irmão: « Se não póde conservar Henny comtigo, não o podes tambem a Fred; manda-m'o. »

Outro choque, outra dor!

Unido a muitos companheiros negros, eu ensinava-os a ler, a escrever; passava com elles todo o tempo que podia dispôr. A nossa affeição era poderosa! Mas nem desejos, nem saudades, não cessarei de repetir, nada seriam com relação ao destino dos escravos.

Chorei os amigos negros dos quaes ia-me separar; brancos não os tinha. As más companhias e o *brandy* no senhor Hugues, a influencia perniciosa da escravidão em sua mulher tinham perturbado os caracteres dos dous.

Deixar meus irmãos, deixar tio Lawson, venerado, ternamente amado, deixal-os para sempre, era este o meu maior supplicio.

E tinha descuidado todo o projecto de fuga, adiando-o para o futuro.

Não importava. Encostado á amurada do navio que me conduzia a Saint Michel, seguindo com o olhar cuja prôa cortava as ondas, cuja fumaça se desenrolava nos ares, um pensamento unico me influenciava: ser livre!

XIV

SAINT MICHEL

Saint Michel, minha nova patria grande aldeia, superior ás outras agglomerações do mesmo genero, continha algumas habitações confortaveis. Todas as casas, entretanto, eram feitas de madeira; ora como nenhuma camada de tinta ou verniz as defendia contra as intemperies do tempo, a madeira, perdendo sua côr, tomava as cores negras do carvão. O aspecto geral despertara-me a ideia do tedio, do abandono e de pouca limpeza.

Outr'ora, servindo para a construcção de navios, Saint Michel, que tinha visto desapparecer essa industria, a substituira pela pesca das ostras que abundavam nossas paragens. Os homens, partindo de madrugada, voltavam no outono, inverno e primavera á noite; para preservarem-se das fébres, levavam botijas de rhum que traziam vasias. Era costume geral em Saint Michel, a embriaguez. Os costumes não se melhoravam. Grosseria, deboche, preguiça ahi floresciam, e os poucos robustos diziam do logar: Tão degradado quanto desgraçado.

Foi em 1833 que troquei Baltimore por Saint Michel.

A data ficou presente em minha memoria, porque nesse anno, o que seguiu a invasão do cholera, meus olhos contemplaram pela primeira vez este phenomeno maravilhoso: uma chuva de estrellas. O ar formigava desses brilhantes mensageiros do céu; illuminavam a noite; e eu, cheio de admiração e respeito, perguntava si não eram os precursores do Christo, do Filho do homem que vinha redimir os captivos. Não tinha eu lido já que nessa época as estrellas cahiriam do céu? Os nossos soffrimentos não tinham tocado a seu apogeu? E eu olhava para o ether afim de procurar em suas profundidades, essa liberdade que a terra nos negava.

Voltemos ao Sr. Thomas.

Só o conhecera na qualidade de genro do Captain Anthony. Sete annos se haviam passado; tinha actualmente a estudar seu humor, suas disposições, o melhor methodo a seguir para agradar-lhe. Os senhores, em geral, não calçam luvas quando trata-se de castigar um escravo. Soube immediatamente como me devia haver com o caracter de Thomas Auld. Minha nova senhora, mistress Rowena, não deu-se no trabalho de dissimular o seu. Tão fria e cruel quanto seu marido era avaro, tinha o dom de fazel-o mau, ou de *barbarisal-o*, do mesmo modo que era má e barbara. Os dous esposos se inoculavam reciprocamente seus vicios, feliz effeito dessa tocante união!

Em Baltimore eu não soffrera fome; em Saint Michel soffri torturas. Tão esfomeados viviamos, eu e meus companheiros de escravidão, que nos era necessario pedir de comer aos visinhos para não morrermos de fome.

(Continúa.)

PROCLAMAS

Foram lidos na capella imperial, no dia 1 de Junho, os seguintes:

Arthur Eugenio da Silva Porto com Cecilia Julia de Castro, Joaquim Antonio de Almeida com Eugenia de Jesus Serpa, Julio Gabriel Gomes com Rosa Maria da Costa Faria, Francisco Ferreira Ramos Sobrinho com Emilia Julia de Lima Soares, Francisco Pereira da Cunha com Emilia Augusta Gonçalves Leonarda, Luiz Barreto Murat com Mathilde Herminia da Veiga, Joaquim Ferreira Novaes com Maria Balbina de Assis, Paulo Antonio Corbo com Philomena Sacco, Joaquim Fernandes de Aguiar com Seraphina Nunes de Andrade, Francisco de Borges Ferreira com Magdalena Maria da Conceição, Constantino João Barbosa com Carmen Alvares e Alvares, Israel Antonio Soares com Antonia Botelho, João de Souza Ramos com Anna Maria do Coração de Jesus, Manoel Ferreira d'Assumpção com Leonor Mendes da Silva, Luiz Pimenta Bastos com Ambrosina Julia Xavier de Barros, Eduardo de Souza Coelho da Rocha com Marianna Cardoso, Manoel do Amaral Serra Junior com Virginia Cardoso da Silva, Antonio Arantes Ferreira com Maria da Conceição, Alfredo de Araujo e Silva com Zulmira Cardoso Braga, Luiz Carlos de Figueiredo Corrêa com Christina de Souza, Seraphim Pinheiro com Maria Joaquina Angelica, Alfredo Gomes de Paiva com Judith Francione de Padua, Jeremias Baptista Garcia de Mello com Carolina Maria Wanderley, Silvino Joaquim Gomes com Rita Maria da Silva, Miguel Raymundo de Souza com Amelia Carolina Telles, Ricardo Antonio dos Santos com Emilia Antonia da Nobrega, José Julio Pereira Cardoso com Maria Augusta da Silva, Manoel Antonio Mendes com Editta Joaquina Pessoa de Castro, Ildefonso Pupo de Moraes com Ely sa Paula da Costa Cabral.

Concedeu-se a licença de um mez, para tratamento de saude, ao alferes do 1o batalhão de infantaria Joaquim Garrocho de Brito, em prorogação da que obteve por portaria de 26 de Março ultimo.

Mandou-se recolher ao corpo a que pertence o capitão do 2o regimento de artilheria João Baptista de Azevedo Marques.

A' estação do 5o districto foi hontem apresentado o menor Augusto Dias Moreira, accusado de haver roubado a seu patrão a quantia de vinte mil réis.

Si todos os caixeiros seguissem este exemplo, onde iriamos parar?

Moça que se fia em moço
Não tem mesmo que fazer.
Os moços são como os gatos
Vivem sempre a se lamber

CHRONICA DO BEM

A Sociedade de Beneficencia Bons Amigos União do Bomfim, no intuito de prestar seu valioso concurso á causa dos escravos, fez acquisição do bilhete inteiro n. 2,103 da 1a parte da 27a loteria de Nictheroy, que deve ser extrahida amanhã, consagrando, caso seja premiado, a metade do producto ao fundo de emancipação da côrte.

Louvamos o procedimento da digna sociedade que, seguindo a divisa do seu titulo, não se esquece d'aquelles n ssos irmãos, cujos direitos foram postergados injusta e iniquamente.

No annuncio do Jockey-Club, publicado hontem em nossa folha, no 5o pareo, onde se lê 1,609 metros, deve-se lêr 2.000 metros.

E' uma simples rectificação.

Até 7 do Setembro futuro acha-se aberta a inscripção para o concurso no logar de professor substituto de mathematicas do collegio de Pedro II.

Recebemos e agradecemos: *Phalange* (n. 3); *Gazeta Academica (n. 4)*; Revelações; Considerações sobre a estrada de ferro Thereza Christina, por Lery dos Santos; Relazione della commissione eletta dei soci della società italiana di beneficenza; Implantação da republica no Brazil, por João de Pino e Machado; A questão do trabalho, por Numa (II); *Revista da Escola de Marinha* (n. 5); Relatorio da societé française de bienfaisance; Angiolina, poema de Cecilio Laora, sobre o qual fallaremos em tempo.

Os leitores não conhecem talvez a casa do Albuquerque, á rua da Uruguayana n. 63 A.

Pois têm perdido muito tempo.

Vão lá e depois nos digam si outra casa póde vender fazendas tão boas e por tão bom preço.

O ministerio da agricultura deu despacho nos seguintes requerimentos:

D. Isabel Leonor de Araujo Carvalho de Moraes, por si e tutora de seus filhos, na qualidade de co-herdeiros do fallecido Eduardo Alves Moreira, reclamando contra a compra de parte da fazenda Conceição do Tinguá pelo Estado para o novo abastecimento d'agua.—Não ha que deferir desde que não se acha effectuada pelo Estado a compra da fazenda a que se refere a supplicante.

Cesar Ferreira Pinto, pedindo permissão para dirigir sua empreitada na estrada de ferro do Porto Alegre a Uruguayana, independente de preposto. Mantenho a condição imposta pelo despacho de 7 de Agosto de 1881.

Vicente Ferreira da Silva Couto, como procurador de Ernesto Diniz Street, pedindo entrega da planta e documentos annexos ao requerimento em que solicitou garantia de juros para uma estrada de ferro, contratada com a presidencia da provincia do Maranhão em 1875.— Tendo o requerimento a que alludo o supplicante sido assignado por Street e Krugger, apresente procuração deste, para poder ser feita a entrega dos documentos.

Hontem, em assembléa geral do Club Vasques, procedeu-se á eleição da directoria que ficou assim composta: presidente, Brasiliano Cesar Petra de Barros; vice-presidente, Dr. José Paulo Nabuco de Araujo Freitas; 1o secretario, Joaquim Juvencio Petra de Barros; 2o secretario, Fernando Carlos de Menezes; thesoureiro, Arthur Alexandre Neves Gonzaga; orador, Felix Cardoso da Motta; 1o procurador, Alfredo Nunes de Oliveira; 2o dito, Joaquim Antonio Machado; 1o fiscal, Joaquim Cordeiro Mendes; 2o dito, Bellarmino Franklin Baptista.

Foram indeferidos pelo ministerio da agricultura os requerimentos de Clementte Cerqueira Lima, de Eduardo Mendes Limoeiro, de Francisco de Siqueira Queiroz e de Bento José da Silveira e Souza.

Temos de fazer uma rectificação á noticia que demos na 2a edição de ant hontem, sobre commissões da escola polytechnica para os festejos do centenario de Alembert.

O presidente chama-se Miguel Guimarães e não Miguel Lemos.

ABOLIÇÃO IMMEDIATA E SEM INDEMNISAÇÃO

III

O eximio abolicionista conselheiro Henrique de Beaurepaire Rohan argumentou brilhantemente contra a estulta pretenção dos exploradores de escravos á indemnisação, nestes memoraveis termos:

« Si os proprietarios me fallarem em indemnisação, como condição necessaria da libertação, eu lhes responderei que elles devem se considerar amplamente indemnisados pelos serviços, que até aqui lhes têm prestado os escravos. Com effeito, é sabido até a saciedade que, com cinco annos de trabalho, tem o senhor recuperado com usura o valor venal da propriedade servil. Ora, são passados mais de dez annos, ha quasi doze, que foi promulgada a Lei de 28 de Setembro de 1871, e de então para cá têm os proprietarios auferido mais do dobro do valor dos seus escravos.

Si neste assumpto tivesse sido aquella Lei mais previdente, ha sete annos estariamos livres da escravidão. »

Realmente são insaciaveis os parasitas do trabalho africano!

Ha tres seculos que vivem á custa dos sacrificios de infelizes, que foram arrancar á Costa d'Africa, e ainda querem hoje que se lhes pague dez ou vinte vezes o preço da primitiva acquisição!!

— Fazem, por ventura, idéa da somma, que devem em salario ás gerações, que se succederam no captiveiro durante tres seculos?

Tomemos o algarismo de 1,500.000 escravos com um salario de 1$000, durante 300 annos, ou 90.000 dias uteis, e chegaremos ao prodigioso algarismo de 135:000$000 contos de rs.

Nos doze annos, decorridos depois da lei Rio Branco, vós tendes usurpado do escravo só em salarios:

— 5.400.000 contos de réis.

O relatorio do ministerio da agricultura, que acaba de ser publicado, demonstra que os iniquos usurpadores do trabalho alheio receberam depois da promulgação da Lei de Emancipação:

Ao Estado..........	9.010:795$565
Aos proprios escravos..............	695:554$332
De abolicionistas e emancipadores....	4.269:996$332
Somma.........	23.976:346$229

Perto de 24.000 contos de réis, apezar da deficiencia dos algarismos officiaes, confessada no proprio relatorio.

Toda a despeza, feita debalde desde D. João VI até hoje, em tentativas de immigração e de colonisação, deve ser carregada á negra e ominosa conta dos monopolisadores da terra e dos traficantes de carne humana.

Ora, contam-se por centenas de mil contos de réis as sommas esbanjadas em esforços baldados e em tentativas frustradas de colonisação, em presença de senhores feudaes com seus infinitos latifundios e com milhares de escravos.

Mas o calculo, o orçamento mente impossivel é o da ver[...] nacional, causada pelos trafi[...] negreiros, desde os tempos col[...] até o dia da sua exterminaçã[o] Euzebio de Queiroz.

Todas as miserias do Bill-Ab[...] e do conflicto Christie são negr[...] cellas, que devem ser levadas á dos Escravocratas.

A esquadra nacional empr[...] desde 1810 até 1855, em per[...] navios negreiros; os presiden[...] cravocratas abrigando os hedi[...] contrabandistas sob as bate[...] Forte do Mar na Bahia; a fo[...] de Paranaguá atirando sobre [...] zadores inglezes; todas essas [...] gonhas, todas essas infamias [...] veram outra causa senão a d[...] cada ambição, o torpissimo [...] tismo, e a ganancia sem limi[...] traficantes de carne humana...

Ah! Si houvesse justiça ne[...] crio, serieis vós, Escravocrat[...] quos, a pagar-nos indemnisaçi[...] tantos prejuizos e por tanta[...] gonhas.

Á ULTIMA HOR[A]

Domingo no externato Jasp[...] nem-se os Riograndenses res[...] nesta côrte.

Consta-nos que pretendem uma Sociedade Beneficente [...] consagre tambem á abolição cravidão.

Consta será nomeado pres[...] da provincia de S. Paulo o [...] Carlos de Carvalho, ex-pres[...] da do Paraná.

Reuniram-se hoje, no salão [...] co Predial, em assembléa gera[...] naria, 45 accionistas represe[...] 6309 acções, para apresenta[...] parecer da commissão de con[...] lativo ao anno de 1882, e elei[...] um director para preenchime[...] vaga deixada pelo Sr. comme[...] João Teixeira de Abreu.

Occupou a presidencia o Sr. gadas Vianna, servindo de secr[...] os Srs. Costa Reis e Ferreira buquerque.

Submettido o alludido pare[...] commissão de contas á apre[...] da assembléa, e depois de la[...] cussão em que tomaram pa[...] Srs. commendadores F. P. M[...] Joaquim J. Gonçalves Ferreir[...] Nuno de Andrade e Segadas [...] e o Sr. Antonio Ferreira de [...] foi apresentada pelo Sr. com[...] dor Mayrink á segunda conclu[...] parecer de commissões a s[...] emenda:

« O abaixo assignado propõ[...] assembléa geral resolva sobre [...] mento do pagamento do div[...] deste semestre em vez da sua [...] são, como aconselha a illustrad[...] missão de contas na sua 2a [...] são. »

O Sr. Ferreira da Silva em[...] da commissão acceitou a emen[...] posta, por não ir ella de en[...] ao pensamento exarado no [...] parecer.

Posta a votos, foi approvad[...] cedendo-se em seguida á [...] de director, foi eleito por 10[...] o Sr. Luiz Augusto da Silva C[...]

Pagam-se amanhã na pagad[...] thezouro nacional as ferias de [...] rarios da Fortaleza da Con[...] Intendencia da Guerra, juizo do [...] da fazenda, e as ferias das ca[...] da alfandega.

FOLHETIM 87

PONSON DU TERRAIL

(ROCAMBOLE)

OS DRAMAS DE PARIZ

A HERANÇA MYSTERIOSA

SEGUNDA PARTE

— Tanto peior! Póde retirar-se, mestre Pornic.

E o cavalheiro, despedindo o picador, disse a sir Williams:

— Um fidalgo irlandez é sempre valente, não é verdade?

— Assim o creio, respondeu o baronnet com tranquillidade.

— Pois amanhã atire-se ao perigo, aperte o animal, e a pequena ha de amal-o, accrescentou o Sr. de Lacy.

— Matarei a facadas o porco montez, replicou friamente o baronnet.

[...] a *Passagem do Diabo*. Com elles já se póde preoccupar o espirito de uma menina amante do mysterio.

Sir Williams suspirou e permaneceu calado.

O cavalheiro mandou chamar Jonas.

Este appareceu com a bocca cheia.

—Meu rapaz, tu vais voltar para os Genêts, disse o Sr. de Lacy.

—Esta noite? perguntou Jonas em grande desapontamento.

—Porque, tens medo ao caminho?

[...] póde vêr os criados que conversavam ao pé do lume.

Ouvindo os passos do cavalheiro no vestibulo, um velho alto, que estava agachado a um canto, pôz-se de pé.

— Olá, disse o cavalheiro, o doudo está cá?

— Sim, meu senhor, respondeu um dos criados, veiu pedir de ceiar.

O velho que designavam pelo nome de doudo approximou-se.

— Bons dias, senhor, disse elle ao cavalheiro.

Este tinha um castiçal em uma das [...]

gentleman, que sentiu no fu[...] alma um vago terror.

Ouvindo as palavras do d[...] cavalheiro soltou uma garga[...] encolheu os hombros dizend[o]:

— Não faça caso de que pobre diabo, é doudo e julga cer toda a gente.

— Oh! não, não, murm[...] idiota com colera, eu sou d[...] verdade, mas conheço-o.

— Pois...sim, sim, bons Jeronymo, disse o cavalheiro

E dando o braço ao baron[...]

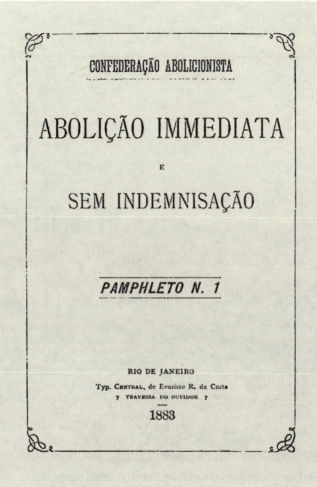

Ao lado, fac-símile da *Gazeta da Tarde* de 8 de junho de 1883, com trecho da biografia de Frederick Douglass e o terceiro artigo da série "Abolição imediata e sem indenização". Acima, frontispício do "Panfleto n.º 1" da Confederação Abolicionista, de 1883

Igreja de São Francisco e mercado de Ouro Preto (c. 1880), capital de Minas Gerais à época das viagens de Rebouças à província

Escola Central, futura Politécnica, onde André estudou e depois foi professor.
Largo de São Francisco de Paula, Rio de Janeiro

SOCIEDADE CENTRAL
DE
IMMIGRAÇÃO

BOLETIM N. 1.

RIO DE JANEIRO, 1 DE DEZEMBRO DE 1883

TYP. UNIV. DE LAEMMERT	Redactores: A DIRECTORIA	71 RUA DOS INVALIDOS 71

ESTATUTOS DA SOCIEDADE

CAPITULO I

DA SOCIEDADE

Art. 1.º A Sociedade Central de Immigração tem por fim promover, por todos os meios directos e indirectos ao seu alcance, o augmento da emigração européa para o Brazil.

Art. 2.º A' medida que os seus meios o permittirem, encarregar-se-ha a sociedade:

§ 1.º De fundar e manter nesta côrte um escriptorio de informações aos immigrantes, que os aconselhará e guiará na escolha do seu destino, fornecendo-lhes todos os esclarecimentos necessarios e fiscalisando tambem por parte da sociedade o tratamento que os colonos recebam a bordo dos navios que os conduzem ao paiz, á sua accommodação e tratamento na hospedaria official desta côrte, seu transporte para as provincias, collocação, etc.

§ 2.º De influir, quer pelo uso do direito de petição, quer pela imprensa, quer finalmente pelas relações e posição dos seus membros, afim de serem decretadas todas as reformas necessarias para que o estrangeiro ache uma verdadeira patria no Brazil, sendo tomadas todas as medidas precisas para a recepção e collocação de immigrantes, medindo-se terras em extensão sufficiente, etc.

§ 3.º De manter correspondencia permanente com as sociedades estrangeiras que advogão a immigração para o Brazil, afim de com ellas combinar os melhores meios de acção.

§ 4.º De crear, logo que fôr possivel, um grande orgão de propaganda nesta côrte, para formar opinião no paiz e exercer conveniente influencia sobre a marcha das cousas publicas em relação á immigração européa.

§ 5.º De, finalmente, quando houver meios para isso, promover propaganda directa nos paizes da Europa, que melhores immigrantes forneção.

CAPITULO II

DOS SOCIOS

Art. 3.º São socios da Sociedade Central de Immigração todas as pessoas que se inscrevão em suas listas, pagando adiantada a contribuição annual de 10$000.

§ 1.º Serão nomeados socios honorarios, por deliberação da assembléa geral, as pessoas que prestarem serviços extraordinarios á sociedade.

§ 2.º Serão considerados socios remidos os que por uma vez contribuirem com a somma de 100$000 e benemeritos' os que offertarem a quantia de 1:000$000 para cima.

§ 3.º Socios fundadores serão contemplados todas as pessoas que concorrerem ás sessões preparatorias ou por escripto declararem a sua adhesão á sociedade.

CAPITULO III

DA ASSEMBLÉA GERAL

Art. 4.º Uma vez em cada semestre e em dia que será designado pela directoria, reunir-se-ha a assembléa geral, que funccionará com o numero de socios que a ella concorrerem.

Art. 5.º Compete á assembléa geral:

§ 1.º Eleger a mesa presidencial.

§ 2.º Nomear a commissão fiscal para exame das contas do thesoureiro.

§ 3.º Nomear e demittir o gerente estipendiado da sociedade.

§ 4.º Resolver sobre todas as medidas que a sociedade tiver de tomar no sentido de gradualmente realisar o seu programma.

§ 5.º Nomear commissões de tres membros para todos os pontos da Europa, onde haja conveniencia de propaganda.

Art. 6.º Poderá ser convocada a assembléa geral extraordinariamente por deliberação da directoria ou por uma indicação assignada pela 3ª parte dos socios residentes na côrte e quites com a caixa.

CAPITULO IV

DA DIRECTORIA

Art. 7.º O tempo de duração da directoria será de um anno. Ella compor-se-ha de:

Um presidente.
Um vice-presidente.
Um thesoureiro.
Um 1º secretario.
Um 2º secretario.
Doze directores.

Boletim da Sociedade Central de Imigração, fundada com a participação de Rebouças

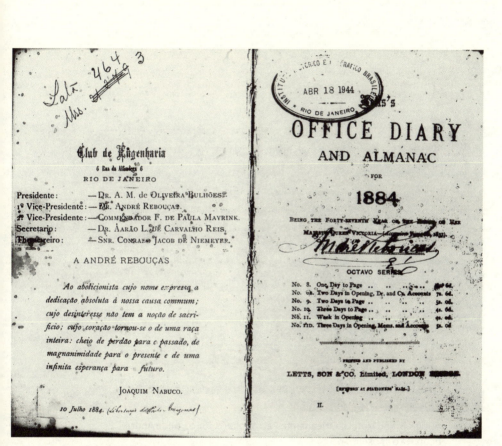

Páginas iniciais do *Letts Diary* de 1884

Antigo Grand Hotel d'Orléans, em Petrópolis (c. 1880), onde André ocupava o aposento n.º 39

Estação de Petrópolis, c. 1885

Anúncio da Confederação Abolicionista na *Gazeta da Tarde*, convidando para a quermesse em celebração da abolição no Ceará, ocorrida em 25 de março de 1884. Ao lado, detalhe de página da *Gazeta da Tarde* de 25 de abril de 1884, com o artigo "O café e a abolição a 7 de setembro de 1884", escrito por Rebouças, ao lado de artigo sobre a reação conservadora

...IA E REDACÇÃO, RUA DA URUGUAYANA N. 43   **NUMERO 96**

...iro, para celebrar
...a da escravidão na
...o Ceará.

...ra os Srs. Patroci-
...oge, Gerville Réa-
...a Nery, jornalista
...eputado de Isère,
...a *France* e Bazire,
...*eant*.

...formações nos fo-
...os esforços feitos
...curar da chaga da
...herdou Portugal,
...,

...nte salientados os
...que levaram a cabo
...pleta do seu ter-

... DO PATROCINIO.

...AMMA

...Abril.—Do Sudão
...a cidade de Berber
...que, a não serem
...m presteza, a pra-
...aos insurgentes. »

...rsario do Dr. Hen-
...ado clinico d'esta

...hecido pelas excel-
...o adornam, o Dr.
...hoje receber nas
...eus amigos as pro-
...ces da grande sym-
...o medico sabe des-
...elles que delle se

...ns sinceros e affe-
...e.

...RUA DO OUVIDOR

...ividados pela Con-
...sta, para formarem
...dora da rua do Ou-
...encetar o seu hu-

...missão vai ser re-
...elos distinctos mo-
...aes pretendem cor-
...mente ao apello abo-

...o de cartas de liber-
...to já está prompto,
...uas mãos dos mem-

...sos cavalheiros que
...rificio e a lucta, dos
...andiosa missão de
...aeophora institui...

OS CONSERVADORES

O orgão desta facção politica sahiu hontem do sério, em um artigo que começa por uma falta de concordancia e termina por outra de senso commum.

Confessa, com ingenuidade, que estava achando commodo que o orgão do partido liberal se batesse pelas idéas dos conservadores. Nunca o collega foi mais eloquente na demonstração da sua inutilidade !

Em seguida atira-se ás m u s i c a s dando-as como abolicionistas. As semi-colcheias, é verdade, que enthusiasmam incomparavelmente mais, quando estão ao serviço de uma causa boa, do que exprimindo o programma de um partido retrogrado. Espiritos perspicazes têm achado que ellas só representam bem este papel quando desafinam. D'ahi a furia do partido conservador.

Na sua insensatez vai ao ponto de querer que o governo tivesse feito parar o movimento libertador no Ceará, mandando, talvez, alguns batalhões combater os abolicionistas ! Isto, que, se comprehende, nas columnas de um jornal que quer forçar a sua leitura, pelas aggressões a todas as cousas santas e... moraes, causa mais attonita extranheza, da part... de um jornal que é dirigido por um deputado cearense e escripto, em grande parte, por um filho dessa heroica provincia e que aspira a honra de represental-a na proxima legislatura ! E' de pasmar !

Vem em seguida a questão da legalidade, e é o proprio defensor das instituições quem tenta dar-lhe um desmentido, oppondo a sua palavra sem prestigio ás declarações dos representantes legitimos dos poderes do Estado.

Um documento, que pode não ter valor para quem não for abolicionista, lavrado pelo presidente da Confederação em um momento de intenção e exprimindo uma verdade que está na consciencia de todos, serve-lhe de thema a uma dissertação insulsa e contradictoria pois que termina pelas seguintes palavras:

« Depois d'isto, só nos resta reconhecer que os abolicionistas têm razão de assim proceder »

Bravo! ora até que um dia nos achamos de accôrdo !

Se não vamos dar-lhe um abraço é porque receiamos que os dous o...

O CAFÉ E A ABOLIÇÃO A 7 SETEMBRO DE DE 1884

Dissera Aristoteles : — « *Não haverá mais escravos no dia em que os fusos andarem por si.* »

Os escravos, a que se referia o admiravel philosopho grego, eram escravos brancos, tão aryanos como a propria raça hellenica, a que elle pertencia.

A predição de Aristoteles foi perfeitamente realisada. Vieram os genios de Arkwright, de Hargreaves, de Jacquart e de seus dignos emulos e successores, e o linho, a lã e o algodão foram fiados e tecidos por processos mechanicos, sem dependencia mais de escravos.

Na Grecia e em toda a Europa desde muito que não ha mais escravos brancos.

A feroz ambição e a insaciavel ganancia dos colonisadores da America inventaram o escravo negro-africano para plantar canna, café e algodão, depois de terem exterminado milhares de aborigenes, que não puderam resistir ao trabalho, ao sol e ao chicote.

Começou, então, a pirataria negreira: — o transporte atravez do Oceano dos desgraçados, que os traficantes apanhavam depois de embriagal-os; ou eram aprisionados nas guerras e revoluções, que elles excitavam com as mais satanicas intrigas

Só nos Estados-Unidos reuniram para mais de oito milhões de africanos.

Orlando Charles Summer, Abraham Lincoln, Harriett Beecher Stowe e seus immortaes companheiros fizeram a Abolição ainda restavam mais de quatro milhões destes infelizes, que apathicamente continuaram a moêr canna e colher algodão, emquanto os Nortistas combatiam e...

Retrato e obituário do engenheiro Antônio Rebouças Filho, irmão de André, em *O Novo Mundo* de 23 de agosto de 1874

Retrato do conselheiro Antônio Pereira Rebouças, pai de André, em *O Novo Mundo* de 22 de fevereiro de 1875

585

O texto se abre para nós em Londres, informando que ele residiu no Charing Cross Hotel de 24 de setembro de 1882 a 9 de fevereiro de 1883. A suntuosidade dos hotéis em que residia pode ser atestada pela imagem do Charing Cross Hotel colada na abertura do diário de 1883 ou pelas fotos de Marc Ferrez do Hotel da Vista Alegre, em Santa Teresa, ou do Grand Hotel d'Orléans, em Petrópolis, onde viveu no período aqui relatado e que integram o conjunto de imagens deste volume.

Em Londres, viveu próximo ao amigo jornalista republicano José Carlos Rodrigues, com quem colaborara por toda a década anterior como redator do periódico O Novo Mundo. Os dois se encontraram pessoalmente em Nova York, em 1873, ainda que tudo indique que já tinham antes notícias um do outro. Colaboraram por toda a década de 1870 na redação da publicação, ilustrada e cosmopolita, que tratava de diversos assuntos e acompanhava a abolição da escravidão em todo o mundo — Espanha, Rússia, Cuba, Egito, Brasil. Os textos publicados revelavam entusiasmo com a República estadunidense e muita esperança nos rumos da reconstrução pós-guerra civil naquele país.

Em O Novo Mundo, André publicou um obituário do irmão Antônio de página inteira em 1874 e um retrato do pai, na primeira página, em 22 de fevereiro de 1875, que podem ser vistos no caderno de imagens e foram, claramente, respostas indiretas às denúncias de irregularidades que sofreu na gestão das

Docas Pedro II enquanto se acirrava a concorrência pelo escoamento do café com a companhia das Docas da Alfândega. A honra de toda a família parecia sob ataque. A solidariedade de Rodrigues, que deixara o Brasil acusado injustamente de fraude pelo Governo imperial, estreitou a amizade dos dois, que se tornariam companheiros inseparáveis nos meses vividos em Londres, a partir de setembro de 1882.

Lá os encontramos frequentando Bloomsbury Mansions e jantando juntos quase diariamente no restaurante Blanchard ou no Criterion, até hoje em funcionamento. Em Londres, André já trabalhava no Resumo Autobiográfico que passa constantemente a citar nos registros diários. A íntegra desse material não está entre os manuscritos arquivados no IHGB ou na FJN. No primeiro dia do ano de 1883, André se dedicava ao ano de 1869.

Em sua movimentação em Londres nos primeiros dias de 1883, logo nos inteiramos de que nem todos os seus negócios tinham se extinguido. Continuava acionista da Conde d'Eu Railway Company Limited, na Paraíba, ainda que deixasse de ser representante da companhia no Brasil, substituído durante a viagem por outro fiel amigo, o engenheiro José Américo dos Santos. Trabalhava diariamente no escritório do engenheiro inglês Charles Neate, onde mantinha contato com importantes capitalistas da cidade, como os irmãos Charles e Thomas Linklates e os irmãos Frederick e Alfred Youle. As conversas giravam, sobretudo, em torno do projeto de expansão do Caminho de Ferro Pitangui em Minas Gerais e de um ambicioso plano de modernização dos portos do Brasil, com a criação de uma companhia de portos marítimos, a Brazilian Harbour Improvements Co. Limited.

Nas páginas em branco que abrem a agenda de 1883 se encontra registrado um recorte de "assuntos dos dia", assinado por Guilherme Bellegarde, em janeiro de 1882, fazendo referência a uma carta "do ilustre engenheiro brasileiro André Rebouças" que dava notícia de um *meeting* abolicionista em Londres, em 15 de novembro de 1882, com discurso muito bem recebido de Joaquim Nabuco e informando que "o ilustre signatário" estava naquela cidade "trabalhando em conexão com engenheiros e capitalistas, conhecedores do Brasil, para organizar uma empresa dedicada ao melhoramento dos nossos portos, principalmente Pernambuco e Rio Grande do Sul".

Foi em busca de novos conhecimentos para os projetos dessa companhia que André realizou uma viagem de trabalho aos portos da Holanda, antes de retornar ao Brasil. Era também um presente a si próprio, tendo partido no dia de seu aniversário, 13 de janeiro. A narrativa denota prazer em chegar a cada cidade visitada, em encontrar o guia que uma vez servira a Pedro II, em jantar com pequenos grupos de hóspedes nos melhores hotéis do tempo. Como fizera nos Estados Unidos em 1873, onde organizou sua viagem de Nova York até os campos de petróleo de Pittsburgh, formando um quadrado completo, viajando pelo Norte e Oeste (Boston e Niagara Falls) e retornando pelo Sul e Leste (Pittsburgh, Filadélfia e Nova York), André repetiu a fórmula nos dez dias que passou na Holanda. Atravessou o canal da Mancha por Dove (Reino Unido) e Calais (França), seguiu rumo ao norte, de Bruxelas a Amsterdam, até chegar ao porto de Ymuiden. Retornou pelo Sul, sempre pelo litoral, vistoriando os portos, até o porto de Vlissingen, onde pegou o vapor para Queenborough, no Reino Unido, ao norte de Dover, e de lá o trem para Londres. A mesma lógica circular organizaria seu plano de circum-navegação da África muitos anos depois.

Nessa viagem conheceu o engenheiro Justus Dirks (1825--86), então mundialmente reconhecido como engenheiro--chefe das obras do canal de Amsterdam, concluído em 1883. No mesmo ano, segundo o obituário no *Minutes of the Proceedings of the Institution of Civil Engineers*, Dirks receberia da Coroa holandesa a Order of Lyon of the Netherlands. Em seguida, visitaria o Chile para projetar as docas secas de Talcahuano, ocasião em que passaria pelo Rio de Janeiro e reencontraria André Rebouças.

Recepcionar o engenheiro Dirks seria uma de suas primeiras tarefas de volta ao Brasil, mas, além disso, André definira objetivos de mais longo prazo para o retorno. As perspectivas empresariais tinham se aberto novamente.

Retornando ao Brasil, na parada em Lisboa, recebeu um telegrama de Londres, do velho amigo Alfred Youle, "participando ter chegado autorização para a companhia Conde d'Eu Railway completar o seu capital (£ 425 000 + £ 250 000 = £ 675 000)". Podia agora, mais concretamente, contar com o retorno das ações do Caminho de Ferro da Paraíba, todo projetado por ele, em fase de conclusão. Em seus últimos dias em Londres, foi nomeado representante do Caminho de Ferro Queluz—Pitangui com o vencimento de £ 50 por mês. Como vimos, guardava muitas esperanças também em fazer avançar o projeto da companhia de portos marítimos do Brasil.

Talvez mais importante que os planos empresariais, recebeu como missão o ofício de agradecimento da British and Foreign Anti-Slavery Society "pelos serviços prestados no Brasil à santa causa da abolição". Entre despedidas e planos, reencontrou em Londres um Joaquim Nabuco disposto a agir ainda mais intensamente na propaganda abolicionista em seus artigos nos jornais. Em 1880, haviam criado juntos a Sociedade Brasileira contra a Escravidão, inspirados na Anti-Slavery Society britânica, com a qual Nabuco mantinha correspondência pelo menos desde 1879. Segundo José Murilo de Carvalho e Leslie Bethell, o contato se iniciara após discurso "denunciando da tribuna da Câmara a companhia inglesa St. John Del Rey Mining Company".[3] A empresa mantinha, como escravizados, africanos livres que "comprara da Companhia Cata Branca e das Minas Cocais em 1845", em função da cláusula de catorze anos de serviços compulsórios. A ilegalidade da escravização em massa de africanos entre 1831 e a década de 1850 e sua continuidade mesmo em relação aos reconhecidos como "africanos livres" pelo Estado imperial se tornaram a principal bandeira dos dois abolicionistas, com grande apelo internacional. Rebouças voltava ao Brasil também com a missão imediata de "obter cópia das sentenças em favor dos libertos de Cata Branca (Minas Gerais)", como registrou no diário.

Em 9 de fevereiro, despediu-se dos amigos mais próximos, inclusive José Carlos Rodrigues, em Charing Cross. Nabuco foi o único a levá-lo até o embarque no paquete *Neva*.

A descrição dos dias de viagem a bordo do *Neva* teve, para mim, sabor de epifania geográfica. A tempestade que marca a travessia da Mancha, a viagem da França a Lisboa e depois a travessia do Atlântico são descritas com contenção e um gosto pela viagem em si que me lembrou Ulisses com o remo às costas.

Um prazer contido que já se manifestara na celebração do aniversário com a viagem aos portos da Holanda e que o fazia recordar, com precisão, em quais embarcações estivera nas quatro vezes em que aportou na ilha de São Vicente, em Cabo Verde, retornando de Lisboa ou navegando em direção à cidade: na ida e na volta de sua viagem de estudos à Europa em 1861-62; a caminho da sua segunda viagem à Europa em

1872, em plena crise das Docas Pedro ii, e no retorno de Londres, em fevereiro de 1883. Mais adiante, relembra as seis vezes em que cruzou a linha do Equador: além das quatro viagens em que Lisboa foi porto de entrada na Europa ou de saída, também durante o retorno de Nova York ao Brasil, em 1872, e na viagem do Rio a Londres, na qual, ficamos sabendo, não passou por Lisboa, em setembro de 1882.

A bordo do *Neva*, leu o livro *L'Afrique inconnue* (A África desconhecida). O prazer da viagem revela-se no texto não apenas na epopeia da travessia do Atlântico, mas também em seu olhar para o Brasil. Está no registro da emoção de reencontrar o Cruzeiro do Sul ou as ovas de peixe e cardumes dos mares brasileiros, e igualmente no passeio em carruagem com amigos à caixa-d'água do Carioca e às nascentes do Silvestre nas montanhas do Rio de Janeiro. Ou ainda na descrição de uma viagem de trabalho de quatro dias a Mangaratiba, em companhia do engenheiro Alexandre Speltz, autor do mapa das estradas de ferro do Rio de Janeiro, de Minas Gerais e de São Paulo, de 1883, incluído no caderno de imagens.

Os dois vão a Mangaratiba para avaliar o projeto de construção de uma fábrica de amianto. André tinha uma antiga relação com a região, de onde vinha a família do sogro do irmão, e assessorava vários projetos de construção de engenhos centrais na que hoje é conhecida como Costa Verde do

Rio de Janeiro. No retorno de Mangaratiba, André nos informa que Alexandre Speltz morava na rua da Lapa e que ele, André, mantinha um diário especial, além do diário regular. O texto do diário-agenda de André é tecido como um bordado feito de contenção e segredos. Ele não quis legar o diário especial à posteridade. Mas quis que soubéssemos que existiu.

Durante a viagem do *Neva*, comprou roupa branca em Lisboa e roupa de brim em Recife. As escalas serviam também para um banho reconfortante em casas especializadas, devidamente anotados. Reencontrou a família do tio Manoel Maurício, irmão de seu pai e antigo professor da Escola de Medicina da Bahia, em Salvador. Moravam na rua Carlos Gomes, 68. Encontrou também o advogado da família, que cuidava das primas e dos imóveis que herdara com os irmãos, a casa construída pelo pai, que sediava o Colégio Piedade, e a casa construída pelo avô André Pinto da Silveira, pai de sua mãe, alugada à Repartição da Polícia.

A descrição da viagem no *Neva* abre muitas portas para os contextos de nosso personagem. A última, mas não menos importante, acontece durante o desembarque no Rio de Janeiro. A recepção festiva ainda no mar, no vapor *Niemeyer* e na barca *Niterói*, e depois em terra, elenca não apenas amigos e alunos, mas os principais locais que frequentava e as instituições de que fazia parte. Em primeiro lugar, a Escola Politécnica, no largo de São Francisco, em que era responsável pela cátedra de engenharia civil, da qual saíra em licença médica para recuperação em Londres. No diário, registra a homenagem unânime da congregação pelo seu retorno. Cita também o Hotel da Vista Alegre, em Santa Teresa, em que morava antes da viagem e em que volta a residir, e o Clube de Engenharia, sob direção do ex-discípulo e grande amigo José Américo dos Santos. O clube era o principal *locus* de elaboração de seus muitos projetos. Criado em 1880, funcionava no sobrado da loja do tesoureiro, Conrado Niemeyer, à rua da Alfândega, n.º 6.

Além do projeto da Brazilian Harbour Improvements Co. Limited (os nomes das empresas imaginadas podiam mudar nos registros diários), segundo ele redigido em Londres a 12 de outubro de 1882, havia os projetos de criar a Companhia Metropolitana Nova Amsterdam, para "sanificação e aproveitamento dos pântanos do Rio de Janeiro", em sociedade com José Avelino Gurgel do Amaral, e de erigir uma Fábrica de Amianto de Portland em Mangaratiba. Em termos mais concretos, já nos primeiros dias após a chegada, Rebouças parece ter conseguido encaminhar a venda de sua antiga empresa, a Companhia Florestal Paranaense, a capitais ingleses, com a intermediação de José Carlos Rodrigues. Tomou também iniciativas práticas relativas ao ramal do porto de Cabedelo, na Estrada de Ferro da Paraíba. Estabeleceu ainda os primeiros movimentos como representante do Caminho de Ferro de Queluz a Pitangui em Minas Gerais.

No Rio, reviu amigos, escutou música, retirou das grandes caixas que os acondicionavam os livros guardados na cidade ou chegados de Londres. Na sequência, temos notícias de mais alguns membros da família. O sogro do irmão, Antônio Veríssimo de Matos, e os dois sobrinhos, Andrezinho e Carolina, estão no centro de sua vida e de suas preocupações. Em 1884, encontramos uma rápida menção à compra de roupas para o irmão Pedro, com problemas de saúde, internado desde muito cedo na Casa de Saúde Dr. Eiras.

Ele nos dá notícia também de mais um irmão formado engenheiro, o caçula José Rebouças, a quem na infância dava aulas particulares e chamava carinhosamente de Juca. Morador em Campinas, era representante da Companhia Paulista. Encontra-se com o irmão em visita ao Rio, no antigo escritório do pai, na rua do Carmo, 47, alguns dias após o desembarque. José terá, nos anos seguintes, uma presença cada vez mais importante como engenheiro na cidade de São Paulo. Entre os silêncios, a ausência de menção às irmãs Ana, solteira, e Carolina, casada com José Severo Moreira Rios, sem filhos, muito citadas nos diários da juventude.

Seus primeiros passos em relação à ação abolicionista são de atualização. Redige uma ata da Sociedade Brasileira contra a Escravidão para ser publicada no *Jornal do Commercio*, encontra-se com o ex-tesoureiro da Associação Central Emancipadora e depois com João Clapp, que lhe leva o diploma de sócio do Clube dos Libertos contra a Escravidão, do qual era presidente. Estreita a correspondência com o abolicionista José Serra, em Nova Friburgo. Entrega a José Américo dos Santos o livro *Agricultura nacional — Estudos econômicos* para imprimir em sua tipografia. Essa é sua principal obra voltada a convencer os fazendeiros brasileiros de que seria economicamente melhor para todos a abolição da escravidão com uma política de terras redistributiva. Acompanhar o trabalhoso processo de impressão do livro é, sem dúvida, um dos pontos de interesse da leitura do diário desse período.

As páginas iniciais da agenda *Letts Diary* de 1883 estão povoadas de recortes com notícias de seu retorno de Londres a bordo do *Neva*: na *Gazeta da Tarde*, no *Rio News*, em inglês, no *Jornal do Commercio*; bem como da recepção ao engenheiro Dirks e da viagem a Mangaratiba. Entre abril e junho de 1883, para além da profusão de projetos, consolida-se sua posição de representante da Minas Central Railway para a construção do Caminho de Ferro de Queluz a Pitangui, enquanto a atividade abolicionista ganha impulso com uma série interessantíssima de artigos nos jornais, em diálogo direto com a memória da luta de emancipação nos Estados Unidos.

O ano de 1883 foi um ano crucial para o abolicionismo brasileiro. Ano da criação da Confederação Abolicionista e da formulação da palavra de ordem "Abolição imediata e sem indenização". Ao longo desse ano, o preço dos cativos no mercado interno foi derrubado pela ação do movimento abolicionista contra o tráfico interprovincial. Rebouças realmente chegou a acreditar que a abolição final não passaria de 1884.

Pelas mãos de Rebouças e por iniciativa de Nabuco, a *Gazeta da Tarde* publicou, em capítulos, a autobiografia de Frederick Douglass (Frederico Douglas).

Nos artigos não assinados de 1883, mais de uma vez Rebouças mencionou o "caminho de ferro subterrâneo" (*underground railway*), ação abolicionista nos estados escravistas dos Estados Unidos que organizava fugas de escravizados para o Norte do país e o Canadá, ressaltando seu papel emancipador. Em 1885, viria a propor ação semelhante no Brasil, em direção ao rio da Prata e ao Ceará, emancipado em 1884. Durante o ano de 1883, porém, estava empenhado em converter os próprios fazendeiros para a causa da abolição. Para isso, precisariam abrir mão também do latifúndio. Eles próprios e todo o país sairiam ganhando, acreditava Rebouças. Esse era o tema de fundo de seu livro *Agricultura nacional*, publicado nesse ano.

Escreveu mais de um artigo sobre a guerra de emancipação dos Estados Unidos. Buscava demonstrar os bons resultados da abolição para a economia daquele país e a "superioridade dos libertos" (título de artigo publicado em 4 de junho) como trabalhadores, sempre que bem tratados e respeitados como homens e mulheres livres. Dedicou vários artigos a prever um futuro de prosperidade para os antigos estados escravagistas após a abolição, São Paulo e Cuba merecendo tratamento especial, desde que fosse também combatido o monopólio da terra. Já então, defendia a pequena propriedade e o trabalho dos emancipados ao lado de trabalhadores nacionais livres e imigrantes. Era leitor de Henry George, um dos mais influentes publicistas e economistas dos Estados Unidos daquele tempo, autor de *Progress and poverty* (1879), obra pioneira na problematização do aprofundamento da desigualdade com o avanço do capitalismo e em formas de solucionar o problema, defensor do voto secreto e do direito ao sufrágio feminino. No posfácio ao segundo volume de *O engenheiro abolicionista*, voltarei à discussão do projeto abolicionista de Rebouças, que, como os leitores puderam perceber, considerava o binômio escravidão e monopólio da terra obstáculos a serem superados juntos.

No artigo "Devassa das amas de leite", de 19 de maio, conclama a todos, em especial as mulheres, a realizar uma devassa contra "o imoralíssimo crime do tráfico de amas de leite", que implicaria quase sempre infanticídio ou abandono de menor. "Perguntem às amas de leite onde está sua criança", propunha. Por tempo "demais temos suportado os exploradores da raça africana. Aos tribunais os traficantes de carne humana", bradava.

Na sequência de artigos do primeiro semestre de 1883, denunciava, em 28 de maio, a hipocrisia teocrática de frades e freiras com escravos. Segundo ele, "a reclusão, a abstenção, a privação incessante dos prazeres mundanos produz um fermento hediondo nos corações, que os tornam capazes das maiores atrocidades".

Em 4 de junho, começou a escrever a série "Abolição imediata e sem indenização", cujos quinze primeiros textos foram publicados como "Panfleto n.º 1" pela Confederação Abolicionista, naquele mesmo ano. Disponibilizado online pela Biblioteca do Senado Federal, esse é um documento que merece ser lido e relido.

Seus pontos nodais são a denúncia do contrabando generalizado que sustentou os últimos vinte anos de tráfico de escravizados e a constatação de que

> o elemento impossível e refratário às instituições democráticas americanas é o fazendeiro ou o senhor de engenho, monopolizador de latifúndios, explorador de escravos; *landlord* autocrata e absoluto; senhor de baraço e de cutelo.

Segundo Rebouças, o

africano, demonstram-no plenamente o exemplo dos Estados Unidos e das colônias europeias emancipadas, faz prontamente a evolução para operário ou trabalhador assalariado e, ainda melhor, para agricultor, proprietário das terras da sua lavoura.

De março a maio de 1883, dinamiza a Sociedade Brasileira contra a Escravidão, que ajudara a fundar na casa de Joaquim Nabuco em 1880, e participa em 9 de maio, na sede da *Gazeta da Tarde*, com José do Patrocínio e João Clapp, entre muitos outros, da sessão inaugural da Confederação Abolicionista, da qual se tornou tesoureiro. Também se intensifica sua atuação no periódico abolicionista *Gazeta da Tarde*, de José do Patrocínio, em que colaborava desde 1880, sob a direção do fundador Ferreira de Menezes e ao lado de Luiz Gama, paralelamente à escalada emancipacionista no Ceará. A greve de jangadeiros no porto de Fortaleza havia conseguido praticamente fechar o mercado interprovincial de cativos, culminando com a emancipação na capital em 25 de maio, com a compra simbólica da liberdade dos últimos cativos da cidade pelo movimento abolicionista. Nesse contexto efervescente, quando José do Patrocínio adoece, ele concorda em substituí-lo na administração do jornal *Gazeta da Tarde*.

Nesse momento, eram elevadas as expectativas do movimento. Conforme escrevera na conclusão do "Panfleto n.º 1" da Confederação Abolicionista:

Repitamos. — A propaganda abolicionista traz em seu seio todos os germens de grandeza e de prosperidade de nossa pátria; vai imediatamente restituir a liberdade a um milhão de africanos e seus descendentes; vai acabar com o monopólio territorial; dar valor à permutabilidade do solo; abrir espaço para a imigração; possibilitar o Imposto Territorial; acabar com todo esse obsoleto sistema de lavoura, tão estulto e brutal, como injusto e iníquo; dar, em uma só palavra, elementos para a criação, para o progresso e prosperidade da democracia rural brasileira.

Seriam abolição e democracia rural bons programas para um representante de companhias inglesas em negociação com o Ministério da Agricultura, governos provinciais, negociantes e fazendeiros, em sua maioria senhores de terras e escravizados? Rebouças pensava que sim.

Em 25 de abril foi incorporada em Londres a companhia Minas Central Railway. Em 8 de maio, sessão da diretoria em Londres nomeou André Rebouças como "engenheiro consultor e agente da companhia no Brasil com £ 600 por ano". Em 14 de maio, telegrama de Londres informa "estar subscrito o capital do Caminho de Ferro de Queluz a Pitangui [The Minas Central Railway of Brazil, Limited]". Em 26 de maio, a companhia passa, em Londres, a procuração que nomeava Rebouças "como seu representante e engenheiro consultor no Brasil".

Além de representar a companhia Minas Central, Rebouças acompanhava, como acionista e representante da diretoria, a finalização da ferrovia da Paraíba do Norte (Conde d'Eu Railway). A concessão do Governo imperial datava de 15 de setembro de 1871, como faz questão de registrar. Esse foi o único projeto que concebeu e acompanhou até sua concretização.

Não por acaso, o trabalho no Resumo Biográfico desses meses revisita a década de 1870, sobretudo a segunda viagem à Europa e os percalços empresariais que se seguiram a seu retorno. A viagem à Inglaterra é relatada no diário e na imprensa (com direito a recortes de jornal colados no *Letts Diary*) como uma viagem para recuperação de problemas de saúde, diretamente decorrentes dos problemas financeiros e empresariais. Foram os amigos ingleses que o salvaram. Os irmãos Youle seriam seus parceiros por toda a vida. Stanley Youle, o industrial radicado no Brasil, despediu-se do país naquele ano de 1883, com uma visita a Rebouças e recorte de jornal com homenagem escrita por Joaquim Nabuco devidamente colado no *Letts Diary*.

As cinco viagens aos vales dos rios Pará e Paraopeba, que integram a região hidrográfica do rio São Francisco, como representante da Minas Central Railway, quase obscurecem, na narrativa do diário, a efervescência abolicionista do período. Constituem o núcleo do drama narrado. A concessão para construir um caminho entre Queluz e a cidade de Pitangui, hoje na região metropolitana de Belo Horizonte, feita pelo Estado imperial em 1881 a capitalistas locais, foi comprada pela companhia inglesa representada por Rebouças também em 1883. O caminho de ferro deveria ligar a cidade de Queluz, aonde a Estrada de Ferro D. Pedro II chegaria ainda nesse ano (Estação Cristiano Otoni), relativamente próxima à capital da província em Ouro Preto, a Pitangui, passando a oeste da atual capital do estado, Belo Horizonte.

Vencia-se, na década de 1880, o imenso desafio de romper a grande muralha da Mantiqueira. Um desafio tecnológico, mas também, e sobretudo, político e econômico. Os registros diários de André Rebouças são uma janela ímpar para a complexidade dos processos então em jogo. Política local e imperial, capitalistas regionais e internacionais, disputas políticas em torno dos trajetos fazem parte do enredo, tudo isso sob a batuta da centralizada burocracia imperial.

O Caminho de Ferro Minas Central não chegou a ter a sua primeira linha concluída. Pitangui viria a ser uma das estações da Estrada de Ferro Oeste de Minas, cujos acionistas mineiros, em 1883, como os leitores de André puderam acompanhar, contestavam o trajeto proposto por Rebouças, ao mesmo tempo que negociavam uma possível incorporação do trecho já construído entre a Estação do Sítio (atual município de Antônio Carlos) e São João del-Rei, pela companhia

Minas Central. Após a perda da concessão da companhia inglesa, a Oeste de Minas ganharia nova concessão do Governo mineiro em 1888, incluindo Pitangui em um novo trajeto até o Alto São Francisco. Dois anos depois entraria em liquidação por dívidas, tendo o trajeto sido concluído apenas após sua federalização em 1903.

Uma linha de ferro pelo centro de Minas só sairia do papel na República, como ramal da Estrada de Ferro Central do Brasil, passando a leste de Belo Horizonte, após a criação da nova capital mineira no final do século XIX.

A história de Rebouças com a Minas Central Railway é indissociável de sua ilusão de que a modernidade capitalista deveria acelerar o processo abolicionista no país. Suas dificuldades são um signo eloquente de que a modernidade capitalista no Brasil se faria aliada com os interesses escravistas e latifundiários que ele combatia. As cinco viagens a Minas Gerais são boas janelas para acompanhá-las.

A primeira viagem, com dezoito dias de duração, de 30 de junho a 18 de julho, incluía sete engenheiros ingleses que se radicariam em terras mineiras. Viagem exploratória, nela Rebouças definiu, ainda que de forma ampla, o traçado da futura ferrovia. Abriu, também, as negociações com o governador da província, Antônio Gonçalves Chaves, bem como com latifundiários e capitalistas locais. Antes de começar a viagem, João das Chagas Lobato, fazendeiro em Leopoldina, região

Estrada de Ferro Oeste de Minas em mapa ferroviário de 1898

pesadamente escravista de produção de café, enviou cartas de recomendação para fazendeiros do atual município de Entre Rios de Minas, Brumado no diário, primeira estação no futuro trajeto de Queluz a Pitangui.

Rebouças chega a Queluz pela Estrada de Ferro D. Pedro II, de onde parte em visita ao presidente da província de Minas Gerais na capital Ouro Preto. Nessa cidade, escreve ao capitalista Charles Linklates dando notícias da boa recepção. Retorna a Queluz, onde se hospeda com o amigo Henrique Eduardo Hargreaves, também engenheiro, de família tradicional da região, que o acompanhara na viagem à Europa em inícios da década anterior. Dorme na antiga casa do "famoso ministro conservador" Bernardo Pereira de Vasconcelos. Apesar do corte escravista da maioria de seus interlocutores locais, não deixa de encontrar-se, em Ouro Preto, com o redator, abolicionista, do jornal liberal da cidade.

De Queluz, parte em doze animais selados para a exploração dos vales do Pará e do Paraopeba até Pitangui, atravessando imensos latifúndios e florestas. No trajeto de ida, na única cidade em que pernoitou antes de Pitangui, São Gonçalo do Pará, fazendeiros e negociantes o esperavam com o retrato do irmão no jornal *O Novo Mundo*, comentado anteriormente, pendurado na parede da sala da casa em que ficou hospedado. Boa medida da importância da visita. E belo sinal de que os preconceitos de cor aparentemente podiam ser vencidos pelo prestígio e pelo poder.

Na sequência, explorou os caminhos entre Itatiaia e Piedade dos Gerais, antes de retornar a Brumado (Entre Rios de Minas) e, depois, Queluz, de onde voltou ao Rio, como de hábito, em um caminho circular. A primeira viagem foi inteiramente dedicada a contatos políticos e à exploração e ao mapeamento da região.

Colou recortes dos jornais locais que repercutiram sua passagem no *Letts Diary*. No retorno ao Rio, escreveu mais uma vez a Londres, para Charles Linklates e, também, para A. H. Phillpotts, presidente do Caminho de Ferro Conde d'Eu da província da Paraíba do Norte. A inauguração dessa ferrovia estava marcada para 7 de setembro de 1883. A data era significativa, apesar de representar um atraso de dois meses em relação à previsão inicial, o que resultara em multa do Estado imperial à companhia inglesa. Para os abolicionistas, como Rebouças, a abolição deveria ser a segunda independência e não deveria passar de 7 de setembro de 1884.

Os últimos dias de julho de 1883 foram cruciais para o movimento abolicionista brasileiro. No dia 27, foi lido em público, por José do Patrocínio, o Manifesto da Confederação Abolicionista ao Parlamento, redigido pelo jornalista, pedindo abolição imediata e sem indenização. É nesse momento que Rebouças decide publicar pela Confederação Abolicionista seus primeiros quinze artigos de mesmo título na *Gazeta da Tarde*, com o subtítulo "Panfleto n.º 1".

O novo contexto resultou em novas organizações abolicionistas. No dia 30, Rebouças participa da fundação do Centro Abolicionista da Escola Politécnica, em sessão marcada por um discurso emocionado do engenheiro José Agostinho dos Reis, que surpreendeu colegas e alunos revelando que nascera na condição de escravo. Em 1880, Luiz Gama havia contado a história de sua venda ilegal ainda criança, pelo próprio pai, em carta a Lúcio de Mendonça. Quebrar a ética do silêncio sobre o passado cativo tornava-se um gesto militante no novo contexto.

Rebouças, ele próprio, estava distante algumas gerações de qualquer experiência de escravização. Como o pai, que se afirmara fiador dos brasileiros por sua condição de deputado e homem pardo, gostava de imaginar-se como prova viva das possibilidades de cidadania plena aos egressos do cativeiro e seus descendentes. Mobilizava-se em especial pela causa da educação das crianças nascidas formalmente livres após a aprovação, em 28 de setembro de 1871, da lei conhecida como Lei do Ventre Livre. Essas crianças eram chamadas nos debates públicos de "ingênuos", para afirmar sua plena cidadania conforme o direito romano, apesar de continuarem em sua maioria sob custódia dos amos das mães. Nessa situação, os senhores, muitas vezes, vendiam "seus serviços", ainda que isso fosse formalmente ilegal. Por isso, no contexto de aceleração da campanha abolicionista da década de 1880, o conde d'Eu, de quem Rebouças estava afastado desde a crise empresarial da década anterior, o convida a integrar uma nova sociedade para a "proteção aos ingênuos da Lei de 1871".

Entre a primeira e a segunda viagem a Minas Gerais, continuou a redigir a série "Abolição imediata e sem indenização" para a *Gazeta da Tarde*, com mais de trinta artigos publicados em todo o período. Rebouças tornava cada vez mais públicas suas convicções reformistas:

> Todos os males públicos e privados, que afligem este Império; todas as misérias políticas e particulares da família brasileira provêm da ação combinada durante três séculos, desses dois grandes corruptores, que se denominam escravagismo e monopólio territorial.
>
> Debalde, à custa de sacrifícios inauditos, introduzimos em nossa pátria navegação a vapor, estradas de ferro, telégrafos elétricos e todos os grandes promotores de progresso, de riqueza, de prosperidade e de bem-estar...
>
> Debalde... Porque escravagismo e monopólio territorial empregam o sublime invento de Watt e de Fulton[5] em transportar escravos; deixam as margens das estradas de ferro desertas, e os telégrafos elétricos em penúria...
>
> Todos esses instrumentos, que na grande República norte-americana produziram maravilhas de progresso, são neste Império embotados e inutilizados pelo hediondo escravagismo e pelo desenfreado monopólio territorial.
>
> [...]
>
> Nos Estados Unidos os senhores de escravos levaram a sua obstinação ao ponto de declararem guerra à própria República, e de combaterem contra ela, durante cinco anos com o encarniçamento e ferocidade de canibais.

Os escravocratas deste Império seriam capazes dos mesmos crimes.

[...]

Seu egoísmo feroz; seu parasitismo atroz; seu desprezo pela humanidade habitua-os, desde a infância, aos maiores crimes; a ver matar e morrer de surra entre os gritos, os soluços, e as lágrimas do escravo, e as pancadas dos chicotes, o sibilar dos açoites, as blasfêmias e as imprecações do fazendeiro, do senhor de engenho, e do feitor, ainda mais bárbaro e mais desalmado do que eles...

Um abolicionista viu, horrorizado, em uma fazenda do vale do Paraíba, uma criança que se divertia chicoteando um arbusto, e simulando os gemidos, do escravo, e, simultaneamente, as injúrias do surrador...

Talvez o abolicionista horrorizado seja ele próprio em suas andanças pelo vale do Paraíba no Rio de Janeiro, em São Paulo e na província de Minas Gerais.

Após a primeira viagem, não tardaram os ruídos em relação a seus planos para a Minas Central. O trajeto proposto, que atravessava o vale do Pará, contrariava os interesses que haviam construído o ramal da Estação do Sítio a São João del-Rei, da Companhia Oeste de Minas. Em agosto, Rebouças busca solucionar a questão com uma proposta de compra da Oeste de Minas pela companhia inglesa.

Em 3 de setembro, Leopoldo Bulhões, deputado abolicionista de Goiás, apresenta na Câmara um projeto de lei de abolição imediata, ainda que com prestação de serviço dos libertos aos senhores pelo prazo de seis anos a título de indenização. A data de 7 de setembro de 1884 começa a ser o alvo dos abolicionistas para conseguirem o intento.

A segunda viagem a Minas acontece no início de setembro, nesse duplo contexto, de aceleração da ofensiva abolicionista e de discussão política com fazendeiros locais em torno do traçado da nova ferrovia.

Desenvolvida entre 6 e 16 de setembro de 1883, a segunda viagem se organiza a partir das discussões sobre a possível aquisição da Companhia Oeste de Minas, com a incorporação do trajeto da Minas Central. André faz toda a viagem em companhia do amigo engenheiro José Américo dos Santos. Leva aneroides para medir as altitudes locais. O percurso inclui visitas políticas em busca de ligar, por um ramal da companhia Minas Central, o vale do rio Pará de Minas à cidade de Oliveira.

Rebouças sai do Rio pela Estrada de Ferro Central do Brasil, passando pela atual cidade de Três Rios (Estação de Entre Rios), até chegar à estação recém-construída de Cristiano Otoni, em Queluz. A partir dela, novamente em um trajeto circular, a cavalo, viaja em direção à atual cidade de Entre Rios de Minas (Brumado). André e José Américo encontram-se com os engenheiros que trabalhavam no terreno deste que deveria ser o primeiro trecho do novo caminho de ferro, entre Queluz e Entre Rios. Desse ponto, atravessam diversas fazendas na direção oeste e sul, encontrando-se com comerciantes e fazendeiros da região, sobretudo da família Chagas Andrade, em especial nas cercanias de Oliveira e São João del-Rei, de onde tomariam o caminho de ferro até a Estação do Sítio (atual Antônio Carlos), retornando à Estrada de Ferro Central do Brasil.

O relato descreve uma viagem de negócios, durante a qual André tenta convencer fazendeiros e negociantes regionais do que considera a melhor opção para o futuro. Projeta planos inclinados "para dar as mais rápidas e econômicas ligações do vale do Paraíba do Sul e do Centro da província de Minas Gerais com o oceano Atlântico" e uma companhia de imigracão, "The Terra Roxa of Brazil Immigration Company, Limited".

Esse foi um momento em que Rebouças realmente acreditou que a modernização do país produziria também a sua democratização. Considerava o estímulo à imigração europeia, com base na pequena propriedade, ao lado de colonos libertos e nacionais livres, um passo fundamental nesse caminho e acreditava na possibilidade de convencer os latifundiários do Centro-Oeste de Minas a apostar nisso.

E não apenas eles. Em viagem a São Paulo para examinar plantas do cais de Santos para uma futura concorrência, inclui encontros com abolicionistas locais, como Raul Pompeia. Não "importava se os escravocratas de São Paulo já tinham mandado dizer ao imperador, por intermédio de um ministro, que preferiam ao Império abolicionista a República com escravos", conforme escrevera em um dos artigos da série "Abolição imediata e sem indenização".

Faz o mesmo nas cidades do vale do Paraíba, que percorre de trem durante as viagens de trabalho, como no encontro em Barra do Piraí com o abolicionista Abílio da Silveira, "negociante em São Paulo, amigo de Luiz Gama, de saudosa memória".

Em outubro, assina com a Sociedade Brasileira contra a Escravidão um artigo "contra a constante violação das leis de 7 novembro 1831 e 28 setembro 1871 — africanos retidos e ingênuos reescravizados".

Este seria o centro da campanha abolicionista nos meses que seguiriam: a denúncia da ilegalidade da escravidão que persistia e, como consequência, o combate à escravização ilegal de ingênuos e africanos, com defesa da educação dos primeiros (ingênuos) e de distribuição de terras aos segundos (africanos livres e seus filhos nascidos no Brasil). Um combate que se fazia com abaixo-assinados, artigos nos jornais, como o artigo "Os latifúndios", publicado na *Gazeta da Tarde*, e festivais e conferências públicas em grandes teatros da Corte imperial.

Capitalismo, abolicionismo e democracia rural deviam andar juntos. Estava certo disso. Em outubro de 1883, tratou da compra do Caminho de Ferro do Sítio a São João del-Rei, enviou propostas e oportunidades de investimento a José Carlos Rodrigues em Londres, esboçou o mapa do caminho de ferro de Pitangui a Santo Antônio dos Patos (que viria a ser construído pela Oeste de Minas já no século xx) e recebeu a proposta do amigo José Américo dos Santos para empreiteiro das obras da primeira seção da Minas Central. Tudo isso no mesmo mês em que completou com 33 artigos a série "Abolição imediata e sem indenização" e publicou seus primeiros artigos defendendo o imposto progressivo sobre a terra em diversos periódicos (*Gazeta de Notícias, Jornal do Commercio, Gazeta da Tarde*).

A terceira viagem, entre 7 e 17 de novembro, foi basicamente de negociação política com o presidente da província em Ouro Preto em torno do fomento à imigração para Minas Gerais. Incluiu, é claro, uma rápida visita aos engenheiros que trabalhavam acampados em torno de Entre Rios de Minas, dedicados ao início das obras da primeira seção. Com a leitura do *Letts Diary*, ficamos sabendo que José Américo dos Santos não assumiu a empreitada.

Em novembro de 1883, enquanto Rebouças participava da fundação da Sociedade Central de Imigração — mais uma das entidades de ativismo civil de cuja diretoria faria parte — e lia um novo texto do amigo Nabuco sobre Imposto Territorial, os conflitos sobre o traçado da Minas Central Railway com a Oeste de Minas tomaram ares dramáticos.

Na volta da terceira viagem, um telegrama de Carlos Teodoro de Bustamante, representante dos antigos concessionários do Caminho de Ferro de Pitangui, mandava suspender a transferência para a Minas Central Railway. De fato, isso já não era possível, mas a crise estava instalada e ameaçava a continuidade do projeto.

Entre aulas no curso de engenharia civil na Escola Politécnica, visitas ao Ministério da Agricultura para tratar dos problemas fiscais do Caminho de Ferro da Paraíba, sessões da Confederação Abolicionista e da Sociedade Central de Imigração, André antevia o risco da derrota. Homem-memória, em 11 de dezembro começa a preparar um histórico da Minas Central Railway.

Apesar disso, o ano de 1883 terminava como começara, cheio de energia e confiança. Publicou na *Gazeta de Notícias* uma série de artigos sobre estradas de ferro e imigração. José do Patrocínio estava na França na esteira da repercussão do discurso de Joaquim Nabuco no Congresso Abolicionista de Milão, denunciando a ilegalidade da escravidão no Brasil por basear-se no contrabando de africanos ilegalmente escravizados. Rebouças traduziu do inglês o discurso para publicação na *Gazeta da Tarde*.

Em 20 de dezembro, André dirigiu no Teatro Recreio Dramático, próximo à praça Tiradentes, no Rio de Janeiro, mais um festival abolicionista. Em pleno dia de Natal, acompanhado de José Américo dos Santos, viajou a São Paulo para participar na concorrência da construção do porto de Santos, em processo de adjudicação. Visitou também amigos e esteve em "partidas musicais", saraus em que os convidados são também os músicos, uma de suas principais formas de lazer.

Começou o ano de 1884 "tratando de salvar a companhia Minas Central" e participando de conferências sobre o "projeto de carris urbanos para Copacabana e vários melhoramentos para a cidade do Rio de Janeiro". Comemorou o aniversário, em 13 de janeiro, com mais um festival abolicionista do Teatro Polytheama e um jantar no restaurante do Globo, com José Américo dos Santos e o então cônsul em Liverpool, José Maria da Silva Paranhos, futuro barão do Rio Branco.

Desde o início do ano, começou a preparar o festival de recepção para o retorno de Joaquim Nabuco ao Brasil, previsto para maio, bem como a candidatura à "Câmara Temporária" de Nabuco, Joaquim Serra e José do Patrocínio, pela Confederação Abolicionista. Visitou as obras do Teatro de São Pedro de Alcântara para alugá-lo à Confederação Abolicionista, no mesmo dia de janeiro em que conheceu, em missão de estudo sobre o sistema de bondes para a praia de Copacabana, a "belíssima Garganta do Leme", de onde, 130 anos depois, escrevo este posfácio. Naquele momento, a ladeira do Leme, aberta no século XVIII, era o principal acesso à hoje famosa praia carioca e a dividia entre a Garganta do Leme, à esquerda, conhecida ainda hoje como praia do Leme no seu trecho final, e a praia de Copacabana propriamente dita, à direita.

Para salvar a companhia Minas Central, mudou-se pela primeira vez para Petrópolis, em preparação para a quarta viagem, em que recebeu o capitalista Thomas Linklates e o engenheiro Martineau, da diretoria de Londres. Linklates contraiu febre amarela ao chegar ao país e praticamente não saiu do Hotel MacDowall, em Petrópolis. Apesar do grande susto, essa foi a viagem mais fortemente marcada pela associação entre ativismo abolicionista, defesa da pequena propriedade e negócios.

A mudança para Petrópolis foi propiciada pela ligação ferroviária recém-estabelecida pela Estrada de Ferro D. Pedro II entre Petrópolis e a atual Três Rios (estação de Entre Rios), o que facilitava seus deslocamentos para a província mineira. Em 2 de fevereiro, de Petrópolis, Rebouças vai à antiga Entre Rios, em pleno vale do Paraíba cafeeiro e escravista, encontrar o chefe do Partido Abolicionista e da democracia rural local e, à noite, janta com os membros da Sociedade Central de Imigração da cidade. No município, conheceu uma experiência que chamou de "ensaio de democracia rural na fazenda da condessa do Rio Novo": uma colônia de libertos.

A quarta viagem, com o engenheiro Martineau, durou cerca de vinte dias (de 10 de fevereiro a 1.º de março). Partindo de Petrópolis, pela estação de Entre Rios, vistoriou as obras da primeira seção, de Cristiano Otoni a Brumado (Entre Rios de Minas), e as possibilidades de interconexão com as linhas concorrentes: o Caminho de Ferro Oeste de Minas e o Caminho de Ferro do Rio Verde, desde 1880 propriedade da companhia inglesa Minas & Rio Railway Co., Limited. Eram empresas demais em uma mesma região. E a Minas & Rio tinha saído na frente. O trecho entre Cruzeiro (SP) e Três Corações (MG) seria inaugurado em 1884 e contou com uma visita fotografada da família imperial, durante as obras, na abertura do túnel da Mantiqueira, em 1882 (ver p. 629).

O percurso da quarta viagem está registrado no diário com um sentido de disputa com a empresa inglesa concorrente. Partindo das estações de Entre Rios (RJ) e Carandaí (MG), da Estrada de Ferro D. Pedro II, Rebouças segue a cavalo em direção a Brumado (Entre Rios, MG), novamente em um trajeto circular. Após acompanhar as obras em Brumado, parte para a cidade de Oliveira. Na descrição do trajeto, carrega na ênfase aos enormes latifúndios que percorre, entre contatos comerciais e partidas musicais com a família Chagas Andrade. De Oliveira, caminha em direção ao sul de Minas, explorando a região até a cidade mineira de Três Corações, sempre com muitas críticas aos concessionários da Minas & Rio e pensando alternativas de ramais ferroviários para São Paulo e Rio de Janeiro. Na estação de Três Corações, ainda não oficialmente inaugurada pela companhia inglesa concorrente, espera com certa amargura um trem encomendado para a estação paulista de Cruzeiro, entroncamento com a Estrada de Ferro D. Pedro II, de onde parte em direção a Barra do Piraí, Três Rios (Estação de Entre Rios) e Petrópolis.

Após a viagem, os meses de março e abril são de grande agitação empresarial e abolicionista. A abolição na província do Ceará em 25 de março de 1884 o faz realmente acreditar na possibilidade de abolição da escravidão em 7 de setembro desse ano, título de um dos seus textos.

De fato, a abolição no Ceará congregou elementos que pareciam antecipar o fim próximo da instituição escravista. A greve do porto de Fortaleza, em 1883, impediu o tráfico interprovincial a partir da província, provocando vertiginosa queda do preço dos cativos. Isso permitiu aos abolicionistas aprofundar as campanhas de arrecadação para a liberação, mediante a compra da liberdade, de territórios na cidade de Fortaleza e depois em todo o Ceará. Por fim, a posse de um presidente provincial abolicionista, Sátiro Dias, que não hesitou em decretar formalmente abolida a escravidão na província em 25 de março de 1884, coroava uma estratégia que parecia destinada à vitória definitiva.

As razões de otimismo eram muitas. Rebouças leu com emoção o artigo de Patrocínio, na língua de Molière, sobre a abolição no Ceará, publicado na França, onde o jornalista continuava em viagem. A aprovação, pelo Governo imperial, do traçado da primeira seção do Caminho de Ferro de Pitangui e a quinta viagem a esse trecho (6 a 15 de abril de 1884) — em que pôde visitar a picada já aberta, além de explorar possíveis ramificações — levavam-no a acreditar que a Minas Central estava salva.

Antes de concluir, retorno ao jogo de silêncios e revelações do diário. Abordei, ainda que rapidamente, algumas das amizades amorosas masculinas de André Rebouças no posfácio do livro *Cartas da África* e prometi retomar o tema quando tratasse dos diários relativos aos meses em que morou em Brighton e Londres.

Como vimos, Rebouças retornara de Londres ao Hotel da Vista Alegre cheio de energia e planos. Escolheu um quarto com as janelas voltadas para o oriente, fez questão de registrar em 6 de março de 1883, "para observar os planetas e estrelas que aí se acham e o nascer do sol".

Nesse mesmo dia, às oito e meia da noite, recebeu em seu aposento a visita do amigo industrial Stanley Youle, anotou. No dia seguinte, deve ter observado o céu da sua janela, assistindo à "esplêndida madrugada com Lua e Vênus" e vendo nascer uma "manhã deliciosa". Às oito, estava em companhia do amigo Youle em sua fábrica de óleo de caroço de algodão, no bairro de São Cristóvão. Ele nos deixou saber também que almoçaram juntos, às nove horas, na casa do industrial, localizada na praia que então existia naquele bairro.

Com os colegas do Clube de Engenharia, preparou, animado, a recepção ao engenheiro Justus Dirks em passagem pelo Brasil. Fez questão de deixar registrado:

[*4 de abril*]

[...]

$7\frac{1}{2}$ — O engenheiro J. Dirks abraça-me e beija-me paternalmente. [...]

$11\frac{3}{4}$ — O engenheiro J. Dirks recolhe-se ao aposento n.º 2.

12 horas — Ocupo o aposento contíguo n.º 3.

Detalhes no Diário Pessoal.

[*5 de abril*]

[...]

6h — Saudação ao engenheiro J. Dirks; beija-me paternalmente.

[...]

$12\frac{1}{4}$ — Despedimos do engenheiro J. Dirks, que dá-me terceiro beijo.

[...]

4h — Redijo para os jornais a matéria da recepção do engenheiro J. Dirks.

A força da homossocialidade na Inglaterra vitoriana é assunto bem estabelecido do ponto de vista histórico e sociológico. Na Inglaterra, nos Países Baixos ou no Brasil, a sociabilidade pública era quase exclusivamente masculina. Sobretudo na famosa Universidade de Oxford, o afeto quase amoroso entre companheiros de ofício ou universidade era uma realidade difundida e aceita. O beijo paternal e público do engenheiro se enquadra de forma evidente nesse contexto. Quando Dirks retorna do Chile, Rebouças vai novamente organizar na Escola Politécnica e no Clube de Engenharia recepção à rápida passagem do engenheiro pela cidade.

As fronteiras entre homossocialidade e homoerotismo no mundo oitocentista têm sido, porém, questionadas por parte da literatura *queer* nos últimos anos. Como prática, o "amor que não ousa dizer seu nome" sempre existiu, e o provam as repressões religiosas e depois jurídicas e médicas que desde sempre, ainda que de formas conceitualmente diferentes, o circunscreveram para prevenir ou punir seus praticantes.

A expressão "The love that dare not speak its name" (o amor que não ousa dizer seu nome) é parte da frase final do poema "Dois amores" ("Two loves"), de Alfred Douglas, escrito em 1892 e publicado na revista *The Chameleon*, da Universidade de Oxford, em 1894. Tornou-se famosa ao fazer parte do discurso de defesa de Oscar Wilde durante seu julgamento e condenação por "atos indecentes" que teriam sido cometidos com o autor do poema.

Nesse contexto, o que alguns pesquisadores do tema mais recentemente têm sugerido é que a difusão da homossocialidade teria produzido a possibilidade de uma cultura homoerótica, subterrânea, que codificava a prática da homossexualidade masculina cisgênero de forma positiva em determinados contextos. Essa ética do amor masculino se expressaria artisticamente na poesia inglesa uranista e se tornaria parcialmente visível após o julgamento e a punição exemplar de Oscar Wilde, em 1895. Desde então, até a ascensão do nazismo na Alemanha e do stalinismo na Rússia na década de 1930, apesar ou em função da crescente repressão, a defesa dos direitos homossexuais tornar-se-ia parte do programa de vários partidos socialistas na Europa.

Antes de 1895, é consenso que a homossexualidade não produzia nenhum tipo de fenômeno identitário explícito, porém, na poesia uranista, há indícios relevantes da existência e mesmo valorização de uma cultura homoerótica, que não se separava da masculinidade, muitas vezes misógina, baseada no culto ao amor entre mestre e discípulo e à amizade masculina, nos moldes da Grécia antiga.

Na Inglaterra, essa cultura revelava-se parcialmente no pequeno grupo de poetas ingleses autoproclamados uranistas, palavra que alude às apropriações oitocentistas da discussão sobre Eros no texto de *O banquete*, de Platão, em que há uma dupla narrativa para o nascimento de Afrodite, a deusa do amor: a Afrodite Urânia, nascida dos testículos de Urano (os céus), sem participação de uma mulher, associada ao amor nobre entre mestre e discípulo, e a Afrodite Dioneia, filha de Zeus com Dione, associada ao desejo e ao amor comum. Muitos dos poetas chamados uranistas cultivavam o ascetismo e afirmavam o caráter platônico de seus afetos. Ainda no século XIX o termo foi utilizado, porém, pelo escritor Karl Heinrich Ulrichs, em 1864-65, como sinônimo de homossexualidade masculina nos panfletos intitulados "Pesquisa sobre o enigma do amor entre homens".

Faço toda essa digressão porque considero bastante convincente a hipótese da existência de uma ética ou cultura uranista entre certos grupos intelectuais pertencentes aos meios ocidentais ilustrados de influência europeia no século XIX. Essa cultura era idealmente platônica e ascética, mas reconhecia e valorizava não apenas o amor, como também o desejo entre homens — o que, na perspectiva platônica, devia ser autocontrolado, como qualquer desejo.

A viagem à Inglaterra, não resta dúvida, expandiu horizontes e emprestou novas energias a Rebouças. O interesse pela África e pelos africanos provavelmente começou aí. Em 20 de abril de 1883, registra no diário que passou "a limpo notas sobre antropologia, coligidas durante a convalescença em

Brighton (28 setembro a 5 outubro 1882)". Ali, possivelmente, começou a ler as reflexões sobre a relatividade contextualizada dos valores morais e a mentalidade das sociedades "primitivas", de Lévy-Bruhl, cuja obra cita em diários posteriores.

Para minha interpretação dos escritos pessoais de André sempre retorno às cartas da África. Em carta de 3 de março de 1892, escreveu de Marselha ao "meu querido Taunay":

Estou com 54 anos de idade. Estou velho e cansado. Tenho vivido demais. Outrora os homens no meu caso entravam para um convento.[4]

O que mantinha um homem solteiro aos 54 anos e recomendava que entrasse para um convento? Não sabemos. Rebouças nos informa apenas que encaminharia a questão com trabalho, ascetismo, sacrifício e abnegação.

Odiando a preguiça e o parasitismo, vou trabalhar na África, no continente-mártir. Vou renovar a doutrina de Jesus e de Tolstói; de trabalho e de humildade; de sacrifício e de abnegação.

Em 1883, aos 45 anos, ainda não lia Tosltói. Retornava ao Rio cheio de entusiasmo por seus projetos de engenharia e pela propaganda abolicionista. Ouvia música e participava em casa de amigos de saraus e "partidas musicais". No sábado,

21 de abril, assistiu ao concerto inaugural do Clube Beethoven, casa 62 do cais da Glória, "com os amigos engenheiros J. A. dos Santos, José Ewbank da Câmara e deputado A. d'E. Taunay". Muitas vezes, porém, preferia passar a tarde e a noite com a família do amigo de infância, "engenheiro Antônio Paulo de Melo Barreto, presidente e fundador da Companhia Leopoldina", que ocupava no mesmo hotel os aposentos fronteiros ao n.º 38.

Como chave de leitura para iluminar o jogo de luzes e sombras dos diários que André decidiu preservar para a posteridade, sugiro fortemente aos nossos leitores imaginar Rebouças e alguns de seus amigos intelectuais como integrantes dessa cultura de grupo específica. Isso explicaria por que fez questão de registrar no diário, para a posteridade, o encontro à noite em seu quarto com o industrial Stanley Youle, bem como a noite em quartos contíguos com o consagrado engenheiro Dirks. Em geral, as atividades desse horário só eram registradas quando estava fora de seus aposentos. Dirks e Youle eram dois homens mais velhos, referenciais para ele, André, que se autoidentificava como engenheiro e industrial. Foram registros, antes de tudo, de encontros mestre-discípulo, a serem dados a ler para os amigos e leitores da posteridade.

Para finalizar este posfácio, é importante voltar ao homem-memória e à ambiguidade de seus trabalhos de registro e esquecimento. Voltemos, em especial, aos diários desaparecidos ou nunca escritos. Nos registros do *Letts Diary* dos primeiros meses de 1884, ele deixou duas referências à existência de diários entre fevereiro de 1877 e 1882.

Em 18 de janeiro, escreveu:

11 horas — Visitando os estudos para o cais das barcas *ferry* no Arsenal de Guerra, empresa do engenheiro Antônio Rebouças que lhe foi roubada pelo Governo imperial a despeito de todos os meus esforços desde 1870 até abril 1883. (Vide os livros do diário durante esses anos.)

O trecho não apenas indica a existência dos diários como responsabiliza diretamente o Governo imperial pelos insucessos empresariais do período.

E esse não foi o único trecho em que cita os diários que depois informou serem inexistentes. Insiste na informação em 3 de fevereiro:

12½ — Visita-nos o empresário Hugh Wilson, Son que longamente conversa sobre a empresa do porto de Pernambuco, a qual associou Sir John Hawkshaw. (Vide meus trabalhos em Londres nos diários de 1882 e 1883 até 9 de fevereiro.)

Apesar da interrupção de 1877, não restam dúvidas de que Rebouças retomou a escrita do diário antes de 1883. Não restam dúvidas também de que foi apenas dele a decisão de não legar os exemplares desse período à posteridade.

Deixamos Rebouças no final deste volume preocupado, é certo, com a reação escravocrata (título de um de seus artigos na *Gazeta da Tarde*), mas entusiasmado com as possibilidades de reformas para democratização do solo e abolição imediata e sem indenização ainda em 1884. Recebe Joaquim Nabuco com pompa e circunstância no paquete *Tamar* em 13 de maio. No dia 24, visita José do Patrocínio em sua casa, recém-chegado da França, e no último dia do mês encontra de novo Joaquim Nabuco, em jantar no restaurante do Globo, oferecido por "quatro deputados e alguns amigos".

Nós os reencontraremos todos, com seus projetos e esperanças, no próximo volume.

Visita do imperador d. Pedro II, em 25 de junho de 1882, às obras do túnel da Mantiqueira, no trecho Cruzeiro—Três Corações da Minas & Rio Railway

CRONOLOGIA

1838

13 DE JANEIRO _ Nasce André Rebouças, filho de Antônio Pereira
Rebouças e Carolina Pinto Rebouças, na cidade de Cachoeira, na província da Bahia. O casal ali morou enquanto Salvador se encontrava
conflagrada pela rebelião conhecida como Sabinada (novembro de
1837-março de 1838). Segundo Ana Flora e José Ignácio Veríssimo,
em 1.º de janeiro de 1893, André registrou em uma folha isolada o seguinte relato sobre o seu nascimento:

> *Meu bom pai inscreveu-me no Livro da Família: no dia 13 de janeiro de*
> *1838, nasceu na cidade de Cachoeira nosso primeiro filho varão, que nós*
> *chamamos André Pinto Rebouças, ele esteve na Cachoeira perigosíssimo*
> *de bexigas, e, por cautela, foi batizado em casa de nossa morada pelo*
> *Rev.ᵐᵒ Vigário. Este assento é feito hoje 23 de setembro de 1838.* [p. 11][1]

1846

_ A família muda-se para o Rio de Janeiro, onde o pai assumiria novo
mandato de deputado-geral pelas províncias da Bahia e Alagoas.

16 DE FEVEREIRO

> *Emigra a família Rebouças da Bahia.*

22 DE FEVEREIRO

> *Chegamos da Bahia no paquete nacional S. Salvador: meu pai*
> *me ensinara em casa as primeiras letras e ao meu irmão Antônio.*

Moramos à rua do Matacavallo n.º 64 (sobrado de cinco janelas de grades de ferro, pertencente à família do grande Eusébio); atualmente (1881) é a rua do Riachuelo n.º 72 e está subdividido em duas ou três habitações. [p. 13]

1847-48[2]

Durante estes anos estudei português, caligrafia e primeiras operações no colégio de Tertuliano Valdetaro, então provedor da Casa da Moeda, no campo de Santa Ana, em casa, onde esteve até agosto de 1869 a Secretaria dos Estrangeiros.

1849

Durante este ano estive sempre com o meu irmão Antônio, que pela primeira vez se separou de mim a 28 de dezembro de 1863 em Santa Catarina, no Colégio Curiacio... Principiei o estudo de latim, chegando a traduzir as Elegias de Ovídio.

_ Primeira invasão de febre amarela no Rio de Janeiro e no Brasil.

1850
_ Ano da grande epidemia de febre amarela na Corte. André, aos doze anos, é transferido pela família para Petrópolis, onde passa a estudar no Colégio Kopke.

21 DE DEZEMBRO

Recebi nesse dia os quatro primeiros prêmios das aulas de matemática, história, geografia e francês.

Foi meu professor de matemática o barão de Schneeburg; os outros foram assinados pelo professor A. J. de Groof. Conservo preciosamente três desses prêmios; o quarto me foi perdido em São Paulo por meu amigo Francisco Paulo de Melo Barreto, que aí faleceu ainda estudante.

Foi meu professor de religião e primeiro confessor o missionário do Tibete — padre Gabet. Morreu de febre amarela na ilha das Cobras.

1852

_ Novamente transferido para a Corte em 1852, onde passa a frequentar o Colégio Marinho. Lá termina seus estudos de latim, geografia, inglês e grego. O colégio, de grande prestígio na Corte, era dirigido pelo padre José Antônio Marinho, mais um "homem de cor", nos termos da época, liberal e com ativa participação política. Teve passagem pela Revolta de 1842 e pela Confederação do Equador (1824), em que pegou em armas contra o governo central. Além de advogado e redator de periódicos, o sacerdote atuou como professor de filosofia e foi parlamentar.

Estudei filosofia tendo como professor Francisco de Sales Torres Homem, depois ministro e conselheiro d'Estado, o visconde de Inhomirim.

Estudei grego no colégio, em casa aperfeiçoava-me com o meu irmão Antônio em todos os outros preparatórios para os exames de entrada no curso da Escola Militar, depois Central, e hoje Politécnica, sempre sita no largo de São Francisco de Paula.

1854

_ Ao concluir o secundário, aos dezesseis anos, é aprovado em quinto lugar (entre 114 candidatos) nos exames de admissão para o curso de engenharia na Escola Militar de Engenharia, no largo de São Francisco.

1855

29 DE JANEIRO

Sentei praça com o meu irmão no 1.º Batalhão de Artilharia a pé, então aquartelado no largo do Moura (e ceifado pelo cólera--morbo. O general Tibúrcio, então segundo-sargento, servia de enfermeiro).

_ Primeira invasão do cólera-morbo no Brasil. Mata 4 mil no Rio de Janeiro e 200 mil em todo o Brasil.

1856

17 DE NOVEMBRO

Apresentei-me ao serviço militar no 1.º Batalhão e nesse dia entrei no ensino de recruta. Guardo ainda a triste recordação das guardas, que montei no Paço da Cidade, de um funeral ao qual fui de arma ao ombro, de um célebre passeio militar em ordem de marcha, com mochila, etc., ao Jardim Botânico.

Durante este mês expliquei muitos pontos de exame. Guardo uma curiosa lista de todo o meu trabalho de explicador até março de 1858.

1858

11 DE DEZEMBRO

Aprovado plenamente com o grau 9 em botânica sendo meu lente, o ilustre dr. Francisco Freire Alemão, que propusera grau 10 (Distinção).

16 DE DEZEMBRO

Requeri minha fé de ofício para apresentar na Escola de Marinha e poder entrar em concurso para vaga de substituto da seção de matemáticas. Na aversão, que tinha à vida militar, e no amor ao professorado, recorrera a esse meio para deixar de ir para a Escola Militar e de Aplicação no internato da Fortaleza da Praia Vermelha. A Congregação da Escola de Marinha decidiu que só fossem aceitos os formados nessa Escola.

1859

4 DE FEVEREIRO

Matriculei-me na Escola Militar e de Aplicação.

1860

DEZEMBRO

Requerimento pedindo concurso para ir estudar na Europa à custa da Escola, como determinava o regulamento de então.

1861

28 DE JANEIRO

Aviso concedendo licença para ir à Europa, estudar, durante dois anos, teoria [sic] e praticamente engenharia civil, com os mesmos vencimentos, que teria se ficasse na Escola Central do Rio de Janeiro.

FEVEREIRO _ Parte em viagem de estudos à Europa (França e Inglaterra), no paquete francês *Bearn*.

24 DE MARÇO _ Chega a Paris, onde estuda na Escola de Pontes durante todo o ano.

1862

30 DE ABRIL _ Chega à Inglaterra, que visita pela primeira vez, e desenvolve estudos em Londres, Liverpool e Manchester. Volta a Paris e retorna a Londres, onde permanece de julho a setembro, durante a Exposição Universal, quando termina o texto "Estudos sobre portos do mar", escrito com o irmão Antônio.

22 DE NOVEMBRO _ Retorna ao Brasil no paquete francês *Navarre*.

1863

Nomeado pelo ministro da Guerra Polidoro Jordão para examinar as fortalezas desde Santos até Santa Catarina, com meu irmão Antônio Rebouças, por ocasião do conflito Christie. Foram-nos marcados os vencimentos de 200$000 mensais. [p. 17]

1864

MARÇO A DEZEMBRO _ Viaja ao norte do Brasil, comissionado para fazer o estudo do dique e do porto do Maranhão, com orçamento das obras necessárias. Durante a viagem, visita os portos de Recife, Paraíba e Ceará.

1865-66

Alista-se como voluntário da pátria na guerra contra o Paraguai. Doente de pneumonia e "bexigas", retira-se do Exército e retorna ao Rio de Janeiro em julho de 1866.[3]

1867-71

_ Esteve à frente das obras das Docas da Alfândega e ajudou a construir os marcos legais para a privatização dos portos no país (lei n.º 1746, de 13 de outubro de 1869).

1868

_ Declara-se abolicionista de coração em um discurso público na Escola Politécnica, onde atuava como professor substituto em várias cadeiras (botânica, cálculo, geometria descritiva etc.). Desde então, dedica-se a fundar sociedades abolicionistas e a elaborar diversos projetos para emancipação gradual.

_ Ao longo deste ano e do seguinte, reúne investidores para criar a Companhia das Docas D. Pedro II.

1870

_ O decreto de concessão das Docas D. Pedro II é assinado pelo imperador.

_ Funda com o irmão a Companhia Florestal, voltada para o fornecimento de madeira às obras portuárias em curso.

_ Desenvolve projeto para o abastecimento de água do Rio de Janeiro e trabalha para conseguir capitais para criar e implementar uma Cia. das Águas.

_ Faz estudos detalhados sobre a navegação no Alto Paraná e no Alto Uruguai e propõe a criação de uma companhia de navegação. Visionário em termos de pensamento ambiental, propõe a criação de um parque natural em torno das cataratas do Iguaçu.

_ Em parceria com Mauá e o irmão Antônio, torna-se concessionário das companhias das estradas de ferro de Antonina a Curitiba e do Paraná ao Mato Grosso.

_ Encerradas as obras nas Docas da Alfândega, publica em livro *Companhia da Doca da Alfândega do Rio de Janeiro*, reunindo os documentos de criação da primeira empresa privada concessionária de serviços de utilidade pública nos portos do país.

1871

_ Segundo seus diários, em duas ocasiões apresenta cálculos para um futuro fundo de emancipação e um projeto de seu pai sobre emancipação gradual ao visconde de Rio Branco. Essas iniciativas teriam servido de subsídio às discussões então em curso no Parlamento, que resultaram na aprovação da lei de 28 de setembro de 1871, que libertou os filhos de mulheres escravizadas nascidos após a lei e criou um fundo de emancipação para a libertação dos últimos cativos.

1872

_ Com grandes dificuldades na gerência da Companhia das Docas D. Pedro II e em suas empresas com o irmão Antônio, resolve se afastar dos negócios em uma segunda viagem à Europa.

23 DE AGOSTO _ Inicia a viagem no paquete inglês *Douro*, em direção a Lisboa. Sempre inspecionando obras de engenharia (abastecimento de águas, estradas de ferro e, sobretudo, o funcionamento e desenvolvimento dos "portos do mar"), sem deixar de visitar museus e ruínas arqueológicas, e frequentar as melhores óperas e teatros. Percorre Portugal, Espanha, França, Itália e Inglaterra. Encontra-se com Carlos Gomes na Itália.

1873

9 DE JUNHO _ Chega aos Estados Unidos, vindo da Inglaterra, onde se mantém sempre ciceroneado por engenheiros e empresários locais que conhecera no Brasil e enfrenta práticas de segregação

racial. Visita Nova York, Boston, Niagara Falls, Pittsburgh e Filadélfia.
Conhece José Carlos Rodrigues em Nova York.

23 DE JUNHO _ Parte dos Estados Unidos para o Rio de Janeiro.

19 DE JULHO _ Desembarca no Rio de Janeiro. Ao retornar, reassume a
gerência das Docas D. Pedro II e a direção da Cia. Florestal Paranaense.

1874-79

24 DE MAIO DE 1874 _ Morre em São Paulo, de febre tifoide, repentinamente, seu irmão Antônio.

_ Continua na gerência das Docas D. Pedro II, além de cuidar das
empresas do irmão (do qual era sócio), em crescentes dificuldades
financeiras, e do futuro dos projetos de Antônio para o desenvolvimento de estradas de ferro no Paraná. Sua situação financeira se
deteriora. Ao final do período, das atividades empresariais, apenas
a concessão do Caminho de Ferro Conde d'Eu, na Paraíba do Norte,
então paralisada, se mantém.

9 DE FEVEREIRO DE 1877 _ Interrompe a escrita do diário e só o retoma em 1883. Ele próprio anota essa informação no exílio, em 1891,
redigindo a posteriori um resumo biográfico até 1882.

JULHO DE 1877 _ Faz o último relatório como diretor das Docas
D. Pedro II, que teve sua concessão cancelada pelo Governo imperial.

_ A Florestal Paranaense encerra seus trabalhos e a concessão da
estrada Curitiba—Antonina é revogada, em derrota política que
deixa profundas marcas em André. A concessão é substituída pela
Curitiba—Paranaguá.

NOVEMBRO DE 1879 _ Inscreve-se no concurso da primeira cadeira de engenharia civil da Escola Politécnica.

_ Período áureo de colaboração com *O Novo Mundo*, de José Carlos Rodrigues. Escreve artigos sobre "agricultura nacional" no *Jornal do Commercio*. Publica dezenas de artigos na imprensa nesses anos (listados em Alexandre Dantas Trindade, *André Rebouças: da engenharia civil à engenharia social*).

_ Publica nove livros entre 1874 e 1878.

1880-82

_ Em abril de 1880, Rebouças é aprovado no concurso para professor efetivo da cátedra de engenharia civil da Escola Politécnica. O amado pai, referência da vida toda, morre em 19 de junho. Com a morte dele, vende a casa da família no Rio de Janeiro e passa a morar em hotéis.

_ Iniciam-se, finalmente, as obras do Caminho de Ferro Conde d'Eu na Paraíba do Norte, do qual é concessionário. Em 21 de maio, registra no Resumo Biográfico:

> *Começo os trabalhos para a propaganda abolicionista, que desde muitos anos me preocupavam.* [p. 289]

_ Corresponde-se com organizações abolicionistas de todo o país, organiza festivais e 23 conferências emancipadoras apenas em 1880; desenvolve projetos de lei que apresenta aos amigos parlamentares (em suas palavras: *Imposto territorial aplicado à emancipação dos escravos*).

_ Funda com Joaquim Nabuco a Sociedade Brasileira contra a Escravidão, na qual se torna tesoureiro e responsável pela principal publicação, O *Abolicionista*.

_ Redige os estatutos da Associação Central Emancipadora, da qual também fazia parte. Publica diversos artigos na *Gazeta da Tarde*, de José do Patrocínio.

_ Em 1881, redige em conjunto com a diretoria da Sociedade Brasileira contra a Escravidão uma "Representação contra a escravidão de indígenas na província do Amazonas", entregue ao ministro da Justiça, e outra, com o abolicionista Joaquim Serra, de mesmo teor, dirigida ao presidente do Amazonas.

_ Em 1881 e 1882, continua as atividades abolicionistas, com organização de conferências, publicações em jornais e boletins de propaganda, além de petições internacionais encabeçadas pela Sociedade Brasileira contra a Escravidão. Redige os boletins da Associação Central Emancipadora.

_ Em setembro de 1882, parte em nova viagem de negócios para a Inglaterra, onde trabalha no escritório de seu velho amigo, o engenheiro Charles Neate. Mantém contato com o presidente da Companhia Conde d'Eu RW e frequenta os *meetings* da Anti-Slavery Society.

1883-85

_ Em 1883, recém-chegado da Inglaterra, atua como representante da Companhia Minas Central, concessionária do Caminho de Ferro de Pitangui, em Minas Gerais, e é eleito para a diretoria do Clube de Engenharia.

_ Participa da fundação da Confederação Abolicionista e da Sociedade Central de Imigração, no Liceu de Artes e Ofícios, com Alfredo Taunay e outros.

_ Publica *Agricultura nacional. Estudos econômicos. Propaganda abolicionista e democrática* e *Confederação Abolicionista. Abolição imediata e sem indenização*, em 1883.

_ Até 1885, participa ativamente do movimento abolicionista, ocupando a linha de frente. O movimento entra em ritmo frenético com a bandeira da abolição imediata e sem indenização, organizando festivais e conferências. Faz também articulações em nível nacional para a libertação no Ceará e no Amazonas e pressão parlamentar junto ao Gabinete Dantas, liberal.

_ Visita quase diariamente a sede do Clube de Engenharia, da Confederação Abolicionista e da Sociedade Central de Imigração. Reúne-se com parlamentares para pressionar por reformas.

JANEIRO DE 1884 _ Muda-se para Petrópolis pela primeira vez, mas retorna ao Rio de Janeiro em junho, em função das demandas do movimento abolicionista.

JULHO DE 1884 _ Com a posse do Gabinete Dantas, a expectativa de conseguir libertar os escravizados matriculados como sexagenários, sem indenização aos senhores, anima o movimento abolicionista, que ainda lamentava a morte de Luiz Gama, em 1882. Os libertados seriam, em sua maioria, africanos entrados ilegalmente no país, muitas vezes com a idade aumentada para esconder o contrabando após a primeira lei de extinção do tráfico, em 1831.

MAIO DE 1885 _ A queda do Gabinete Dantas culmina com a subida ao poder de um ministério conservador liderado pelo barão de Cotegipe, campeão escravista e desafeto pessoal de Rebouças, e com a aprovação da Lei Saraiva-Cotegipe. A lei liberta os sexagenários com indenização em serviços e aprova um regulamento de repressão ao movimento abolicionista.

JUNHO DE 1885 _ A derrota tem um efeito avassalador nas expectativas de Rebouças. Muda-se novamente para Petrópolis, a conselho médico.

1886-87

_ Continua a "propaganda abolicionista e democrática", como registrava no diário, sem o mesmo ímpeto do período anterior.

_ Em Petrópolis, começa a preparar a Enciclopédia Socionômica, à qual dedica um bom tempo do dia e da qual se ocupará até o fim da vida. Preocupa-se também em arquivar toda a documentação e propaganda abolicionista.

_ Vai ao Rio de Janeiro e volta regularmente, sobretudo para as aulas na Escola Politécnica, pelo Caminho de Ferro Riggenbach, pegando em seguida a barca, quase sempre retornando no mesmo dia.

_ Aproxima-se cada vez mais de Joaquim Nabuco e Alfredo Taunay, que passam temporadas frequentes em Petrópolis, em descanso ou tratamento de saúde.

_ Em 1887, vota com gosto em José do Patrocínio para vereador, para quem prepara inúmeros projetos para apresentar na Câmara. É padrinho de batismo de José do Patrocínio Filho.

1888

MARÇO _ Quando a fuga generalizada de escravizados sai do controle do movimento abolicionista e leva a lavoura paulista a cogitar a abolição, a princesa regente desfaz o Gabinete Cotegipe, nomeando o gabinete abolicionista de João Alfredo. Esse é um momento-chave de reaproximação de André com a família imperial, da qual andava afastado desde a morte do irmão Antônio, em 1874.

INÍCIO DE MAIO _ Por influência de André, Isabel recebe catorze africanos foragidos de uma fazenda para uma refeição no palácio em Petrópolis. Por causa de uma grave piora em seu estado de saúde, Pedro II, então no exterior, chega a receber a extrema-unção. Nesse ponto de seu diário, André chama a princesa de Isabel I.

13 DE MAIO _ Acompanha, de Petrópolis, a vitória parlamentar da abolição imediata e sem indenização, com apenas nove votos contrários na Câmara, e cinco no Senado, entre eles o de Cotegipe. A mesma Câmara que até fevereiro dera sustentação ao gabinete escravista deposto.

_ Recebe a princesa Isabel e o conde D'Eu na estação de Petrópolis, ao retornarem da cerimônia de assinatura da Lei Áurea.

_ O entusiasmo retorna, após a apoteose abolicionista. André volta a frequentar mais assiduamente a Confederação Abolicionista e a

Sociedade Central de Imigração. Dedica-se a pressionar o Gabinete João Alfredo por mais reformas.

_ Combate nos jornais as pressões por indenização aos senhores e volta a organizar conferências com José do Patrocínio, defendendo uma reparação aos libertos.

_ Em seus artigos na imprensa, divulga projetos para educação e doação de terras aos libertos. Denuncia massacres contra libertos perpetrados por fazendeiros. Combate a imigração subvencionada ensaiada pela província de São Paulo e defende a imigração com pequena propriedade.

SETEMBRO DE 1888 _ Reúne-se novamente com o imperador, que está de volta ao Brasil. Tornam-se próximos e se encontram com frequência para conversas na estação de trem de Petrópolis.

1889

_ A queda do Gabinete João Alfredo, pouco depois do primeiro aniversário da Abolição, é um primeiro sinal de retorno dos latifundiários ao poder. André criticava com frequência o Ministério Afonso Celso, mas já não julga o monarca.

_ No Rio de Janeiro, quando da ação militar em 15 de novembro, tenta organizar com Taunay, em suas palavras, "a contrarrevolução". Ao ver-se derrotado, vai a Petrópolis e oferece-se para acompanhar a família imperial no exílio.

7 DE DEZEMBRO _ Chega a Lisboa, com a família imperial. Residirá no Hotel Bragança até 24 de abril de 1891. Ali escreve diversos artigos para a *Gazeta de Portugal*, sempre abordando "o cunho escravocrata, militar

e teocrático do atentado contra a família imperial". Também insere várias notas sobre o golpe militar no Brasil no *Times*, de Londres.

_ No fim do ano, lamenta a morte da imperatriz na cidade do Porto.

1890[4]

_ Publica inúmeros artigos também no Brasil, sobretudo no diário *Cidade do Rio*, de José do Patrocínio, além dos quinze artigos da *Revista de Engenharia*.

1891

ABRIL A DEZEMBRO _ Estabelece-se em Cannes, França, onde acompanha as notícias sobre a saúde do imperador e recebe a notícia de sua morte. Planeja a viagem à África.

_ Em meados desse ano, começa a transcrever integralmente as cartas que escreve.

1892

JANEIRO _ Chega a Marselha, França, onde aguarda a viagem, pelo canal de Suez, para Lourenço Marques, Moçambique, no paquete *Malange*, da Mala Real Portuguesa.

MARÇO _ Parte em viagem no dia 27. Chega a Lourenço Marques em abril. Dali segue para Barberton, África do Sul, aonde chega em 25 de maio. Lá permanece até dezembro.

DEZEMBRO _ No dia 11, o Royal Hotel de Barberton, próximo do Granville Hotel, onde morava, é incendiado em um episódio de violência. Em função disso, desloca-se para Queenstown, a bordo do paquete *African*, e depois para Cape Town.

1893-96

INÍCIO DE JANEIRO DE 1893 _ Chega a Cape Town. Permanece em Cape Town até o final de junho, quando parte para Funchal.

2 DE JULHO DE 1893 _ Chega a Funchal, ilha da Madeira, e hospeda-se no Reid's New Hotel, onde passa a residir até 1898, ano de sua morte.

_ Passa os dias organizando e respondendo correspondências, fazendo revisões e anotações em seus diários e preparando um índice autobiográfico. Nesses exercícios de memória, revisita constantemente as lembranças de seu pai e do imperador Pedro II.

_ Faz exercícios de geometria, cálculos matemáticos e equações. Estuda astronomia e botânica. Continua o trabalho de escrita de sua Enciclopédia Socionômica.

_ Acompanha as notícias sobre a guerra civil de 1893 (Revolução Federalista) por meio dos jornais brasileiros e portugueses que recebe pelo correio.

_ Planeja escrever um livro sobre a campanha abolicionista, em parceria com Nabuco e Patrocínio.

1897-98

_ Acompanha pelos jornais a Guerra de Canudos, interpretando o movimento como uma insurreição bárbara de fanáticos.

_ Sua situação financeira piora, bem como seu quadro de saúde — sofria, desde 1897, de uma espécie de tuberculose intestinal. Seus amigos e parentes insistem em que volte ao Brasil, mas se recusa a atender aos pedidos.

_ No último ano de vida, publica o conto "O romance de uma onça", na revista *A Mensageira*, periódico literário dedicado à mulher brasileira.

9 DE MAIO DE 1898 _ É encontrado morto no mar, na base de um penhasco de cerca de sessenta metros de altura, próximo ao hotel onde residia. Jornais portugueses noticiam seu falecimento como suicídio, interpretação logo desmentida pela família e pelos jornais brasileiros, que divulgam a causa da morte como acidente.

JUNHO DE 1898 _ Seu corpo é embalsamado, transladado para o Brasil e sepultado no cemitério São João Batista, no Rio de Janeiro. Recebe diversas homenagens póstumas.

NOTAS

O ENGENHEIRO ABOLICIONISTA, 1 (P. 17-549)

1 *Member of the Institute of Civil Engineers*, membro do Instituto de Engenheiros Civis, associação independente fundada na Inglaterra em 1818.

2 Referência aos guias de Karl Baedeker.

3 Estaleiro em Londres, fundado por Jacob e Josef Samuda, na ilha denominada Isle of Dogs.

4 Nome da antiga fábrica de extrair óleo do caroço de algodão, citada no *Auxiliador da Indústria Nacional* em 1873.

5 Referência a Charles Paul MacKie, que em 1879 recebeu de d. Pedro II a primeira autorização para exploração de serviços telefônicos no Brasil.

6 Espaço em branco, aparentemente para preencher depois o nome.

7 Neste ponto do diário, há dois recortes de jornal: "O Clube de Engenharia passou ontem o seguinte telegrama ao dr. Morsing, engenheiro em chefe da comissão do Madeira ao Mamoré: 'O Clube de Engenharia cordialmente saúda a todos os colegas. Vai pedir providências imediatas ao Governo, para auxiliar a comissão e assegurar seu bom êxito'. O conselho do clube está convocado para hoje ao meio-dia, a fim de tomar as medidas mais urgentes". "Madeira e Mamoré — Consta-nos que o Clube de Engenharia vai representar ao Governo propondo a adoção de medidas tendentes a garantir a saúde e a vida da benemérita comissão de engenharia, que se está sacrificando pela realização desta importante estrada de ferro, que tão brilhantes resultados promete ao

país. Os nossos leitores viram o que estão sofrendo esses dedicados cidadãos, e ninguém regateará aplausos ao Governo pelo que lhes fizer, que de alguma forma suavize a penosa existência que têm tido, para bem servir a pátria."

8 A continuação do diário, neste dia, está encoberta com o seguinte recorte: "Da *Revue Commerciale Financière et Maritime*, do Rio de Janeiro, de 31 de julho último, extraímos o seguinte: 'Com relação à Minas Central Railway, o engenheiro André Rebouças, de volta ao Rio no dia 18 do corrente de sua viagem de exploração aos vales do Paraopeba e Pará, dois grandes confluentes do rio S. Francisco, a artéria principal do centro do Brasil. O terreno foi julgado ser excelente para a construção de estrada de ferro e de uma fertilidade comparável com os melhores terrenos de S. Paulo. Esta projetada estrada de ferro é, por isto, considerada como o melhor meio de ligar a metrópole do Império com a parte superior da navegação do grande rio S. Francisco' ".

9 Rebouças usa neste trecho e ao longo do diário termos de geomorfologia: *divide* é divisor, no sentido de divisor de águas. *Ridge* não tem uma tradução única, sendo usado também no sentido de um divisor de águas que se destaca das áreas adjacentes. O termo *pass* é "passo", ou lugar onde se pode atravessar uma cadeia de montanhas. Em todos os casos, os termos estão sendo empregados como divisores de águas de bacias de drenagem. O emprego de um ou outro termo (*ridge*, *pass*, *divide*) parece ter relação com o destaque que a feição tem na paisagem. Agradecemos o professor Claudio Riccomini, do Instituto de Geociências e do Instituto de Energia e Ambiente da Universidade de São Paulo, pelos esclarecimentos.

10 Partido Radical.

11 José do Patrocínio acreditava ter nascido em 1854, conforme se depreende do artigo "Uma explicação", por ele publicado na *Gazeta*

da Tarde de 29 de maio de 1884 e das anotações de André Rebouças no diário. Comemorava seu aniversário no dia 8 de outubro, como registrado nos diários por André Rebouças e no artigo "José do Patrocínio", publicado por Pardal Mallet na *Cidade do Rio*, em 8 de outubro de 1888. Apesar disso, o 8 de outubro de 1854 como data do nascimento do jornalista foi progressivamente substituído por pesquisadores e obras de referência pelo 9 de outubro de 1853, data constante da segunda via da certidão de batismo, de 6 de setembro de 1920, arquivada na Academia Brasileira de Letras.

12 Segue recorte com a notícia de uma conferência sobre o porto de Mostarda, na costa do Rio Grande do Sul, no Clube de Engenharia, rua da Alfândega n.º 6, prevista para o dia 21 de dezembro.

13 Referência ao sistema aperfeiçoado por Niklaus Riggenbach e Adolf Naff, conhecido como processo de "cremalheira", que permitiu a construção de uma ferrovia que escalava o monte Rigi, na Suíça.

14 Referência à Estrada de Ferro Petrópolis ou Príncipe do Grão-Pará, cujo concessionário era Irineu Evangelista de Sousa, futuro visconde de Mauá. A ferrovia usava o sistema de cremalheira aperfeiçoado pelo engenheiro Niklaus Riggenbach, que permitia maior velocidade na subida de serras.

15 Nesta página do diário, há um recorte de jornal com o seguinte texto: "Estrada de Ferro D. Pedro II — Por [despacho] de ontem foi nomeado o dr. Francisco Lobo Leite Pereira engenheiro-chefe do prolongamento desta estrada".

16 Segue recorte de jornal com título "Sociedade Brasileira contra a Escravidão saudando a libertação no Ceará".

17 Ao lado de recorte de jornal com a seção "Telegramas" do *Jornal do Commercio*, com a notícia dos acontecimentos da véspera no Ceará.

18 Nesta página, André Rebouças escreve: "Primeira Rua Livre no Rio de Janeiro", e junto um recorte com o texto: "Uma comissão que se organizou com o intuito de promover a libertação dos escravos existentes no quarteirão da rua da Uruguaiana entre as do Ouvidor e Sete de Setembro, viu, no dia 12, realizado o seu empenho. Havia nesse quarteirão cinco escravos; deles quatro gratuitamente foram libertados pelos respectivos senhores e o quinto mediante a quantia de 800$ entregue pela comissão. Quarenta e oito moradores do quarteirão subscreveram no dia 6 do corrente uma declaração comprometendo-se a não admitir de então em diante escravos em suas casas. Em demonstração de regozijo por este acontecimento o quarteirão esteve embandeirado, tocando durante o dia a música do corpo policial da Corte e iluminando-se à noite".

19 Referência a artigo do político liberal inglês George Campbell (Duke of Argyll) contra o economista e jornalista estadunidense Henry George, defensor de políticas redistributivas nas economias liberais.

20 Referência a William Scully, jornalista e homem de negócios irlandês, que editou no Rio de Janeiro o periódico *Anglo-Brazilian Times*. Neste trecho do diário há um recorte do jornal, com um trecho do artigo "Slavery is doomed" (A escravidão está condenada).

POSFÁCIO (P. 551-629)

1 *Cartas da África: registro de correspondência, 1891-1893*. São Paulo: Chão Editora, 2022.

2 Tresoldi defendeu tese de doutorado sobre o Ulisses de Dante Alighieri. Especificamente sobre o tema aqui referido, ver: "A introdução

do Ulisses Centrífugo: tradução e comentário do canto XXVI do 'Inferno' de Dante Alighieri".

3 Leslie Bethell; José Murilo de Carvalho, "Joaquim Nabuco e os abolicionistas britânicos: correspondência, 1880-1905", p. 213.

4 *Cartas da África*, p. 114.

5 Referência aos engenheiros James Watt e Robert Fulton.

———

CRONOLOGIA (P. 630-48)

1 As citações em itálico foram extraídas de *Diário e notas autobiográficas*, de André Rebouças, organizado por Ana Flora e Ignácio José Veríssimo, publicado em 1938. As páginas indicadas ao final das citações correspondem às páginas dessa obra.

2 De 1847 a 28 de janeiro de 1861, as citações se encontram nas p. 13-16.

3 O diário desse período foi publicado no livro *Diário, a Guerra do Paraguai* (1866), editado pela historiadora Maria Odila da Silva Dias.

4 O diário de 1890, se existia, se perdeu.

BIBLIOGRAFIA

Alighieri, Dante. *A divina comédia*. Trad. José Pedro Xavier Pinheiro (1822-82). São Paulo: Atena Editora, 1955. Digitalização do livro em papel: São Paulo: E-books Brasil, 2003.

Alonso, Angela. *Flores, votos e balas: o movimento abolicionista brasileiro (1868-1888)*. São Paulo: Companhia das Letras, 2015.

_____. "O abolicionista cosmopolita: Joaquim Nabuco e a rede abolicionista transnacional". Dossiê Joaquim Nabuco. *Novos Estudos Cebrap*, São Paulo, (88), dez. 2010.

Bethell, Leslie; Carvalho, José Murilo. "Joaquim Nabuco e os abolicionistas britânicos (Correspondência, 1880-1905)". *Estudos Avançados*, São Paulo, 23 (65), 2009 (capítulo de introdução ao livro organizado pelos autores e publicado em 2008 pela Topbooks e pela Academia Brasileira de Letras, Rio de Janeiro).

Birchal, Sérgio de Oliveira. "O empresário brasileiro: um estudo comparativo". *Revista de Economia Política*, São Paulo, v. 18, n. 3 (71), p. 381-404, jul.-set. 1998.

Brito, Luciana Cruz. " 'Mr Perpetual Motion' enfrenta o Jim Crow: André Rebouças e sua passagem pelos Estados Unidos no pós-Abolição". *Estudos Históricos*, Rio de Janeiro, v. 32, n. 66 (Escravidão e Liberdade nas Américas), 2019.

Campos, Bruno Nascimento. *Tropas de aço: os caminhos de ferro no Sul de Minas (1875-1902)*. Dissertação (Mestrado) — São João del-Rei: UFSJ, 2012.

Cook, Matt. *London and the Culture of Homosexuality*. Cambridge Studies in Nineteenth Century Literature and Culture. Cambridge: Cambridge University Press, 2003.

Daibert Jr., Robert. "Sonhos proféticos de André Rebouças por uma democracia rural: o encontro do 'maior inimigo dos fazendeiros' com as utopias cristãs de Tolstoi". *Intellèctus*, Rio de Janeiro, v. 22, n. 1, p. 102-27, jul. 2023.

_____. "Um Pitágoras africano entre o Brasil e o exílio: André Rebouças e a crença na evolução do cosmos (1888-1893)". *Varia Historia*, Belo Horizonte, v. 39, p. 1-33, 2023.

_____; Mattos, Hebe. "Um Tolstoi africano: André Rebouças e um outro Ocidente. (1889-1898)". *Estudos Históricos*, Rio de Janeiro, v. 35, p. 436-56, 2022.

Ferreira, Lígia Fonseca. *Lições de resistência: artigos de Luiz Gama na imprensa de São Paulo e do Rio de Janeiro*. São Paulo: Edições Sesc, 2020.

Freire Costa, Jurandir. *A inocência e o vício: estudos sobre o homoerotismo*. Rio de Janeiro: Relume-Dumará, 1992.

Freitas e Souza, Rafael de. "A efêmera e fatal mina de Cata Branca: mineração e trabalho numa companhia aurífera inglesa em Minas Gerais (1832-1844)". *Revista Mundos do Trabalho*, Florianópolis, v. 7, n. 14, p. 37-52, jul.-dez. 2015.

George, Henry; Campbell, George Douglas (Duke of Argyll). *The Peer and The Prophet: The Duke of Argyll's Article on The Prophet of San Francisco and the Reply of Henry George Entitled The Reduction to Iniquity*. Reprinted by permission of the 19th Century edition. Londres; Glasgow: W. Reeves; Land Restoration League, 1923.

Gilroy, Paul. *O Atlântico negro: modernidade e dupla consciência*. São Paulo; Rio de Janeiro: Editora 34; Centro de Estudos Afro-asiáticos/ Universidade Candido Mendes, 2001.

Grinberg, Keila. *O fiador dos brasileiros: cidadania, escravidão e direito civil no tempo de Antônio Pereira Rebouças*. Rio de Janeiro: Civilização Brasileira, 2002.

Homero. *A Odisseia*. Trad. Manoel Odorico Mendes (1799-1864). Biblioteca Clássica. São Paulo: Atena Editora, 1955. Digitalização do livro em papel: São Paulo: E-books Brasil, 2009.

Jucá, Joselice. *André Rebouças: reforma e utopia no contexto do Segundo Império: quem possui a terra possui o Homem*. Rio de Janeiro: Odebrecht, 2001.

Kaylor, Michael Matthew. *Secreted Desires: The Major Uranians: Hopkins, Pater and Wilde*. Brno (República Checa): Masaryk University, 2006.

Magalhães Pinto, Ana Flávia. *Escritos de liberdade*. Campinas: Editora da Unicamp, 2019.

Mattos, Hebe. "De pai para filho: África, identidade racial e subjetividade nos arquivos privados da família Rebouças (1838-1898)". In: Hebe Mattos; Myriam Cottias (org.). *Escravidão e subjetividades*, v. 1. Marselha: OpenEdition Press, 2016, p. 203-25.

_____. *Escravidão e cidadania no Brasil monárquico*. Rio de Janeiro: Jorge Zahar Editor, 2000.

_____. *Marcas da escravidão na história do Brasil*. Tese (Professor titular em história do Brasil) — Niterói: Universidade Federal Fluminense, Departamento de História, 2004.

_____. Prefácio à edição brasileira de *Beyond Slavery*. In: Frederick Cooper; Thomas Holt; Rebecca Scott. *Além da escravidão: investigações sobre raça, trabalho e cidadania em sociedades pós-emancipação*. Trad. Maria Beatriz de Medina. Rio de Janeiro: Civilização Brasileira, 2005.

_____. "Raça e cidadania no crepúsculo da modernidade escravista". In: Keila Grinberg; Ricardo Salles (org.). *O Brasil imperial*, v. 3. Rio de Janeiro: Civilização Brasileira, 2009, p. 15-38.

_____. "Slavery, Race and the Construction of the Imperial Order". In: *Oxford Research Encyclopedia of Latin American History*. Oxford: Oxford University Press, 2014. Artigo publicado em 17 dez. 2020.

_____. "Um livro 'tosltoico' contra a 'brutalidade yankee': a África e a abolição da escravidão e da servidão no Brasil, nos Estados Unidos e na Rússia na escrita de si de André Rebouças (1870-1898)". In: Ivana Stolze Lima; Keila Grinberg; Daniel Aarão Reis (org.). *Instituições nefandas: o fim da escravidão e da servidão no Brasil, nos Estados Unidos e na Rússia*. Rio de Janeiro: Fundação Casa de Rui Barbosa, 2018.

Mesquita, Sergio Luiz Monteiro. *A Sociedade Central de Imigração e a política imigratória brasileira (1883-1891)*. Dissertação (Mestrado em história política) — Rio de Janeiro: Universidade do Estado do Rio de Janeiro, 2000.

Minutes of the Proceedings of the Institution of Civil Engineers. "Obituary. Justus Dirks, 1825-1886". Disponível em: https://doi.org/10.1680/imotp.1888.20949. Acesso em: jul. 2023.

Nabuco, Joaquim. *Cartas a amigos*, v. 1. In: *Obras completas de Joaquim Nabuco*, v. 13. São Paulo: Instituto Progresso Editorial, 1949.

Pádua, José Augusto. *Um sopro de destruição: pensamento político e crítica ambiental no Brasil escravista (1786-1888)*. Rio de Janeiro: Jorge Zahar Editor, 2002.

Pessanha, Andréa Santos. *Da abolição da escravidão à abolição da miséria: a vida e as ideias de André Rebouças.* Rio de Janeiro; Belford Roxo (RJ); Quartet; Uniabeu, 2005.

Pinto, Renato. "Uranismo em *Cilurnum*? Apanhados e conjecturas de homossexualidades masculinas na Inglaterra vitoriana". *Veredas da História*, Salvador, v. 10, n. 1, p. 119-53, jul. 2017. Disponível em: https://doi.org/10.9771/rvh.v10i1.47959. Acesso em: 24 jan. 2024.

Rebouças, André. *Agricultura nacional. Estudos econômicos. Propaganda abolicionista e democrática.* Rio de Janeiro: A. J. Lamoureux & Co., 1883.

_____. *Cartas da África: registro de correspondência, 1891-1893.* Organização e posfácio: Hebe Mattos. São Paulo: Chão Editora, 2022.

_____. *Diário.* Transcrição Fundação Joaquim Nabuco, 2010.

_____. *Diário, a Guerra do Paraguai* (1866). Introdução e notas de Maria Odila da S. Dias. São Paulo: Instituto de Estudos Brasileiros, 1973.

_____. *Diário e notas autobiográficas.* Textos escolhidos e anotações por Ana Flora e Ignácio José Veríssimo. Rio de Janeiro: José Olympio, 1938.

_____. *Garantia de juros: estudos para sua applicação ás emprezas de utilidade publica no Brazil.* Rio de Janeiro: Typographia Nacional, 1874.

_____; Confederacão Abolicionista. *Abolição immediata e sem indemnização: pamphleto n. 1.* Rio de Janeiro: Typ. Central. de Evaristo R. da Costa, 1883.

Santos, Welber Luís. *A Estrada de Ferro Oeste de Minas: São João del-Rei (1877-1898).* Dissertação (Mestrado) — São João del-Rei: UFSJ, 2009.

Sedgwick, Eve Kosofsky. *Between Men. English Literature and Male Homosocial Desire.* Nova York: Columbia University Press, 1985.

Silva, Antônio Carlos Higino. *Portos de Commercio: tecnologia, associacionismo e redes de sociabilidade: os desafios e as propostas modernizadoras de André Pinto Rebouças para o Brasil do Segundo Reinado (1850-1890)*. Tese (Doutorado em história) — Rio de Janeiro: Programa de Pós-graduação em História Comparada, UFRJ, 2019.

Smith, Timothy d'Arch. *Love in Earnest: Some Notes on the Lives and Writings of English 'Uranian' Poets from 1889 to 1930*. Londres: Routledge & K. Paul, 1970.

Soares, Anita Maria Pequeno. " 'O Negro André': a questão racial na vida e no pensamento do abolicionista André Rebouças". *Plural — Revista de Ciências Sociais*, São Paulo, v. 24, n. 1, p. 242-69, 2017.

Spitzer, Leo. *Lives in Between: Assimilation and Marginality in Austria, Brazil, West Africa, 1780-1945*. Cambridge: Cambridge University Press, 1989.

Tresoldi, Tiago. "A introdução do Ulisses Centrífugo: tradução e comentário do canto XXVI do 'Inferno' de Dante Alighieri". *Translatio*, Porto Alegre, n. 12, p. 182-207, 2016.

_____. *O Ulisses dos muitos retornos*. Tese (Doutorado em letras) — Porto Alegre: Instituto de Letras UFRGS, 2016.

Trevisan, João Silvério. "Oscar Wilde e os direitos homossexuais". *Revista CULT* (online). Disponível em: https://revistacult.uol.com.br/home/oscar-wilde-e-os-direitos-homossexuais. Acesso em: 31 jul. 2023.

Trindade, Alexandre Dantas. *André Rebouças: da engenharia civil à engenharia social*. Tese (Doutorado em história) — Campinas: Unicamp, 2004.

Veríssimo, Ignácio José. *André Rebouças através de sua auto-biografia*. Rio de Janeiro: Livraria José Olympio Editora, 1939.

Wallace, Alfred Russel. *Land Nationalisation, Its Necessity and Its Aims*. Londres: Trubner & Co., 1882.

ARTIGOS DE ANDRÉ REBOUÇAS NA *GAZETA DA TARDE*

"Devassa sobre amas de leite", 19 maio 1883.

"Caminho de ferro subterrâneo emancipador", 21 maio 1883.

"Formação da Anti-Slavery Society nos Estados Unidos", 26 maio 1883.

"Freiras e frades com escravos", 28 maio 1883.

"A pena dos açoites", 30 maio 1883.

"A província de São Paulo depois da abolição", 31 maio 1883.

"Os estados escravagistas depois da abolição", 1 jun. 1883.

"Cuba depois da abolição", 2 jun. 1883.

"Superioridade dos libertos", 4 jun. 1883.

"O exemplo do Ceará", 10 nov. 1883.

"Imigração e estradas de ferro", 16 dez. 1883.

"Imigrante e proprietário", 23 dez. 1883.

"A resistência à abolição", 4 abr. 1884.

"Escravocratas, jogadores de café", 21 abr. 1884.

"O café e a abolição em 7 de setembro de 1884", 25 abr. 1884.

"A reação dos escravocratas", 5 maio 1884.

CRÉDITOS DAS ILUSTRAÇÕES

p. 7-8, 562, 564-65, 570-71, 579: Arquivo Histórico da Universidade Federal de Juiz de Fora

p. 15: Arquivo Nacional

p. 550, 568, 572-73, 574, 578, 582, 583, 584, 585, 629: Acervo Fundação Biblioteca Nacional — Brasil

p. 563: Arquivo da British Library — Digital Store 10349.gg.2/p. 37

p. 567: Queen Anne's Mansions, c. 1898 (LCC Photographic Library, LMA Record 167794)

p. 569, 576, 580, 581: Marc Ferrez/Coleção Gilberto Ferrez/Acervo Instituto Moreira Salles

p. 575: Acervo Senado Federal

p. 577: Georges Leuzinger/Acervo Instituto Moreira Salles

p. 605: Instituto Brasileiro de Geografia e Estatística (IBGE)

AGRADECIMENTOS

Este livro é resultado parcial de pesquisa apoiada por bolsa de produtividade em pesquisa do CNPq e Cientista do Nosso Estado (CNE) da Faperj.

A bolsa CNE-Faperj custeou o trabalho preliminar de transcrição de Eduardo Cavalcante, a quem agradeço especialmente por sua inestimável colaboração.

O acesso aos diários e às cartas seria impossível sem o apoio do Arquivo da Universidade Federal de Juiz de Fora (UFJF), do arquivo do Instituto Histórico Geográfico Brasileiro (IHGB) e da Fundação Joaquim Nabuco (FJN).

Para a revisão final do posfácio, contei com o apoio e os comentários de Beatriz Bracher, Marta Garcia, Carlos A. Inada, Ana Maria Rebouças, Ana Flávia Magalhães Pinto, Rodrigo Weimer, Keila Grinberg, Martha Abreu e Robert Daibert.

Agradeço em especial a Beatriz Bracher, Marta Garcia, Carlos A. Inada e toda a equipe da Chão Editora, pelo incentivo e pela edição sempre primorosa.

A todos, muito obrigada.

Este livro foi composto em Freight text em janeiro de 2024.